Industrial Ecology Management

Michael von Hauff · Ralf Isenmann
Georg Müller-Christ

Industrial Ecology Management

Nachhaltige Entwicklung
durch Unternehmensverbünde

 Springer Gabler

Herausgeber

Michael von Hauff
TU Kaiserslautern
Deutschland

Georg Müller-Christ
Universität Bremen
Deutschland

Ralf Isenmann
Fraunhofer ISI
Karlsruhe, Deutschland

ISBN 978-3-8349-2361-5   ISBN 978-3-8349-6638-4 (eBook)
DOI 10.1007/978-3-8349-6638-4

Die Deutsche Nationalbibliothek verzeichnet diese Publikation in der Deutschen Nationalbibliografie;
detaillierte bibliografische Daten sind im Internet über http://dnb.d-nb.de abrufbar.

Springer Gabler
© Gabler Verlag | Springer Fachmedien Wiesbaden GmbH 2012

Einbandentwurf: KünkelLopka GmbH, Heidelberg

Gedruckt auf säurefreiem und chlorfrei gebleichtem Papier

Springer Gabler ist eine Marke von Springer DE.
Springer DE ist Teil der Fachverlagsgruppe Springer Science+Business Media
www.springer-gabler.de

Erstes Geleitwort

As the scale and density of economic activity increase globally, the concentration of natural resources on which those activities rest continues to decline. Once localized copper ores are now found on soils and in oceans; lead from mines is making it into our blood streams; carbon builds up in the atmosphere; bromines begin to bio-accumulate in the organs of fish and the breast milk of mothers.

Ever more sophisticated product and process design, fine-tuned supply chains and extensive business-to-business relations may help capture and retain resources within the anthropocene. Indeed, closing material cycles, reducing the generation and release of waste heat, and limiting negative impacts on biological waste assimilation processes may be seen as preconditions for the sustainability of the human enterprise, given the finite resource base on which we rely.

Industrial Ecology Science helps understand the relationships between the natural resource base and human activity, with a focus on the role that businesses and consumers have in shaping those relationships. It quantifies impacts, explores options, and provides a foundation for improved economic and environmental performance. However, improvements are usually accompanied by new challenges for information management, investment decisions, contractual relations, and policy. That much is known. Little, in contrast, is known on how to move from the insights generated by research on the flows of materials and energy through the economy and research on actual and potential symbiotic relationships among firms to ways that shape industrial organization and action such that they best reflect advancements in Industrial Ecology Science.

The chapters presented in this book offer important steps towards closing the gap between Industrial Ecology Science and Management, and by doing so may offer a move closer to sustainable resource use. As that gap closes, new practical experiences can, no doubt, be gained. Those experiences, in turn, will then provide fertile ground from which to derive data and models, develop theories and further fine-tune the translation of science into action, thus creating new symbiotic relationships between science and management in support of symbiotic relationships among firms and, more broadly, between the human enterprise and the ecosystem within which it operates.

Prof. Dr. Matthias Ruth
Roy F. Weston Chair in Natural Economics Professor and Director, Center for Integrative Environmental Research Co-Director, Engineering and Public Policy University of Maryland, College Park, USA

Zweites Geleitwort

When addressing the ecological consequences of production and consumption in industrial societies, managers, policymakers, and researchers have come to realize that the pathway to more sustainable societies requires the adoption of a perspective that is broader than the individual firm. For many years, the individual firm has been the focus of regulators and activists, which initially has produced considerable results in cleaning up their activities. Since the 1980s, practices such as environmental management systems (EMS) have helped to reduce the negative impact of firms on natural ecologies, just as more efficient production processes, under the banner of eco-efficiency, have counteracted the increased use of resources. But when adopted within the boundaries of the single firm, they not only have a limited effect, but may also have countervailing effects in other stages of the product chain, as in the case of rebound effects. In addition, sustainable systems of production and consumption may require more radical innovations that cannot be realized by single firms.

As a result of these shortcomings, the single firm perspective is increasingly abandoned for an approach in which groups of firms are taken as the system to be improved. Concepts such as sustainable supply chain management focus on sets of firms that are sequentially connected across stages of the product life cycle, while regional clusters consist of firms that are geographically proximate. Both system boundaries have great potential in providing the background for more innovative ways to move towards sustainability.

For this reason, the field of industrial ecology is promising, as it has shown in the last twenty years to put forward a powerful systemic and interdisciplinary perspective on industrial production and consumption. By combining the analysis of material and energy flows of regional industrial clusters and product chains with insight into the social systems that produce these flows, industrial ecology as a scientific field potentially offers a basis for policymakers and managers that seek to make these systems more sustainable.

However, this potential is not yet fully realized. To make this happen, further advances in scientific insight are required, especially in understanding how the interplay among firms results in more sustainable practices. In addition, such scientific insight needs to be translated and made available to managers in such a way that they can use it as a basis for action.

The book that you are now holding contributes to both of these requirements. First, it brings together the state of the art on industrial ecology science (much of which is published in English), and as an important benefit, connects this to recent insights of the German speaking and publishing community. Secondly, the book provides a systematic development of the concept of industrial ecology management. I especially recommend the discussion in various chapters about the way in which industrial ecology relates to sustainable development. It is important that this academic discussion is brought to the place where it can actually make a difference: that of corporate decision rooms.

I believe that this book provides a solid basis for the further development of the research and practice of industrial ecology, both in Germany and the rest of the world.

Prof. Dr. Frank Boons
Department of Public Administration, Erasmus University Rotterdam, and Director Off-Campus Ph. D. Program, Cleaner Production, Cleaner Products, Industrial Ecology and Sustainability

Inhalt

Teil I:

Konzeptionelle Einbettung eines
Industrial Ecology Managements

1 Einführung zum Industrial Ecology Management

Ralf Isenmann, Georg Müller-Christ und Michael von Hauff

1.1 Rückschau: Rezeption der Industrial Ecology in Deutschland

Rund fünf Jahre sind vergangen seit der Vorläufer: „Industrial Ecology: Mit Ökologie zukunftsorientiert wirtschaften" (Isenmann und von Hauff 2007) erschienen ist. Es war seinerzeit das erste deutschsprachige Buch, das sich explizit und umfassend der Industrial Ecology widmet und den Namen dieses neuen Forschungs- und Handlungsfeldes im Titel trägt. Wenig später wurde das einführende Erstlingswerk ergänzt und die Industrial Ecology aus einer ingenieurwissenschaftlichen Perspektive beleuchtet (von Gleich und Gößling-Reisemann 2008). In den zurückliegenden fünf Jahren hat die Industrial Ecology im deutschsprachigen Raum eine durchaus dynamische Entwicklung genommen und auch Resonanz erzeugt. Dies zeigt sich etwa an Querverweisen, in denen ihr bereits ein Platz in den Umwelt- und Nachhaltigkeitswissenschaften zugedacht wird (z.B. Rogall 2009, 134; Seifert 2007; IdW 2007), sowie an anregenden Besprechungen des Vorläuferbuches aus unterschiedlichen fachlichen Perspektiven (z.B. Poganietz 2008; Simonis 2008; Seifert 2007; Gnauck 2007).

Auch in der Forschungslandschaft hat die Industrial Ecology Spuren hinterlassen: So bündeln sich in ihr wie in einem Brennglas viele Impulse zur Forschungsperspektive „ProduzierenKonsumieren2.0", wie sie im Foresight-Prozess im Auftrag des Bundesministeriums für Bildung und Forschung (BMBF) als ein Zukunftsfeld neuen Zuschnitts identifiziert wurde (Fraunhofer ISI und Fraunhofer IAO 2009): Im BMBF-Foresight-Prozess war es die Aufgabe, langfristig relevante, durchaus quer liegende Forschungsgebiete zu identifizieren, die zur Lebensqualität der Menschen und zur wirksamen Ressourcenschonung insgesamt beitragen.

Als Ergebnis der aufwändigen methodischen Vorgehensweise stellte sich heraus, dass Zukunftsthemen in verschiedenen Innovationsfeldern mit hoher Relevanz für Deutschland auf die Herausbildung neuer Muster im Produzieren und Konsumieren verweisen. Der damit angedeutete systemische Wandel sei bislang allerdings in keinem der aktuell etablierten Forschungsgebiete alleine adäquat repräsentiert: So zielt die Umweltforschung schwerpunktmäßig auf ressourceneffiziente Verfahren, die Produktionsforschung widmet sich verstärkt der „Fabrik der Zukunft", die Dienstleistungsforschung orientiert sich vor allem an hybrider Wertschöpfung, und die sozialökologische Forschung addressiert insbesondere nachhaltige Konsummuster. Ein zukunftsfähiger Pfad erfordere jedoch mehr als wichtige Einzelforschungsgebiete, nämlich einen systemischen Wandel heutiger Stoffstrommuster, der Produktion und Konsum umfasse. Die Forschungsperspektive „ProduzierenKonsumieren2.0" richtet sich nun auf einen solchen systemischen Wandel von Mustern von Produzieren und Konsumieren.

Zu den Kernmerkmalen des Zukunftsfelds „ProduzierenKonsumieren2.0" zählen (Fraunhofer ISI 2011): eine systemische Perspektive, die verschiedene Fachgebiete und Wissenschaftsdisziplinen übergreift, eine problemorientierte, auf Systeminnovationen ausgerichtete Herangehensweise, die durchgängig zusammenführende Betrachtung von Produktion und Konsum, die explizite Ausrichtung auf eine Verbesserung der Nachhaltigkeit einschließlich der damit einhergehenden Transitionen, wobei technischer Wandel i.S.v. Effizienz und kultureller Wandel i.S.v. Suffizienz zusammenspielen. Alle diese Kernmerkmale des Zukunftsfelds „ProduzierenKonsumieren2.0" sind konstitutive Bestandteile der Industrial Ecology. Die Industrial Ecology dürfte insofern geeignet sein, den Strukturbildungsprozess beim Zukunftsfeld „ProduzierenKonsumieren2.0" zu unterstützen und darüber hinaus dessen fachliche Anschlussfähigkeit zu sichern.

Denn was die Industrial Ecology u.a. auszeichnet, ist ihre hohe Anschluss- und Integrationsfähigkeit. Sie begünstigt, dass vormals vielfach eigenständige Forschungsbereiche wie z.B. Lebenszyklusanalysen (Life Cycle Assessment), Material- und Energieflussanalysen (Material Flow Analysis) sowie auch umfangreiche branchenweite und länderübergreifende Untersuchungen zum industriellen Metabolismus (Industrial Metabolism) und zu dynamischen System-Modellierungen (System Dynamics, Dynamic Modeling) unter dem gemeinsamen konzeptionellen Dach der Industrial Ecology zusammenfinden bzw. ihr thematisch-methodisch zugeordnet werden (Isenmann und von Hauff 2007; Isenmann 2008).

Neben der erfreulichen Resonanz in der Literatur haben sich die Ausbildungsmöglichkeiten verbessert, und die akademische Infrastruktur wurde ausgebaut. Die Bestandsaufnahme zur Industrial Ecology in der Hochschulausbildung (http://www.is4ie.org/education) macht zwar deutlich, dass die Angebote in der Universitätsausbildung im angloamerikanischen Raum deutlich stärker verankert sind als in Europa. Die Industrial Ecology hat sich in Deutschland noch nicht in Form eigenständiger Studiengänge etabliert, allenfalls bieten Universitäten und Hochschulen Module und Kurse (Leal 2007, 2002) an. Allerdings mehren sich die Aktivitäten deutlich. So gibt es z.B. Lehrveranstaltungen explizit zur Industrial Ecology an den Universitäten in Bremen, Braunschweig, Kassel, Kaiserslautern sowie darüber hinaus an den Hochschulen in Bremerhaven und Pforzheim wie auch am Umweltcampus Birkenfeld der Hochschule Trier, ferner eine Kooperation an der TU München mit der Nanyang Technical University, Singapur. Zuweilen sind Lehrveranstaltungen mit inhaltlichen Überschneidungen zur Industrial Ecology anders betitelt, z.B. als Ressourceneffizienzmanagement. Dessen ungeachtet ist für die Zukunft gerade auch für Deutschland ein großes Potenzial zu erwarten (Bringezu 2004), dass sich die Industrial Ecology zu einem wichtigen Aufgabenfeld für Umwelt- und Nachhaltigkeitswissenschaftler entwickeln mag. Ein Grund hierfür liegt sicherlich in der Anschlussfähigkeit an die Nachhaltigkeitsforschung, sei sie ökologisch, technisch oder managementorientiert ausgerichtet.

Das Angebot an Lehrveranstaltungen zur Industrial Ecology hängt maßgeblich von der akademischen Infrastruktur ab. Und auch hier haben sich die Rahmenbedingungen verbessert. Seit 2008 gibt es erste Fachgebiete mit expliziter Ausrichtung auf Industrial Ecology, so z.B. am Umweltcampus Birkenfeld der Hochschule Trier, ferner an der Universität Kassel am Center for Environmental Systems Research (CESR) sowie an der Hochschule Pforzheim.

Dass sich die Industrial Ecology Community in Deutschland beständig entwickelt, lässt sich auch daran erkennen, dass das Forschungs- und Handlungsfeld spätestens seit 2006 immer wieder als Rahmenthema auf Hochschulveranstaltungen, Tagungen und Konferenzen dient (Isenmann und Gößling-Reisemann 2008). Eine gewisse Initialwirkung ist vermutlich vom Symposium: „Industrial Ecology im deutschsprachigen Raum" ausgegangen, das die TU Kaiserslautern und die Universität Bremen 2006 zusammen durchgeführt haben (http://www.ie2006.de). Dort bot sich eine Plattform, auf der Wissenschaftler aus Deutschland, Österreich, der Schweiz und Frankreich zusammen kamen und neuere Ergebnisse ihrer Forschung vorstellten und diskutierten.

Nur wenig später hat die Industrial Ecology als Forschungs- und Handlungsfeld thematischen Eingang in den Verband der Hochschullehrer für Betriebswirtschaft (VHB) gefunden. Der Special Track „Industrial Ecology Management" auf der Herbsttagung der wissenschaftlichen Kommission Nachhaltigkeitsmanagement (NAMA) des VHB an der Wirtschaftsuniversität Wien 2007 (http://www.sustainability.at) erscheint deshalb bedeutsam, weil Industrial Ecology bei den Mitgliedern im VHB als führende Vereinigung der Hochschullehrer dort sichtbar ist und diskutiert wird. Ein besonderes Glanzlicht war die Gastrede, die Marina Fischer-Kowalski dort hielt. Sie war derzeit Präsidentin der International Society for Industrial Ecology (ISIE).

Dass die Industrial Ecology in der wissenschaftlichen Kommission Nachhaltigkeitsmanagement (NAMA) des VHB thematisch tatsächlich angekommen ist, belegt die Herbsttagung 2008 an der Universität Bremen. Sie stand unter dem Rahmenthema: „Nachhaltigkeitsmanagement und Industrial Ecology" (http://www.wiwi.uni-bremen.de/gmc/ aktuelles/herbsttagung08.htm). Die Herbsttagung in Bremen 2008 lässt sich zusammen mit Beiträgen auf der 73. Jahrestagung des VHB an der TU Kaiserslautern: „Nachhaltigkeit – Unternehmerisches Handeln in globaler Verantwortung" (www.bwl2011.de) quasi als Ritterschlag betrachten, da auf diesen hochrangigen Tagungen die einschlägigen Hochschullehrer und andere VHB-Mitglieder zusammenkommen, das Thema also prominent platziert ist und so ggf. Impulse für Lehre, Forschung und Infrastruktur erhält.

Die Beiträge auf der NAMA-Herbsttagung in Bremen 2008 bilden denn auch eine Basis für das hier vorliegende Sammelwerk. Doch der Weg von interessanten mündlichen Tagungsvorträgen über deren Verschriftlichung in Rohmanuskripten bis hin zur vorliegenden Form ist arbeitsaufwändig, zeitintensiv und wie hier ein Gemeinschaftswerk. Für das Zustandekommen danken die Herausgeber deshalb vor allem den Beitragenden für die verfassten Aufsätze, die den Pfad zum Industrial Ecology Management ebnen. Die Herausgeber sind den Beitragenden auch dafür verbunden, dass diese Änderungsvorschläge und

Überarbeitungsempfehlungen konstruktiv aufgenommen und zeitnah umgesetzt haben, so dass eine über bloße Einzelbeiträge hinausgehende Sicht auf ein Industrial Ecology Management entstanden ist und dessen erste Konturen sichtbar sind.

Ohne die Hilfe von Herrn Sören Klaus und Frau Anna Katharina Liebscher aus Bremen sowie von Herrn Hauke Reitz und Frau Melanie Weßlau aus Kassel läge das Buch nicht im vorliegenden Stil vor, wobei Stil mehr umfasst als Formatierung und Layout. Dafür sei ihnen ganz herzlich gedankt. Beim Gabler-Verlag, Wiesbaden, gilt unser herzlicher Dank Frau Katharina Harsdorf sowie vor allem Frau Ulrike Lörcher für ihre professionelle und geduldige Unterstützung während der drucktechnischen Aufbereitung und für die wohlwollende Aufnahme des Titels in das Verlagsprogramm.

1.2 Einführung: Grundfragen eines Industrial Ecology Managements

Wenn sich in den letzten Jahren etwas im Denken der Menschen positiv geändert hat, dann ist es vielleicht die Fähigkeit, unseren Lebensraum. Welt als Ganzes zu sehen. Immer mehr Köpfe können sich die Stoffströme, die der Mensch über diese wunderschöne Welt steuert, gedanklich vorstellen und bildlich veranschaulichen. Und wer diese Stoffströme verfolgt, sei es vom Anfang her oder aber vom Ende, der sieht immer klarer die Rückgebundenheit unserer Wirtschafts-, Arbeits- und Lebensweise auf die natürlichen Bedingungen unseres Planeten sowie die Begrenztheit der Rohstoffe und Energien, die er zur Verfügung stellt. Die Welt wird in ihrer scheinbaren Größe in der Wahrnehmung der Menschen immer kleiner: nicht nur weil wir uns räumlich ohne größeren Zeiteinsatz überall hinbewegen können, sondern auch weil wir uns – ohne uns physisch zu bewegen - immer besser vernetzen. Im Ergebnis haben wir die ganze Welt zu Hause auf dem Computer, und es gibt keine Räume mehr, derer wir uns einfach materiell bedienen und sie dann nach ihrer Ausbeutung sich selbst überlassen können.

Rohstoffe und Energieträger sind in ihrer Materialität immer an Räume gebunden. Weltweite digitalisierte Informations- und Bewertungsprozesse fließen aber schneller als Stoffströme, und tagtäglich steigen das Bewusstsein sowie das Wissen der Menschheit über Entstehung, Treiber und negative Nebenwirkungen ihrer Stoffströme. Sehr schwer vorherzusagen ist allerdings, wie die Bewertungsprozesse der Menschen auf der Welt zustande kommen und wann sich Bewertungen wie zu einer sozialen Bewegung akkumulieren. Die Knappheit an bestimmten Metallen beispielsweise wird in der Wirtschaftspresse bereits diskutiert. Wann aber die Energie entsteht, aus dem Fakt der Knappheit intelligentere Redistributions- und Recyclingsysteme aufzubauen, ist kaum prognostizierbar.

Dabei scheint es gemäß der Industrial Ecology folglich nicht nur wichtig, effizienter mit Rohstoffen und Energieträgern umzugehen sowie die Knappheit der Natur zur Aufnahme von Emissionen und Abfällen besser zu managen. Hier würde nämlich der Blick einseitig darauf verengt bleiben, Ressourcen nur mehr zu schonen und Abfälle zu verringern, also die Natur als Objekt eines umweltorientierten Wirtschaftens zu behandeln. Statt als Objekt ist es aber auch möglich, sie als ein Vorbild für das Management, d.h. als entwicklungsfähiges Überlebenssystems, zu betrachten. Solch einen Perspektivenwechsel von der Natur als Objekt des Wirtschaftens hin zu ihrem Vorbild für das Management skizziert den Pfad, den die Industrial Ecology im eigentlichen Sinne auf den Weg bringen will (Isenmann 2003a, 2003b).

1.3 Übersetzung: Von der Industrial Ecology Science zum Industrial Ecology Management

Im Vorläufer dieses deutschsprachigen Buches: „Industrial Ecology: Mit Ökologie zukunftsorientiert wirtschaften" (Isenmann und von Hauff 2007) wurde die Forderung weitergeführt, die scheinbar harten naturwissenschaftlich-technischen Fakten mit den so bezeichneten weichen sozialen Bedingungen enger zu verknüpfen. Der Integrationsaufruf ist leicht gemacht, und er ist für alle plausibel. Wie man aber in einer Gesellschaft die technischen Möglichkeiten mit den Potenzialen sozialer Akzeptanz so verknüpft, dass Handlungsfähigkeit entsteht, das bleibt der Gegenstand anregender Diskussionen, auch in der Industrial Ecology Community. Das Bindeglied zwischen Technik und Akzeptanz liefert Management. Es ist schon immer die Aufgabe des Managements gewesen, im Spannungsfeld zwischen Idealen und Leitbildern einerseits sowie Realitäten und Randbedingungen anderseits soziale Systeme zu gestalten. Je größer dieses Spannungsfeld ist, umso größer ist die Herausforderung des Managements. Sehr groß ist das Spannungsfeld zwischen Idealen und Realitäten auch im Falle einer naturverträglichen Wirtschaftsweise im Sinne der Industrial Ecology. Dieses Ideal ist noch weit weg von einer Realität, die bislang Wohlstand und Humanität nur auf Basis einer Durchflusswirtschaft auf hohem Ressourcenniveau ermöglicht.

Industrial Ecology Management macht aus dem Postulat der Einbindung des industriellen Systems in die ökologischen Kreislaufprozesse der Natur genau diese Gestaltungsaufgabe. Diese Gestaltungsaufgabe kann man als „Great Transition" sehr groß definieren und sich damit beschäftigen, wie man einen Wirtschaftszug in voller Fahrt vom Gleis der Nicht-Nachhaltigkeit auf das Gleis der Nachhaltigkeit hebt. Man kann die Frage des Industrial Ecology Managements auch so klein stellen, dass die einzelwirtschaftlichen Entscheidungsprozesse von Unternehmen und Konsumenten in den Fokus rücken: Wann sind Menschen in den unterschiedlichen Rollen als Unternehmer, Konsument oder als Kommunalpolitiker bereit, ihre wirtschaftlichen Entscheidungen mit anderen Akteuren so abzustimmen, dass Stoffströme nicht allein nutzenmaximierend geführt werden, sondern eben auch anhand der Nachhaltigkeitskriterien der Konsistenz, der Effizienz und der Suffizienz?

1.4   Aufbau und Inhalt des Buches

So einfach die oben skizzierten großen und kleinen Fragen zunächst klingen mögen, so umfangreich und so schwierig sind allerdings die Antworten. Dieses Buch versteht sich als Anfang eines neuen Pfades in der Industrial Ecology Community, in dem eine andere Richtung für die Fragen der Gestaltbarkeit eines nachhaltigen Produktions- und Konsumsystems vorgeschlagen seien. Am Anfang dieses Pfades stehen hierbei nicht die großen neuen Konzepte, fertig entnommen der Schublade der Weltverbesserung. Am Anfang steht vielmehr die behutsame Einführung neuer Begrifflichkeiten und frischer Sichtweisen. Was dieses Buch zur Industrial Ecology von den wenigen im deutschsprachigen Raum vorhandenen Büchern, aber auch von den zahlreichen internationalen Publikationen unterscheidet, sind sicherlich die Managementperspektive sowie die entsprechende Managementterminologie: Es geht um Strategien, um zwischenbetriebliche Kooperationen, um organisationales Lernen, um Entscheidung und Moderation in Verbünden sowie um Information, Kommunikation sowie Marketing.

Auch wenn die Konturen eines Industrial Ecology Managements erst im Entstehen begriffen sind und sich die verschiedenen Einzelbausteine noch nicht reibungsfrei zu einem einheitlichen Ganzen verbinden lassen, so scheint sich doch eine gemeinsame Grundstruktur herauszukristallisieren, mit konzeptionellen Anknüpfungspunkten und theoretischer Anschlussfähigkeit, mit charakteristischen Herausforderungen beim Management sowie mit ersten Praxisbeispielen, die Erfolg versprechen, Mut machen und übertragbare Vorgehensweisen liefern mögen. Diese Gemeinsamkeiten stehen im Mittelpunkt der folgenden Beschreibung. Sie bilden das Fundament für den Aufbau des Buches in drei inhaltlichen Schwerpunkten, die jeweils durch eine Reihe von Einzelbeiträgen konkretisiert und veranschaulicht werden (Abb. 1.1):

■ Teil I zur konzeptionellen Einbettung eines Industrial Ecology Managements,

■ Teil II mit ausgewählten Managementaspekten einer Industrial Ecology sowie

■ Teil III mit Beispielen eines Industrial Ecology Managements in der Praxis.

Zwei namhafte internationale Protagonisten der Industrial Ecology Community und fachliche Kenner führen zunächst in das Buch ein: Das Geleitwort von Matthias Ruth bildet den Auftakt. Ruth – einer der profilierten internationalen Vordenker an der Schnittstelle zwischen Industrial Ecology und ökologischer Ökonomie – betont, wie wichtig der Brückenschlag von der Industrial Ecology Science zum Industrial Ecology Management für den Weg einer nachhaltigen Entwicklung sei. Zur Übersetzung in die Managementperspektive liege in der Industrial Ecology allerdings noch vergleichsweise wenig vor. Insofern treffe das Buch zum Industrial Ecology Management den Nerv der Zeit. Es vermöge letztlich zu einem nachhaltigeren Ressourceneinsatz beizutragen.

Abbildung 1.1   Aufbau des Buches im Gesamtüberblick

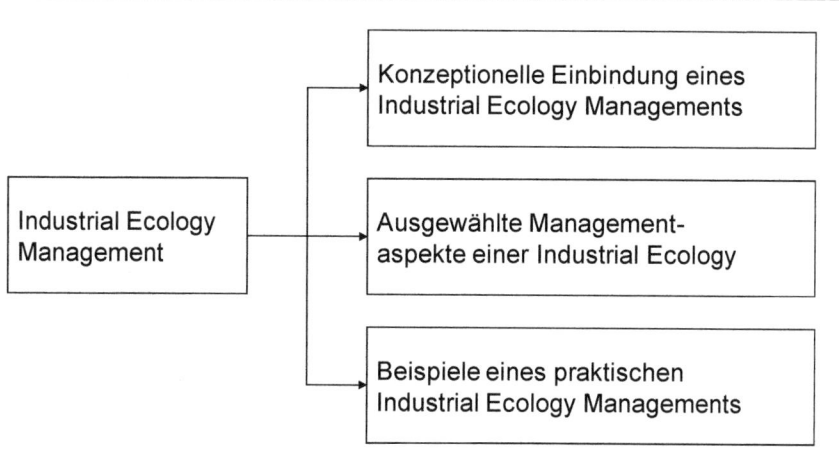

Frank Boons – ebenfalls international ausgewiesener Experte – richtet seinen Blick auf eine Einzelunternehmen verbindende Untersuchungsperspektive, so wie sie z.B. im Supply Chain Management und für regionale Cluster kennzeichnend ist. In seinem Vorwort hebt er den Charme der Industrial Ecology Science hervor: die Verbindung zwischen der Analyse von Stoffströmen und Energieflüssen mit den Erkenntnissen über soziale Systeme, die diese Stoffströme und Energieflüsse erzeugen. Um industrielle Produktions- und Konsumsysteme letztlich nachhaltiger zu gestalten, biete die Industrial Ecology einen systemischen und interdisziplinären Ansatz. Was bislang weithin fehle, um das Potenzial überbetrieblicher Kooperation für eine verbesserte Nachhaltigkeitsleistung zu heben, sind Erkenntnisse über eine angepasste Übersetzung, Vermittlung und Kommunikation für Entscheider. Für ein solches Industrial Ecology Management machen die Beiträge im Buch insgesamt einen stimmigen Vorschlag.

Mit sechs Beiträgen zielt Teil I des Buches zunächst auf eine konzeptionelle Einbettung eines Industrial Ecology Managements (Abb. 1.2). Der Pfad zu einem Industrial Ecology Management beginnt mit ersten Eingrenzungen und Zusammenführungen der drei Herausgeber.

Michael von Hauff zeigt in seinem Beitrag „Von der Ökologischen Ökonomie zur Industrial Ecology Science" auf, dass beide Disziplinen zwar dieselben Wurzeln in der starken ökologischen Nachhaltigkeit haben, ihr Zugang zur Gestaltungsebene jedoch sehr unterschiedlich ist. Letztlich stellt sich die Frage, welches Konzept umweltpolitische Entscheidungsprozesse besser begründen kann, mithin eine Abwägung von ökologischen und ökonomischen Interessen realistischer begleitet.

Abbildung 1.2   Aufbau von Teil I

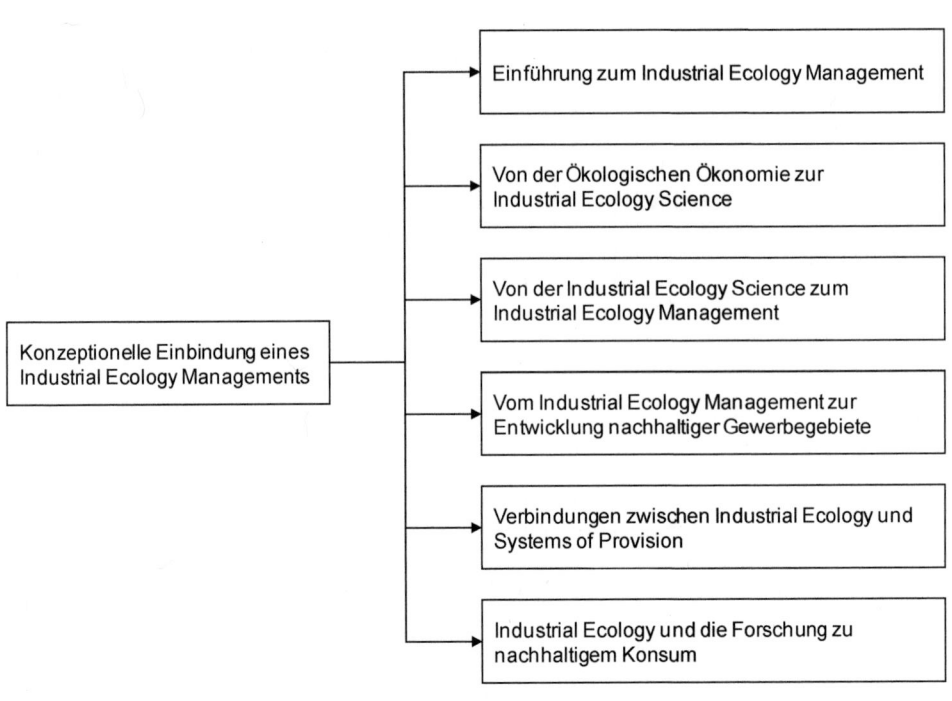

Ralf Isenmann nimmt diese Frage mit in seinem Beitrag „Von der Industrial Ecology Science zum Industrial Ecology Management" auf. Er skizziert die Konturen, wie sich die Prinzipien und Grundlagen der Industrial Ecology stärker auf Unternehmensebene konkretisieren und dort anhand ausgesuchter Handlungsfelder umsetzen lassen. Eine besondere Rolle spielt hierbei die Sichtweise des Managements, inspiriert vom Vorbild der Natur, ein Kerncharakteristikum der Industrial Ecology.

Einen Schritt konkreter wird Georg Müller-Christ in seinem Beitrag „Vom Industrial Ecology Management zur Entwicklung nachhaltiger Gewerbegebiete". Ein erkennbarer und sichtbarer Ort strukturell eng gekoppelter Stoffströme könnten Gewerbe- und Industriegebiete sein. Wenn man davon ausgeht, dass es vor allem darum geht, Gewerbe- und Industriegebiete im Bestand weiterzuentwickeln, dann stellen sich vor allem Fragen der Begründung und der Systematik eines solchen Prozesses. Herausgearbeitet wird die Besonderheit der Managementaufgabe: der Umgang mit Widersprüchen.

Stefan Gößling-Reisemann und Arnim von Gleich greifen in ihrem Beitrag „Verbindungen zwischen Industrial Ecology und Systems of Provision" die zunehmend thematisierte Verknüpfung von Produktions- und Konsumakteuren auf und bringen damit den Menschen mit seinen Präferenzen in die Industrial Ecology zurück. Stoffströme dienen letztlich der Umsetzung menschlicher Leitbilder eines guten Lebens, und dieses gute Leben muss mit den naturgesetzlichen Restriktionen einer dauerhaft lebbaren Wirtschaftsweise abgeglichen werden.

Dieser Abgleich ist auch das Ziel der Diskussion um einen nachhaltigeren Konsum, die Ines Weller in ihrem Beitrag skizziert: „Industrial Ecology und die Forschung zu nachhaltigem Konsum". Das Postulat der Industrial Ecology, dass alle Produkte und Technologien so hergestellt und verwendet werden sollten, dass sie friktionsfrei in den industriellen Stoffkreislauf rückgeführt werden können, hat erhebliche Konsequenzen für die Konsumaktivitäten und Nutzungsmuster der privaten Konsumenten.

Im Teil II des Buches sind zehn Beiträge zu ausgewählten Managementaspekten einer Industrial Ecology gebündelt. Hier werden Begrifflichkeiten und Konzepte der Managementlehre auf ihre Möglichkeiten geprüft, um Abstimmungsprozesse der Akteure für geschlossenere Stoffkreisläufe herbeizuführen (Abb. 1.3).

Michael von Hauff beginnt diesen Teil mit seinem Beitrag „Anforderungen an nachhaltige Gewerbegebiete". Ausgehend von theoretischen Begründungen für ein nachhaltiges Gewerbegebiet leitet er mithilfe des integrierenden Nachhaltigkeitsdreiecks konkrete Managementaufgaben für die Umgestaltung von Gewerbegebieten ab. Diese Managementaufgaben werden in der wissenschaftlichen und praxisnahen Literatur in der letzten Zeit ganz plakativ als „Zero Emissions" bezeichnet.

Hans Schnitzer diskutiert in seinem gleichlautenden Beitrag die Reichweiten dieser Metapher und ihrer Konsequenzen für die Gestaltung von Stoff- und Energieströmen. Konkrete Beispiele belegen die heutigen Möglichkeiten des Konzeptes, die weitgehend von der Bereitschaft der Akteure und Akteurinnen gesteuert sind, sich in ihren Aktivitäten abzustimmen.

Diese Abstimmungen werden erleichtert, wenn die Akteure kooperationsbereit sind. Christoph Bey erörtert ganz in diesem Sinne in seinem Beitrag die Frage: „Eco-industrial Parks als strategische Allianzen – wie gut passen die Partner zusammen?" Interessanterweise deutet sich in der Praxis an, dass es weniger der ökonomische Vorteil einer Allianz ist, die sie entstehen und bestehen lässt als vielmehr die Imagesteigerung und das Vertrauen der Kooperationspartner zueinander. Unter anderem auch diese Erkenntnis macht es offensichtlich, dass die Koordination der Kooperationspartner moderiert werden muss, um dauerhaft Bestand zu haben.

Georg Müller-Christ arbeitet in seinem Beitrag „Dilemmata in Nachhaltigkeitskooperationen: Empfehlungen an die Moderation" die Anforderungen an gelingende Abstimmungsprozesse von Stoffströmen heraus. Dabei steht insbesondere die Fähigkeit der Moderation im Vordergrund, die Widersprüchlichkeit zwischen ökologischen Notwendigkeiten und ökonomischen Erfordernissen bewältigen zu können.

Abbildung 1.3   Aufbau von Teil II

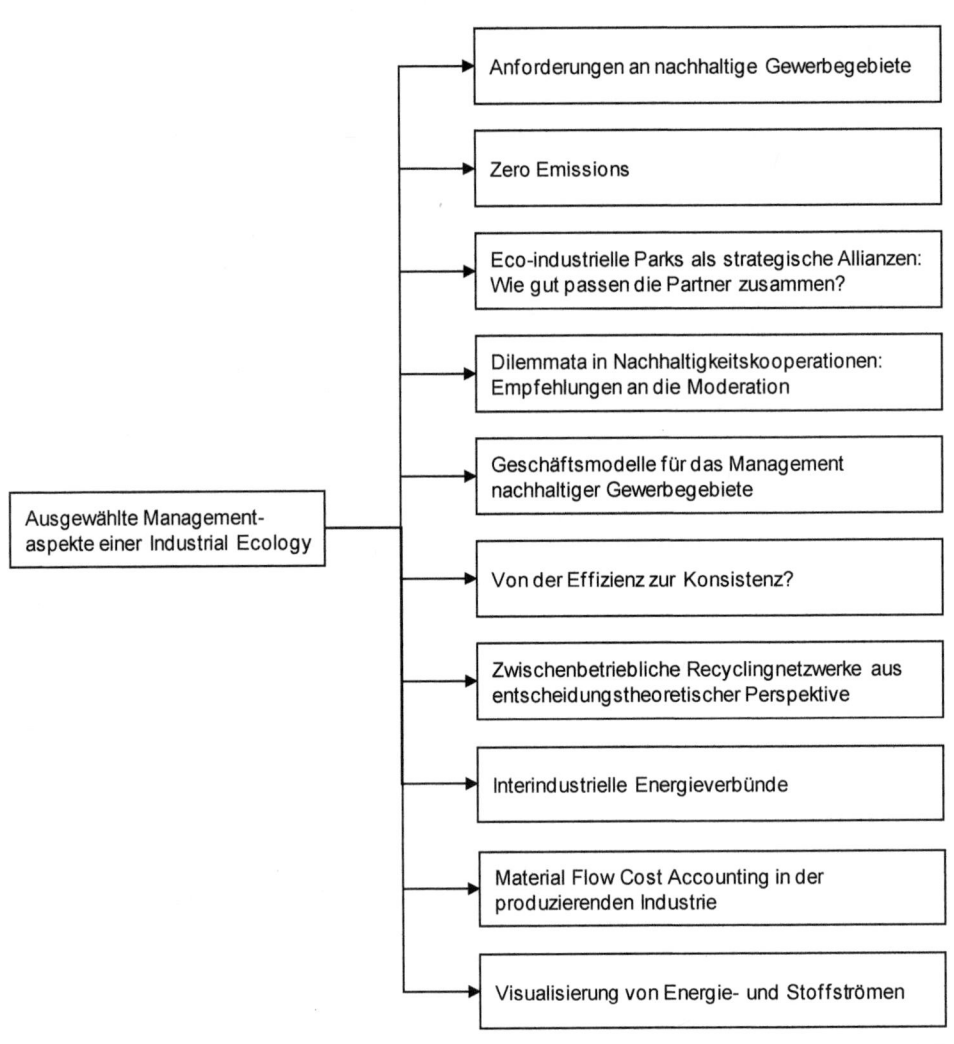

Diese Notwendigkeit ist eine Daueraufgabe, so dass Anna Katharina Liebscher in ihrem Beitrag nach „Geschäftsmodellen für das Management nachhaltiger Gewerbegebiete" sucht. Die Zusammenarbeit zwischen den Akteuren zu koordinieren, erfordert eine permanente Koordinationskapazität zwischen den Partnern in geschlosseneren Stoffkreisläufen, für die die Organisationstheorie verschiedene Modelle anbietet. Gleichwohl müssen die Akteure diese Koordinationskapazität auch finanzieren.

Jürgen Freimann und Michael Walther zeigen in ihrem Beitrag „Von der Effizienz zur Konsistenz?" anhand von konkreten Beispielen in Verwertungsnetzen auf, dass gerade ohne eine geeignete Koordinationskapazität Lernen und damit Entwicklung in Stoffstrompartnerschaften nicht stattfindet. Solche Partnerschaften bleiben statt dessen dem Effizienzgedanken verhaftet und können aus sich heraus keine Impulse entwickeln, Stoffströme konsistenter zu gestalten.

Erfahrungen aus österreichischen Recyclingnetzwerken weisen in dieselbe Richtung. Alfred Posch analysiert in seinem Beitrag „Zwischenbetriebliche Recyclingnetzwerke aus entscheidungstheoretischer Perspektive", wie sich die Akteure für die Teilnahme an einem Recyclingnetzwerk entscheiden. Da es sich hierbei um eine multikriterielle Entscheidung handelt, in der jeder Akteur seine Entscheidungsprämissen in eine eigene Rangfolge bringt, sind Leitbilder und Visionen notwendig, um gemeinsames Verhalten zu lenken. Wollen Unternehmen gemeinsam ihre Energieversorgung sicherstellen, müssen sie ähnliche Probleme lösen.

Thomas Göllinger diskutiert in diesem Sinne in seinem Beitrag „Interindustrielle Energieverbünde". Der Pfadwechsel beim Energiesystem wird eben nicht nur durch die vorhandenen Technologien und deren ökologischere Alternativen gesteuert, sondern ganz entscheidend auch von den mentalen Modellen der Akteure und Akteurinnen sowie ihrer Vertrauenskultur. Mit diesem Beitrag kristallisiert sich dann schlussendlich heraus, dass nicht allein ökonomische Effizienzvorteile oder technologische Innovationen, sondern eben auch die Bereitschaft der Akteure, aufwändigere Abstimmungsprobleme auf sich zu nehmen, durch ein Industrial Ecology Management gesteuert werden müssen.

Hilfreich hierbei sind konkrete Instrumente, denen es vor allem gelingt, physische und monetäre Mengengerüste aufeinander zu beziehen. Mario Schmidt stellt in seinem Beitrag „Material Flow Accounting in der produzierenden Industrie" diesbezüglich konzeptionelle Überlegungen an. Die zwischenbetriebliche Abstimmung von Stoffströmen setze Instrumente voraus, die verlässliche Informationen über die Auswirkungen von Veränderungen auf den Geldfluss bewerten können.

Den Teil II des Buches abschließend stellt Mario Schmidt seine Überlegungen zur „Visualisierung von Energie- und Stoffströmen" vor. Bilder sind zuweilen wertvollere Entscheidungshilfen als Daten. Gerade stoffliche Ströme lassen sich wunderbar in Graphiken anschaulich darstellen. Graphisch anschauliche Visualisierungen unterstützen eine schnellere gemeinsame Identifizierung von Ansatzpunkten auch in überbetrieblichen Abstimmungsprozessen.

Der Teil III des Buches vereint vier konkrete Beispiele eines praktischen Industrial Ecology Managements (Abb. 1.4). Gemeint sind damit Projekte, in denen Akteure erste systematische Versuche unternommen haben, durch koordinierte Abstimmungsprozesse Stoffkreisläufe zu schließen und Energieflüsse zu reduzieren.

Abbildung 1.4   Aufbau von Teil III

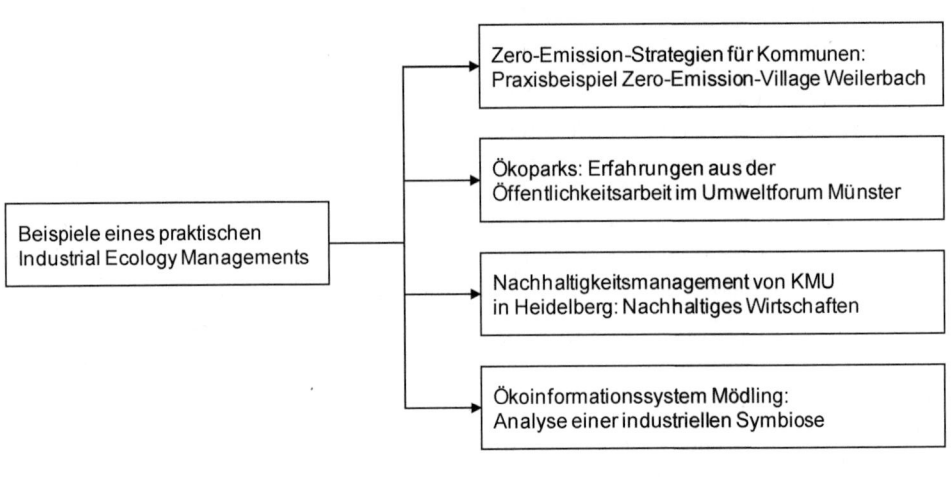

Klaus Helling bietet in seinem Beitrag „Zero-Emission-Strategien für Kommunen – Praxis-beispiel Zero-Emission-Village Weilerbach" neben konzeptionellen Überlegungen auch eine umfangreiche Liste an, die die Kommunen und Regionen enthält, die in Deutschland das Zero-Emission-Konzept anwenden. Anhand des konkreten Beispiels der Verbandsge-meinde Weilerbach zeigt er auf, dass CO_2-neutrale Kommunen machbar sind.

Aus diesem Grunde fördert die Stadt Heidelberg kleine und mittelständische Unternehmen bei der Einführung eines Nachhaltigkeitsmanagement. Hans-Wolf Zirkwitz, Raino Winkler und Holger Keller schildern in ihrem Beitrag „Nachhaltigkeitsmanagement für KMU in Heidelberg — Nachhaltiges Wirtschaften" die umfassenden Ziele und den kon-kreten Ablauf, wie die Stadt Heidelberg Maßnahmen der Energie- und Ressourceneinspa-rung in Unternehmen vermittelt.

Peter Deininger hingegen bringt noch einmal einige kritische Anmerkungen in seinem Bei-trag „Ökoparks – Erfahrungen aus der Öffentlichkeitsarbeit im Umweltforum Münster" ins Spiel. Die Idee, dass nachhaltig wirtschaftende Unternehmen ihre Produktionsprozesse von der Wiege bis zur Wiege neu ausrichten, kann er aus der Sicht des Umweltforums Münster nicht bestätigen.

Abschließend reflektieren Elke Perl-Vorbach und Stefan Vorbach in ihrem Beitrag „Ökoin-formationssystem Mödling: Analyse einer industriellen Symbiose" das Management des Aufbaus einer industriellen Symbiose. Anhand des Beispiels des Bezirks Mödling im Sü-den von Wien schildern sie dann ihre konkreten Erfahrungen, die sie in der Begleitung der Modellregion zu einer industriellen Symbiose gemacht haben. Auch in diesem Beispiel zeigte es sich dann, dass ein ökonomischer Vorteil nicht ausreicht, um komplexere Abstimmungsprozesse zwischen den Unternehmen in Gang zu setzen und in Gang zu halten. Es bedarf eines systematischen Industrial Ecology Managements, welches die Eigengesetzlichkeiten der unternehmensübergreifenden Kooperationen gut beherrscht.

1.5   Ausblick anstatt Fazit

Die Industrial Ecology ist ein junges, aber rasch aufstrebendes Forschungs- und Handlungsfeld mit einer dynamischen Entwicklung seit etwa 25 Jahren, vor allem international, mittlerweile aber auch national und mit einer wachsenden Community im deutschsprachigen Raum. In der Betriebswirtschaftslehre generell und speziell im Nachhaltigkeitsmanagement scheint zuweilen allerdings eine verkürzte Lesart wahrgenommen zu werden, nämlich dass in der Industrial Ecology (theoretisch) ein paradigmatisch aufgeladener Ansatz verfolgt werde, ein eigenständiges Profil nur schwer auszumachen sei und es (praktisch) letztlich darauf ankomme, die Rahmenbedingungen des Wirtschaftens so zu ändern, dass Stoffströme im Kreislauf führen zu können (Paech und Pfriem 2004; BMU et al. 2007). Auch wenn eine kritische Reflexion der eigenen Grundlagen für Theoriebildung und -entwicklung notwendig sowie die Veränderung der Rahmenbedingungen in der Praxis sicherlich wichtig sind, so zeigt sich doch auch, dass Unternehmen und insbesondere Unternehmensverbünde als strukturpolitische Akteure die Bedingungen ihres Wirtschaftens selbst mit gestalten können. Industrial Ecology Management ist insofern ein Thema, für die Betriebswirtschaftslehre und für das Nachhaltigkeitsmanagement. International spiegelt sich diese Entwicklung. Sie hat bei der ISIE bereits erste Formen der Institutionalisierung gefunden: zum einen in der jährlichen Konferenzserie: „Industrial Symbiosis Research Symposium", zum anderen als eigene Arbeitsgruppe: „Eco Industrial Development/Industrial Symbiosis Section" (http://www.is4ie.org/topicalsections#EIDC). Der Boden ist also bereitet.

Literatur

Bringezu, S. (2004): Industrial Ecology – das kommende Aufgabenfeld für Umweltwissenschaftler. Mitteilungen der Fachgruppe Umweltchemie und Ökotoxikologie, Vol. 4, S. 9-11.

Bundesministerium für Umwelt, Naturschutz und Reaktorsicherheit (BMU)/econsense (Forum Nachhaltige Entwicklung der Deutschen Wirtschaft)/Centre for Sustainability Management (CSM) (2007): Nachhaltigkeitsmanagement in Unternehmen. Von der Idee zur Praxis. Managementansätze zur Umsetzung von Corporate Social Responsibility und Corporate Sustainability, 3. vollständig überarbeitete Auflage, Wolfsburg.Volkswagen Service Factory.

Fraunhofer-Institut für System- und Innovationsforschung (ISI) (2011): Verlaufssystem zum BMBF-Foresight. Statusbericht 1 für das BMBF. Erstellt von Warnke, P./Isenmann, R./ Schirrmeister E./Cuhls, K.: ProduzierenKonsumieren2.0, Karlsruhe.

Fraunhofer-Institut für System- und Innovationsforschung (ISI)/Fraunhofer-Institut für Arbeitswirtschaft und Organisation (IAO) (2009): Foresight-Prozess im Auftrag des BMBF. Zukunftsfelder neuen Zuschnitts, Hrsg. von Cuhls, K./ Ganz, W./ Warnke, P., Karlsruhe/Stuttgart.

Gnauck, A. (2007): Rezension zu Industrial Ecology. Mit Ökologie zukunfstorientiert wirtschaften. Isenmann, R./Hauff, M. von (Hrsg.), München, Elsevier, in: Rundbrief Umweltinformatik, Vol. 42 (Dezember 2007), S. 29-31.

Institut der deutschen Wirtschaft Köln (2007). IW Umwelt-Service, Vol. 3.

Isenmann, R. (2003a): Further efforts to clarify industrial ecology's hidden philosophy of nature. Journal of Industrial Ecology, Vol. 6, 3/4,S. 27-48.

Isenmann, R. (2003b): Natur als Vorbild. Plädoyer für ein differenziertes und erweitertes Verständnis der Natur in der Ökonomie, Marburg, Metropolis.

Isenmann, R. (2008): Setting the boundaries and highlighting the scientific profile of Industrial Ecology. Information Technologies in Environmental Engineering, Special Issue January Vol. 1, 1, S. 32-39, online verfügbar: <http://www.iteejournal.com/Volume1/index.htm>.

Isenmann, R./Gößling-Reisemann, S. (2008): From industrial ecology science to industrial ecology management in the German-speaking world. ISIE Newsletter, Vol. 8, 3, S. 12-13.

Isenmann, R./Hauff, M. von (Hrsg.) (2007): Industrial Ecology. Mit Ökologie zukunftsorientiert wirtschaften, München, Elsevier.

Leal Filho, W. (2002): Towards a closer integration of environmental education and industrial ecology. International Journal of Environment and Sustainable Development, Vol. 1, 1, S. 20-31.

Leal Filho, W. (2007): Ausbildung in Industrial Ecology, in: Isenmann, R./Hauff, M. von (Hrsg.), Industrial Ecology. Mit Ökologie zukunftsorientiert wirtschaften, München, Elsevier, S. 279-288.

Paech, I./Pfriem, R. (2004): Konzepte der Nachhaltigkeit von Unternehmen. Theoretische Anforderungen und empirische Trends. Endbericht der Basisstudie 1 des BMBF geförderten Vorhabens „Sustainable Markets emerge" (SUMMER), Universität Oldenburg.

Poganietz, W.-R. (2008): Rezension zu Industrial Ecology. Mit Ökologie zukunftsorientiert wirtschaften. Isenmann, R./Hauff, M. von (Hrsg.). München, Elsevier, in: Technikfolgenabschätzung – Theorie und Praxis, Vol. 17, 1, S. 89-92.

Rogall, H. (2009): Nachhaltige Ökonomie. Ökonomische Theorie und Praxis einer Nachhaltigen Entwicklung. Marburg, Metropolis.

Seifert, E.K. (2007): Rezension zu Industrial Ecology. Mit Ökologie zukunftsorientiert wirtschaften. Isenmann, R.; Hauff, M. von (Hrsg.). München: Elsevier. Umweltwirtschaftsforum (UWF), Vol. 15. , 4, S. 268-269.

Simonis, U.E. (2008): Rezension zu Industrial Ecology. Mit Ökologie zukunftsorientiert wirtschaften. Isenmann, R./Hauff, M. von (Hrsg.), München, Elsevier, in: Journal of Industrial Ecology (JIE), Vol. 12, 2, S. 255-257.

von Gleich, A./Gößling-Reisemann, S. (Hrsg.) (2008): Industrial Ecology – Nachhaltige industrielle Systeme gestalten, StuttgartIs, Teubner.

2 Von der Ökologischen Ökonomie zur Industrial Ecology Science

Michael von Hauff

2.1 Einführung in die Industrial Ecology Science

Das Thema von der ökologischen Ökonomie zur Industrial Ecology Science erfordert zunächst einige inhaltliche Klärungen der zentralen Kategorien bzw. Ansätze. Für die Ökologische Ökonomie steht ein umweltpolitisch orientiertes Leitbild nachhaltiger Entwicklung, das die Beziehung der beiden Kategorien Ökologie und Ökonomie in den Mittelpunkt stellt. Die Ökologische Ökonomie geht weit über die herrschenden Ansätze, insbesondere der neoklassischen Orientierung, hinaus. Die Ökologische Ökonomie basiert auf der starken Nachhaltigkeit die eine Substitution von Natur- durch Sachkapital grundsätzlich in Frage stellt. Die Vertreter der Ökologischen Nachhaltigkeit plädieren für die uneingeschränkte Erhaltung lebenswichtiger Ökosysteme. Die Industrial Ecology wiederum basiert ganz wesentlich auf der Ökologischen Ökonomie, wobei sie sich – wie aus der Begrifflichkeit deutlich wird – auf den Industriesektor konzentriert.

Die Industrial Ecology gilt seit einigen Jahren als neues Forschungs- und Handlungsfeld, das eine dynamische Entwicklung aufweist. Im Vergleich zu anderen etablierten Disziplinen in der Umwelt- und Nachhaltigkeitswissenschaft (Sustainability Sciences) hat die Industrial Ecology eine kurze Entwicklungsgeschichte. Aufgrund ihrer interdisziplinären Wurzeln mit Anleihen aus den Ingenieur- und Naturwissenschaften einerseits und Wirtschafts- und Sozialwissenschaften andererseits sind ihre spezifischen Konturen verständlicherweise bislang eher unscharf. Die Herausbildung eines eigenständigen wissenschaftlichen Profils steht insgesamt erst am Anfang. Daher bietet sich der Industrial Ecology Science noch ein breites Forschungsfeld.

Die Industrial Ecology Science wurde in den letzten Jahren jedoch in zunehmendem Maße durch eine Ausdifferenzierung der Forschungs- und Handlungsfelder weiter entwickelt. Dies reicht von der Materialwirtschaft bis zu der Ausbildung in der Industrial Ecology (Isenmann, v. Hauff 2007). Insofern gibt es heute eine breit gefächerte Industrial Ecology Science und Industrial Ecology Science Community. In der Community besteht ein breiter Konsens, dass die Industrial Ecology einen wichtigen Beitrag zu dem übergeordneten Leitbild Nachhaltiger Entwicklung leistet. Das wird dann ersichtlich, wenn man sich den Paradigmenwechsel, den die Industrial Ecology einfordert, deutlich macht.

Danach ist das traditionelle Modell industrieller Produktion kritisch zu hinterfragen. In dem traditionellen Modell industrieller Produktion verbrauchen einzelne Unternehmen bei ihren Produktionsprozessen typischer Weise Rohmaterial, d.h. natürliche Ressourcen und erstellen dabei sowohl Produkte, die am Markt angeboten werden, als auch Abfälle in gasförmiger und fester Form. Entsprechend ist die Natur Zulieferer von natürlichen Ressourcen bzw. Aufnahmemedium von Emissionen bzw. Abfällen für den Industriesektor.

Im Kontext der Industrial Ecology muss jedoch der Industriesektor in die Natur bzw. die ökologischen Systeme zurückgeführt werden. Das begründet sich auf der rationalen Ebene damit, dass langfristig die industrielle Produktion nur im Rahmen von funktionierenden, d.h. gleichgewichtigen Ökosystemen möglich ist, die ihre Servicefunktionen an den Industriesektor erfüllen können. Die Überforderung von Ökosystemen, wie z.B. im Kontext des Klimawandels deutlich wird, zeigt klar, dass sich dies langfristig negativ auf die industrielle Produktion auswirkt und damit auch eine positive wirtschaftliche Entwicklung beeinträchtigt wird. Im Zusammenhang der Nachhaltigen Entwicklung kann man feststellen, dass die Industrial Ecology somit ganz wesentlich auf der ökologischen Nachhaltigkeit basiert (v. Hauff 2007, S. 49 ff).

In jüngerer Vergangenheit wird in der Industrial Ecology Science aber auch in zunehmendem Maße gefordert, Industrial Ecology nicht nur über die ökologische Nachhaltigkeit zu begründen, sondern sie in dem umfassenden Verständnis Nachhaltiger Entwicklung weiter zu entwickeln. Danach müsste Industrial Ecology einen Beitrag zu den drei Dimensionen Ökologie, Ökonomie und Soziales leisten (vgl. hierzu v. Hauff, Kleine 2009). Die Einbeziehung der sozialen Nachhaltigkeit steht in der Industrial Ecology jedoch noch aus. Dabei gilt zu berücksichtigen, dass die soziale Dimension auch in der Nachhaltigkeitsdiskussion bisher relativ stark vernachlässigt wurde.

Es ist jedoch unbestritten, dass die soziale Nachhaltigkeit, die den gesellschaftlichen Zusammenhalt in Humanität, Freiheit und Gerechtigkeit zum Ziel hat, ebenfalls von großer Bedeutung für die Zukunft einer Gesellschaft aber auch für den Industriesektor ist (v. Hauff, Schiffer 2010, S. 1). Hierbei gilt jedoch zu berücksichtigen, dass es schon lange vor der Entstehung der Industrial Ecology besonders Naturwissenschaftler wie den Chemiker Wilhelm Ostwald gab, der beispielsweise Möglichkeiten einer Minimierung von Energieverlusten und gesellschaftlicher Entwicklung aufzeigte und somit im Prinzip alle drei Dimensionen mit einbezog.

Daher gehen die Forderungen heute dahin, die Industrial Ecology um die entsprechenden Dimensionen nachhaltiger Entwicklung zu erweitern. Zur Begründung stellt beispielsweise Fischer-Kowalski fest: „Für die Weiterentwicklung der Industrial Ecology wäre es sicherlich fruchtbar, sich weiterhin des Begriffs des Metabolismus zu bedienen und seinen möglichen Gebrauch anhand obiger Prämissen zu überprüfen. Nicht jeder Material- und Energiefluss ist gleich ein ganzer Stoffwechsel und industrielle Systeme reproduzieren sich nicht bloß materiell und energetisch, sondern ökonomisch und sozial. Man wird dann auch nicht umhin können, den ganzen gesellschaftlichen Stoffwechsel, mittels dessen sich eine menschliche Population reproduziert, in den Blick zu nehmen, also eine sozial ökologische Perspektive als notwendiges Element der Industrial Ecology zu akzeptieren" (Fischer-Kowalski 2007, S.99). Hierbei handelt es sich jedoch um ein neues Forschungsgebiet, das in Zukunft noch einer weiteren Zuwendung bedarf.

Die Umsetzung der Erkenntnisse der Industrial Ecology Science zu einem Industrial Ecology Management weist inhaltlich verschiedene Zugänge auf. In diesem Beitrag geht es um die volkswirtschaftliche Perspektive. Aus dieser Perspektive unterstellt zunächst der traditionelle umweltökonomische Ansatz, d.h. die neoklassische Umweltökonomie, das Ziel der Umweltpolitik bestehe in der Maximierung der Wohlfahrt der Gesellschaft. Danach wird über Internalisierungsstrategien ein Zustand sozialer Optimalität angestrebt. In diesem Kontext stellt sich jedoch die Frage, weshalb die Ziele der Industrial Ecology, die zur Wohlfahrt beitragen, nicht optimal umgesetzt werden.

Zur Erklärung, weshalb es in der Regel nicht zur ökologisch optimalen Wohlfahrt kommt, bietet sich die Neue Politische Ökonomie an. Im Rahmen der Neuen Politischen Ökonomie wird das Konzept des methodischen Individualismus angewandt, wonach nur Individuen entscheiden und handeln. Kollektive Entscheidungen sind entsprechend eine Aggregation individueller Entscheidungen und Handlungen (Buchanan 1987, S. 586). In der Gesellschaft, im Staat, in Parteien und anderen Organisationen kommt es deshalb zu Entscheidungen oder Handlungen, weil sich einzelne Individuen für etwas Bestimmtes entschieden haben (Kirsch 2005, S. 5).

Die Ausrichtung des individuellen Handelns ist an der eigenen Wohlfahrt orientiert (individuelles Nutzenmaximierungskalkül), was nicht ausschließt, dass das Nutzenmaximierungskalkül eines Individuums mit der Maximierung der Wohlfahrt anderer überein stimmen kann. Eine weiterführende Kernfrage der Neuen Politischen Ökonomie besteht darin, wie sich individuelle Freiheit und gesellschaftlicher Frieden gleichzeitig realisieren lassen. Die Maxime hierzu lautet: Der Einzelne soll nur dadurch seine eigene Wohlfahrt erhöhen können, wenn er einen Beitrag zur Wohlfahrt anderer erbringt (Kirsch 2005, S. 27). Es ist jedoch unschwer zu erkennen, dass die Umsetzung dieser Maxime vielfältige Schwierigkeiten aufweist.

Entsprechend der Neuen Politischen Ökonomie wird der Politiker als ein ausschließlich seine Eigeninteressen verfolgender Akteur gesehen (Horbach 1992, S. 246). In der Realität kann ein Politiker sein Eigeninteresse jedoch ebenso wenig uneingeschränkt vertreten bzw. durchsetzen, wie das Haushalte oder Unternehmen können. Bei der Verfolgung von Eigeninteressen muss er auf Konkurrenten, Wähler, Bürokraten und Interessenorganisationen Rücksicht nehmen. In diesem Kontext gibt es eine Vielzahl von politökonomischen Modellen. Ein einfaches Modell geht davon aus, dass ein Politiker sich für jene umweltpolitische Entscheidung entschließt, die ihm am meisten Stimmen einbringt. Danach ist eine Politik dann optimal, wenn die Differenz zwischen den befürwortenden Wählerstimmen gegenüber den ablehnenden Wählerstimmen maximal ist (Endress 2000, S. 247). In dieses Modell lässt sich das Industrial Ecology Management aus volkswirtschaftlicher Perspektive einordnen.

Zunächst geht es nun darum, die Industrial Ecology im Kontext Nachhaltiger Entwicklung zu begründen, d.h. die Industrial Ecology Science aus der Perspektive der ökologischen Nachhaltigkeit inhaltlich einzuordnen. In Abschnitt drei werden dann die Handlungsregeln als Bedingung für ein Industrial Ecology Management vorgestellt und begründet. In Abschnitt vier geht es schließlich um die Frage, wie umweltpolitische Entscheidungen auf politischer Ebene getroffen bzw. auch verhindert werden. Dies zeigt mögliche Hemmnisse für ein effizientes Industrial Ecology Management auf. Die wichtigsten Erkenntnisse werden dann in Abschnitt fünf zusammengeführt.

2.2 Begründung der Industrial Ecology im Kontext Nachhaltiger Entwicklung

Die Einordnung der Industrial Ecology aus umweltökonomischer Perspektive führt dazu, dass sie, wie schon kurz erwähnt, einen Beitrag zur ökologischen Nachhaltigkeit leistet. Auffällig hierbei ist, dass es viele Beiträge aus natur- und ingenieurwissenschaftlicher Perspektive zur theoretischen Fundierung der Industrial Ecology gibt. Die theoretische Fundierung der Industrial Ecology aus der umweltökonomischen Perspektive bzw. aus der Perspektive der ökologischen Nachhaltigkeit wurde bisher jedoch weitgehend vernachlässigt.

Für die theoretische Begründung ökologischer Nachhaltigkeit und damit auch der Industrial Ecology aus ökonomischer Perspektive bieten sich unterschiedliche Theorieansätze an. Hervorzuheben sind besonders die neoklassisch orientierte Umweltökonomie (Environmental and Resource Economics) und die Ökologische Ökonomie (Ecological Economics). Die beiden theoretischen Ansätze basieren jedoch auf unterschiedlichen Begründungsebenen und kommen daher auch zu unterschiedlichen Erkenntnissen. Bei der inhaltlichen Abgrenzung geht es besonders um die Frage, welcher der ökonomischen Theorieansätze den Beitrag der Industrial Ecology zur ökologischen Nachhaltigkeit inhaltlich begründen kann.

Das Verständnis der neoklassischen Umweltökonomik zur ökologischen Nachhaltigkeit wurde ganz wesentlich durch den 1972 erschienenen ersten Bericht an den Club of Rome „Grenzen des Wachstums" von Dennis L. Meadows u.a. geprägt (Meadows u.a. 1972). Dieser Bericht hat erstmals die Grenzen der menschlichen Handlungsmöglichkeiten durch die begrenzten nichterneuerbaren Ressourcen aufgezeigt. Insofern war der Bericht eine Fundamentalkritik an der neoklassischen Ökonomik. Das Streben nach permanentem Wachstum durch ökonomische Aktivitäten wird kritisch hinterfragt und als unvereinbar mit den natürlichen Grenzen des menschlichen Handelns angesehen.

Joseph E. Stiglitz weist als Reaktion auf den Bericht an den Club of Rome auf drei Faktoren hin, die in dem Bericht von Meadows nicht berücksichtigt wurden (Stiglitz 1974, S. 123):

- technischer Fortschritt,

- die Möglichkeit der Substitution von Naturkapital durch Sachkapital (Substitution of man-made factors of production capital for national resources) und

- Skalenerträge.

Während die beiden ersten Faktoren selbsterklärend sind, soll der Faktor „Skalenerträge" kurz erläutert werden. Von steigenden Skalenerträgen spricht man dann, wenn die Menge an produzierten Gütern bei einer Verringerung der eingesetzten Produktionsfaktoren gleich bleibt oder die Menge der produzierten Güter stärker wächst als die eingesetzte Menge der Produktionsfaktoren. In diesem Fall steigt der Output an Gütern schneller als der Input an Produktionsfaktoren. Diese drei Faktoren ermöglichen nach Auffassung neoklassischer Ökonomen – auch den zukünftig lebenden Menschen bei gleich bleibendem oder steigendem Pro-Kopf-Konsum ein mindestens gleiches Nutzenniveau wie den gegenwärtig lebenden Menschen.

Betrachtet man die neoklassisch orientierte Diskussion zur Nachhaltigkeit, so stellt man fest, dass der neoklassische Nachhaltigkeitsbegriff auch nach dem Erscheinen des Brundtland-Berichtes an die bereits 1974 aufgezeigte Position eines im Zeitraum nicht sinkenden Nutzenniveaus anknüpft. Danach kommt dem gesamtwirtschaftlichen Kapitalstock eine zentrale Bedeutung zu: Der Kapitalstock der nachfolgenden Generationen überlassen wird, setzt sich aus akkumuliertem Sachkapital und dem Zustand der Umwelt in Form von Naturkapital zusammen. Die Aggregation der beiden Kapitalarten zu einem gesamtwirtschaftlichen Kapitalstock, muss unter der Bedingung der intergenerationellen Gerechtigkeit für zukünftige Generationen gleich bleiben, wenn das Kriterium der Nachhaltigkeit erfüllt sein soll.

Wird Naturkapital abgebaut, d.h. verringert, muss dies durch die Entstehung von mehr Sachkapital kompensiert werden. Geht man davon aus, dass Naturkapital durch Sachkapital substituiert werden kann gelangt man zu einer spezifischen Form der Nachhaltigkeit: Diese Position wurde mit dem Begriff der „Weak Sustainability" oder „schwachen Nachhaltigkeit" gekennzeichnet. Auch wenn diese Position teilweise in der Form modifiziert wurde, dass besonders relevante Ökosysteme zu erhalten sind und somit aus der Substitutionsregel heraus fallen, birgt die neoklassische Position relativ große Gefahrenpotenziale (v. Hauff, Kleine 2009, S. 24 ff).

Die Ökologische Ökonomie setzt sich von der neoklassischen Ökonomik deutlich ab. Entsprechend der Ökologischen Ökonomie geht es darum die Ökonomie in die Natur zurückzuholen um lebenswichtige Ökosysteme und damit auch die menschliche Lebensgrundlage zu erhalten. Dadurch werden auch Irreversibilitäten an Ökosystemen vermieden, was in der neoklassischen Ökonomik in der Regel nur unzureichend thematisiert wird. Weiterhin wird in der Ökologischen Ökonomie das Problem erkannt, dass ökologische Belastungen zu intergenerationellen Ungleichheiten führen können und es dadurch zu einer nicht nachhaltigen Entwicklung kommt. Das gilt unter der Bedingung, dass zukünftige Generationen für die Kosten der Beseitigung der Umweltschäden, z.B. der heutigen Generation aufkommen müssen und sie für die Beseitigung der Schäden keine entsprechende Kompensation erhalten.

Wie hinreichend bekannt, wurde die Ökologische Ökonomie ganz wesentlich von dem Beitrag von Nicholas Georgescu-Roegen „The Entropy Law and the Economic Courses" geprägt (Georgescu-Roegen 1971). Auf diesem Hintergrund wurde begründet, warum besonders sensible bzw. lebensnotwendige Ökosysteme und somit das entsprechende Naturkapital zu erhalten ist. Daraus begründet sich die starke Nachhaltigkeit (Strong

Sustainability). Sie stellt die Substituierbarkeit von Natur- durch Sachkapital grundsätzlich in Frage. Eine wesentliche Begründung starker Nachhaltigkeit basiert – wie schon aufgezeigt wurde - auf dem Grundsatz, dass intergenerationelle Gerechtigkeit den lebensnotwendigen Bestand an Naturkapital voraussetzt. Betrachtet man die Begründung der ökologischen Nachhaltigkeit im Vergleich zur Industrial Ecology, so gibt es hier eine weitgehende Identität. Daher stellt sich nun aus volkswirtschaftlicher Perspektive die Frage wie man von der Industrial Ecology Science zum Industrial Ecology Management kommt.

2.3 Handlungsregeln als Bedingung für ein gesamtwirtschaftliches Umweltmanagement

Die Umsetzung der ökologischen Nachhaltigkeit im Sinne von starker Nachhaltigkeit bzw. der Industrial Ecology erfordert die Formulierung bzw. Vorgabe von ökologischen Handlungs- bzw. Managementregeln. Sie wurden besonders von Daly aufgestellt und inhaltlich konkretisiert (Daly 1990). In diesem Zusammenhang wurde das Konzept des „kritischen Kapitals" formuliert, bis zu dem ökologische Systeme äußere Einflüsse tragen können (Pearce, Atkinson, Dubourg 1994, S. 468). Die ökologisch formulierten Managementregeln fanden sowohl in der wissenschaftlichen Diskussion als auch im politischen Bereich Anerkennung und wurden in entsprechenden Leitdokumenten aufgenommen (u.a. der nationalen Nachhaltigkeitsstrategie der Bundesrepublik Deutschland 2002, S.50).

In der Literatur werden besonders die folgenden drei Handlungsregelns der ökologischen Nachhaltigkeit herausgestellt:

■ Assimilationsregel: Die Assimilationsfähigkeit bezieht sich auf die biologisch-chemisch-physikalische Regenerationsfähigkeit der Umwelt. Die Umweltmedien Wasser, Luft und Boden dürfen nur in dem Maße belastet werden, wie sie sich auf natürliche Weise regenerieren können. Nur so ist es möglich, irreversible bzw. irreparable Umweltschäden zu vermeiden.

■ Regenerationsregel: Sie besagt, dass die Abbaurate von erneuerbaren, natürlichen Ressourcen die Regenerationsrate nicht übersteigen darf. Diese Regel entspricht somit dem traditionellen forstwirtschaftlichen Nachhaltigkeitsprinzip das auf Hannß Carl von Carlowitz zurückgeht. Er stellte bereits 1713 fest, dass im Rahmen des Bergbaus nicht mehr Holz eingeschlagen werden darf als nachwächst um damit die wirtschaftliche Existenzgrundlage der davon betroffenen Bergarbeiter nicht zu gefährden (v. Charlowitz 1703).

■ Substitutionsregel: Danach soll bei einem Abbau nicht-erneuerbarer Ressourcen ein gleichwertiger Ersatz geschaffen werden. Das ist entweder durch die Bildung eines substituierbaren erneuerbaren natürlichen Kapitalstock anzustreben oder durch eine durch den technischen Fortschritt forcierte rationale Nutzung von nicht-erneuerbaren Ressourcen denkbar.

Abbildung 2.1   Handlungsregeln für Nachhaltige Entwicklung (in Anlehnung an Daly 1990, S. 2)

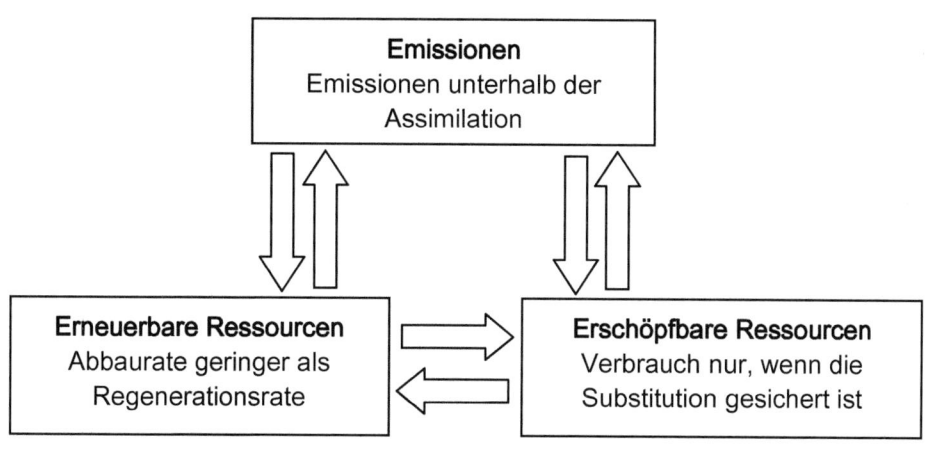

Die drei klassischen Handlungsregeln werden in der Literatur teilweise noch um weitere Regeln ergänzt. Es wird beispielsweise gefordert, dass die Ausbeutung nicht-erneuerbarer Ressourcen zur Erzielung von Knappheitsrenten führen soll. Aber auch die Erhaltung der Artenvielfalt wird teilweise als Handlungsregel aufgeführt (Majer 1995, S.251ff). Diese Regel findet gegenwärtig eine wachsende Bedeutung, da die Relevanz der Artenvielfalt nicht mehr nur aus ethischer sondern auch aus ökonomischer Perspektive erkennt: Es gibt beispielsweise noch viele Pflanzen, deren Bedeutung für eine mögliche Gewinnung von Naturmedizin oder für die Nahrungserzeugung bisher nicht erschlossen wurden.

Weiterhin hat die Enquete Kommission in ihrem Abschlussbericht schon 1994 weitere drei Managementregeln benannt (Enquete-Kommission 1994):

- Reaktionsregel: Danach sollen menschliche Aktivitäten das zeitliche Reaktionsvermögen der Umwelt angemessen berücksichtigen. Damit soll die Langfristigkeit des Handelns als herausragendes Merkmal einer nachhaltigen Entwicklung deutlich machen.

- Gefahren-Risiko-Regel: Danach sollen Gefahren und unvertretbare Risiken für die menschliche Gesundheit vermieden werden.

- Globale Verteilungsregel: Diese Regel, die auf Daly zurückgeht, besagt, dass der Ressourcenverbrauch einer Region, bemessen als Produkt aus Bevölkerung und Ressourcenverbrauch pro Einwohner, seinen ökologischen Kapitalstock nicht reduzieren darf. Entsprechend sollen u.a. Industrieländer ihr Wirtschaftswachstum zugunsten weniger entwickelter Länder drastisch einschränken, da die Nutzung des natürlichen Kapitals über ein akzeptables Maß hinausgeht (Daly 1990, S.5).

Die Handlungsregeln deuten bereits an, dass sich ihre Umsetzung als sehr komplex darstellt und weitreichende Implikationen wirtschaftlicher aber auch sozialer Art zu erwarten sind. Die Allgemeinheit der Handlungsregeln erfordert jedoch in einem nächsten Schritt konkrete Ziele und auch zeitlich begrenzte Zielvorgaben vorzugeben. Die Umsetzung der Ziele erfordert wiederum ein differenziertes Instrumentarium das nach den Kriterien der ökologischen Effizienz zu prüfen ist (Endres 2007).

2.4 Das Zustandekommen umweltpolitischer Entscheidungen

In den vergangenen Abschnitten wurde die Begründung und auch der Handlungsrahmen für die Industrial Ecology im Sinne starker Nachhaltigkeit erläutert. Damit wurde auch der Rahmen für umweltpolitische Entscheidungen aufgezeigt, die durch Handlungsregeln konkretisiert wurden. Entsprechend könnte nun eine effiziente Auswahl von umweltpolitischen Instrumenten, die nach ihrer ökologischen Treffsicherheit beurteilt werden, vorgenommen werden. Hierbei handelt es sich jedoch nur um eine umweltökonomische Entscheidungsgrundlage, die noch keine Auskunft über den umweltpolitischen Entscheidungsprozess Auskunft gibt.

Daher geht es im Folgenden nun darum aufzuzeigen, wie umweltpolitische Entscheidungen tatsächlich zustande kommen. Zur Analyse und Beantwortung dieser Frage bietet sich – wie schon erwähnt - die Neue Politische Ökonomie an. Politische und bürokratische Entscheidungen kommen entsprechend auf Märkten zustande, die sich von Gütermärkten durch spezifische Koordinationsmechanismen unterscheiden (Horbach 1992, S. 253). Dennoch werden auch Politiker und somit auch Umweltpolitiker durch ihr Eigeninteresse geleitet. Politiker agieren also auf derselben Ebene wie alle anderen von der ökonomischen Theorie behandelten Akteure bzw. Individuen und „funktioniert" nach den gleichen Regeln der Nutzenmaximierung (Endres 2000, S. 247).

Der politische Markt ist dadurch gekennzeichnet, dass es Anbieter von und Nachfrager nach politischen Gütern gibt. Entsprechend muss der Politiker auf Konkurrenten, Wähler, Bürokraten und Interessengruppen wie Industrieverbände bzw. Umweltverbände eingehen. Auf der Grundlage unterschiedlicher Rahmenbedingungen im politischen System – z.B. zentralistische versus föderalistische Systeme bzw. die Vielzahl und Vielfalt von Interessengruppen und deren konkrete Machtpositionen - gibt es eine Vielzahl von politökonomischen Modellen.

Eine dominierende Verhaltensweise in diesem Kontext ist, dass ein Politiker jene Politik verfolgt, die ihm die meisten Wählerstimmen sichert. Da die meisten politischen Entscheidungen dazu führen, dass es Gewinner und Verlierer gibt, kommt es zu Entscheidungsprozessen mit konkurrierenden Interessenkonstellationen. So mag beispielsweise eine Emissionsreduktion von CO_2 allgemein eine breite Zustimmung finden, wobei die Umsetzung sehr wohl auch zu Widerständen führen kann. Das ist beispielsweise dann zu erwarten, wenn die Reduktion von CO_2 über eine Verringerung des Güterverkehrs auf Straßen zugunsten der Bahn erfolgen soll. Verlierer wären in diesem Fall die Speditionsunternehmen. Der Gewinner wäre die Bahn, da deren Auftragsvolumen steigen würde. Im Kontext dieser Überlegungen wird ein Politiker dann optimal handeln, wenn die Differenz zwischen der in Wählerstimmen ausgedrückten Unterstützung der Gewinner und in Wählerstimmen ausgedrückten Ablehnung der Verlierer maximiert ist.

Daraus lässt sich dann ableiten und begründen, welches Zielbündel und der sich daraus ableitende umweltpolitische Instrumentenmix den Präferenzen der Individuen bzw. gesellschaftlichen Gruppen am meisten entspricht und zu welcher Gewichtung dies im umweltpolitischen Entscheidungsprozess führt. Daraus lässt sich auch begründen weshalb eine Neuorientierung oder gar Verschärfung umweltpolitischer Ziele und der sich daraus begründenden Maßnahmen im Kontext des politischen Kalküls nur schwer zu erreichen ist. So werden beispielsweise die industriellen Emittenten nur wenig Anlass haben sich für einen grundsätzlichen Wandel des politischen Instrumentariums einzusetzen, der zu einer höheren Belastung führt.

Insgesamt ist es der Industrie in vielen Ländern gelungen, das Niveau umweltpolitischer Regulierungen auf ein für sie erträgliches Maß zu begrenzen. Weiterhin ist für den Industriesektor festzustellen, dass direkte Regulierungen für Altemittenten häufig weniger scharf formuliert werden als für neue Industrieunternehmen. Ein weiteres Merkmal in diesem Zusammenhang ist, dass Industrieunternehmen das Instrument der Auflagen bevorzugen, da Auflagen den Industriesektor nur mit jenen Kosten belasten, die aufgewendet werden müssen, um die Emissionen auf das staatlich verordnete Höchstmaß zurückzudrängen. Die mit dem Höchstmaß kompatiblen Restemissionen können gratis verursacht werden (Endress 2000, S. 248). Das ist gerade im Kontext der Industrial Ecology von hoher Relevanz.

Auch die Umweltbürokratie ist an Umweltauflagen interessiert, da sie die Vorschriften hierfür sich einmal aneignen müssen ohne ihre Kenntnisse grundsätzlich zu erweitern oder diese im Rahmen anderer Instrumente völlig neu aufbauen zu müssen. Hinzu kommt, dass die Vollzugsbehörden teilweise die Vorschriften nicht strikt anwenden und es somit zu Vollzugsdefiziten kommt. Hierfür gibt es unterschiedliche Begründungen wie beispielsweise ein mangelndes Wissen über neue umweltpolitische Maßnahmen oder auch die Konfliktscheu neue Maßnahmen auch gegen den Widerwillen von Emittenten durchzusetzen. Daher werden gegensätzliche Auflagen und Verordnungen bei den Umweltbürokraten in der Regel favorisiert, da sie diese entsprechend der rechtlichen und technischen Anforderungen einfordern können.

Marktwirtschaftliche Lösungen wie der Handel mit Zertifikaten findet bei Unternehmen oft nicht den großen Zuspruch, da sie hier gefordert sind selbst optimale Entscheidungen zu treffen. Es lässt sich jedoch beobachten, dass bei den Bürgern marktwirtschaftliche Instrumente wie beispielsweise der Emissionshandel zunehmend positiv aufgenommen werden, da sie einen höheren ökonomischen Anreiz bieten mehr für den Umweltschutz zu tun als bei gesetzlichen Vorgaben. Dies befördert den Entscheidungsprozess in der Politik zugunsten des Handels mit Zertifikaten. Die Neue Politische Ökonomie kann somit wichtige Erkenntnisse über die Akzeptanz bzw. Widerstände im Rahmen von umweltpolitischen Entscheidungsprozessen vermitteln. Daher sind diese Erkenntnisse für das Industrial Ecology Management aus volkswirtschaftlicher Perspektive von großem Nutzen.

2.5   Fazit

Die Industrial Ecology Science hat in den letzten Jahren neue Akzente erfahren. Das betrifft einerseits die Ausdifferenzierung der Forschungs- und Handlungsfelder und andererseits eine Erweiterung in Richtung des umfassenden Leitbildes nachhaltiger Entwicklung. Die Öffnung der Industrial Ecology zu einem umfassenden Verständnis nachhaltiger Entwicklung steht jedoch noch am Anfang und bedarf daher weiterer Forschungsanstrengungen.

Eine weitere wichtige Erkenntnis ist, dass es in der Industrial Ecology Science Community einen breiten Konsens gibt, wonach die Industrial Ecology einen wichtigen Beitrag zur ökologischen Nachhaltigkeit leistet. Diese Erkenntnis wurde jedoch in der Literatur bisher nicht in ausreichendem Maße theoretisch begründet. Dies gilt zumindest für eine Begründung aus ökonomischer Perspektive. Auf der Grundlage der Ökologischen Ökonomie bietet sich entsprechend dem Anspruch der Industrial Ecology an, diese im Rahmen der starken Nachhaltigkeit einzuordnen. Danach besteht nur eine begrenzte Möglichkeit der Substitution von Naturkapital durch Sachkapital.

Daraus lassen sich auch für die Industrial Ecology Handlungsregeln für die Umsetzung eines gesamtwirtschaftlichen Umweltmanagement ableiten. In diesem Zusammenhang lassen sich die drei klassischen Handlungsregeln, das heißt die Assimilationsregel, die Regenerationsregel und die Substitutionsregel benennen und konkretisieren. Die Handlungsregeln, die für die Umweltpolitik von großer Relevanz sind, lassen sich durch weitere Managementregeln ergänzen bzw. erweitern.

Umweltpolitische Entscheidungsprozesse könnten durch eine effiziente Auswahl von Instrumenten, die sich an den Handlungsregeln zu orientieren hat, und durch die Berücksichtigung der ökologischen Effizienz der umweltpolitischen Instrumente optimiert werden. In der Realität ist das Zustandekommen umweltpolitischer Entscheidungen jedoch sehr viel komplexer. Die umweltpolitischen Entscheidungsprozesse lassen sich im Rahmen der Neuen Politischen Ökonomie begründen. Danach kommen politische und bürokratische Entscheidungen auf Märkten für politische Güter zustande, wobei Politiker und somit auch Umweltpolitiker durch ihr Eigeninteresse geleitet werden. Der politische Markt ist dadurch gekennzeichnet, dass es Anbieter von und Nachfrager nach politischen Gütern gibt.

Politiker müssen in ihr Entscheidungskalkül jedoch auch Konkurrenten (z.B. andere politische Parteien), Wähler, Bürokraten und Interessengruppen wie Industrieverbände bzw. Umweltverbände mit einbeziehen. Damit kommt es zu einem komplexen Entscheidungsprozess, bei dem nicht immer optimale umweltpolitische Entscheidungen im Sinne der ökologischen Effizienz entstehen. So lässt sich auch empirisch nachweisen, dass Akteure des Industriesektors bestimmte Maßnahmen präferiert und andere umweltpolitische Instrumente beziehungsweise Maßnahmen ablehnen, die zu größeren Belastungen führen. Dies erklärt ganz wesentlich, warum die vielfältigen Erkenntnisse der Industrial Ecology bisher nur teilweise umgesetzt werden konnten und somit die ökologische Wohlfahrt Defizite aufweist und auch in Zukunft immer Defizite aufweisen wird. Somit wird auch ein Industrial Ecology Management aus volkswirtschaftlicher Perspektive teilweise nur zu „Second Best Lösungen" führen.

Literatur

Buchanan, J.M (1997): Constitutional Economics, in: Eatwell, J., Milgate, M., Newman, P. (Eds): The new palgrave, A Dictionary of economics, Bd. 1, London, New York, Tokio, S. 585-588.

v. Carlowitz, H. C. (1703) (Reprint Freiberg 2000): Sylvicultura oeconomica oder haußwirtschaftliche Nachricht und naturmäßige Anweisung zur wilden Baum-Zucht; Leipzig.

Daly, H. (1990): Toward some operational principals of sustainable development, in: Ecological Eco nomics, Vol. 2, S. 1-6.

Deutsche Bundesregierung (2002): Die Perspektiven für Deutschland – Unsere Strategie für eine nachhaltige Entwicklung, Berlin, www.nachhaltigkeitsrat.de.

Endres, A. (2002): Umweltökonomie, 2. Auflage, Stuttgart.

Endres, A. (2007): Umweltökonomie, 3. Auflage, Stuttgart.

Enquete-Kommission (1994): Die Industriegesellschaft gestalten – Perspektiven für einen nachhaltigen Umgang mit Stoff- und Materialströmen, Bundesdrucksache, Nr. 12/8260, Bonn.

Fischer-Kowalski, M. (2007): Multidisziplinäre Wurzeln der Industrial Ecology, in: Isenmann, R./v. Hauff, M. (Hrsg.): Industrial Ecology: Mit Ökologie zukunftsorientiert wirtschaften, München, S. 89-100.

Georgescu-Roegen, N. (1971): The Entropy Law and the Economic Courses, Cambridge.

v. Hauff, M. (2007): Industrial Ecology und nachhaltige Entwicklung, in: Isenmann, R., v. Hauff, M. (Hrsg.), Industrial Ecology: Mit Ökologie zukunftsorientiert wirtschaften, München, S. 49-59.

v. Hauff, M./Kleine, A. (2009): Nachhaltige Entwicklung – Grundlagen und Umsetzung, München.

v. Hauff, M./Schiffer, H. (2010): Soziale Nachhaltigkeit im Kontext der Neuen Institutionsökonomie, Volkswirtschaftliche Diskussionsbeiträge der Technischen Universität Kaiserslautern Nr. 30-10, Kaiserslautern.

Horbach, J. (1992): Neue politische Ökonomie und Umweltpolitik, Frankfurt.

Isenmann, R./v. Hauff, M. (Hrsg.) (2007): Industrial Ecology: Mit Ökologie zukunftsorientiert wirtschaf ten, München.

Kirsch, G. (2007): Neue politische Ökonomie, 5. Auflage, Stuttgart.

Meadows, D. et al (1972): Die Grenzen des Wachstums, Stuttgart.

Majer, H. (1995): Das Leitbild Sustainable Development und seine Folgen für die ökonomische theorie, in: Bievert, B.; Held, M. (Hrsg.), Zeit in der Ökonomik, New York, Frankfurt.

Pearce, D.W./Atkinson, G.D./Dubourg, W.R. (1994): The Economics of Sustainable Development, in: Annual Review of Energy and the Environment, Vol. 19, S. 457-474.

Stiglitz, J. (1974): Growths with Exhaustible Natural Resources: Efficient and Optimal Growth Paths, in: Review of Economic Studies: Symposium on the Economics of Exhaustible Resources, V ol. 41, S. 123-137.

3 Von der Industrial Ecology Science zum Industrial Ecology Management

Ralf Isenmann

3.1 Einführung

Als ein junges, rasch aufstrebendes Forschungs- und Handlungsfeld durchläuft die Industrial Ecology eine dynamische Entwicklung, dessen genaue Richtung zum gegenwärtigen Zeitpunkt nicht mit Bestimmtheit abgeschätzt werden kann. Sie hat im Vergleich zu anderen etablierten Ansätzen, Konzepten und Disziplinen in den Umwelt- und Nachhaltigkeitswissenschaften (Sustainability Sciences) eine kurze Entwicklungsgeschichte. Und aufgrund ihrer verbindenden Herangehensweise sowie den interdisziplinären Wurzeln mit Anleihen aus den Natur- und Ingenieurwissenschaften einerseits und Wirtschafts- und Sozialwissenschaften andererseits ist ihr charakteristisches Profil bislang noch nicht ausgebildet. Gleichwohl wird deutlich, dass der ehemals technische Fokus mehr und mehr ergänzt wird durch sozio-ökonomische Anteile, bedingt durch eine stärkere Anbindung an die Wirtschaftswissenschaften (z.B. van den Bergh und Jansen 2005) einschließlich Managementlehre, sowie durch eine Integration der Sozialwissenschaften (z.B. Boons und Howard-Greenville 2009). Neben einer theoretisch fundierten Anschlussfähigkeit versprechen sich die Vertreter der Industrial Ecology damit zudem einen besseren Zugang zu gesetzlichen Weichenstellungen und politischen Entscheidungsprozessen sowie insbesondere eine wirksame Umsetzung der Prinzipien der Industrial Ecology in globalen Marktstrukturen, Industriesektoren, Unternehmen, Städten, lokalen Verwaltungen und Bildungsinstitutionen.

Wie eine Umsetzung von der Industrial Ecology Science zu einem Industrial Ecology Management aussieht, ist konzeptionell weithin offen. Ein Industrial Ecology Management hat insofern noch programmatischen Charakter. Denn in Community und Fachliteratur zur Industrial Ecology ist es bislang noch nicht gelungen, die erkenntnisleitende Idee der Natur als Vorbild des Wirtschaftens und des Managements inspiriert am Vorbild Natur sowie ihre gestaltungsorientierten Ziele weitgehend geschlossener Stoffkreisläufe und kaskadenartiger Energieflüsse mit der Betriebsroutine zu verbinden. Was bedeutet es letztlich für Unternehmen, von der Natur zu lernen? Wo hat eine solche Idee ihren geeigneten Platz in der Unternehmensführung? Wie lässt sich diese leitbildhafte Formel für Unternehmen konkretisieren? Welche Handlungsfelder bieten sich an?

Um solche und ähnliche Fragen geht es bei der Ausgestaltung eines Industrial Ecology Managements. In diesem Beitrag wird dazu ein Vorschlag unterbreitet: Zunächst werden Ansatzpunkte aus Fachliteratur und Community zusammengetragen. Sodann wird ein Vorschlag zur Annäherung an ein Industrial Ecology Management skizziert, ausgehend vom identitätsstiftenden Merkmal der Industrial Ecology: dem spzifischen Verständnis der Natur als Vorbild, von dem man lernen kann.

3.2   Ansatzpunkte aus der Industrial Ecology Community

In Fachliteratur und Community zur Industrial Ecology lassen sich Ansatzpunkte für ein Industrial Ecology Management ausmachen. Hier seien einige markante Beispiele skizziert, sowohl aus der internationalen Diskussion als auch aus dem deutschsprachigen Raum.

Ein früher Beitrag mit einem Ansatzpunkt für ein Industrial Ecology Management stammt von Piasecki (1992). Er betrachtet die Industrial Ecology als Management Science, ausgerichtet auf betriebliche Gestaltungsmaßnahmen zur Vermeidung und Verminderung schädlicher Emissionen pro verbrauchter Ressourceneinheit. Mit Bezug auf die sogenannte IPAT-Gleichung: Impact = Population × Affluence × Technology liege der spezifische Beitrag der Industrial Ecology schwerpunktmäßig in der Produktionstechnologie und verfolge insbesondere eine Strategie der Effizienzsteigerung. Auch wenn aus heutiger Sicht die nachhaltigkeitsstrategische Ausrichtung auf Effizienz alleine für die Industrial Ecology als eng eingeschätzt werden mag, so bemerkenswert ist doch seine Beobachtung, dass im Management ein entscheidender Hebel zur Umsetzung in die Praxis liege (Piasecki 1992: 874): „The key to most successes in waste reduction and energy conservation is not really breakthrough science or high technology, but institutional innovations in management. That's why I think of industrial ecology as a management science. Today, what is most needed are corporate structures that elevate the role of environmental managers within the firm, individuals who are given the time and resources to coordinate technical, legal, and public relation needs. The chief executive officer can't do this."

Ein weiterer Ansatzpunkt ist im Special Issue: „Management and policy aspects of industrial ecology: an emerging research agenda" zu sehen. Im Editorial beleuchten die Gastherausgeber (Korhonen et al. 2004) die Implikationen der Industrial Ecology für Management und Politik und schlagen insofern eine Brücke zwischen Industrial Ecology Science und Industrial Ecology Management. Da eine solche Umsetzung in Managementaspekte in Fachliteratur und Industrial Ecology Community noch vergleichsweise wenig behandelt ist, stellt sie eine neue forschungsprogrammtische Sichtweise dar. Den Ausgangspunkt bildet die Überzeugung, dass die bis dato vorwiegend ingenieur- und naturwissenschaftlich geprägten Beiträge zur Industrial Ecology eine Anbindung an die Managementlehre erfordere. Für ihre brückenbildende Anbindung sind drei strukturgebende Kategorien vorgeschlagen:

■ Erstens, der systemische Untersuchungs- und Gestaltungsansatz in der Industrial Ecology lässt sich mit organisationstheoretischen Ansätzen verknüpfen. Auf Einzelunternehmen fokussierte Umweltmanagementkonzepte können so ergänzt werden.

■ Zweitens, die Managementlehre kann die beschreibenden Stoffstrom- und Energieflussanalysen in der Industrial Ecology durch Handreichungen ergänzen. In Kombination lässt sich der Gestaltungscharakter stärken in Richtung Nachhaltigkeit.

■ Drittens, die Analogieforschung mit dem Vorbild Natur dient als Quelle für frisches Denken, neue Sichtweisen und unkonventionelle Herangehensweisen zur Gestaltung nachhaltiger industrieller Systeme.

Ein dritter Ansatzpunkt ist eng mit dem o.g. verbunden: Neben dem Journal of Industrial Ecology (JIE) – die offizielle Zeitschrift der International Society for Industrial Ecology (ISIE) – gibt es seit 2004 eine zweite, internationale akademische Zeitschrift, die explizit auf die Industrial Ecology gerichtet ist und den Namen im Titel trägt: Progress in Industrial Ecology – An International Journal (PIE). Diese Zeitschrift folgt der o.g. forschungsprogrammatischen Sichtweise, die primär natur- und ingenieurwissenschaftlich geprägten Stoffstrom- und Energieflussanalysen in der Industrial Ecology mit Gestaltungsempfehlungen der Managementlehre zu verknüpfen, um zur Umsetzung der Leitidee der Nachhaltigkeit beizutragen.

Ein vierter, theoretisch anregenden Ansatzpunkt repräsentiert das konzeptionelle Rahmenwerk, das Boons et al. (2011) zum Verständnis der Dynamik von Industriesymbiosen vorgelegt haben. Ihr Rahmenwerk gründen sie auf einer umfangreichen Sichtung und Auswertung der Fachliteratur. Es besteht aus drei konzeptionellen Blöcken, darunter: ein Set an Vorbedingungen, Mechanismen der Übertragung sowie erzielte Ergebnisse. Zu den Vorbedingungen der Entwicklung von Industriesymbiosen zählen z.B. spezifische Auslöser sowie örtliche und gewerbliche Besonderheiten, Anzahl, Sektor und Größe der Unternehmen und Charakteristika der beteiligten Akteure, seien es Unternehmen, lokale Verwaltungen, Planungsbehörden und Vereinigungen. Bei den Mechanismen, die die Übertragung von Industriesymbiosen prägen, wird zwischen zwei Ebenen unterschieden, der gesellschaftlichen und der regionaler Industriesysteme. Als Übertragungsmechanismen auf gesellschaftlicher Ebene haben sich herausgestellt: Zwang, Nachahmung, Steuerungsmodelle aufgrund Eigeninitiative, Demonstrationsprojekte sowie Lern- und Professionalisierungsstrategien. Auf der Ebene regionaler Industriesysteme spielt als Übertragungsmechanismus die institutionelle Kapazitätsbildung eine entscheidende Rolle. Die Ergebnisse lassen sich an den Wirkungen im Sozialsystem und dem es umgebenden ökologischen System festmachen und durch Indikatoren quantifizieren. Mit ihrem Rahmenwerk verdichten die Autoren die literaturgestützten Erkenntnisse, wie sich Industriesymbiosen entwickeln, die darin eingebundenen Akteure ihre Austauschbeziehungen verändern und somit auch ihre ökologische Wirkungen beeinflussen. Es bietet sich für empirische Untersuchungen an.

Beim fünften Ansatzpunkt zielen Neto et al. (2009) auf ein Instrumentarium, um die betriebliche Umweltleistungsbewertung zu unterstützen. Sie untersuchen, welche für die Industrial Ecology typischen Instrumente sich eignen, um die Umweltleistungsbewertung in Unternehmen zu unterstützen. Als konkreten Anwendungsfall entwickeln sie das Instrumentarium für ein Unternehmen in der metallverarbeitenden Industrie. Fünf Auswahlkriterien ziehen sie heran, darunter: Eignung für Unternehmen, Erfassung ökologischer und ökonomischer Aspekte bei Entscheidungen, umfassende Erfassung der ökologischen Effekte, Erfassung und Bewertung alternativer Handlungsoptionen, Unterstützung bei der Entwicklung von Strategien zur Umweltentlastung. Im Ergebnis besteht das entwickelte

Instrumentarium aus dem Zusammenspiel von sieben Einzelmethoden, darunter: Life Cycle Assessment, Substance Flow Analysis, Multi-Criteria Analysis, Technology Assessment, Sensitivity Analysis, Scenario Analysis and Cost-Effectiveness Analysis. Dieses Instrumentarium soll eine Lücke schließen, um Industrieunternehmen bei der ökonomischen und ökologischen Bewertung ihrer Geschäftstätigkeit zu unterstützen.

Den Ansatzpunkten in der internationalen Industrial Ecology Community seien Anleihen aus dem deutschsprachigen Raum zur Seite gestellt. So gibt es gestaltungsorientierte Studien und Empfehlungen mit Leitfaden-Charakter zur Implementierung industrieller Nachhaltigkeitsnetzwerke (z.B. Posch et al. 2005). Eine konzeptionelle Abgrenzung für ein Industrial Ecology Management erweist sich jedoch noch als schwierig (z.B. Bauer 2008, 41). Diese Einschätzung bestätigen ferner z.B. Paech und Pfriem (2004, 114) für die Industrial Ecology in ihrer breit angelegten Bestandsaufnahme zu maßgeblichen Konzepten der Nachhaltigkeit von Unternehmen. Gleichwohl sehen die Autoren für die Industrial Ecology zukünftig eine stärkere Bedeutung. Denn gerade der Einzelunternehmen übergreifende Ansatz eröffne eine integrierende Sichtweise, die Angebots- und Nachfrageseite, Produktion und Konsum sowie marktliche und gesellschaftliche Akteure mit einschließen kann.

3.3   Industrial Ecology Management – Annäherung inspiriert am Vorbild Natur

Die Ausgestaltung eines Industrial Ecology Managements, so wie es hier als inspiriert am Vorbild Natur beschrieben wird, basiert auf der Überzeugung, dass eine solche Leitidee einer Verankerung im Unternehmen bedarf. Es geht also weniger um ausgefeilte Instrumente und Methoden. Vielmehr steht die Art und Weise im Vordergrund, wie der grundlegende Perspektivenwechsel, der durch das für die Industrial Ecology charakteristische Verständnis der Natur als Vorbild angesprochen ist, im Unternehmen abgebildet werden kann. Damit geht es um normatives Management und um strategische Implikationen.

Die Industrial Ecology zeichnet ein augenfälliges Merkmal aus: ihr spezifisches Verständnis der Natur als ein Vorbild, von der wir beim Umgang mit Stoffen, Energie, Information, Raum und Zeit auf dem Weg einer nachhaltigen Entwicklung lernen können. In Kurzform könnte man sagen: „inspired by nature" lautet das Markenzeichen der Industrial Ecology. Dieses unorthodoxe Verständnis der Natur unterscheidet die Industrial Ecology Science von anderen Ansätzen, Konzepten und Disziplinen in den Umwelt- und Nachhaltigkeitswissenschaften (Isenmann 2003). Es erweitert v.a. die traditionelle Sichtweise in den Wirtschaftswissenschaften, in der die Natur im Grunde als „Sack von Ressourcen" (Hampicke 1977, 622) gilt. Es öffnet deren instrumentelle Sichtweise für neue Zugänge.

Da das Naturverständnis für ein Forschungs- und Handlungsfeld zu den konzeptionellen Grundlagen zählt und insofern im Basisbereich einer Wissenschaftsdisziplin angesiedelt ist, repräsentiert das Verständnis der Natur als Vorbild für die Industrial Ecology einen grundlegenden Perspektivenwechsel. Es verkörpert ein identitätsstiftendes Merkmal. Es profiliert das Forschungs- und Handlungsfeld in der Landschaft der Scientific Communities, und es macht die Industrial Ecology gewissermaßen einzigartig.

Ein solches charakteristisches Unterscheidungsmerkmal dürfte auch für die Managementlehre bedeutsam sein und also beim Weg von der Industrial Ecology Science zu einem Industrial Ecology Management nicht verschwinden, sondern vielmehr dort einen prominenten Platz einnehmen. Deshalb sei vorgeschlagen, die Natur als Grundwert und Zielidee der Unternehmensphilosophie zu betrachten und dort zu verankern (entnommen aus Zwierlein und Isenmann 1995).

3.3.1 Verankerung des Werts der Natur in der Unternehmensphilosophie

In der Unternehmensphilosophie werden die zentralen Werte und Grundannahmen formuliert. Sie bestimmen das konzeptionelle Rahmenwerk für das Selbstverständnis eines Unternehmens. Zu diesem Rahmenwerk gehören u.a. die Reichweite der betrieblichen Verantwortung sowie die Austauschbeziehungen innerhalb und außerhalb des Unternehmens. Die generelle Funktion der Unternehmensphilosophie lässt als grundlegende Orientierungs- und Identifikationsplattform beschreiben, die zugleich eine notwendige Annäherung übernimmt, Komplexität und Mehrdeutigkeiten zu reduzieren.

Die Unternehmensphilosophie, in der die zentralen Werte und Normen formuliert sind und von ihnen aus in qualitativen Begriffen Selbstverständnis und Unternehmenszweck zum Ausdruck bringen, konkretisiert sich in der Unternehmenspolitik. Die Unternehmenspolitik kann verstanden werden als die Menge aller Unternehmensgrundsätze – einschließlich des Unternehmensleitbildes – bezogen auf alle internen und externen Unternehmensbeziehungen. Die unternehmenspolitischen Verhaltensvorschriften und Richtlinien konkretisieren sich ihrerseits in der Unternehmensstrategie, die entlang der Zeitachse konkrete Teil- und Zwischenziele für eine effiziente Planung und Organisation definiert. Die Unternehmensstrategie ist primär auf die Unternehmensmission, d.h. auf die Erfüllung der Leistungs-, Markt-, Finanzziele usw. ausgerichtet.

Als Unternehmenskultur ist die Gesamtheit des „Stils", des „Klimas", des „guten Tons", also der Form der Kommunikation, Kooperation und Präsentation gemeint. Sie stellt eine Mixtur aus ökonomischen, ethischen, ästhetischen und ökologischen Aspekten dar und zeigt sich vor allem in Führungsstil, Unternehmensleitbild sowie allen kommunizierbaren Formen der Selbstdarstellung sowie des visuellen und symbolischen Austausches. Die Unternehmensethik hat es mit gerechtem Machtausgleich zu tun, indem aus der Menge ökonomisch sinnvoller und durchsetzbarer Handlungen gerade diejenigen ausgewählt werden, die der Zielidee der Nachhaltigkeit entsprechen, also zugleich human-, sozial- und naturverträglich sind. Auf diese Weise entwickelt und fördert die Unter-nehmensethik konsensfähige und friedenstiftende Strategien. In der Vision schließlich wird bedacht, wer oder was das Unternehmen in Zukunft sein will und soll, welchen Beitrag es zur Nachhaltigkeit leisten kann unter Beachtung der Systembalance aller hiervon betroffenen Subsysteme in einem globalen Netzwerk, in mittel- bis langfristiger Sicht.

Eine der bisher vernachlässigten Austauschbeziehungen im Unternehmen ist ihr Verhältnis zur Natur, traditionell funktionalisiert als Ressourcenquelle sowie als Aufnahme- und Entsorgungsmedium. Die hierbei anfallenden Belastungen zu minimieren und die nicht genutzten Vermeidungschancen im Sinne einer präventiven Umweltfürsorge aufzugreifen, gehören wesentlich zum Kanon eines verantwortungsvollen Werterahmens in einem Unternehmen (Abb. 3-1).

Abbildung 3.1   Unternehmensphilosophie zur Verankerung des Werts der Natur
                     (Zwierlein und Isenmann 1995, 49)

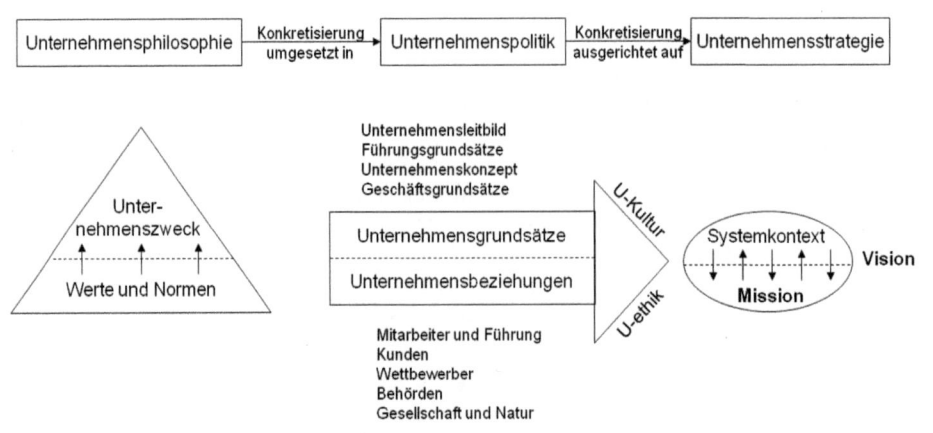

Da die Grundwerte und elementaren Überzeugungen der Unternehmensphilosophie zugleich auch den Horizont und die Vision eines Unternehmens beeinflussen, stellen sie die maßgebende Grundlage von Zielideen dar, die das Handeln des Unternehmens entlang der Zeitachse leiten. Das Unternehmen ist im Meer der Ereignisse sozusagen ein Schiff, das sich auf einer Reise in unbekannten Gewässern befindet. Die Qualität seiner „Unternehmung" ist von den grundlegenden Werten abhängig, dem Material und der Architektur des Schiffes, dem Zusammenspiel des gesamten Teams und ihrer Kompetenz, nicht zuletzt auch von einer aufmerksamen Beachtung der Beziehung des Schiffes zu seinem natürlichen ökologischen Raum, die in der Kunst der Nautik grundgelegt wird.

Der umfassende Wertekanon bestimmt nun seinerseits die Ziele der Fahrt. Die Fahrt des Schiffes ist gespannt zwischen zwei Extreme: Untergang und Erreichen eines anvisierten Reisezieles. Die Bewahrung des Schiffes und seiner Seetüchtigkeit auf der einen und die bestmögliche Gestaltung aller Bedingungen zur Erreichung des gesteckten Reisezieles auf der anderen Seite markieren die konservativen und progressiven Momente der Reise selbst. Beide Zielaspekte aber, die Bewahrung und das Erreichen, sind auf dem Weg und während der gesamten Fahrt nur dann zu gewährleisten, wenn sich die Beziehungen innerhalb des Schiffes wie die zu anderen Schiffen und zu der sie gemeinsam umgebenden Natur in einer wohlausgewogenen Balance befinden. Die Mikroziele der individuellen Reise in ihrer konservativen und progressiven Doppelstruktur sind gekoppelt über Systembeziehungen in einer Makrostruktur, die als umfassender Horizont eventueller Kurskorrekturen oder sogar eines Kurswechsels im Blick auf die Mikroziele berücksichtigt werden muß.

3.3.2   Ökologische Herausforderung in der Unternehmensführung

Seit den 1960er Jahren im Wertewandel hat sich die Aufgabe einer Entlastung und Bewahrung der Natur zum Spitzenthema entwickelt. Die Erfahrung, dass es nichterneuerbare Ressourcen gibt, dass Ressourcen knapp werden, dass die Natur auch als Entsorgungs- und Aufnahmemedium der Abfälle unseres Wirtschaftens vielfach an Grenzen zu stoßen scheint, sowie der Umstand, dass die Beeinträchtigung natürlicher Qualitäten unmittelbar oder indirekt auf die menschliche Lebensqualität durchschlägt, hat zu diesem Wertewandel und einer Sensibilisierung in Unternehmen für ökologische Aspekte beigetragen.

Ein solcher Wertewandel hat neben anderen Faktoren einen Einfluß auf die Geschäftstätigkeit der Unternehmen: So bevorzugt der kritische Kunde Produkte, deren Naturverträglichkeit er für gegeben hält. Die Produktorientierung verbindet sich durchaus über die Frage der Gesundheitsverträglichkeit hinaus mit einem kritischen Bewusstsein zum gesamten Produktlebenszyklus sowie den Produktionsbedingungen, auch über internationale Supply Chains. Naturverträglichkeit wird zu einem wettbewerbsrelevanten Verkaufsargument, zumindest zu einem gewissen Grad und in sensiblen Branchen. Neben das veränderte Nachfrageverhalten auf der Konsumentenseite tritt die Erfahrung, dass Umweltschutz als Wachstumsmarkt interpretiert wird, dass Arbeitnehmer das Unternehmensverhalten als ein Auswahlkriterium für ihren Arbeitsplatz betrachten, dass über Medien und Öffentlichkeit Vergehen von Unternehmen sanktioniert werden und mit starken Imageeinbußen verbunden sein können und dass nicht zuletzt der Gesetzgeber mit seinen Instrumenten eine verursachergerechte Zurechnung von Umweltschäden vornimmt.

Solche Veränderungen, auch eine wachsende Zahl umweltbewußter Unternehmen aus eigenem Antrieb, befördern die Integration der ökologischen Dimension Unternehmen. Wird diese Integration auf der Ebene der Unternehmensphilosophie betrieben, kommt damit zum Ausdruck, dass es nicht nur um kosmetische Oberflächen- oder partielle Insellösungen gehen kann, sondern um einen ökologischen Strukturwandel, der alle Bestandteile eines Unternehmens erfasst wird. Die Internalisierung und verursachungsgerechte Zuordnung negativer externer Effekte wird zu einer Anstrengung der Unternehmenskultur und –ethik. So lässt sich z.B. auch das aktuelle Beispiel des Sportartikelherstellers Puma einordnen, bislang externalisierte Umweltkosten zu erfassen und auszuweisen.

Dabei scheint es folglich nicht nur wichtig, die bisher externalisierten Kosten des Wirtschaftens mit Hilfe von Einzelinstrumenten internalisieren zu wollen, also z.B. mit Sozial-
und Ökobilanzen zu arbeiten, technischen Umweltschutz zu betreiben und Umweltmanagementsysteme zu installieren. Hier würde nämlich der Blick darauf verengt bleiben, die
Ressourcen mehr zu schonen und Abgaben zu minimieren, also die Natur als Objekt des
Wirtschaftens zu behandeln. Diese Sichtweise ist z.B. für das faktortheoretische Konzept in
der Betriebswirtschaftslehre noch prägend (Behrens 1999, 17). Statt als Objekt und Grenze
ist es aber möglich, sie als Vorbild des Wirtschaftens zu betrachten. Erst durch einen solchen Perspektivenwechsel von der Natur als Objekt und Grenze des Wirtschaftens hin zu
ihrem Vorbild scheint ein Industrial Ecology Management im eigentlichen Sinne auf den
Weg gebracht.

3.3.3   Natur als Vorbild des Wirtschaftens und „neues Denken"

Die Entscheidung, die Natur als Vorbild des Wirtschaftens zu betrachten, sie also nicht nur
als Objekt ökologischer Fürsorge zu sehen, und ihren Formen der Austauschbeziehungen
zu folgen, ist ein hypothetischer Akt. Er steht unter Vorbehalt und erhebt auch nicht den
Anspruch, alle wünschenswerten humanen – und in abgestufter Deutungsanalogie auch
geschäftlichen – Aktivitäten in der Natur sozusagen: kopierfähig vorgezeichnet zu sehen.
Die nachfolgenden Regeln, die die Überlebensfähigkeit der Natur garantieren, repräsentieren vielmehr ein Regelwerk, dessen Minimum gewahrt werden sollte, wenn im Unternehmen ein Interesse an nachhaltiger und insbesondere naturverträglicher Wirtschaft besteht. Insofern handelt es sich um notwendige, nicht aber um hinreichende, Bedingungen
verantwortlichen Wirtschaftens im Dienste eines guten Lebens, ausgerichtet auf Nachhaltigkeit. Damit soll deutlich werden, dass eine Ökologisierung des Unternehmens generell
und speziell ein Industrial Ecology Management inspiriert am Vorbild Natur nicht mit
Ethisierung oder Kultivierung identisch ist. Das Minimum in der außermenschlichen Natur zu wahren wie z.B. Tragekapazitäten nicht zu überschreiten, kann darin bestehen, es
zugleich in der Geschäftswelt der Unternehmen anzuwenden. Es wäre als deren notwendige, wenn auch nicht hinreichende, Basis anerkannt.

Die Natur würde nicht nur eine Eingriffsgrenze für menschliches Handeln signalisieren,
sondern zugleich als „living systems approach" eine vorbildliche Funktion wahrnehmen.
Als vorbildlich lassen sich in grober Annäherung die biokybernetischen Grundregeln verstehen, die die Ökonomie des Unternehmens „Natur" veranschaulichen (Vester 1991):

- ■ Das Prinzip der negativen Rückkopplung: Es besagt, dass negative Rückkopplung über
  positive Rückkopplung dominieren muss. Nach dieser Grundregel werden Selbstver-
  stärkungen rechtzeitig so abgebremst, dass es zu keinen störenden Grenzwertüber-
  schreitungen kommt, sondern Systembalance durch Selbststeuerung erreicht wird. Was
  dabei in der Natur z.B. durch den Hormonhaushalt oder in der Technik durch einen
  Vergaserschwimmer erreicht wird, muss im Zusammenleben der Menschen miteinan-

der und mit der Natur ethisch, politisch und rechtlich, d.h. durch Werte und Normen, Verträge, Gesetze usw. verwirklicht werden.

■ Das Prinzip der Unabhängigkeit vom Wachstum macht deutlich, dass systemoptimale Balancen unverträglich sind mit einem beliebig großen materiell-quantitativen Wachstum. Die Systemfunktion muss sich langfristig mit einem konstanten Durchfluss an Energie und Materie realisieren lassen. Beim organischen Wachstum werden die materiell-quantitativen Bedingungen zur Erzielung von Systemdifferenzierungen und qualitativem Wachstum genutzt.

■ Das Prinzip der Unabhängigkeit vom Produkt: Flexible und anpassungsfähige Systeme sind nicht produkt-, sondern funktionsorientiert. Ob man Mobilität gewährleisten oder mit Energie versorgen will, in jedem Fall kommt es darauf an, sich nicht durch Produktfixierungen in alternativlos scheinende Sackgassen hineinzumanövrieren.

■ Das Jiu-Jitsu-Prinzip: Vorhandene Fremdenergie wird nicht nach der Art der „Boxermethode" bekämpft, sondern in Form von Energiekaskaden und Energieketten länger ausgenutzt. In diesem synergetischen Optimierungsprozess wird die eigene Energie weitgehend als Steuerenergie eingesetzt.

■ Das Prinzip der Mehrfachnutzung: Produkte, Funktionen und Organisationsstrukturen sollten multifunktional sein. Diese Mehrfachnutzung erhöht den Grad der Vernetzung i.S.v. Multistabilität und senkt den Durchsatz an Energie-, Materie- und Information. Multifunktionale Systemlösungen sind zwar nie „hundertprozentige" Lösungen, aber gerade durch die entsprechende Flexibilität multistabil: anpassungs-, entwicklungs- und veränderungsfähig.

■ Das Prinzip des Recycling: Nach dieser Grundregel muß irreversibler Abfall ausgeschlossen werden. Beschaffung, Produktion, Produkt und Nutzung müssen so ausgelegt sein, dass sich die Materie- und Energieflüsse möglichst kreislaufförmig zusammenschließen und wieder nutzen lassen. Dass solche Kreisläufe nicht nur Irreversibilität vermeiden, sondern auch Abhängigkeiten minimieren, ist evident.

■ Das Prinzip der Symbiose: Symbiose ist mehr als Koexistenz, sie bedeutet Kooperation, in der durch Kopplung und Austausch die jeweilige Verschiedenheit zum gegenseitigen Vorteil genutzt wird. Sie reduziert ebenfalls den Durchsatz an Materie und Energie, verringert externe Abhängigkeiten, reduziert Transporte usw. Damit die Symbiose allerdings wirklich greifen kann, müssen große Monostrukturen umgewandelt werden in tendenziell kleinräumige und dezentrale Verbundstrukturen mit kurzen Wegen und flexiblen Reaktionsmöglichkeiten.

■ Das Prinzip des biologischen Designs: Diese Grundregel besagt, dass die Planung von Produkten, Verfahren und Organisationsformen in einer Feedback-Schleife mit den Anforderungen der Humanökologie und der Natur harmonisiert werden sollten. Man kann auch sagen, dass jede Planung sich an den drei Kriterien für Nachhaltigkeit: Human-, Sozial- und Naturverträglichkeit orientieren sollte. Durch ein solches Design sind weitere neue Elemente organisch integrierbar und erzeugen Vertrautheit und Wohlgefühl, Passform und Resonanz.

Die Berücksichtigung und Anwendung dieser Grundregeln stellt eine Chance dar, die Ökonomie der Natur, ihre ökologischen Prinzipien, die auch für die Industrial Ecology kennzeichnend sind, als Grundlage der Ökonomie des Menschen und als Merkposten eines Industrial Ecology Managements zu betrachten. In diesem Fall wäre die Natur nicht nur Gegenstand menschlichen Respekts und Wirkens, sondern Paradigma des Wirtschaftens. Ein Industrial Ecology Management, in dem die Natur als begrenztes und begrenzendes Vorbild der Geschäftsaktivitäten angesehen wird, also von der Natur lernen will, wird zugleich die Denkweise im Unternehmen verändern. Das „neue Denken" wird mit Blick auf die Unternehmen diese selbst nach der Art lebender Organismen begreifen und organisieren.

Ein Mißverständnis, das sich bei einem allzu saloppen Verständnis zum Lernen von der Natur einstellen kann, zeigt sich in der frühen Arbeit von Ospelt (1977): „Unternehmenspolitik und Umweltschutz". Ospelt (1977, S. 2) bezieht sich auf die biokybernetischen Grundregeln von Vester (1991) und würdigt dessen generelle Empfehlungen als nutzlos herab: „Mit diesen allgemeinen Erkenntnissen und Forderungen kann der Unternehmer wenig oder überhaupt nichts anfangen". Neben dem ggf. abstrakt anmutenden Charakter von Vesters Empfehlungen dürften jedoch zwei tiefer liegende Gesichtspunkte entscheidend sein: Erstens ist Vesters Vergleich der Natur mit einem Unternehmen, das eine ideale Kreislaufwirtschaft betreibe, zur Veranscahulichung gedacht und als Analogie ausgewiesen. Als solche erfüllt sie eine Entdeckungsfunktion. Sie liefert keineswegs bereits eine Begründung, weder für eine legitime Übertragung noch für eine gerechtfertigte Anwendung. Zweitens plädiert Vester für ein Lernen von der Natur. Hier wurde nun das Lernen von der Natur, wie Vester empfiehlt, im Sinne einer richtungsweisenden Beachtung biokybernetischer Grundprinzipien mit einer rezeptartigen Übertragung im Sinne einer „Eins-zu-Eins-Kopie" verwechselt.

Es ist klar, dass die Rede von der „Natur" ein intellektuelles Problem enthält (Isenmann 2003). Denn es gibt eine Reihe verschiedener Naturdeutungen, in der Ökonomie, aber auch philosophische, theologische, naturwissenschaftliche usw., Theorien, die unterscheiden zwischen Natur und Mensch und solche, die mit Natur alles bezeichnen, was der Fall ist, einschließlich „Naturzerstörung" und so genanntes „Unnatürliches". Bei der Rede der Natur als Vorbild ist jedenfalls einsichtig, dass die Natur kein eindeutiger Ratgeber sein kann oder sich als checklistenartiger Katalog verstehen lässt. Wer im Buch der Natur zu lesen versucht, wird stets als Dolmetscher die Natur übersetzen und dabei auch unvermeidlich selektieren, filtern und auswählen müssen. Vereinfachend sei „Natur" hier als biokybernetisch rekonstruierbares Überlebens- und Evolutionssystem verstanden. Es kann vom Menschen und in abgestufter Deutungsanalogie von Unternehmen für das Management hypothetisch als Vorbild in Anspruch genommen werden kann, wenn sowohl ein Vorverständnis darüber besteht, welche Herausforderung bewältigt werden soll, als auch wie die ungefähre Lösungsrichtung aussehen könnte.

3.3.4 Strategische Implikationen und Handlungsfelder

Die Konkretisierung der Industrial Ecology Science hin zu einem Industrial Ecology Management mit der Leitidee der Natur als Vorbild darf sich nicht nur in der Unternehmensphilosophie und deren Umsetzungsstufen in -politik, -kultur und -ethik abstrakt und verbal niederschlagen. Sie muss strategische Implikationen auslösen sowie ihre konkrete Umsetzung in der Transformation der Funktions- und Kernbereiche des Unternehmens als Subsysteme einer derartigen Neuorientierung finden. In genau den Grundeinstellungen des Menschen zur Natur sieht Brenken (1988, 36) den Ausgangspunkt einer umweltstrategischen Ausrichtung der Unternehmensführung: „Die Konzeptualisierung und Umsetzung von Umweltschutz zur Reduktion, Exploration und Prävention ökologischer Probleme wird maßgeblich durch die Grundeinstellung des Menschen zur Natur beeinflusst". Diese Grundeinstellung präge letztlich die Perspektiven der strategischen Unternehmensführung von unternehmenspolitischen Aspekten und der strategischen Grundausrichtung über organisatorische Fragen sowie der Ausstattung von Planungs-, Kontroll- und Informationsinstrumenten bis hin zu produkt- und prozessbezogenen Gesichtspunkten.

Als exemplarische Anwendungsfälle für ein Industrial Ecology Management eignen sich vor allem solche betrieblichen Handlungsfelder, bei denen anthropogene Wertschöpfungsprozesse an die natürlichen Voraussetzungen angepasst werden und stofflich-energetische Aspekte vorrangig sind. Eine solche Anpassung kann z.B. durch ein Lernen von der Natur inspiriert sein. Derartige Lernstrategien seien hier für drei Handlungsfelder angedeutet:

- Bildung und Entwicklung von Industriesymbiosen auf der Ebene Unternehmen-Umwelt (Müller-Christ und Liebscher 2010), wobei das Neue in einem unternehmensübergreifenden Vorgehen liegt. Der Leitspruch „Gemeinsam mehr Nachhaltigkeit erreichen!" gilt sowohl für eher zufällig entstandene Gemeinschaften als auch für Akteure in Industrie- und Gewerbegebieten. Sie alle können zusammen an ihrer ökonomischen, ökologischen und sozialen Nachhaltigkeit arbeiten und so zu einer Ressourcengemeinschaft werden.

- Funktionsorientierte Unternehmenspolitik auf der Strategie-Ebene (Pfriem 1993), wobei sich entsprechende Anregungen auf neue Produkte, ergänzende und substituierende Dienstleistungen, neue Verfahren sowie organisatorische Innovationen erstrecken können.

- Stoffstrommanagement auf der Prozessebene (Enquete-Kommission des Deutschen Bundestages 1994) sowie ökologisches Produktdesign auf der Produkt-Ebene (Braungart et al. 2007; politische ökologie 2007).

Diese Handlungsfelder bieten eine Reihe von Ansatzpunkten, um die Leitidee der Natur als Vorbild für eine betriebliche Umsetzung in einem Industrial Ecology Management einschließlich strategischen Implikationen und ausgesuchte Handlungsfelder anzudeuten. Diese Konkretisierung ist ein Schritt von der Industrial Ecology Science hin zum Industrial Ecology Management.

3.4   Fazit

Ziel des Beitrags ist es, die Umsetzung von der Industrial Ecology Science hin zu einem Industrial Ecology Management zu umschreiben. Dazu wurde ein erster Vorschlag unterbreitet, basierend auf dem für die Industrial Ecology kennzeichnenden spezifischen Verständnis der Natur als Vorbild.

Für die Industrial Ecology spielt von Beginn an das Lernen vom Vorbild Natur eine zentrale Rolle. Bereits aus dem Namen Industrial Ecology lässt sich ableiten, dass die Natur für technisch-ökonomische Gestaltungsaufgaben als eine Innovationsquelle herangezogen und z.B. als Inspirationshilfe beim Aufbau industrieller Verwertungsnetzwerke und ressourceneffizienter Kreislaufwirtschaftkonzepte erfolgreich genutzt werden kann. „(I)ndustrial ecology looks to non-human ‚natural‘ ecosystems as models for industrial activity", so die prägnante Kurzdefinition von Lifset und Graedel (2002, 3). Das für die Industrial Ecology Science spezifische Naturverständnis und ihr identitätsbildendes Merkmal der Natur als Vorbild lässt sich methodisch durch eine umfassende Typologie zum Naturverständnis in den Wirtschaftswissenschaften stützen, die ihrerseits auf einem naturphilosophischen Rahmenkonzept basiert und ferner durch empirische Belege veranschaulicht werden kann.

Insgesamt lässt sich eine Entwicklung nachzeichnen, von einer rein instrumentellen Interpretation der Natur als Objekt der Verfügung bis hin zu graduellen Abstufungen auch mit systemisch-holistischen Zugängen der Natur als Grenze, als gedankliches Vorbild und Partner. Auf betriebswirtschaftlicher Ebene korrespondieren diese Typen mit betriebswirtschaftlichen Basiskonzepten, so wie sie Behrens (1999) zur graduellen Abstufung beim Einbezug ökologischer Aspekte in die Betriebswirtschaftslehre zusammengestellt hat. Behrens (1999, S. 59-127) differenziert dabei zwischen der ökonomisch-zentrierten Integrationsperspektive, dargestellt an den Ansätzen von Rieger und Gutenberg, und der systemtheoretisch-zentrierten Integrationsperspektive, dargestellt an den systemtheoretischen Ansätzen vor allem der St.-Galler-Schule. Eine besondere Nähe dürfte zum sozialökologischen Basiskonzept bestehen. So z.B. nimmt Freimann (1996, 315-324) die Idee explizit auf und thematisiert die Natur als Vorbild im Rahmen einer möglichen inhaltlichen Orientierung für eine sozialökologische Unternehmenspolitik.

Auch wenn eine durchgängige theoriegeleitete Fundierung für den Weg von der Industrial Ecology Science zu einem Industrial Ecology Management noch aussteht, so bietet sich doch eine mögliche Argumentationskette an: Mit Hilfe des Ressourcenabhängigkeitstheorems lassen sich Wege aufzeigen, wie die Unternehmen ihre Abhängigkeit von natürlichen Ressourcen besser in die Entscheidungsprozesse einbeziehen können (Gandenberger 2008). Im Vorfeld einer solchen Argumentation ist die Rolle des relativen Knappheitsbegriffs für die organisationale Wahrnehmung der Knappheit von Naturressourcen in Unternehmen detailliert zu reflektieren. Es ist zu vermuten, dass die neoklassische Knappheitskonzeption eine Ursache dafür ist, dass nur wenige Unternehmen mit ihren Strategien auf das strukturelle Ungleichgewicht zwischen begrenzter Verfügbarkeit von Naturressourcen – sowohl als Produktionsinput als auch als Senke für unerwünschten Output – einerseits und steigender globaler Ressourcennachfrage andererseits reagieren. Mit einer methodischen Unterstützung zur Erfassung absoluter ökologischer Knappheiten wäre eine bessere Integration in organisationale Entscheidungsroutinen möglich. Eine solche methodische Unterstützung dürfte auch auf physikalischen und biophysikalischen Indikatoren beruhen, um auch die langfristige Bestandsentwicklung natürlicher Ressourcen zuverlässig abbilden zu können, zuverlässiger jedenfalls als rein monetäre Indikatoren. Erste Ansätze hierzu werden derzeit entworfen (z.B. WRI et al. 2008; KPMG 2011).

Literatur

Bauer, J. (2008): Industrielle Ökologie. Theoretische Annäherung an ein Konzept nachhaltiger Produktionsweisen. Dissertation an der Universität Stuttgart: Institut für Volkswirtschaftslehre und Recht.

Behrens, R. (1999): Die ökologische Herausforderung der Betriebswirtschaftslehre. Integrationsperspektiven und Handlungskonzeptionen. München, Mering: Hampp.

Bergh, J.C.M. van den/Jansen, M. (Hrsg.) (2005): Economics of industrial ecology. Materials, structural change, and spatial scales. Cambridge (Mass.): MIT Press.

Boons, F./Spekking, W./Mouzakitis, Y. (2011): The dynamics of industrial symbiosis: a proposal for a conceptual framework based upon a comprehensive literature review. Journal of Cleaner Production (19): 905-911.

Braungart, M./Mc Donough, W./Bollinger, A. (2007): Cradle-to-cradle design: Creating healthy emissions – a strategy for eco-effective product and system design. Journal of Cleaner Production, Vol. 15, S. 1337-1348.

Brenken, D. (1988): Strategische Unternehmensführung und Ökologie. Rekonstruktion eines ausgewählten Denkmodells und die Analyse seiner Anwendung am Beispiel ökonomisch-ökologischer Problemkomplexe, Bergisch-Gladbach/Köln, Eul.

Enquete-Kommission des Deutschen Bundestages (1994): Bericht zum „Schutz des Menschen und der Umwelt. Bewertungskriterien und Perspektiven für umweltverträgliche Stoffkreisläufe in der Industriegesellschaft". Drucksache 12/8260, Bonn.

Freimann, J. (1996): Betriebliche Umweltpolitik. Praxis – Theorie – Instrumente. Bern et al.: Haupt.

Frosch, R./Gallopoulos, N. (1989): Strategies for manufacturing. Scientific American 261 (September special issue), S. 94-102.

Gandenberger, C. (2008): Nachhaltiges Ressourcenmanagement: Konzeptionelle Weiterentwicklung und Realisierungsansätze in der Bekleidungsindustrie, Dissertation Universität Bremen.

Hampicke, U. (1977): Landwirtschaft und Umwelt. Ökologische und ökonomische Aspekte einer rationalen Umweltstrategie, dargestellt am Beispiel der Landwirtschaft der Bundesrepublik Deutschland, Dissertation Technische Universität Berlin.

Isenmann, R. (2003): Natur als Vorbild. Plädoyer für ein differenziertes und erweitertes Verständnis der Natur in der Ökonomie, Marburg, Metropolis.

Korhonen, J./Malmborg, F. von/Strachan, P.A./Ehrenfeld, J.R. (2004): Editorial Management and policy aspects of industrial ecology: an emerging research agenda. Business Strategy and the Environment, Vol. 13, S. 289-305.

KPMG (2011): Sustainable insight. The nature of ecosystem service risk for business. Special edition in collaboration with fauna & flora international and UNEP FI, Amsterdam, KPMG.

Lifset, R./Graedel, T.E. (2002): Industrial ecology: Goals and definitions, in: Ayres R.U./Ayres L.W. (Hrsg.), A handbook of industrial ecology, Cheltenham/Northampton, Edward Elgar, S. 3-15.

Müller-Christ, G./Liebscher, A.-K. (2010): Nachhaltigkeit im Industrie- und Gewerbegebiet, Ideen zur Begleitung von Unternehmen in eine Ressourcengemeinschaft, München, oekom.

Neto, B./Kroeze, C./Hordijk, L./Costa, C. (2009): Selecting Industrial Ecology tools: strengths and weaknesses for use in a Decision Support Tool. 5th International Conference on Industrial Ecology: Transitions Towards Sustainability, June 21st -24th 2009, Calouste Gulbenkian Foundation, Lisbon.

Ospelt, F. (1977): Unternehmenspolitik und Umweltschutz, Wien, Orac.

Paech, I./Pfriem, R. (2004): Konzepte der Nachhaltigkeit von Unternehmen. Theoretische Anforderungen und empirische Trends. Endbericht der Basisstudie 1 des BMBF geförderten Vorhabens „Sustainable Markets emerge" (SUMMER), Universität Oldenburg.

Pfriem, R. (1993): Unternehmenspolitik in sozialökologischen Perspektiven. Habilitationsschrift Universität St. Gallen/Universität Oldenburg.

Piasecki, B. (1992): Industrial ecology: An emerging management science, in: Proceedings of the National Academy of Sciences, Vol. 89, S. 873-875, Washington (DC).

Politische Ökologie (2007): Nachhaltiges Design. Laboratorium für industrielle Neuanfänge, München, oekom.

Posch, A./Perl, E./Strebel, H./Raith, D./Seebacher, U./Suschek-Berger, J. (2005): Industrielle Nachhaltigkeitsnetzwerke. Umsetzungsorientiertes Konzept zur Implementierung industrieller Nachhaltigkeitsnetzwerke, Band 1, Projektbericht im Rahmen der Programmlinie Impulsprogramm Nachhaltig Wirtschaften, Im Auftrag des Bundesministeriums für Verkehr, Innovation und Technologie, Wien, Karl-Franzens-Universität Graz.

Vester, F. (1991): Neuland des Denkens. Vom technokratischen zum kybernetischen Zeitalter, 7. Aufl. München, dtv.

World Reosurces Institute (WRI)/Meridian Institute/World Business Council for Sustainable Development (WBCSD) (2008): The coporate ecosystem services review. Guidelines for identifying bunsiness risks and opportunities arising from ecosystem change. Erstellt von C. Hanson et al. Washington (DC), WRI.

Zwierlein, E./Isenmann, R. (1995): Ökologischer Strukturwandel und Kreislaufökonomie. Wege zu einer umweltorientierten Materialwirtschaft, Idstein, Schulz-Kirchner.

4   Vom Industrial Ecology Management zur Entwicklung nachhaltiger Gewerbegebiete

Georg Müller-Christ

4.1   Einführung in das Industrial Ecology Management?

Der Begriff des Industrial Ecology Managements ist noch nicht konzeptionell umschrieben. Er hat in seiner jetzigen Verwendung noch einen programmatischen Charakter: Es geht darum, aus der Idee einer Industrial Ecology eine Managementthematik zu machen: Wie müssen Unternehmen gesteuert werden, damit sie sich mit anderen Unternehmen zusammenschließen, um kooperativ die Idee einer industriellen Symbiose umzusetzen? Die Übertragung der ökologischen Idee auf Unternehmen ist aus der Managementsicht im Wesentlichen eine Frage der interorganisatorischen Abstimmung von Unternehmen. Organisationstheoretisch geht es darum, lose und feste strukturelle Koppelung von Unternehmen zu ermöglichen. Es geht darum, gemeinsam durch Abstimmung Ressourcen effizienter einzusetzen und Ressourcenregeneration zu befördern. Eine solche Abstimmung ist denkbar zwischen Unternehmen einer Branche oder zwischen Unternehmen eines Standortes.

In diesem Beitrag wird als eine Aufgabe eines Industrial Ecology Managements die Entwicklung von nachhaltigen Gewerbegebieten verstanden. Dabei geht es aus der Managementsicht weniger darum, ob solche losen oder strukturellen Koppelungen von Stoffströmen der Unternehmen, die in enger räumlicher Nachbarschaft eines Gewerbe- oder Industriegebiets produzieren, technisch möglich sind. Diese Art der Koppelung bleibt das Fernziel einer Industrial Ecology. Es geht vielmehr um die Frage, welche Entscheidungen Unternehmen treffen müssen, um sich langfristig aneinander zu binden. Das Thema Nachhaltigkeit in Gewerbegebieten, wie es im Weiteren aufgerollt wird, ist in erster Linie eine Frage der Kooperationsbereitschaft und der Kooperationslogik von Unternehmen. Diese kann sich nur ganz langsam auf die große Herausforderung einstellen, Stoffströme von Unternehmen in räumlicher Nähe so aufeinander abzustimmen, dass die Unternehmen individuell handlungsfähig bleiben, durch strukturelle Koppelung aber Material und Energie sehr effizient nutzen können.[1]

Die Diskussion um die Abstimmung von Stoffströmen in Gewerbegebieten ist nicht neu. Sie wird im Weiteren skizziert über das Konzept der Eco-Industrial Parks über Verwertungsnetze hin zu nachhaltigen Gewerbegebieten.

---

[1] Der Beitrag ist entnommen aus dem Buch: Müller-Christ/Liebscher (2010).

4.2   Vom Eco-Industrial Park zur Nachhaltigkeit von Gewerbegebieten

Aus Gründen einer einfacheren Leseweise wird im Weiteren immer nur von Gewerbegebieten geredet. Gemeint ist aber jede Art von Gebiet, in denen mehrere Unternehmen nebeneinander produzieren – also auch Industriegebiete, Technologieparks, Handwerkerhöfe u. a. m.

Was Nachhaltigkeit in Gewerbegebieten bedeutet, hängt vom gewählten Nachhaltigkeitsverständnis ab. Dass der Begriff Nachhaltigkeit eigentlich nicht für Ökologie oder Umweltschutz steht, sondern für eine generelle Ressourcenperspektive, bedeutet nicht, dass in der Praxis zumeist erst an Umweltschutzfragen gedacht wird (vgl. zu diesem Nachhaltigkeitsverständnis Müller-Christ 2010). Das Thema Umweltschutz in Gewerbegebieten ist indes schon wesentlich älter und an sich nur eine Teilmenge des Themas: Nachhaltigkeit in Gewerbegebieten.

Zumeist wird bei dem Thema Nachhaltigkeit in Gewerbegebieten an die so genannte öko-industrielle Entwicklung gedacht. Weltweit setzen sich hier die Begriffe Eco-Industrial Development und Eco-Industrial Parks durch.

4.2.1   Eco-Industrial Parks

Seit 1994 werden in den USA Eco-Industrial Parks geplant, seit einiger Zeit wird weltweit versucht, solche ökologisch orientierten Gewerbegebiete zu schaffen. Das „Ökologische" ist dabei sehr eng gefasst und orientiert sich vor allem an der Erfassung von Stoffströmen, der Steigerung der Öko- und Material-Effizienz sowie der Reduzierung von Verkehr.

Was sollen öko-industrielle Gewerbegebiete oder Eco-Industrial Parks, wie es weltweit heißt, sein? Das Öko im Begriff bezieht sich weniger auf die ökonomische Seite von Gewerbegebieten als auf die ökologische. Eco-Industrial Parks sind Gewerbegebiete, in den die Unternehmen allein oder in Kooperation miteinander einen besonders hohen Umweltschutzstandard realisieren. Diese Standards können sich zeigen in einer umweltfreundlichen Bauweise, in einer wassersparenden und/oder energieeffizienten Produktionsweise, in einem gemeinsamen Abfallwirtschaftskonzept oder in besonderen Emissionsvermeidungsanstrengungen u .a. m.

Die Attribute rund um „ökologische Gewerbegebiete" werden zuweilen sehr großzügig verwendet. Mit Blick auf eine tatsächlich relevante Entlastungswirkung der Natur sollte man das Attribut ökologisch für Gewerbeparks nicht verwenden, wenn

■ nur ganz wenige Unternehmen in nebensächlichen Stoffströmen vernetzt sind

■ nur Recycling-Unternehmen am Standort sind

■ nur Umwelttechnologiefirmen am Standort sind

- nur Unternehmen am Standort sind, die ökologische Produkte herstellen

- das Gewerbegebiet rund um ein Umweltthema konstruiert wurde (z. B. Solarpark)

- nur die umweltfreundliche Bauweise den Bezug herstellt

- eine Mischnutzung von Industrie, Handel und Siedlung gegeben ist.

All diese Faktoren tragen sicherlich zu einer Reduzierung der Umwelteinwirkungen bei, stellen aber nur eine kleine Teilmenge des möglichen Engagements für Umweltschutz dar. Bei aller Schwierigkeit in der Umsetzung sollte die Idee eines öko-industriellen Parks anspruchsvollere Ziele in der Umweltentlastung beinhalten.

Das Leitbild von Eco-Industrial Parks sind Kreislaufprozesse der Ökosysteme in der Natur. Nun haben sich die Ökosysteme Millionen von Jahren Zeit genommen, um in einem Versuch-Irrtums-Prozess die heutigen effizienten Lösungen zu entwickeln. Dieses gemächliche Innovationstempo können wir natürlich nicht übernehmen. Und auch die Versuchs-Irrtums-Methode des Ausprobierens kann bei den komplexen Produktionsprozessen der heutigen Industrie nur sehr begrenzt angewendet werden.

Es gibt drei Gründe, warum das Leitbild der öko-industriellen Entwicklung schwierig in die Tat umzusetzen ist.

1. Zum einen reicht in den meisten Branchen der Marktdruck nicht aus, damit Unternehmen sich auf die großen Investitionen einlassen, die nötig sind, um Stoffströme im Kreislauf zu führen. Die Kunden honorieren selten das Engagement auf der Produktionsseite für mehr Umweltschutz.
2. Zum anderen müssten sich rechtlich und wirtschaftlich selbstständige Unternehmen auf eine enge strukturelle Kopplung ihrer Stoffströme einlassen, die ihnen sehr viel Planungs- und Gestaltungsautonomie nehmen würden.
3. Des Weiteren schließen die komplexen Produktionsprozesse mit ihren hohen Anforderungen an die Produktionsmaterialien die Versuchs-Irrtums-Methode im Innovationsprozess aus.

Es gibt nur wenige Praxisbeispiele, wo die Bedingungen so günstig gewesen sind, dass sich Unternehmen tatsächlich auf eine öko-industrielle Entwicklung eingelassen haben, um durch Abstimmung ihrer Stoffströme Material und Energie zu sparen. Ganz eng genommen, können Gewerbegebiete zwar Inseln effizienter Stoffströme werden, eine wirkliche Umweltentlastung tritt aber nur ein, wenn diese Inseln eingebettet sind in ein nationales und internationales Zero-Emission-System, ein Industriesystem, welches sich strukturell völlig von der Durchflusswirtschaft (Rohstoff – Produktion – Konsum – Müll) zur Kreislaufwirtschaft (Rohstoff – Verwertung – Rohstoff – Verwertung usw.) entwickelt hat.

4.2.2   Verwertungsnetzwerke und industrielle Symbiosen

Für die bisherigen Bemühungen in der Praxis, Stoff- und Energieströme zwischenbetrieblich zu koordinieren, haben sich die Begriffe Verwertungsnetzwerk oder industrielle Symbiose durchgesetzt. Sehr bekannt geworden sind die Industriesymbiose Kalundborg in Dänemark, das Verwertungsnetzwerk Steiermark in Österreich und das Verwertungsnetzwerk Pfaffengrund in Heidelberg.

Verwertung in diesen Netzwerken bedeutet, dass Rückstände der Produktion anders verwertet werden als durch Entsorgung. Abfälle dienen als Rohstoffe für benachbarte Produktionsunternehmen. Die Einrichtung dieser Verwertungsnetzwerke setzt eine umfassende Kenntnis über Stoff- und Rückstandsströme voraus. Bei Neuplanungen von Gewerbegebieten können diese zu einer abgestimmten Ansiedlung von Unternehmen führen, wie es beispielsweise in der Industriesymbiose Kalundborg ab 1961 erfolgte.

Bei bestehenden Gewerbegebieten muss die Information über die laufenden Stoff- und Energieströme von außen geschaffen werden, um dann mögliche Kooperationspartner zu suchen. So haben in den Verwertungsnetzwerken Pfaffengrund und Steiermark wissenschaftliche Einrichtungen die Stoff- und Energieströme analysiert und die Netzwerkaufnahme moderiert.

Die Erfahrungen hierbei haben gezeigt, dass

■ die Partner eine bestimmte kritische Produktionsgröße haben müssen,

■ die Kooperationen freiwillig eingegangen werden müssen,

■ sie sich ökonomisch lohnen müssen,

■ die Partner keine Konkurrenzängste haben dürfen und

■ zwischen den Betrieben eine kurze räumliche Distanz herrschen muss.

Die Tatsache, dass in den letzten Jahren relativ wenige Verwertungsnetzwerke entstanden sind, lässt bereits vermuten, dass das Management der Einrichtung und Aufrechterhaltung der Netzwerke eine relativ aufwändige Angelegenheit ist. Die Hauptmotive für die Kooperation in einem Verwertungsnetzwerk liegen für die Unternehmen in der

■ Entsorgungssicherheit

■ Versorgungssicherheit

■ Kostenentlastung

■ Umweltentlastung

Da in den letzten Jahren immer deutlicher wird, dass einige Rohstoffe weltweit knapper werden, steigt mittlerweile der Anreiz für Unternehmen, über Verwertungsnetzwerke nachzudenken. Ab einem bestimmten Schwellenwert bei den Rohstoffpreisen werden viele Unternehmen bereit sein, Versorgungssicherheit und Kostenentlastung durch überbetriebliche Kooperationen anzustreben. Investitionen in die Versorgungssicherheit sind letztlich Investitionen in die Nachhaltigkeit des Unternehmens, welche ohne eine Einbeziehung des nahen Raumes nicht umzusetzen ist.

Rohstoffknappheit scheint ein Thema zu sein, welches bei Unternehmen zunehmend Gehör findet. Die Bewältigung der Knappheit wird dabei nicht allein als eine Aufgabe der Politik angesehen, sondern zunehmend auch durch Eigeninitiative von Unternehmensverbünden in Angriff genommen.

4.2.3   Gewerbegebiete als Ressourcengemeinschaft

Der etwas kritische Blick auf die Realisierungsmöglichkeiten von Eco-Industrial Parks soll nicht zu dem Schluss führen, dass die Gestaltung nachhaltigerer Gewerbegebiete eine völlig unmögliche Aufgabe ist. Vielleicht ist es sogar genau anders herum: Durch eine Steigerung der Nachhaltigkeitsbemühungen können sich Unternehmen in Gewerbegebieten mittelfristig auch in engere Stoffstrom-Kooperationen begeben. Es geht also um so etwas wie eine „eingebettete regionale Kreislaufwirtschaft": eingebettet in die Akteurskonstellation einer Kommune und regional zur Reduzierung der Transportkosten und zur Steigerung der regionalen Wertschöpfung.

Wird Nachhaltigkeit als dauerhafter Erhalt der allgemeinen Ressourcenbasis verstanden, wird auch deutlich, dass Nachhaltigkeit in Gewerbegebieten noch viel mehr bedeutet. Gedanklich wäre das Gewerbegebiet als erstes als eine Ressourcengemeinschaft zu denken. Aus der rein zufällig entstandenen Nachbarschaft der Unternehmen gilt es durch gemeinsame Aktionen eine Art Lebens- und Ressourcengemeinschaft zu entwickeln, so wie man es bei einigen Wohnnachbarschaften schon beobachten kann.

Viele Nachhaltigkeitsprobleme lassen sich am besten lösen, wenn die Unternehmen in einem Gewerbegebiet miteinander kooperieren. Neben der interorganisatorischen Gestaltung von Nachhaltigkeit kann natürlich auch jedes Unternehmen für sich nach Ansatzpunkten einer innerorganisatorischen Nachhaltigkeit suchen. Es gibt also zwei nicht ganz unabhängige Möglichkeiten, die nachhaltige Entwicklung eines Gewerbegebietes zu fördern.

4.2.4   Nachhaltigkeit von Gewerbegebieten als Summe des Engagements der einzelnen Unternehmen?

Was kann jedes Unternehmen für sich alleine für eine nachhaltige Entwicklung tun? Den sichtbarsten Ausdruck für ein unternehmerisches Engagement stellen beispielsweise zertifizierte Umweltmanagementsysteme oder integrierte Managementsysteme dar. Ein nach EMAS, nach ISO 14000 oder nach einem der vielen kleineren Managementsysteme (Öko-Profit, Ecostep, BuH u. a. m.) zertifiziertes Unternehmen drückt bereits aus, dass es bereit ist, in seinen Managemententscheidungen Umwelt- und/oder Sozialziele zu berücksichtigen und Geld, Zeit und Personal einzusetzen, um seine Umweltauswirkungen zu reduzieren. Nicht immer wird dieses Engagement auch mit einer Reduzierung von Kosten belohnt.

Auch ein eigenständiges soziales Engagement im Sinne eines Kultur- oder Sozialsponso-ring ist ein guter Indikator dafür, dass ein Unternehmen das Anliegen einer nachhaltigen Entwicklung ernst nimmt. Ebenso positiv ist ein überdurchschnittliches Engagement bei der Aus- und Weiterbildung von Mitarbeitern zu werten: Dieses Engagement stellt eine Investition in die Ressource Personal dar (auch wenn der Begriff der Ressource in Verbin-dung mit Menschen nicht so gerne gehört wird).

Nachhaltigkeitsorientierte, betriebsinterne Maßnahmen sind auch alle die, die sich rund um das Thema Work-Life-Balance drehen. Das Unternehmen nimmt Rücksicht darauf, dass seine Mitarbeiter Menschen sind, die mehrere Rollen spielen: in Partnerschaften und Familie, in Nachbarschaften und Vereinen, in Freundschaften und Politik. Abgesehen da-von, dass Rollenvielfalt die soziale Kompetenz der Mitarbeiter steigern kann, verlangt Rol-lenvielfalt fast immer auch zeitliche Flexibilität, die durch entsprechende Arbeitszeitord-nungen und weitere Vereinbarungen gezielt bewirkt werden kann (z. B. durch ein Fami-lienaudit).

Je mehr einzelne Unternehmen sich bereits für Nachhaltigkeit engagieren, umso einfacher ist es vermutlich, in einem Gewerbegebiet ein Netzwerk von Unternehmen zu schaffen, die gemeinsam ihr Nachhaltigkeitsengagement für das Gewerbegebiet insgesamt stärken wol-len.

Diese Unternehmen haben vielleicht schon die Erfahrung gemacht, dass sich Nachhaltig-keitsengagement unter Umständen nicht direkt in ökonomischen Vorteilen äußert, indirekt aber die Belastbarkeit des Unternehmens und seine Gesundheit fördert: Das Unternehmen hat einen guten Ruf bei den Kunden und die Mitarbeiter und Mitarbeiterinnen haben ein hohes Commitment zum Unternehmen.

4.2.5 Nachhaltigkeit von Gewerbegebieten als gemeinschaftliche Aufgabe

Nehmen wir nun das rationale Verständnis von Nachhaltigkeit, dann ist ein nachhaltiges Gewerbegebiet in der Lage, durch die Kooperation aller Akteure und Akteurinnen (Unter-nehmen, Kommune, Bürger/innen) die Ressourcenquellen zu pflegen, von denen es ab-hängig ist.

Wichtig hierbei ist die Klarheit darüber, dass es um die Nachhaltigkeit eines einzelnen Gewerbegebietes geht. Oben wurde schon erwähnt, dass es sich bei der Nachhaltigkeit ei-nes Gewerbegebietes nicht um einen Zustand handelt, sondern um relative Fortschritte gegenüber einem weniger nachhaltigen Zustand. Dies ist insofern wichtig, als Gewerbege-biete aufgrund ihrer unterschiedlichen Zusammensetzungen von Unternehmen einen ganz unterschiedlichen Startpunkt für eine nachhaltige Entwicklung haben. Zudem haben sie auch unterschiedliche gemeinsame Ressourcenprobleme, die von vielerlei Faktoren ab-hängen.

Gibt es nun neben den im nächsten Abschnitt beschriebenen konkreten Kriterien für Nachhaltigkeit einen Indikator, mit dessen Hilfe sich das Nachhaltigkeitsengagement in einem Gewerbegebiet messen und vergleichen lässt? Die große Herausforderung im Aufbau einer Ressourcengemeinschaft liegt darin, neue Beziehungen zu knüpfen und zu pflegen und die Unterschiedlichkeit der Partner zu akzeptieren. Von daher können neue Beziehungen, die Unternehmen und Kommunen miteinander verbinden, als ein Indikator für mehr Nachhaltigkeit interpretiert werden.

Aus der Netzwerkforschung weiß man, dass Beziehungen aus Zielen, Aktivitäten und Ressourcen bestehen. Neu entstehende gemeinsame Ziele, gemeinsame Aktivitäten oder gemeinsame Ressourcen lassen also darauf schließen, dass die Akteure in einem Gewerbegebiet sich in Richtung Nachhaltigkeit bewegen könnten.

4.3   Anforderungen an nachhaltige Gewerbegebiete

Nachhaltigkeit entsteht in der sozialen, in der ökologischen und in der ökonomischen Dimension des Wirtschaftens. Auf der Basis des ressourcenorientierten Nachhaltigkeitsansatzes wird aufgezeigt, anhand welcher Kriterien Fortschritte in Richtung einer nachhaltigeren Entwicklung beobachtet werden können. Eine wichtige Erkenntnis soll sein, dass die Kriterien für eine nachhaltigere Entwicklung widersprüchlich zueinander sind. Sie lassen sich aus kurzfristiger Perspektive nicht alle gleichzeitig verbessern.

Woran lässt sich beobachten, ob ein Gewerbegebiet sich in eine nachhaltigere Richtung entwickelt? Die Kriterien zur Beobachtung dieses Engagements werden in der organisatorischen, in der ökologischen, in der sozialen und in der ökonomischen Dimension entwickelt. Es wird davon ausgegangen, dass diese Entwicklung durch das Engagement der Unternehmen, durch das Engagement der Kommune und durch das kooperative Engagement der Unternehmen und der Unternehmen mit der Kommune entsteht.

4.3.1   Nachhaltigkeit messen

Der Grad der Nachhaltigkeit von Gewerbegebieten misst sich an ihrem Umgang mit materiellen und immateriellen Ressourcen:

- Welches Engagement in den Unternehmen und zwischen den Unternehmen gibt es, um materielle Ressourcen effizienter einzusetzen?

- Welches Engagement in den Unternehmen und zwischen den Unternehmen gibt es, um materielle und immaterielle Ressourcen zu reproduzieren?

Je nach Knappheit und Entstehungsbedingungen der einzelnen Ressource steht eher der Effizienzgedanke oder der Reproduktionsgedanke im Vordergrund. Zumeist werden die Ressourcen dann in ökologische, ökonomische und soziale Ressourcenarten unterschieden.

Dass man nur das managen kann, was man auch messen kann, ist eine weit verbreitete Meinung. Dieser enge Zusammenhang zwischen Steuerung und Kontrolle setzt indes voraus, dass die Steuerungsimpulse relativ kurzfristig zu gewünschten und messbaren Wirkungen werden: Er gilt für die so genannten Jetzt-für-Jetzt-Entscheidungen. Bei diesen kann man sehr schön den Erfolg der Maßnahme am erzielten Output messen. Wie ist es aber, wenn man langfristige Wirkungen erzeugen möchte, die heute eine bestimmte Maßnahme erfordern und in einigen Jahren zu einer gewünschten Wirkung führen, also im Falle der Jetzt-für-Dann-Entscheidungen? Auf die Wirkungen in der Zukunft kann man nicht warten, um messen zu können.

Gerade im Nachhaltigkeitskontext macht es deshalb Sinn, Indikatoren für eine nachhaltige Entwicklung nicht allein an der tatsächlich erreichten Wirkung zu messen (bspw. Reduzierung eines Schadstoffeintrags), sondern am Engagement für Jetzt-für-Dann-Entscheidungen. Was wird heute getan, um morgen noch funktionsfähige Ressourcenquellen zu haben?

4.3.2   Organisatorische Kriterien für nachhaltige Gewerbegebiete

Unter der Prämisse, dass sich das Engagement von Unternehmen in einem Gewerbegebiet für eine nachhaltige Entwicklung nur kurzfristig aus den Motiven und den vorhandenen Kapazitäten bewegen lässt, ist ein starker Indikator für Nachhaltigkeitsengagement das Vorhandensein einer Institution, in der sich die Unternehmen in einer Art Selbstbindung vernetzt haben.

Bezeichnungen für diese Institution sind viele denkbar: Nachhaltigkeitsagentur, Standortmanager, Parkmanager, Interessengemeinschaft u. a. m. Eine solche Institution ist Ausdruck der Selbstbindung der Unternehmen, sich in eine nachhaltigere Entwicklung führen zu lassen und dafür Zeit und Geld zu investieren. An der Ausstattung und der Art und Dauerhaftigkeit der Finanzierung lässt sich ablesen, wie ernst die Unternehmen es mit einer Nachhaltigen Entwicklung meinen.

Einige mögliche Fragen zum Projektstart:

- Gibt es in dem Gewerbegebiet schon ein kleines Netzwerk, welches angesprochen werden könnte?

- Gibt es ein führendes Unternehmen, welches als Machtpromotor für eine Interessengemeinschaft gewonnen werden könnte?

- Gibt es eine Unternehmerpersönlichkeit, die als Machtpromotor für eine Interessengemeinschaft gewonnen werden könnte?

- Hat die Kommunalverwaltung ein Image, welches die Vernetzung der Unternehmen von außen erlauben würde?

4.3.3 Ökologische Kriterien für nachhaltige Gewerbegebiete

Ökologische Kriterien beschreiben, wie die negativen Einwirkungen von Produktion und Konsum auf die Natur reduziert werden können. Im Einzelnen geht es darum, Energie effizient einzusetzen, Rohstoffe sparsam zu verwenden und – falls nicht regenerierbar – im Kreislauf zu führen, Abfälle wiederzuverwerten oder umweltgerecht zu entsorgen, Emissionen und Schadstoffe zu minimieren, den Flächenverbrauch zu reduzieren und Landschaftseingriffe zu vermeiden.

Weil es in der ökologischen Dimension fast einzig auf Minimierungsziele ankommt, entsteht leicht die Vorstellung, dass mit einem Weniger an Ressourcen- und Stoffströmen auch ein Weniger an Kosten verbunden ist. Öko-Effizienz ist das Schlagwort. Viele Unternehmen wissen aber, dass eine deutliche Reduzierung von Umwelteinwirkungen mit erheblichen Investitionen in technische Innovationen und organisatorische Umstellungen einhergeht. Und eine faktische Umweltentlastung tritt nur ein, wenn der reduzierte Energie- und Materialeinsatz pro Produkteinheit nicht durch das Wachstum der Produktion überkompensiert wird. Man nennt dieses Phänomen den Rebound-Effekt: Die Einsparungen von Energie, Material und Geld werden nicht vorgehalten, sondern sofort an anderer Stelle wieder investiert. Eine absolute Umweltentlastung oder eine so genannte Öko-Effektivität tritt nur dann ein, wenn im Vergleich zu vorher insgesamt weniger Emissionen, weniger Abfall, weniger Abwasser usw. erzeugt worden sind.

Das Thema nachhaltiger Umgang mit natürlichen Ressourcen hat neben dem effizienten Einsatz des vorhandenen Pools eben auch die Komponente der Reproduktion von natürlichen Ressourcen. Neben den physikalischen Größen, die eine Reduzierung von Umwelteinwirkungen anzeigen, sollte das Engagement der Unternehmen für den Einsatz regenerativer Rohstoffe und Energien beobachtet werden.

Die Umstellung auf den Einsatz von Rohstoffen und Energieträgern aus regenerativen Quellen bringt zumeist einen hohen Aufwand mit sich: Produktzusammensetzungen und Produktionsprozesse müssen geändert, neue Beschaffungsprozesse geplant, neue Lieferanten gefunden, geänderte Produkteigenschaften vermittelt werden u. a. m. Deshalb wird von staatlicher Seite die Forschung zum Thema nachwachsende Rohstoffe sehr gefördert (http://www. nachwachsende-rohstoffe.de)

Der Einwand, dass fossile Energie- und Rohstoffträger per se nicht zu reproduzieren sind, ist an dieser Stelle häufig und sehr gerechtfertigt. Die heutige Diskussion um den Klimawandel zeigt indes, dass neben die absehbare Erschöpfung der fossilen Energie- und Rohstoffe eine größere Knappheit getreten ist: Die Aufnahmefähigkeit der Atmosphäre für Kohlendioxid ist weitgehend erschöpft und die Auswirkungen der Klimaveränderungen rufen mehr wirtschaftliche Schäden hervor. Nachhaltig wäre es an dieser Stelle, in die Aufnahmekapazität an CO_2 zu investieren und zugleich den Ausstoß zu reduzieren.

Unternehmen sind aber nicht nur von natürlichen Rohstoffen abhängig: Ebenso sind sie von ökonomischen und sozialen Ressourcen abhängig. Der Reproduktionsgedanke ist manchmal bei den immateriellen sozialen Ressourcen sehr viel eingängiger nachzuvollziehen. Beispielsweise könnte Nachhaltigkeit als Imagefaktor einen wesentlichen Beitrag zur Standortqualität leisten. Ein solches Image wird jedoch nicht einmalig kreiert, sondern muss laufend gepflegt werden. Welches Engagement zur Imagepflege ist denkbar?

4.3.4   Ökonomische Kriterien für nachhaltige Gewerbegebiete

Zu den ökonomischen Kriterien gehört jedes Engagement, welches die Ertragskraft des Gewerbegebiets erhält. Ertragskraft umschreibt die Fähigkeit, auf längere Sicht Gewinne zu erzielen.

Nicht immer stellt die Summe der Ertragskräfte der einzelnen Unternehmen auch eine hohe Ertragskraft des Gewerbegebietes dar. Eine solche Ertragskraft lässt sich an sich auch nur aus Sicht der Kommune betrachten. Mit anderen Worten: In der ökonomischen Dimension muss deutlich getrennt werden, ob es um die Ertragskraft der Unternehmen oder um die Ertragskraft des Gewerbegebiets geht.

Als Indikator der unternehmerischen Ertragskraft gelten in der Finanzwelt die künftige Umsatzentwicklung, der Gewinn je Aktie und der Cash Flow. Was aber wäre die Ertragskraft eines Gewerbegebietes? Aus der Sicht einer Kommune stellt ein Gewerbegebiet eine zentrale Ressourcenquelle dar: Die Gewerbesteuer ist ein Geldstrom, der den Kommunen direkt zufließt. Die Ertragskraft eines Gewerbegebietes wäre dann in Analogie die Fähigkeit, zukünftige Gewerbesteuer zu erwirtschaften.

Nun können Kommunen nicht in die Marktprozesse von Unternehmen eingreifen, um deren Ertragskraft zu steigern. Sie können aber sehr wohl beständig die Attraktivität des Gewerbegebietes reproduzieren und weiterentwickeln, um Standortwechsel zu verhindern und neue Unternehmen für ausscheidende zu gewinnen.

Dass ein attraktiver Standort auch für die ansässigen Unternehmen eine hohe wirtschaftliche Relevanz hat, ist selbsterklärend. Aus diesem Grunde wäre es auch für Unternehmen wirtschaftlich klug, aktiv in die Attraktivität ihres Standorts zu investieren.

4.3.5   Soziale Kriterien für nachhaltige Gewerbegebiete

Traditionell wird sich in der Nachhaltigkeitsdiskussion schwer getan, die soziale Dimension einheitlich zu fassen. Von Seiten der Unternehmen wird hier zumeist über Engagement für Mitarbeiter und Mitarbeiterinnen sowie über gesellschaftliches Engagement berichtet (bspw. Weiterbildung, Sponsoring). Von politischer Seite aus werden unter sozialer Nachhaltigkeit zumeist Humanisierungsziele definiert mit der Absicht, nicht wünschenswerte gesellschaftliche Zustände zu ändern (Kriminalität, Ungleichbehandlungen, Armut usw.).

Schon bevor die Nachhaltigkeitsdiskussion aufkam, war die Humanisierung der Gesellschaft ein wichtiges politisches Ziel. Und auch Unternehmen mussten sich schon regelmäßig den Ansprüchen einer Sozialverantwortung stellen. Der Begriff des Sozialen beinhaltet jedoch noch mehr als Kriterien für Humanität. Sozial im Sinne von gesellschaftlich umschreibt das Beziehungsgefüge der Akteure. Wesentlicher Inhalt der Beziehungen sind funktionierende Abstimmungsprozesse.

Die sozialen Ressourcen eines Gewerbegebietes stellen folglich die Faktoren dar, die zu gelingenden Abstimmungsprozessen der beteiligten und betroffenen Akteure führen: Unternehmen, Kommune, Bürgerinnen und Bürger. Unter den modernen Bedingungen werden Abstimmungsprozesse dann als gelungen bezeichnet, wenn sie den Kriterien demokratisch, gerecht und partizipativ folgen.

Abstimmen hinsichtlich ihrer Interessen müssen sich die Akteure zum einen untereinander: die verschiedenen Ämter der Kommunalverwaltung, die verschiedenen Unternehmen in einem Gewerbegebiet und die Bürgerinnen und Bürger in den betroffenen Nachbarschaften. Für diese gruppeninternen Abstimmungsprozesse müssen genauso Regeln und Institutionen geschaffen werden, wie zum anderen für die Abstimmungsprozesse der Gruppen miteinander. Der Aufbau eines stabilen Beziehungsgefüges erfordert einige Zeit und viel Koordinationskapazität. Da Inhalt der Abstimmungsprozesse die Aushandlung verschiedener Interessen der Akteursgruppen ist, ist es sinnvoll, die Beziehungspflege durch externe Institutionen durchführen zu lassen.

Im Gegensatz zu den ökonomischen Kriterien für ein nachhaltigeres Gewerbegebiet, die eher auf den Umgang mit materiellen Ressourcen zielen, geht es bei den sozialen Kriterien eher um die Erhaltung und Schaffung immaterieller Ressourcen. Immaterielle Ressourcen haben zumeist viel komplexere Eigengesetzlichkeiten als materielle. Die entscheidendste und verletzlichste Ressource wird das Vertrauen der Akteure und Akteurinnen zueinander sein. Ständige vertrauensbildende Maßnahmen werden eine der Hauptaufgabe des sozialen Nachhaltigkeitsengagements sein.

4.3.6   Widersprüchlichkeiten zwischen den Kriterien

Die Kriterien für sich sind alle sehr plausibel. Soll sich das Handeln der Akteure und Akteurinnen an ihnen insgesamt orientieren, tauchen sofort die bekannten Unverträglichkeiten auf:

- ■ Maßnahmen zu Steigerung der Ertragskraft gehen zu Lasten der Umwelt- oder Sozialverträglichkeit.

- ■ Maßnahmen zur Steigerung der Umwelt- oder Sozialverträglichkeit gehen zu Lasten der Ertragskraft.

- ■ Maßnahmen zur Steigerung der Sozialverträglichkeit gehen zu Lasten der Umweltverträglichkeit und vice versa.

In der politischen und wirtschaftlichen Praxis wird deshalb viel davon geredet, dass der Ausgleich zwischen diesen Dimensionen gesucht wird. Einen Ausgleich suchen kann zweierlei bedeuten:

1. Es wird die Schnittmenge gesucht, bei der ökonomische Vorteile mit einer Steigerung der Umwelt- und Sozialverträglichkeit einhergehen. Diese Win-Win-Win-Hypothese wird häufig angewendet, leider aber lassen sich wenige Bestätigungen in der Praxis finden.
2. Es wird versucht, nicht die Schnittmengen in den Vordergrund zu stellen, sondern ein Weg gesucht, die Unvereinbarkeiten und Widersprüche zu managen.

Natürlich wäre es für eine nachhaltigere Entwicklung schön, wenn eine ökologischere und sozialverträglichere Wirtschaftsweise auch zugleich größeren ökonomischen Erfolg bringen würde. Dies passiert aber nur, wenn als ökonomischer Erfolg nicht der kurzfristige Gewinn definiert wird, sondern langfristig stabile Ressourcenbeziehungen. Für heutige Entscheidungen gilt jedoch: Jedes Engagement in die Zukunftsverträglichkeit reduziert den Gegenwartserfolg und die Gegenwartsliquidität. Es wäre deshalb sehr viel realistischer, wenn die Akteure und Akteurinnen davon ausgehen würden, dass für eine nachhaltige Entwicklung von Gewerbegebieten vor allem die Unvereinbarkeiten und Widersprüche bewältigt werden müssen. Sie können nicht durch andere Beschreibungen von Nachhaltigkeit und nachhaltigerer Wirtschaftsweise wegdefiniert werden.

4.4 Entscheidungsprozesse für nachhaltige Gewerbegebiete

Die unterschiedlichen Akteure, die die Entwicklung eines nachhaltigeren Gewerbegebiets mit beeinflussen, teilen zwar eine gemeinsame Vision, haben aber im konkreten Entscheidungsfalle teilweise kollidierende Interessen. Ziel dieses Kapitels ist es, die kollidierenden Entscheidungsprämissen aufzuzeigen und erste Anregungen für den Umgang mit diesen Widersprüchen zu geben.

Auf den ersten Blick scheint es so zu sein, dass ein nachhaltigeres Gewerbegebiet gleichermaßen im Interesse von Wirtschaft und Kommune sein müsste: Alle Beteiligten profitieren von der zunehmenden Umweltentlastung und viele Akteure profitieren von der erhöhten Sozialverträglichkeit. Da die Investitionen in die nachhaltige Entwicklung aber nicht gleichermaßen von allen Akteuren getragen werden müssen, ist die Einigkeit im Ziel relativ leicht herzustellen, die Verteilung der Aufwendungen aber ein komplizierter Abstimmungsprozess.

Auf der Ebene der Zielfindung und der Absichtserklärungen sind sich fast alle Akteure und Akteurinnen immer relativ schnell einig, was Nachhaltigkeit bedeutet: Sie wollen eine gesunde Wirtschaft, eine deutliche Entlastung der Natur und eine Steigerung der Sozialverträglichkeit aller Systeme. Diese Einigkeit geht meistens dann verloren, wenn es um Maßnahmen und Programme geht, wie diese Ziele und Absichten erreicht werden sollen. Auf der Ebene der Entscheidungen tauchen viele Interessenskonflikte, Zielkollisionen und logische Widersprüche auf.

Diese Gegensätzlichkeiten werden besonders deutlich, wenn man Nachhaltigkeit aus der ressourcenorientierten Perspektive betrachtet. Die ökonomischen, ökologischen und sozialen Ressourcenquellen zu erhalten, die wir für eine dauerhafte Wirtschaftsweise brauchen, verlangt Rücksichtnahme auf die Funktionsfähigkeit dieser Ressourcenquellen und Investitionen in ihren Erhalt. Auf der Ebene der Entscheidungen aller Akteure geht es folglich darum, sinnvolle Maßnahmen der Rücksichtnahme auf Mensch, Natur und Wirtschaft auszuwählen sowie Investitionsmittel für die Erhaltung bereitzustellen. Nachhaltige Entwicklung eines Gewerbegebietes kann heißen:

■ Für die Unternehmen in enger Kooperation mit den Nachbarunternehmen und der Kommune Ressourcenprobleme zu lösen.

■ Für die Kommune langfristig die Ertragskraft eines Gewerbegebietes zu erhalten ohne indirekte Folgekosten zu produzieren.

■ Für die Bürgerinnen und Bürger immer weniger ökologische und soziale Nebenwirkungen des benachbarten Produktionsgeschehens tragen zu müssen bei gleichzeitiger Erhaltung der Arbeitsplätze.

4.4.1 Entscheidungsprozesse für Nachhaltigkeit aus kommunaler Sicht

Seit der Agenda 21, die 1992 in Rio de Janeiro beschlossen wurde, kommt den Kommunen eine besondere Rolle für eine nachhaltige Entwicklung zu. Sie gestalten unter den gegebenen gesetzlichen Rahmenbedingungen die konkreten Lebensbedingungen für Bürgerinnen und Bürger, für die Wirtschaft und für alle sozialen Institutionen maßgeblich mit.

Die besondere Herausforderung der Rolle der Kommunen liegt darin, dass sie auf der einen Seite einen Beitrag zu einer nachhaltigen gesellschaftlichen Entwicklung leisten sollen. Die Erfahrungen zeigen, dass einige Kommunen mit innovativen Projekten zur Energieeffizienz, zur Einsparung von Wasser, zur Förderung von Jugendlichen, zur Verbesserung der Wohn- und Lebensqualität u. a. m. hier vorausgehen.

Auf der anderen Seite sind Kommunen auch wirtschaftende Systeme, die selbst nachhaltig werden müssen. Einer nachhaltigen Kommune gelingt es, die ökonomischen, die sozialen und die ökologischen Ressourcen, die sie zum Leben braucht, laufend zu reproduzieren. Dies gelingt bei den finanziellen Ressourcen den meisten Kommunen zurzeit nicht: Sie müssen sich für einen ausgeglichenen Haushalt ständig weiterverschulden.

Ein Weg zur Stärkung der Finanzkraft einer Kommune ist die Ausweisung von attraktiven Standorten für die Wirtschaft, um mehr Gewerbesteuer zu erhalten. Mehr Industrie- und Gewerbegebiete heißt zugleich mehr Flächenverbrauch. Bundesweit werden gegenwärtig ca. 130 Hektar Fläche am Tag versiegelt. Die Bundesregierung hat in ihrer Nachhaltigkeitsstrategie das Ziel formuliert, nur zehn Hektar am Tag zu versiegeln. Dieses ökologische Ziel kollidiert mit den ökonomischen Entfaltungswünschen und -möglichkeiten der Kommunen.

Derartige Entscheidungsprozesse stellen eine große Belastung für die Verwaltungsstrukturen und die Arbeitsteilung von Politik und Verwaltung dar. Die Ressorts arbeiten meistens getrennt voneinander und die Akteurinnen und Akteure in der Wirtschaftsförderung haben eine starke Rolle: Im Zweifelsfall werden ökologische und soziale Auflagen reduziert, um potenzielle Investoren nicht zu verschrecken. Das Problem ist mittlerweile auch von der Politik erkannt und es werden immer mehr Modellprojekte für ein nachhaltiges kommunales Flächenmanagement initiiert. Zudem nimmt auch die Anzahl der Studien zu, die fiskalische Folgenabschätzungen der Erschließung von Bauland vornehmen und zu dem Ergebnis kommen, dass bei der Umwandlung von Frei- in Siedlungs- und Verkehrsflächen die gesamten Folgekosten für innere und äußere Erschließung sowie soziale Infrastruktur höher sein dürften als die zusätzlichen Einnahmen.

4.4.2 Entscheidungsprozesse für Nachhaltigkeit aus unternehmerischer Sicht

Gerade bei kleinen und mittelständischen Unternehmen kann man davon ausgehen, dass sie zu wenig Zeit und Personalressourcen haben, um über Nachhaltigkeit nachzudenken. Sie sind weitgehend mit der Erhaltung ihrer Eigenlogik beschäftigt, also der Erwirtschaftung von Umsätzen und der Aufrechterhaltung gut funktionierender Produktions- und Dienstleistungsprozesse. Zumeist fehlen Anstöße, die Eigenlogik zu durchbrechen und über Nachhaltigkeit nachzudenken.

Wenn man einmal von der Erfüllung gesetzlicher Rahmenbedingungen absieht, gibt es zwei Hauptmotive, warum Unternehmer und Unternehmerinnen über Umweltschutz und Nachhaltigkeit nachdenken:

■ Den Eigentümern des Unternehmens ist es wichtig und wertvoll, einen außerordentlichen Beitrag zum Umweltschutz und zur Nachhaltigkeit zu leisten (ethisches Motiv).

■ Kunden erwarten von dem Unternehmen einen bestimmten Umweltschutzstandard, beispielsweise ein zertifiziertes Umweltmanagementsystem (marktliches Motiv).

Gibt es in Gewerbegebieten Unternehmen, deren Eigentümer oder Eigentümerinnen einen außerordentlichen Beitrag zum Umweltschutz leisten wollen, so sind diese Menschen wichtige Treiber für die Idee eines nachhaltigen Gewerbegebietes. Der Vorteil dieser Werthaltung ist, dass für ihre Umsetzung nicht allein nach den schnellen ökonomischen Vorteilen gesucht wird, sondern diese Menschen auch Zeit und Geld in langfristige Ressourcensicherheit investieren wollen: Sie setzen sich beispielsweise dafür ein, dass der Standort ästhetischer wird.

Auch ein Marktdruck ist ein wichtiger Treiber für mehr Umweltschutz und Nachhaltigkeit. Immer mehr Unternehmen berichten, dass ihre Kunden einen Nachweis besonderer Anstrengungen bei der Steigerung der Sozial- und Umweltverträglichkeit des Unternehmensprozesses verlangen. Gleichwohl müssen die Unternehmer die praktische Erfahrung machen, dass die Kunden ein Engagement für mehr Nachhaltigkeit nicht unbedingt honorieren und einen höheren Preis für das Produkt oder die Dienstleistung zahlen. Der Nutzen äußert sich vielleicht eher indirekt in einer höheren Mitarbeiterbindung, in einem besseren Image oder in gesünderen Beziehungen zu den Lieferanten und der Kommune.

Entscheidungsprozesse für mehr Nachhaltigkeit im Unternehmen laufen auf zwei Ebenen der wirtschaftlichen Klugheit ab: Kurzfristig ist es von Vorteil, in die Einsparungen von Rohstoffen, Energie und Abfall zu investieren, weil sich die Investitionen zumeist recht rasch amortisieren. Es ist aber ebenso von wirtschaftlicher Klugheit, den Blick auf die langfristige Versorgung mit ökonomischen, sozialen und ökologischen Ressourcen zu richten und danach zu fragen, was heute schon getan werden kann, um morgen noch Einkommen erzielen zu können. Diese Investitionen in das Morgen kollidieren zuweilen mit den Gewinnerfordernissen von heute.

Unternehmerisches Engagement für ein nachhaltigeres Gewerbegebiet ist eine Investition in die Ertragskraft des Standorts und folglich eine wirtschaftlich kluge Entscheidung für morgen. Aus dem zufälligen Nebeneinander von Unternehmen im Gewerbegebiet eine vitale Nachbarschaft zu machen, ist eine wichtige Grundlage, um morgen durch engere Beziehungen gemeinsam Rohstoffe und Energie sparen zu können, um gemeinsame Abfallwirtschaftskonzepte umzusetzen, um kurze Absatzwege zu erschließen, um den Standort zu verschönern, um Verkehrsprobleme zu lösen, um gemeinsam Kantinen zu betreiben, um Flächen zu tauschen, um Einkaufsvorteile zu schaffen, um abgestimmte Beziehungen in angrenzende Wohngebiete aufzubauen, um eng mit der Kommunalverwaltung zusammenzuarbeiten und andere konkrete Vorteile mehr. Ein abstrakter Vorteil ist, dass Gemeinschaften besser darauf vorbereitet sind, noch unbekannte Probleme in der Zukunft zu lösen. Mit dem folgenden Nutzen und Aufwand können Unternehmen bei der nachhaltigen Ausrichtung ihres Gewerbegebiets rechnen:

Welchen direkten und indirekten Nutzen haben Unternehmen, wenn sie in einem nachhaltigen Gewerbegebiet produzieren?

- Kosteneinsparungen bei der Entsorgung von Rest- und Schadstoffen;

- Reduzierung von Umweltrisiken;

- Motivierung der Mitarbeiterinnen und Mitarbeiter;

- Steigerung der Produktivität;

- erste Schritte zum lernenden Unternehmen;

- Gewinn von Verbündeten für Krisenzeiten;

- Stabilität durch Networking;

- Sicherung des Zugangs zum regionalen Arbeitsmarkt;

- Lernen des modernen Denkens in Wertschöpfungsketten und Lebenszyklen von Produkten.

Was müssen Unternehmen beitragen, um ein solches nachhaltiges Gewerbegebiet anzustoßen?

■ in den Netzwerken und Kooperationen ein Stück Autonomie abgeben;

■ Investitionen in die Substanz finanzieren;

■ nicht die Erwartung hegen, dass der Markt jedes Engagement für Nachhaltigkeit honorieren muss.

4.4.3 Entscheidungsprozesse für Nachhaltigkeit aus Bürgersicht

Bürgerinnen und Bürger leben in der direkten Nachbarschaft zu Gewerbegebieten. Als Nachbarn sind sie nicht zwangsläufig auch Arbeitnehmer im Gewerbegebiet. Sie haben nur den indirekten Vorteil, dass durch das Gewerbegebiet die Kommune Steuereinnahmen zur Finanzierung ihrer Aufgaben hat.

Als Nachbarn eines Gewerbegebietes werden die Bürgerinnen und Bürger häufig zu Betroffenen der Nebenwirkungen industrieller und gewerblicher Tätigkeiten: Lärm und Emissionen belasten die Wohnqualität angrenzender Gebiete. Auch die Hässlichkeit einiger Gewerbegebiete stellt eine Belastung der Bürgerinnen und Bürger dar. Die größte Belastung indes stellt zumeist der Verkehr dar: Da viele Gewerbegebiete hauptsächlich durch LKW beliefert werden, müssen die Anwohner den Lärm, die Abgase und die hohen Risiken des Verkehrs ertragen.

Bürgerinnen und Bürger erheben deshalb meist den Anspruch auf Reduzierung der ökologischen und sozialen Nebenwirkungen von Gewerbegebieten. Sind die Nebenwirkungen groß, schließen sie sich zu Bürgerinitiativen zusammen und stärken so ihr Machtpotenzial gegenüber Kommune und Wirtschaft. Bürgerinitiativen, so zeigt die Erfahrung, werden immer dann gegründet, wenn die Menschen eine Verschlechterung ihrer Wohnqualität befürchten, weil Gewerbegebiete neu erschlossen oder ausgebaut werden. Gibt es wenige ökologische und soziale Nebenwirkungen auf ein angrenzendes Wohngebiet, gibt es zumeist auch ein geringes Interesse der Bürgerinnen und Bürger an dem Geschehen im Gewerbegebiet.

4.5 Fazit: Management widersprüchlicher Entscheidungsprozesse

Eine genauere Betrachtung der an einem Gewerbegebiet beteiligten Akteursgruppen hat gezeigt, dass im allgemeinen Ziel einer nachhaltigen Entwicklung schnell Einigkeit herzustellen ist, in der Frage der Umsetzung jedoch viele Interessenskonflikte, Zielkollisionen und logische Widersprüche auftauchen.

Ein Management nachhaltiger Entwicklung von Gewerbegebieten muss auf diese Kollisionen besonders Rücksicht nehmen. Diese können jedoch unterschiedliche Qualität haben: Interessenskonflikte können dadurch behoben werden, dass die Akteure und Akteurinnen ihre Interessen überdenken und dadurch den Konflikt abmildern. Am Ende der Konfliktbewältigung ist das Spannungsfeld aufgehoben.

Bei der Bewältigung von starken Konflikten und logischen Widersprüchen bleibt das Spannungsfeld immer erhalten. Hier müssen Unvereinbarkeiten bewältigt werden: Ansiedlung neuer Unternehmen und Reduzierung des Flächenverbrauchs schließen sich aus, wenn nicht Brachflächen oder unterausgelastete Gewerbegebiete vorhanden sind. Ebenso schließt sich Reduzierung der Verkehrsbelastungen und Ansiedlung neuer Unternehmen aus. Viele solcher Widersprüchlichkeiten werden in dem Prozess auftauchen.

Ein Dilemma umschreibt folglich eine konkrete Entscheidungssituation, in der bezogen auf ein angestrebtes Ziel zwei sich gegenseitig ausschließende, widersprüchliche Handlungen ausgeführt werden müssen. Für beide Seiten sprechen gute oder negative Gründe; die gleichzeitige Verfolgung beider Handlungen ist nicht möglich, eine dritte Alternative existiert nicht. Noch genauer kann man sagen, dass ein Dilemma dann vorliegt, wenn eine Entscheidung getroffen werden muss zwischen mindestens zwei gegebenen gleichwertigen und gegensätzlichen Alternativen, also ein Entscheidungszwang oder Handlungsdruck vorhanden ist, dem nicht zu entgehen ist, und die Entscheidungswahl bindend ist (nur Analyse oder Reflexion geht nicht).

Die besonderen Herausforderungen der Moderation dilemmatischer Entscheidungsprozesse sind die folgenden:

■ Konflikte und Widersprüche zuzulassen und nicht voreilig aus der Problembeschreibung wegzudefinieren;

■ die Spannungen nicht an Personen, sondern an der Logik der Sache festzumachen;

■ das Nichtzuerreichende offen zu besprechen und zu legitimieren;

■ einen Ausgleich über mehrere Entscheidungen hinweg zu suchen.

Der Kern der Bewältigung widersprüchlicher Entscheidungsprozesse liegt in der Aushandlung der so genannten Trade-offs: Ein Trade-off beschreibt eine negative wechselseitige Abhängigkeit zweier Aspekte, bspw.: Je mehr Unternehmen angesiedelt werden sollen, um so mehr Fläche wird verbraucht; je mehr Fläche gespart werden soll, desto weniger Unternehmen können als Steuerzahler gewonnen werden.

Trade-offs können nur bewältigt werden, indem einer der gewünschten Aspekte nicht erreicht wird. Die größte Herausforderung in den Aushandlungsprozessen liegt darin, dieses Nichtzuerreichende zu legitimieren und vielleicht einen Ausgleich an einer anderen Stelle oder zu einer anderen Zeit herbeizuführen. (Vergleichen Sie zu dieser Thematik die weiteren Ausführungen des Verfassers in diesem Buch sowie Müller-Christ 2010).

Literatur

Müller-Christ, G./Liebscher, A.K. (2010): Nachhaltigkeit im Industrie- und Gewerbegebiet. Ideen zur Begleitung von Unternehmen in eine Ressourcengemeinschaft. München.

Müller-Christ, G. (2010): Nachhaltiges Management. Einführung in Ressourcenorientierung und widersprüchliche Managementrationalitäten. Baden-Baden.

5   Verbindungen zwischen Industrial Ecology und Systems of Provision

Stefan Gößling-Reisemann und Arnim von Gleich

5.1   Einführung

Die Industrial Ecology (IE) Gemeinschaft öffnet sich in zunehmenden Maße der Thematik des nachhaltigen Konsums (siehe Spezialausgabe des Journal of Industrial Ecology zu Nachhaltigem Konsum, Jg. 9 (1-2), und die entsprechenden Tracks auf den IE Konferenzen). Parallel dazu öffnen sich sozialwissenschaftliche Forschungen zu nachhaltigem Konsum, die den Konsumenten als Akteur im Fokus haben, Fragen nach der Einbindung des Konsums in sogenannte Versorgungssysteme (systems of provision). Beide Perspektivenerweiterungen eröffnen interessante Anknüpfungspunkte in den beiden bisher getrennt verlaufenen Forschungsansätzen. Die IE beschäftigt sich traditionellerweise einerseits mit Produktsystemen (besonders im Rahmen von Ökobilanzen (LCA)), andererseits mit nationalen Volkswirtschaften oder Regionen (insbesondere im Rahmen der Materialflussanalyse (MFA)), oder mit industriellen Netzwerken (im Rahmen des Ansatzes der Industriellen Symbiose (IS)) und erst in neueren Studien auch mit Bedürfnisfeldern und (nachhaltigem) Konsum. Dabei stehen in der Regel quantifizierende Methoden im Vordergrund, mit denen die stoffliche Basis der heutigen Formen von Produktion und Konsum untersucht wird. Neuerdings finden auch Untersuchungen Beachtung, die auf die Verknüpftheit und Komplexität der untersuchten Systeme fokussieren (siehe Spezialausgabe des Journal of Industrial Ecology zu Komplexen Systemen). Individuelle Verhaltensweisen, praktische Lebensführung und zumeist auch Konsumstile blieben bisher eher unterbelichtet. Der systemische und bisher auf Stoff- und Energieströmen fokussierte Ansatz der IE bietet jedoch einige Anknüpfungspunkte zu den sozialwissenschaftlichen Debatten über Systems of Provision (SOP) Ansatz. Eine Verbindung der Ansätze von SOP und IE könnte unseres Erachtens über mehrere Zugänge hergestellt werden, die wir hier darstellen und begründen wollen.

5.2   Industrial Ecology und nachhaltiger Konsum: Stoffflüsse ohne Akteure

Die Industrial Ecology (IE) ist stark beeinflusst vom Denken in Naturanalogien und -metaphern, ihr liegt insbesondere ein funktionales Verständnis von Ökosystemen zu Grunde (Jelinski, Graedel, Laudise, McCall & Patel, 1992). Die „natürlichen" Stoffkreisläufe werden als Vorbild für die Gestaltung der Stoffkreisläufe in industriellen Systemen angesehen. Sie nähert sich also dem Problem einer nachhaltigeren Gestaltung des Wirtschaftens mit einem systemischen Ansatz, siehe Abbildung 5.1.

Abbildung 5.1   Idealtypisches Bild eines industriellen Systems auf der Vorlage von
Ökosystemen (Jelinski et al., 1992)

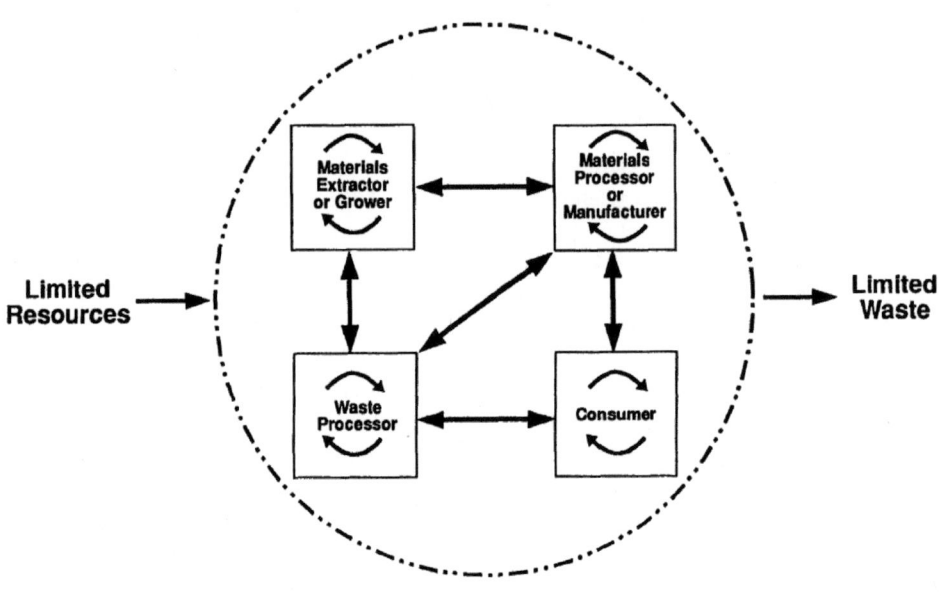

Dies äußerte sich in der Vergangenheit vornehmlich im Beschreiben und Analysieren von Stoffflusssystemen innerhalb des industriellen Sektors, dem sogenannten „industriellen Metabolismus" (Ayres & Simonis, 1994), der auch heute noch eine wichtige Forschungsperspektive in der IE darstellt[1]. Im Laufe der Zeit wurden weitere Ansätze und Methoden zur Analyse und Gestaltung von industriellen Systemen in die IE Forschung integriert (mehr dazu weiter unten), die Stoffflussperspektive und der Ansatz des industriellen Metabolismus sind aber nach wie vor dominant.

Aufbauend auf diesem auf Stoffflüsse orientierten Zugang ist auch die Berücksichtigung des Konsums in IE Studien häufig auf Stoffflüsse beschränkt. Meistens werden dabei die Stoffflussanalysen mit einem lebenszyklusorientierten Ansatz verknüpft, also auch unter Einbeziehung der Gebrauchsphase, allerdings ohne oder mit wenig Berücksichtigung der Konsumenten als individuelle Akteure. Die „Gebrauchsphase" in Stoffflussanalysen komprimiert dabei in der Regel die Vorgänge des Erwerbs, des Benutzens und des Instandhaltens und Pflegens auf eine Gegenüberstellung von stofflichen Inputs und Outputs. Kon-

---

[1] Siehe z.B. die Arbeiten von Thomas Graedels Arbeitsgruppe zur Analyse von regionalen und nationalen metallischen Stoffflüssen (z.B. Graedel et al. (2004) und http://research.yale.edu/stafproject/)

sum als solcher spielt in der Perspektive des industriellen Metabolismus also zumeist die Rolle eines materiellen Bilanzierungspostens, in dem Waren, Güter und Dienstleistungen aus den vorgelagerten Elementen des modellierten Produktsystems[2] nachgefragt und dann in Abfälle und Emissionen umgewandelt werden. Die Systemgrenzen der Stoffflussbilanzierungen können lokal (siehe z.B. Jacobsen, 2008), territorial (siehe z.B. van der Voet, van Oers, de Bruyn & Sevenster, 2008), sektoral (siehe z.B. Heller & Keoleian, 2003) oder entlang von Produktlebenszyklen (siehe z.B. Tukker & Jansen, 2006) definiert sein, je nachdem welche Fragestellung beantwortet werden soll. Dementsprechend ist die Modellierung des metabolischen Vorgangs des Konsums (gegebenenfalls von Produkten eines einzelnen Sektors) jeweils spezifisch auf die Fragestellung angepasst, entweder als Aggregat einer Gesamtbevölkerung oder in Form eines idealtypischen Einzelverbrauchers, immer aber mit Blick auf die stofflichen Umsätze. Die Umsätze von Gütern, Waren und Dienstleistungen in der Konsumphase definieren dabei die im jeweiligen Produktsystem vor- und nachgelagerten Stoff- und Energieflüsse, sie definieren also die funktionelle Einheit der Bilanzierung und bilden bei dieser Sichtweise mithin den ultimativen Grund für alle Stoffflüsse des untersuchten Produktsystems.

Als typischer methodischer Vertreter für das Konzept des industriellen Metabolismus sei hier die Ökobilanz oder Lebenszyklusanalyse (engl.: Life Cycle Assessment) genannt, deren definierendes Objekt die funktionelle Einheit darstellt, welche durch den Konsum bestimmter Mengen an Waren, Gütern und Dienstleistungen zur Erbringung einer gewünschten Funktion bestimmt ist. Die den metabolischen Prozess des Konsums beschreibenden Parameter werden dabei in der Regel aus nationalen und regionalen sektorspezifischen Statistiken gewonnen und bilden somit in der Regel statische, also zeitlich nicht variable Mittelwerte ab. Selbst in den Fällen, in denen die Konsumphase durch dezidierte empirische Untersuchungen analysiert wird, wird das Konsumentenverhalten isoliert vom jeweiligen Umfeld als statischer Mittelwert abgebildet. So enthalten beispielsweise die aktuellen Empfehlungen zur Berechnung von CO_2-Bilanzen (Product Carbon Footprint, PCF) einen Hinweis darauf, dass bei Relevanz der Nutzungsphase zur Absicherung der Ergebnisse „verschiedene Nutzungsmuster unterstellt" werden sollen (PCF Pilotprojekt Deutschland, 2009, S. 14). In der Praxis läuft dies auf die Erstellung von Nutzungsszenarien hinaus, in denen unterschiedliche Verhaltensweisen beim Gebrauch des Produktes (oder der Nutzung der Dienstleistung) jeweils unterschiedliche große Stoffflüsse generieren. Die Szenarien werden dabei entweder aus Plausibilitätsüberlegungen abgeleitet oder durch Umfragen und statistische Auswertungen von Kundendaten spezifiziert (siehe z.B. Frosta AG, 2009, S. 32-33). Die so generierten Stoffflussmodelle sind demzufolge zunächst statisch, können aber in Verbindung mit Szenarien näherungsweise dynamisiert werden. Da die Szenarien modellexogen sind, kann diese Form der Dynamisierung nicht die Ko-Entwicklung und das Zusammenspiel von Konsum und Produktion und dessen

---

[2] Mit Produktsystem (engl. product system) ist hier die Summe aller Prozesse gemeint, die zur Bereitstellung einer zu spezifizierenden Funktion (gemessen in funktionellen Einheiten) oder zur Befriedigung eines Bedürfnisses benötigt werden.

Einfluss auf Ressourcenverbrauch und Umweltbelastung wiedergeben. Der Analyserahmen des industriellen Metabolismus klammert den Handlungsspielraum des einzelnen Konsumenten und seine Interaktion mit anderen Akteuren des Produktsystems also größtenteils aus der Betrachtung aus. Die tatsächliche Wechselwirkung zwischen Akteuren und der sich daraus ergebende Einfluss auf Ressourcenverbrauch und Umweltbelastung muss in diesen einfachen Modellen vorgegeben werden, so dass viele dynamische Effekte wie etwa die Diffusion umweltentlastender Innovationen oder die Verbreitung von Lebensstilen nicht durch das Modell erklärt werden können, sondern nur der Einfluss von schon bekannten Diffusions- und Innovationsprozessen auf die untersuchten Stoffflüsse sichtbar gemacht werden kann. Stoffflüsse in diesem Modell sind in der Regel Momentaufnahmen und ihr Zustandekommen kann zwar mithilfe anderer Disziplinen und Ansätze erklärt werden, das Stoffflussmodell beinhaltet aber typischerweise keine Beschreibung des Zusammenwirkens der einzelnen Akteure und deren Einfluss auf die Stoffflüsse. So könnte beispielsweise die Umweltentlastung durch die Einführung des Einspeisegesetzes für Erneuerbare Energien und die nachfolgende Diffusion von Solar- und Geothermietechnologie im Rahmen eines Vorher-Nachher-Vergleichs ermittelt werden, über den eigentlichen Diffusionsprozess würde eine Stoffflussanalyse allerdings nichts aussagen. Bezogen auf einen beobachteten und aktuell stattfindenden Innovations- oder Diffusionsprozess könnte mithilfe von Stoffflussanalysen auch eine Aussage bezüglich der Geschwindigkeit der dadurch eintretenden Umweltentlastung und damit auch des potenziellen Beitrags zur Erreichung von Umweltzielen, die Dynamik dieses Prozesses würde allerdings nicht abgebildet werden.

Genau in diesem Punkt liegt aber auch die Stärke des Ansatzes: Durch Verzicht auf individuelle Präferenzen von Akteuren und ihre gegenseitige Beeinflussung wird der Vorteil gewonnen, auch enorm große und materiell vielschichtige Stoffflusssysteme bis hin zum Metabolismus von ganzen Nationen zu analysieren (Matthews, 2000). In verkürzter Form lässt sich der Ansatz des industriellen Metabolismus folglich als „Stoffflüsse ohne Akteure" kennzeichnen. Eine Analyse der Spezialausgabe des Journal of Industrial Ecology zum Nachhaltigen Konsum unterstützt diese Lesart: Von zwanzig Artikeln betrachten lediglich vier individuelle Akteurseigenschaften wie Konsumentenverhalten, Alltagsroutinen oder individuelle Umweltleitlinien (Cooper, 2005, Jackson, 2005, Jalas, 2005, O'Rourke, 2005). Cooper (2005) zum Beispiel untersucht den Einfluss der Nutzungsdauer bzw. Lebensdauer von Produkten auf deren Umweltwirkungen, ermittelt z.B. mit der Hilfe von Ökobilanzen (siehe dort zitierte Literatur), und analysiert weiter das Konsumentenverhalten („attitudes and behaviour") in Bezug auf diese Lebensdauer. Cooper konstatiert daraufhin einen Mangel an quantitativen Studien zur Ermittlung des Einflusses von Produkt-Lebensdauern auf deren Umweltwirkungen und gibt Forschungsempfehlungen, die von Stoffflussanalysen bis hin zur empirischen Untersuchung von Konsumverhalten reichen. Jackson (2005) betont in seinem Artikel die Bedeutung von Konsum für die gesamte Nachhaltigkeitsdebatte und erläutert dessen ökonomische, soziale und psychologische Funktion anhand eines ausführlichen Rückblicks auf die entsprechende Literatur. Abschließend diskutiert er die Aussichten auf eine „double-dividend" im Rahmen eines nachhaltigen Konsums: Mehr Lebensqualität durch weniger Konsum. Stoffflüsse bleiben bei Jacksons Betrachtung außer Acht bzw. treten nur implizit im Sinne einer Dematerialisierung auf. Jalas

(2005) analysiert Zeit-Nutzungs-Muster in Bezug auf die damit verbundenen Energieverbräuche in finnischen Haushalten. Hier werden explizit typische Werkzeuge der Stoffflussmodellierung (genauer: Energiebilanzierung und Input-Output Modelle) auf einen Aspekt des Nutzerverhaltens angewandt. O'Rourke (2005) beschreibt und analysiert NGO Strategien zur Förderung nachhaltigen Konsums. Drei Beispiel-Kampagnen (Stapels, Nike, Dell) werden im Detail beschrieben und auf ihre Wirksamkeit hin untersucht. O'Rourke zieht aus diesen Beobachtungen und Analysen Schlüsse für die IE Forschung zu nachhaltigem Konsum. Stoffflüsse werden in diesem Zusammenhang nicht explizit betrachtet. Die weiteren Artikel beziehen sich in ihren Analysen auf das eher statische und auf Durchschnittswerten beruhende Modell des industriellen Metabolismus.

Löst man sich vom Forschungsfeld des nachhaltigen Konsums so wird allerdings klar, dass die IE nicht auf den Ansatz des industriellen Metabolismus verkürzt werden kann. Die grundsätzliche Orientierung an ökosystemaren Vorbildern diktiert auch einen entsprechenden Methodenkatalog. Einen prominenten Platz in diesem Katalog nehmen dabei quantitative Modellierungsmethoden ein. Originär dynamische Betrachtungen, wie z.B. System Dynamics Modelle (siehe z.b. Ruth, 2008, Davidsdottir & Ruth, 2005), gehören ebenso dazu wie individuenbasierte Simulationen, wie z.B. agentenbasierte Modelle (siehe z.B. David F. Batten, in press, Kraines & Wallace, 2006b). System Dynamics Modelle berücksichtigen entsprechend ihrer Konzeption dynamische Änderungen in den Abhängigkeiten und Beziehungen zwischen Systemelementen. Auf diese Art können durchaus kollektive oder entsprechend aggregierte Verhaltensänderungen und Wandel von Konsummustern in diesen Modellen aufgegriffen und zur Basis von Stoffflussmodellen werden. Die Auflösung von System Dynamics Modellen in Bezug auf die Heterogenität von Akteuren im Modell ist beschränkt, so dass die typische Anwendung dieser Modellierungsart auf mehr oder weniger grob gerasterte Konsumentengruppen und deren Wechselwirkung mit ebenfalls grob gerasterten Systemelementen aus Industrie und Handel beschränkt bleibt. Der Hauptanwendungsfall dieser Modellierungsmethode im Rahmen der Nachhaltigkeitsforschung ist daher in der Dynamisierung von sektoral gegliederten Stoffflussmodellen zu sehen. So kann in dynamischen Modellen die zeitliche Abfolge von Vorgängen simuliert werden, die auf den (zumeist nicht-linearen) Abhängigkeiten zwischen den Systemelementen beruht. Ein Beispiel für eine solche Beziehung ist der Ausbau oder die Erneuerung von Kapitalgütern in der Industrie, welche einerseits von anderen Marktfaktoren abhängt (Zinsen, Auftragslage, Konkurrenz), andererseits Auswirkungen auf die Material- und Energieintensität der Produktion hat (siehe z.B. Ruth & Davidsdottir, 2008). Dynamische Modelle geben die zeitliche Entwicklung eines Stoffflusssystems als Folge von statischen Zuständen wieder und ermöglichen auf diese Art auch die Implementierung von Verhaltensänderungen entlang der Zeitachse. Im Beispiel von Ruth und Davidsdottir beziehen sich diese Verhaltensänderungen auf Investitionsentscheidungen der US-amerikanischen Papierindustrie, im Prinzip sind hier aber auch Änderungen im Konsumverhalten möglich, wenn auch mit der Einschränkung, dass in dynamischen Modellen die Anzahl an unterscheidbaren Akteuren begrenzt ist, so dass bestenfalls Konsumentengruppen, nicht aber individuelle Konsumenten in solchen Modellen implementiert werden können.

Eine höhere Auflösung weisen demgegenüber die agentenbasierten Modelle auf, die prinzipiell eine unendliche Anzahl von individuellen Akteuren zulassen und schon von ihrer Grundkonzeption her sowohl dynamische Veränderungen erlauben als auch individuelle Präferenzen und Heuristiken berücksichtigen. Letzteres ist quasi ihr definierendes Merkmal. Im Forschungsfeld Nachhaltiger Konsum wurden diese Modelle bisher eher selten eingesetzt[3].

Zusammengefasst lässt sich also konstatieren, dass die IE sich gegenüber der Berücksichtigung des Konsums in ihren Analysen weiter öffnet. Dies wird auch an den Special Issues und den entsprechenden Tracks auf den IE Konferenzen sichtbar. Die Konsumenten werden jedoch weitgehend als homogene und mehr oder minder statische „black box" gesehen, deren Eigendynamik und Wechselwirkung mit den anderen Akteuren des Produktions-Konsumptions-Systems noch weitgehend unberücksichtigt bleiben.

5.3   Systems of Provision: Akteure ohne Stoffflüsse

Individuen und ihr umweltrelevantes Verhalten, ausgedrückt beispielsweise durch ihre Konsumpräferenzen, persönlichen Orientierungen und Einstellungen, Heuristiken und Alltagspraxen spielen in sozialwissenschaftlich geprägten Studien zum nachhaltigen Konsum von jeher eine prominente Rolle. Mit dem Ansatz der Systems of Provision (SOP), welcher auf Ben Fine zurückgeht (Fine, 2002, S. 79), wird dieser Fokus auf individuelle Akteure aufgeweitet und um eine systemische Sicht auf die Verbindungen zwischen Produktions- und Konsumakteuren erweitert. Ein SOP ist dabei definiert als „the inclusive chain of activity that attaches consumption to the production that makes it possible" (Fine, 2002, S. 79). Damit sind SOPs produktspezifisch und vertikal integrierend, was sie bezüglich der Systemgrenzen in die Nähe von Ökobilanzen und anderen IE-typischen Stoffflussanalysen rückt. Der SOP Ansatz hat aber einen nicht-stofflichen Fokus, ganz im Gegensatz zu Ökobilanzen oder den anderen oben beschriebenen Ansätzen der IE. Vielmehr stehen die Akteure und ihre jeweiligen Konstellationen innerhalb eines Produktions- oder Versorgungssystems im Mittelpunkt. Das „System" ist also vornehmlich ein soziales System und die Stoffflüsse ergeben sich als Konsequenz aus den Handlungen oder Nicht-Handlungen der Akteure. Diese Handlungen sind nach Spaargaren wiederum von Lebensstilen, sozialen Standards, sozialen Praktiken, Alltagroutinen, individuellen Umweltleitlinien (environmental heuristics) und den institutionellen Versorgungsstrukturen geprägt (Spaargaren, 2004) (Abb. 5.2).

---

[3] Ein Projekt, welches die agentenbasierte Modellierung auf Lebensstile, Konsummuster und Klimawandel anwendet, wird gerade in Australien am Commonwealth Scientific and Industrial Research Organisation (CSIRO) bearbeitet, siehe http://www.csiro.au/science/sustainable.consumption.html.

Abbildung 5.2   Soziale Praktiken und damit verbundene Umweltwirkungen
(Spaargaren, 2004; Spaargaren, Martens & Beckers, 2006)

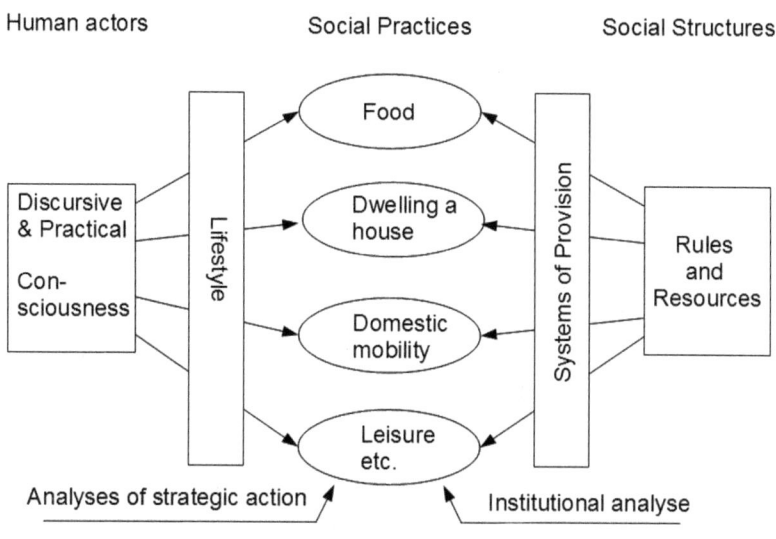

Soziale Praktiken und die damit verbundenen Umweltwirkungen ergeben sich aus dem Zusammenspiel von Lebensstilen, welche wiederum von diskursivem und praktischem Bewusstsein geprägt sind, und den Strukturen der Versorgungssysteme (systems of provision), welche nicht nur technische sondern auch regulative Aspekte haben. Die „human actors" sind dabei nicht als getrennt von den SOP zu sehen, sondern sind ein Teil desselben (Spaargaren, 2004; Spaargaren, Martens & Beckers, 2006).

Bedeutende Fallbeispiele für den SOP Ansatz sind vor allem bei der Analyse von Bedürfnisfelder (Wohnen, Mobilität, Ernährung), Infrastrukturen und „utilities" (Energie, Wasser, Abfall) zu finden (siehe z.B. Southerton, Chappells & van Vliet, 2004; van Vliet, Chappells & Shove, 2005). Dem analytischen Konzept folgend, sind die Analysen qualitativ. Der Fortschritt in Richtung Nachhaltigkeit wird weniger auf der Basis von quantifizierten Wirkungen bzw. Zielen mit Blick auf Umwelt, Ökonomie und Gesellschaft beschrieben, sondern hauptsächlich auf Basis der Verbreitung von Umweltinnovationen (siehe z.B. Shove, 2004) und der Verknüpfungen und Wechselwirkungen von Akteuren, Infrastrukturen und Technologien in den Systems of Provision (siehe z.B. Cass, Shove & Urry, 2004; Chappells & Shove, 2004). Umweltrelevante Stoffflüsse entlang der Versorgungssysteme, die für eine nachvollziehbare quantitative Evaluation von Umweltinnovationen und Verhaltensänderungen erforderlich sind, werden bei den Analysen, die sich auf den SOP Ansatz stützen, nicht betrachtet, was verkürzt durch „Akteure ohne Stoffflüsse" gekennzeichnet werden kann.

Die Leistungen des SOP Ansatzes im Sinne einer methodischen Weiterentwicklung des sozialwissenschaftlichen Umgangs mit umweltrelevantem Konsum besteht zunächst einmal in einer Loslösung von einer allzu isolierten Sicht auf die Akteure. Diese werden im SOP Ansatz in einen systemischen Zusammenhang gebracht, der explizit die Abhängigkeiten zwischen den Akteuren der jeweils spezifischen Produktions-Konsumptions-Systeme aufgreift. Dieser Perspektivwechsel hat unmittelbare Auswirkungen auf die sich aus den Analysen ergebenden Handlungsempfehlungen. Während akteursfokussierte Ansätze schnell in der Sackgasse von Appellen und Informationskampagnen enden, ermöglicht der SOP Ansatz die Erarbeitung von Strategien, welche auf die Beziehungen zwischen den Akteuren abzielen. Nicht die Informationen als solche, als Auslöser von Bewusstseinswandel, stehen dann im Mittelpunkt, sondern der Austausch zwischen Akteuren und die Gestaltung von Beziehungen zwischen Produzenten, Distributoren, Konsumenten und Entsorgern. Umweltrelevante Informationen sind nach wie vor wichtig in diesen Strategien, sie können aber im Rahmen der SOP-Perspektive besser oder überhaupt erst in den jeweiligen Kontext eingepasst werden. Die umweltrelevanten Informationen den Konsum betreffend machen eben erst dann Sinn für die Akteure eines SOP, wenn diese in Bezug gebracht werden zu den spezifischen (Infra-) Strukturen und Technologien des Systems, zu den individuellen Lebensstilen und Alltagsproblemen der Konsumenten sowie zu den Rationalitäten der Produzenten und Distributoren bzw. der Versorger. Genau dafür bietet der SOP Ansatz den angemessenen Rahmen. Nicht ohne Grund finden sich viele SOP basierte Analysen im Bereich der Versorgung mit Energie und Wasser bzw. im Bereich der Entsorgung von Müll (z.B.van Vliet et al., 2005) und Abwasser (z.B. van Vliet & Stein, 2004). Gerade im Bereich Energie kamen die individualistischen Ansätze zum nachhaltigen Konsum schnell an ihre Grenzen und damit ergeben sich auch in diesem Bereich aussichtsreiche Anwendungsfelder für einen SOP basierten Zugang. Appell und Information haben hier nur eine geringe Reichweite, insbesondere weil reine Verhaltensänderungen in diesem Bereich keine „gefühlten" Folgen haben, abgesehen von einer zumeist marginalen ökonomischen Entlastung, ganz anders als beispielsweise im Nahrungsmittelsektor und zumindest teilweise im Textilsektor. Andererseits hat die Einführung von umweltrelevanten Innovationen in diesen Bereichen einen teilweise weitreichenden Einfluss auf Alltagsroutinen und Konsumverhalten, insbesondere im Bereich der Abwasserentsorgung und der Versorgung mit elektrischer Energie, so dass die Beziehungen zwischen Versorgern und Entsorgern einerseits und Konsumenten andererseits eine ganz neue Dimension bekommen.

Von besonderer Aktualität ist dabei der Bereich der elektrischen Energieversorgung als ein lohnendes Feld für SOP basierte Analysen, denn hier spielt sich derzeit ein massiver Wandel der Beziehungen zwischen Produzenten, Distributoren und Konsumenten ab. Dies äußert sich beispielsweise in der Ausweitung von demand side management auf die privaten Haushalte (z.B. van Vliet et al., 2005, S. 96 ff) mit Auswirkungen bis hinunter auf die Gestaltung alltäglicher Routinen und einer Neugestaltung der Rolle von Konsumenten (z.B. Spaargaren, 2004, S. 21 und van Vliet et al., 2005, S. 13). Waren diese bisher passive Nutzer der Dienstleistungen der Energieversorgungsunternehmen, werden diese zunehmend zu aktiven Elementen, die diese Dienstleistungen erst ermöglichen[4]. Der SOP Ansatz kann diesen Wandel angemessen berücksichtigen, da er das System als Ganzes betrachtet. Gerade diese systemische und dynamische Sicht sorgt für ein Verständnis der Diffusion von umweltrelevanten Innovationen in diesem neuen Regime (van Vliet et al., 2005, S. 75).

Mit dem Fokus auf die systemaren Zusammenhänge zwischen Produktion und Konsum erlaubt der SOP Ansatz also eine sozialwissenschaftliche Perspektive auf die Diffusion von umweltrelevanten Innovationen. Mit der Berücksichtigung von sozialen Praxen und Alltagsroutinen deckt der SOP Ansatz einen wichtigen Aspekt von Innovationsdiffusion ab: den der Alltagstauglichkeit. Das „warum" und „wie" von Umweltinnovationsausbreitung wird detailliert und konzeptionell konsistent erklärt. Unhinterfragt bleibt jedoch bei den meisten SOP basierten Studien die quantitative Dimension der Innovation, also das „was" und das „wie viel". Diese Auslassung ist zulässig, solange nur verbrauchsmindernde Innovationen betrachtet werden, nicht aber solche die mit Substitution und Änderung der Funktionalität einhergehen. Sofern also ein Produkt (oder eine Dienstleistung) durch ein anderes, funktionell gleichwertiges, aber in seiner stofflichen Basis verschiedenes Produkt ersetzt wird, kann der umweltentlastende Effekt nur mithilfe von detaillierten Stoffflussanalysen ermittelt werden, typischerweise durch eine ökobilanzielle Analyse. In diesen Fällen bleibt der SOP Ansatz zur Analyse von Innovationsprozessen also unvollständig, da er keine Bewertung der Folgen für die Nachhaltigkeit enthält. Solange beispielsweise ein innovatives demand side management dabei hilft, die Stabilität und die Effizienz der elektrischen Energieversorgung zu verbessern, reicht es aus, die Bedingungen für dessen erfolgreiche Einführung und dessen praktische Handhabung zu analysieren. Wenn die Einführung einer Innovation allerdings mit der Verschiebung (displacement) von Verbräuchen und Umweltbelastungen in einen anderen Sektor oder ein anderes SOP einhergeht, dann müssen diese Verschiebungen und die damit verbundenen trade-offs quantitativ analysiert werden. Im Energiesektor beispielsweise ist dies besonders relevant für den Wechsel zu regenerativen und speziell biogenen Energieträgern, bei denen zweierlei Arten von Verschiebungen auftreten können: erstens können Umweltentlastungen in einer Wirkungskategorie (z.B. Klimawandel) mit Umweltbelastungen in einer anderen Kategorie (z.B. Ozonabbau oder Wasserverbrauch) einhergehen und zweitens sind bei biogenen Energieträgern neben dem Energiesektor auch die Sektoren Landwirtschaft und Ernährung betroffen, und dies gegebenenfalls in geographisch weit entfernten Gebieten, so dass es beim Umstieg zu einem Export von Umweltbelastungen kommen kann. Zudem können noch andere Flächennutzungskonflikte vor Ort auftreten, die weitere soziale und ökologische Konsequenzen haben. Diese direkten und indirekten Effekte lassen sich mithilfe von ökobilanziellen Analysen noch weitestgehend abdecken, sofern die systemischen Zusammenhänge klar sind, also Ursache und Wirkung in einem eindeutigen Zusammenhang stehen. Schwieriger wird es auch für Ökobilanzen und andere Stoffflussanalysen, wenn die

---

[4] Mit dem Einzug von smart grids, smart metering und dezentraler Energieversorgung leisten die Konsumenten in zunehmendem Maße Beiträge zur Stabilisierung, Speicherung und Erzeugung von elektrischer Energie.

Innovationsdiffusion indirekte Wirkungen hat, deren Ursache-Wirkungskette nicht genau verstanden ist oder sich nicht quantifizieren lässt. Dies ist zum Beispiel für den Rebound-Effekt der Fall, bei dem eine vermeintliche Umweltentlastung über ökonomische Rück-kopplungs-Schleifen zu einer Umweltbelastung führt, wie dies zum Beispiel von der Mi-niaturisierung bei Elektronikprodukten wohlbekannt ist. Eine ähnlich schwer zu quantifi-zierende Wirkung im Zuge der Diffusion einer Innovation ist der Umgang mit freiwer-denden zeitlichen und monetären Ressourcen. Wenn Konsumenten auf eine Umweltinno-vation umsteigen und dabei finanziell entlastet werden oder mehr Freizeit zur Verfügung haben, wie nutzen sie diese freigewordenen Ressourcen? Unter Umständen ergeben sich daraus höhere Umweltbelastungen als vorher, die sich zwar schwerlich einzig der Innova-tion zuschreiben lassen, aber dennoch eine indirekte Folge derselben sind. Bei dieser Frage haben weder der SOP noch der IE Ansatz zum nachhaltigen Konsum bisher eine befriedi-gende Antwort parat.

Festzuhalten bleibt an dieser Stelle jedoch, dass die Quantifizierung von Umweltentlas-tungen und Umweltbelastungen im bisherigen SOP Ansatz nicht enthalten ist, wohl aber eine der definierenden Stärken des IE Ansatzes des industriellen Metabolismus darstellt.

5.4   Annäherungen von Systems of Provision und Industrial Ecology

Aus dem vereinfachten Ergebnis der obigen Betrachtung, „SOP = Akteure ohne Stoffflüs-se" und „IE = Systeme ohne Akteure" ergeben sich verschiedene Entwicklungsmöglichkei-ten der beiden Ansätze aufeinander zu. Zum einen geht es darum, in die systemorientier-ten Ansätze stärker die Akteursperspektive zu integrieren. Hier kann die IE einiges von den Entwicklungen in den Sozialwissenschaften in den vergangenen Jahrzehnten lernen (vgl. z.B. Giddens Theorie der Strukturierung). Die Einbindung der Nutzungsphase müss-te insofern stärker die Wechselwirkungen zwischen Kaufentscheidung und Nutzungspha-se auf der einen Seite und Designphase, Produktionsphase und Distributionsphase auf der anderen Seite und die aus diesem Zusammenspiel resultierenden Stoffflüsse berücksichti-gen. Ebenso müssten individuelle Handlungsrationalitäten der Endverbraucher, Alltags-routinen und Lebensstandards stärker in die Betrachtungen zur nachhaltigeren Gestaltung von Produktion und Konsum miteinbezogen werden. Hier scheint es eine Lücke zu geben, die in gemeinsamen Forschungsbemühungen von Vertretern der SOP und der IE Gemein-schaft gefüllt werden könnte. Insbesondere scheinen hier die sozialen Praktiken, die indi-viduellen Umweltorientierungen und die Lebensstile von Belang, welche bei unterschied-lichen Ausprägungen die stoffliche Bewertung eines Produktes oder Bedürfnisfeldes maß-geblich beeinflussen können.

Zum anderen verfolgt die IE per definitionem ein systemisches Paradigma und bemüht sich um möglichst vollständige Modellierung der durch industrielle Produktion und ge-sellschaftlichen Konsum entstehenden Stoff- und Energieflüsse. In dem Maße, in dem sich die wissenschaftlichen Ansätze, die auf den Konsum fokussieren, auch auf die

Eingebundenheit der Konsumentscheidungen einlassen, können sie zunehmend mit einer um die Akteursperspektive erweiterten System- und Stoffflussmodellierung verknüpft werden. Die Entwicklung der jeweiligen Analyserahmen von SOP und IE sind in Abbildung 5.3 dargestellt.

Abbildung 5.3   Entwicklungsperspektiven von SOP und IE Forschung im Hinblick auf den jeweiligen Analyserahmen

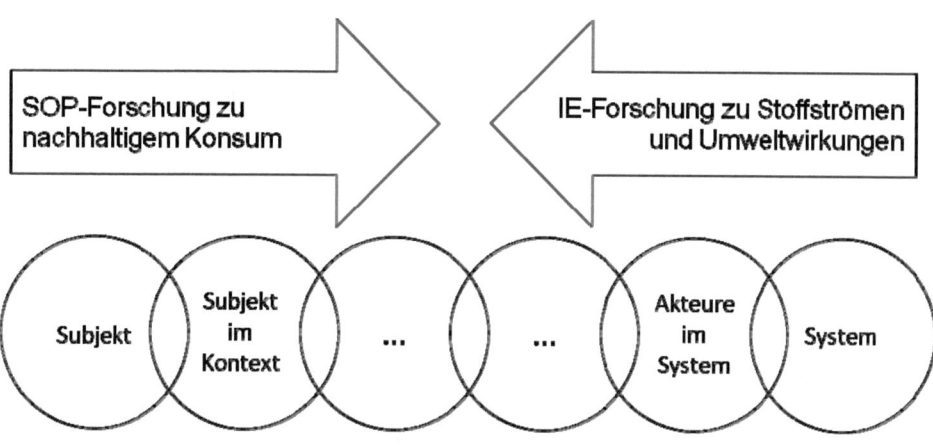

Die IE geht in weiten Teilen noch von der Annahme aus, dass die Nachfrage eine gegebene Größe sei, die man unter Erzeugung von mehr oder weniger Umweltlast befriedigen kann. Dem Konsumenten kommt in dieser Sichtweise also „lediglich" die Aufgabe zu, sich für die „richtigen" Produkte zu entscheiden, und gegebenenfalls noch sparsam damit umzugehen, ist also größtenteils angebotsorientiert. Der SOP Ansatz stellt demgegenüber heraus, dass scheinbar umweltentlastende Angebote nicht notwendig zu weniger Umweltbelastung führen, wenn nicht die sozialen Praktiken, Alltagsroutinen, sozialen Settings und „environmental heuristics" der Konsumenten berücksichtigt werden. Umgekehrt können sich auch ohne Veränderung des Angebots seitens der industriellen Produktion mehr oder weniger belastende Verhaltensweisen herausbilden, wenn die sozialen Praktiken und Alltagsroutinen dazu führen, dass mit den Produkten anders umgegangen wird als gedacht oder dass die umweltentlastenden Merkmale eines Produktes nicht zur Geltung gebracht werden können. Erst in einem integrierten Modell, welches sowohl den IE Ansatz als auch den SOP Ansatz berücksichtigt, werden aber nicht nur die Umweltauswirkungen und Ressourcenbelastungen deutlich gemacht, sondern es werden auch verstärkt Ansatzpunkte für Veränderungsmöglichkeiten aufgezeigt, die sich eben erst aus dem Zusammenspiel aus Konsumtion und Produktion ergeben. Die Untersuchungsobjekte der beiden Ansätze sind ohnehin stark überlappend: regenerative Energien, Abfallverwertung, Mobilität, Nahrungsmittelproduktion, nachwachsende Rohstoffe etc., so dass auf der Objektebene die

Voraussetzungen für eine engere Kooperation gegeben scheinen. Nichtsdestotrotz gibt es in den beiden Forschungsansätzen eine historisch bedingte unterschiedliche Auffassung von Konsum. Stand bei den sozialwissenschaftlich geprägten Untersuchungen zum nachhaltigen Konsum lange die Kaufentscheidung im Mittelpunkt, welche erst im SOP Ansatz durch die entsprechenden Umfelder (Versorgungsstrukturen) ergänzt wurde, so stand Konsum in der IE Forschung lange als Synonym für den Umsatz von Materie und Energie in Form von Produkten. Zwar wurden diese Stoffflüsse durch eine Kaufentscheidung ausgelöst, diese wurde aber völlig losgelöst von systemaren Zusammenhängen betrachtet. Allerdings ist dabei zu berücksichtigen, dass die IE diese eingeengte Interpretation von Konsum weitestgehend durch die Fokussierung auf Produktsysteme aufhebt, so dass zumindest im stofflichen Sinne Konsum bereits als ein systemischer Prozess behandelt wird, siehe Abbildung 5.4.

Abbildung 5.4   Verständnis von Konsum in SOP und IE

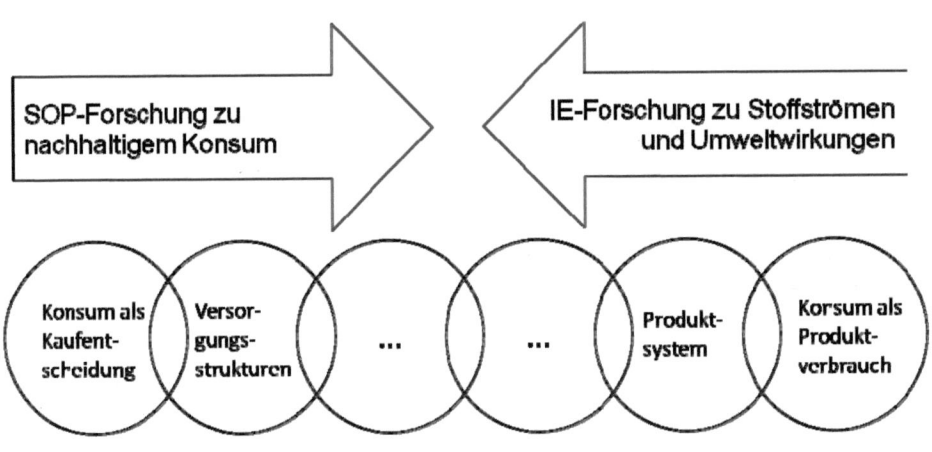

Über die Analyse hinaus könnte die Kombination der beiden Ansätze im Idealfall ferner zu nachhaltigen Gestaltungsoptionen für Produkte führen. Werden Produkte nämlich unter dem Gesichtspunkt der „Versorgung" (provision) von Endkunden mit einer jeweils nachgefragten Funktion gesehen und verstehen sich Produzenten dementsprechend als „Funktionsbereitsteller", so wird dadurch ein völlig neuer Rahmen für Umweltinnovationen geschaffen. In diesem Rahmen ergänzen sich dann beide Ansätze in der Analyse und Gestaltung dieser Innovationen in Bezug auf die Steigerung der Nachhaltigkeit. Zur Gestaltung von umweltentlastenden Innovationen gehören aber Gestaltungsrichtlinien oder Leitbilder. Diese sind in der Regel normativ besetzt wie zum Beispiel „ethischer Konsum". SOP und IE haben sich diesen Leitbildern jedoch auf unterschiedliche Weisen genähert. Während der SOP Ansatz von scheinbar subjektiven und individuellen Umweltorientierungen ausgeht (welche natürlich in einen gesellschaftlichen Rahmen eingebettet sind), startete die IE Konsumforschung mit scheinbar objektivierten Tragekapazitäten, welche sich aus der gewünschten Vermeidung von Systemzusammenbrüchen ergeben (wie z.B. der 2-Grad Korridor beim Klimawandel). Natürlich sind auch diese Leitbilder nicht ohne normative Setzung, denn letztlich steht dahinter die Frage, was schützenswert sei und was nicht. Die IE als Disziplin hat den Diskussionsprozess über die eigene Normativität und Objektivität längst nicht abgeschlossen (zu den Anfängen: Allenby, 1999; Boons & Roome, 2001; Isenmann, 2002). In dieser Weise entwickeln sich die beiden Forschungsansätze aus scheinbar gegenüberliegenden Seiten des Spektrums von normativ und objektiv heraus.

Auf Basis der o.g. Beobachtungen könnte die Annäherung der beiden Forschungs- und Analysezugänge SOP und IE unseres Erachtens auf folgenden Gebieten stattfinden (vgl. auch Abb. 5.5):

■ SOP in IE: Berücksichtigung von Wechselwirkungen zwischen Technologien, Infrastrukturen, sozialen Praktiken und Alltagsroutinen in den systemischen und quantitativen Analysen der IE, insbesondere in Ökobilanzen, stoff- und energiebasierten Bedürfnisfeldanalysen, sowie regionalen und nationalen Stoffflussanalysen

■ IE in SOP: Berücksichtigung von quantitativen physikalischen Indikatoren und einer breiten Stoffflussbasis in den Analysen des SOP Ansatzes, welche die Umweltwirkungen in systems of provision beschreibt. Wichtig ist hierbei vor allem, dass erst mit dem IE-Blick auf (globale) Tragekapazitäten eine klare Zielperspektive in den Blick kommt, wie weitreichend die notwendigen Veränderungen tatsächlich sind

■ IE und SOP zur Gestaltung: Erarbeitung von nachhaltigen Gestaltungsoptionen für Produktinnovationen unter Berücksichtigung von stoffflussbasierten Nachhaltigkeitsindikatoren einerseits und den systemischen Verknüpfungen von Technologie, Infrastruktur, sozialen Praktiken und individuellen Umweltleitlinien andererseits.

Abbildung 5.5   Überlappung und Grenzflächen von SOP und IE Ansatz.

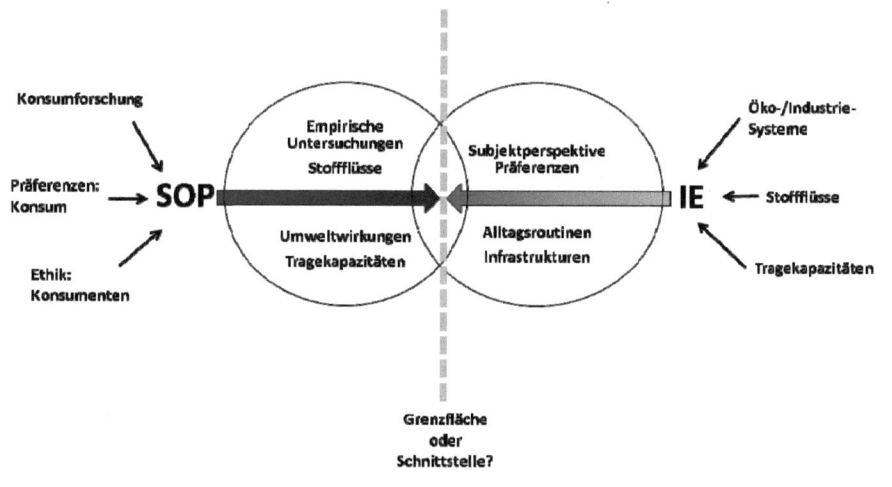

Die zu lösende Aufgabe bei der Annäherung von SOP und IE scheint also im Kern darin zu bestehen, die unterschiedlichen Aspekte des Konsumenten und seines Konsums in einen einheitlichen konzeptionellen Forschungsrahmen zu bringen. Die Konsumenten spielen dabei gleichzeitig mehrere Rollen im systemaren Zusammenspiel:

■ als Käufer von Produkten, welche in den Vor- und Nachketten umweltbelastende Prozesse in Gang setzen,

■ als Nutzer dieser Produkte, welche je nach Umgang mit diesen unterschiedlich viele Umweltbelastungen und Verbräuche generieren und

■ als Akteure im Innovationssystem, welche zum Erfolg und Misserfolg einer umweltrelevanten Innovation beitragen.

Wenn es gelingt durch eine Annäherung von SOP und IE Ansatz diese Aspekte analytisch und gestalterisch zu integrieren, könnte ein durchaus relevanter Beitrag zur Forschung zum nachhaltigen Konsum daraus entspringen.

5.5   Fazit

Auf dem Weg einer Annäherung und Kombination von SOP und IE Ansätzen liegen trotz der aufgezeigten Verbindungslinien einige Herausforderungen. Nehmen wir zum Beispiel die IE Ansätze zur Gestaltung von industriellen Systemen, welche zumeist auf mehr oder weniger stark operationalisierbaren Leitbildern beruhen. Diese lassen sich direkt auf die Gestaltung von Produktionssystemen anwenden. Besonders prominent ist dabei die Rolle von Ökosystemen als Leitbilder oder gar als Vorlage für Industriesysteme (Isenmann, 2008). Ob und wie sich diese Leitbilder auch für die Gestaltung von SOPs einsetzen lassen, ist noch ungeklärt. Da sich der SOP Ansatz sehr viel stärker auf individuelle Akteure bezieht und auf die individuellen Beziehungen zu anderen Akteuren des SOPs, scheint die Übertragung eines auf Systeme bezogenen Leitbilds, quasi frei von individuellen Akteuren, problematisch. Auch verfügt der SOP Ansatz selbst über keine expliziten und systemweit anzuwendenden Leitbilder, die sich zur Ableitung von Gestaltungsoptionen anböten. Hier gilt es zu prüfen, inwieweit die environmental heuristics der SOP, welche wohlgemerkt individuelle Leitbilder darstellen, direkt oder indirekt mit den Leitbildern der IE verknüpft werden können, um daraus einerseits quantifizierbare individuelle Handlungsprinzipien zu machen und andererseits systemische Leitplanken zu definieren, welche die Heterogenität des Systemakteure und ihre individuellen Rationalitäten berücksichtigen.

Auf der analytischen Ebene ist eine Verknüpfung der beiden Ansätze und eine daraus folgende gegenseitige Bereicherung vielleicht eher denkbar. Hier kommt uns als erstes der Bereich der Systemmodellierung mittels agentenbasierter Modelle (ABM) in den Sinn (Axtell, Andrews & Small, 2002; Kraines & Wallace, 2006a). Die ABM könnten durchaus eine durch Leitbilder steuerbare systemische Stoffflussperspektive auf Konsum mit individuellen Umweltleitlinien (*environmental heuristics*) verknüpfen und damit einen hybriden

Forschungsansatz zum nachhaltigen Konsum eröffnen. Erste Modellierungen in dieser Richtung existieren, teilweise auch mit Bezug zur Innovationsdiffusion, einem viel beackerten Feld der SOP (Andrews & Devault, 2009; Ma & Nakamori, 2005), andere beziehen sich wiederum auf industrielle Netzwerke, haben also noch keinen direkten Bezug zum Konsum (Davis, Nikolic & Dijkema, 2009; Batten, 2009). Da agentenbasierte Modelle explizit auf individuellem Verhalten und der dynamischen Verknüpfung von Individuen untereinander und dem System als Ganzem aufbauen, scheint es hier ein großes Entwicklungspotenzial für ein Zusammenwachsen von SOP und IE zu geben.

Eine zweite Herausforderung liegt in der Quantifizierung von leitbildgesteuerter Entwicklung. Die IE bedient sich dabei im Allgemeinen des Konzepts der Tragekapazitäten (von Gleich, 2008), welche quasi Leitplanken für eine Gesamtsystementwicklung darstellen. Ob und wie diese auf die individuellen Akteure, ihre jeweiligen Handlungsspielräume und die spezifischen SOPs herunter gebrochen werden können, bleibt noch unklar. Im Bereich der Ver- und Entsorgung mit Strom und Wasser böten sich hier die intelligente Verbrauchserfassung (smart metering) als ein Einstiegspunkt in die Analyse der Möglichkeiten von individuellen Leitplanken und die möglichen Auswirkungen auf umweltrelevantes Handeln an. Ein weiterer direkter Bezug zwischen systemweiten und individuellen Leitplanken könnte über die derzeit hochdynamische Diskussion zur CO_2-Bilanzierung von Produkten und deren Kommunikation über Label hergestellt werden. Hier treffen die SOP und IE Zugänge am Objekt des Konsums direkt zusammen, wodurch sich ganz neue Forschungszugänge ergeben könnten. Spannend wäre in diesem Zusammenhang die Frage, ob das Konzept der Tragekapazitäten, durch CO_2-Bilanzen individuell zugänglich gemacht, dabei ein neues Verhältnis von Produktion und Konsum begründen könnte (Gößling-Reisemann, 2009).

Literatur

Allenby, B. (1999): Culture and Industrial Ecology. Journal of Industrial Ecology, Vol. 3, 1, S. 2-4.

Andrews, C./Devault, D. (2009): Green Niche Market Development, Journal of Industrial Ecology, Vol. 13, 2, 326.

Axtell, R. L./Andrews, C. J./Small, M. J. (2002): Agent-Based Modeling and Industrial Ecology, Journal of Industrial Ecology, Vol. 5, 4, S. 10-14.

Ayres, R. U./Simonis, U. (1994): Industrial metabolism: Restructuring for sustainable development, Tokyo, New York: United Nations University Press.

Batten, D. F. (2009): Fostering Industrial Symbiosis With Agent-Based Simulation and Participatory Modeling, Journal of Industrial Ecology, Vol 13, 2, S. 197-213.

Batten, David F. (im Druck): Fostering Industrial Symbiosis With Agent-Based Simulation and Participatory Modeling. Journal of Industrial Ecology, verfügbar unter: http://dx.doi.org/10.1111/j.1530-9290.2009.00115.x.

Boons, F./Roome, N. (2001): Industrial Ecology as a Cultural Phenomenon on Objectivity as a Normative Position, Journal of Industrial Ecology, Vol. 4, 2, S. 49-54.

Cass, N./Shove, E./Urry, J. (2004): Transport Infrastructures: a social-spatial-temporal model, in: SouthertonD./Chappells,H./van Vliet, B. J. M. (Hrsg.), Sustainable consumption. The implications of changing infrastructures of provision. Cheltenham, Elgar, S. 113–129.

Chappells, H./Shove, E. (2004): Infrastructures, crises and the orchestration of demand, in Southerton, D./Chappells,H./van Vliet, B. J. M. (Hrsg.), Sustainable consumption. The implications of changing infrastructures of provision, Cheltenham, Elgar, S. 130-143.

Copper, T. (2005): Slower Consumption Reflections on Product Life Spans and the "Throwaway Society". Journal of Industrial Ecology, Vol. 9, 1-2, S. 51-67.

Davidsdottir, B./Ruth, M. (2005): Pulp Nonfiction Regionalized Dynamic Model of the U.S. Pulp and Paper Industry. Journal of Industrial Ecology, Vol. 9, 3, S. 191-212.

Davis, C./Nikolic, I./Dijkema, G. P. J. (2009). Integration of Life Cycle Assessment Into Agent-Based Modeling, Journal of Industrial Ecology, Vol. 13, 2, S. 306-325.

Fine, B. (2002). The world of consumption: The material and cultural revisited, 2. Auflage, London: Routledge.

FRoSTA AG. (2009): Fallstudie Tagliatelle Wildlachs (FRoSTA AG) – Fallstudie erstellt im Rahmen des PCF Pilot Projektes Deutschland, Bremerhaven.

Gleich, A. von. (2008): Tragekapazitäten: Ein grundlegendes Konzept in der Nachhaltigkeitsdebatte und der Industrial Ecology. In von Gleich A./Gößling-Reisemann, S. (Hrsg.), Industrial Ecology. Erfolgreiche Wege zu nachhaltigen industriellen Systemen. 1. Aufl., Wiesbaden, Teubner, S. 20–25.

Gößling-Reisemann, S. (2009): CO2 Fußabdruck: Ökobilanz light als Grundlage für ein neues Verhältnis von Konsumenten, Produzenten und Händlern? artec Kolloquium: Transfor mation globaler Märkte durch fairen Handel – Konsumenten als Schlüsselakteure?, Bremen: Universität Bremen, artec, Forschungszentrum Nachhaltigkeit.

Graedel, T./van Beers, D./Bertram, M./Fuse, K./Gordon, R./Gritsinin, A., et al. (2004). Multilevel Cycle of Anthropogenic Copper. Environmental science technology, Vol 38, 4, 1242-1252.

Heller, M. C/Keoleian, G. A. (2003): Assessing the sustainability of the US food system: a life cycle perspective, Agricultural systems, Vol. 76, 3, S. 1007-1042.

Isenmann, R. (2002): Further Efforts to Clarify Industrial Ecology's Hidden Philosophy of Nature, Journal of Industrial Ecology, Vol. 6, 3-4, S. 27-48.

Isenmann, R. (2008): Lernen vom Vorbild Natur: Naturverständnis in der Industrial Ecology, in: von Gleich, A./Gößling-Reisemann, S. (Hrsg.), Industrial Ecology. Erfolgreiche Wege zu nachhaltigen industriellen Systemen, 1. Aufl., Wiesbaden: Teubner. S. 333–347.

Jackson, T. (2005): Live Better by Consuming Less?: Is There a "Double Dividend" in: Sustainable Consumption? Journal of Industrial Ecology, Vol. 9, 1-2, S. 19-36, verfügbar unter: http://www.blackwell-synergy.com/doi/abs/10.1162/1088198054084734.

Jacobsen, N. Brings. (2008): Voraussetzungen für eine erfolgreiche industrielle Symbiose: Untersuchung und Neubetrachtung des Falls Kalundborg, in von Gleich A./Gößling-Reisemann, S. (Hrsg.), Industrial Ecology. Erfolgreiche Wege zu nachhaltigen industriellen Systemen, 1. Aufl., Wiesbaden, Teubner, S. 139–152.

Jalas, M. (2005): The Everyday Life Context of Increasing Energy Demands: Time Use Survey Data in a Decomposition Analysis. Journal of Industrial Ecology, Vol. 9, 1-2, S. 129-145, verfügbar unter: http://www.blackwell-synergy.com/doi/abs/10.1162/1088198054084644.

Jelinski, L. W./Graedel, T. E./Laudise, R. A./McCall, D. W./Patel, C. K. N. (1992). Industrial Ecology: Concepts and Approaches. PNAS, Vol. 89, S. 793-797.

Kraines, S./Wallace, D. (2006a): Applying Agent-based Simulation in Industrial Ecology, Journal of Industrial Ecology, Vol. 10, 1, S. 15-18.

Kraines, S./Wallace, D. (2006b): Applying Agent-based Simulation in Industrial Ecology, Journal of Industrial Ecology, S. 10, 1, S. 15-18.

Ma, T./Nakamori, Y. (2005): Agent-based modeling on technological innovation as an evolutionary process: Advances in: Complex Systems Modeling. European Journal of Operational Research, Vol. 166, 3, S. 741-755, verfügbar unter: http://www.sciencedirect.com/science/article/B6VCT-4D3B2R3-3/2/2b0701fbc14192aa4ecc59da6c155743.

Matthews, E. (2000): The weight of nations: Material outflows from industrial economies, Washington, DC, World Resources Institute.

O'Rourke, D. (2005): Market Movements: Nongovernmental Organization Strategies to Influence Global Production and Consumption. Journal of Industrial Ecology, Vol. 9, 1-2, S. 115-128, verfügbar unter: http://www.blackwell-synergy.com/doi/abs/10.1162/1088198054084608.

PCF Pilotprojekt Deutschland. (2009): Product Carbon Footprinting – Ein geeigneter Weg zu klimaverträglichen Produkten und deren Konsum?: Erfahrungen, Erkenntnisse und Empfehlungen aus dem Product Carbon Footprint Pilotprojekt Deutschland, Berlin (Ergebnisbericht), verfügbar unter: http://www.pcf-prjekt.de/download/1241099725/main/results/results-report/.

Ruth, M./Davidsdottir, B. (Hrsg.) (2008): Changing stocks, flows and behaviors in industrial ecosystems, Cheltenham, Edward Elgar.

Ruth, M./Davidsdottir, B. (2008): The economic dynamics of stocks and flows. In Ruth. M./Davidsdottir, B. (Hrsg.), Changing stocks, flows and behaviors in industrial ecosystems, Cheltenham, Edward Elgar, S. 54–73.

Shove, E. (2004): Sustainability, system innovation and the laundry. In Elzen, B. Geels, F. W. & Green, K. (Hrsg.), System innovation and the transition to sustainability. Theory, evidence and policy, Cheltenham: Elgar. S. 76–94.

Southerton, D./Chappells, H./van Vliet, B. J. M. (Hrsg.) (2004): Sustainable consumption: The implications of changing infrastructures of provision, Cheltenham, Elgar.

Spaargaren, G. (2004): Sustainable Consumption A Theoretical and Environmental Policy Perspective, in Southerton, D./Chappells,H./van Vliet, B. J. M. (Hrsg.), Sustainable consumption. The implications of changing infrastructures of provision, Cheltenham, Elgar. S. 15–31.

Spaargaren, G./Martens, S./Beckers, T. A. M. (2006): Sustainable technologies and everyday life, in Verbeek P.-P./Slob, A. F. L. (Hrsg.), User behavior and technology development. Shaping sustainable relations between consumers and technologies, Dordrecht, S. 107–118.

Tukker, A./Jansen, B. (2006): Environmental Impacts of Products: A Detailed Review of Studies. Journal of Industrial Ecology, Vol. 10, 3, S. 159-182.

van der Voet, E./van Oers, L./de Bruyn, S./Sevenster, M. (2008): Wachstum ohne Umweltverbrauch? Entkopplung und Dematerialisierung, in von Gleich, A/Gößling-Reisemann, S. (Hrsg.), Industrial Ecology. Erfolgreiche Wege zu nachhaltigen industriellen Systemen, 1. Aufl., Wiesbaden, Teubner. S. 202–217.

van Vliet, B./Chappells, H./Shove, E. (2005): Infrastructures of consumption: Environmental innovation in the utility industries. London, Earthscan Publ., verfügbar unter: http://www.loc.gov/catdir/toc/ecip057/2005003301.html.

van Vliet, B./Stein, N. (2004): New consumer roles in waste water management. Local environment, Vol. 9, 4, S. 353-366.

6 Industrial Ecology und die Forschung zu nachhaltigem Konsum

Ines Weller

6.1 Einführung

Industrial Ecology hat sich in den letzten Jahren zu einem bedeutenden analytischen und gestaltungsorientierten Forschungs- und Handlungsfeld im Kontext der Forschung und Debatten zu Fragen einer nachhaltige Gestaltung von Stoff- und Energieströmen entwickelt. Der analytische Schwerpunkt richtet sich insbesondere auf die Analyse der Energie- und Materialflüsse industrieller Gesellschaften auf regionaler, produktions- und produktbezogener Ebene und greift dabei im Wesentlichen zurück auf Modelle und Methoden der Natur- und Ingenieurwissenschaften. Die gestaltungsorientierte Perspektive verfolgt das Leitbild „Wirtschaften nach dem Vorbild der Natur" und orientiert sich an den Tragekapazitäten natürlicher Systeme als Zielkorridor (Isenmann/von Hauff 2007). Damit ist ein weiteres Charakteristikum von Industrial Ecology die Verknüpfung systemarer Ansätze mit normativen Zielvorstellungen. Die Arbeiten und Studien im Kontext Industrial Ecology konzentrierten sich lange Zeit zunächst auf industrielle Prozesse und Akteure, die Phase des Konsums wurde nur am Rande berücksichtigt. In jüngster Zeit wird aber auch im Kontext Industrial Ecology verstärkt die Notwendigkeit formuliert, den Konsum konzeptionell als relevante Phase im Life Cycle von Produkten und Dienstleistungen einzubinden und die Konsumphase bei der Bilanzierung von Energie und Stoffströmen angemessen zu berücksichtigen (Loerincik/Kaenzig/Jolliet 2005, Tukker/Jansen 2006). Erst dann sei es möglich, Ergebnisse und Handlungsempfehlungen zu erarbeiten, die für Veränderungen der nicht nachhaltigen Produktions- und Konsummuster benötigt werden: „Only by taking consumption into account can IE provide the sort of analysis required by international policy maker" (Hertwich 2005: 1).

Die Forschung zu nachhaltigem Konsum greift ihrerseits in letzter Zeit vermehrt auf Ergebnisse aus dem Kontext Industrial Ecology zurück. Insbesondere analytische Studien über die ökologische Relevanz einzelner Produkte und Konsumbereiche werden als relevant für die Forschung zu nachhaltigem Konsum aufgegriffen. Erwartet werden Aussagen über die ökologischen „big points" (Bilharz 2007), d.h. die Konsumbereiche und Produkte, die mit einem besonders hohen Ressourcenverbrauch verbunden sind. Dies soll es ermöglichen, sich bei der Entwicklung von Strategien zu Veränderungen des Konsums in Richtung Nachhaltigkeit auf die als big points identifizierten Produkte bzw. Konsumbereiche zu konzentrieren, um nicht Gefahr zu laufen, sich mit „peanuts" zu beschäftigen.

Insgesamt lassen sich zwischen Industrial Ecology und der Forschung sowie den Debatten zu nachhaltigen Konsummustern in vielerlei Hinsicht Wechselbezüge und auf einander zu Bewegungen insbesondere in der Frage erkennen, welche Bedeutung den Umweltwirkungen von Produktion und Konsum zugewiesen wird und was daraus bezogen auf die Einschätzung der Verantwortung privater Konsumenten abgeleitet wird. Der folgende Beitrag zielt darauf beispielhaft herauszuarbeiten, welche – bislang häufig eher noch impliziten – neue Forschungsperspektiven und offene Fragestellungen deutlich werden, wenn der Umgang beider Forschungsrichtungen mit und ihre Ergebnisse über die Umweltwirkungen von Produktion und Konsum explizit aufeinander bezogen werden.

6.2 Ökologische Bilanzierung und Gewichtung unterschiedlicher Konsumbereiche und Life Cycle Phasen

Im Kontext Industrial Ecology wurde auf analytischer Ebene eine Vielzahl an Studien über die Umweltwirkungen des Konsums erarbeitet. Mittlerweile stehen viele und vielfältige Ergebnisse zu den Umweltwirkungen des Konsums privater Haushalte auf nationaler oder regionaler Ebene zur Verfügung stehen. Diese Analysen – sowohl Einzelstudien als auch Metaanalysen mehrerer Einzelstudien – kommen weitgehend übereinstimmend zu dem inzwischen auch schon viel zitierten und kommunizierten Ergebnis, dass die Konsumbereiche Ernährung, Bauen/Wohnen sowie Mobilität die ökologischen „Hot Spots" bilden (Moll et al. 2005, Tukker/Jansen 2006). Innerhalb dieser Konsumbereiche wurden dann noch einzelne besonders ressourcenintensive und umwelt- sowie klimarelevante Produkte identifiziert:

■ Ernährung: Fleisch- und Milchprodukte,

■ Bauen/Wohnen: Heizen, Warmwasser, Energieverbrauchende Haushaltsgeräte, Bau von Gebäuden,

■ Mobilität: Autos, Luftverkehr.

Diese Ergebnisse über die ökologische Priorisierung unterschiedlicher Konsumbereiche schließen den Konsum privater und öffentlicher Haushalte ein und gelten als vergleichsweise robust: „All studies consistently show that food, housing and related energy use, and transport are in total responsible for some 70% or more of the total life-cycle impacts of all products and services used for final household and government consumption..." (Tukker/Jansen 2006: 175). Sie treffen zudem für die meisten westeuropäischen Länder zu. Mit Blick auf den Konsum wird insofern als Verdienst von Industrial Ecology betont: „Industrial Ecology has contributed an essential understanding of the environmental impacts of consumer acitivities" (Hertwich 2005: 5).

Allerdings ist bei diesen Ergebnissen zu berücksichtigen, dass der Bezug auf „Konsumbereiche" nicht bedeutet, dass es sich dabei um Konsumaktivitäten wie Kauf- und Nutzungsentscheidungen handelt. Vielmehr basieren sie auf der Grundidee, dass alles, was produziert wird, als „Güter der letzten Verwendung" letztendlich dem Konsum dient. Ausgehend von dieser Prämisse werden in den Bilanzen die Energie- und Materialflüsse aller Phasen zusammengefasst, wird nicht zwischen Herstellung und Nutzung differenziert. Die Ergebnisse über die ökologische Prioritätensetzung basieren also auf der Gesamtbilanz der Umweltwirkungen und des Ressourcenverbrauchs von Produktion, Konsum und Abfallbehandlung. Sie erlauben damit noch keine Aussagen über den spezifischen Ressourcenverbrauch, der durch die Konsumaktivitäten bzw. die Nutzung von Produkten hervorgerufen wird. Für die Debatten über nachhaltigen Konsum ist aber gerade die Frage nach der Verteilung der auch ökologisch fundierten Verantwortung unterschiedlicher Akteure bedeutsam. Wissen darüber ist eine wichtige Voraussetzung für die Entwicklung geeigneter Strategien für die Veränderung nicht nachhaltiger Produktions- und Konsummuster, die an die jeweiligen Verantwortungsbereiche und Handlungsmöglichkeiten der verschiedenen relevanten Akteure aus Produktion, Nutzung und Politik, dem sogenannten „triangle of change", angepasst sein sollten (Tukker et al. 2008).

Eine der ersten Bilanzen, die bei der Bestimmung der Umweltwirkungen zwischen Produktion und Konsum unterscheidet, hat die Energie- und Stoffströme untersucht, die von privaten Haushalten in Deutschland in den zehn wichtigsten Produktfeldern 2005 verursacht wurden (Quack-Rüdenauer 2007). Ähnlich wie Tukker und Jansen sowie Moll et al. kommt sie zu dem Ergebnis, dass die Hauptumweltbelastung der Nachfrage privater Haushalte von Mobilität (40.8%), Wohnen (30.4%) und Lebensmittel incl. Nahrungsmittelaufbewahrung und –zubereitung (19.6%) verursacht wird. Bei dieser prozentualen Verteilung wurden zunächst ebenfalls die Stoff- und Energieströme von Produktion *und* Konsum bzw. Nutzung zusammengefasst.

In einem weiteren Schritt wurden in dieser Studie die Umweltbelastungen getrennt für Produktion und Konsum/Nutzung berechnet. Dabei zeigten sich deutliche Unterschiede zwischen der Herstellungs- und der Nutzungsphase: An der Gesamtumweltbelastung der *Herstellung* ist Mobilität mit 22.4%, Wohnen mit 14.4% und Lebensmittel incl. Aufbewahrung und Zubereitung mit 52.5% beteiligt. In der Herstellung sind demnach Lebensmittel aus ökologischer Perspektive besonders relevant, es folgt Mobilität, Wohnen bildet das Schlusslicht. An der Gesamtumweltbelastung der *Nutzung* ist dagegen Mobilität mit 49.3%, Wohnen mit 37.7% und Lebensmittel incl. Aufbewahrung und Zubereitung mit 4.7% beteiligt. Die ökologische Gewichtung von Nutzungsphase und Herstellungsphase unterscheidet sich demnach erheblich. Auch wenn die Ergebnisse sich in ihren methodischen Zugängen unterscheiden und daher nicht direkt vergleichbar sind, bieten sie dennoch einen ersten Hinweis dafür, dass die ökologischen Hot Spots von Produktion und Konsum/Nutzung nicht identisch sein müssen. Sie illustrieren, dass das bisherige Wissen über den Beitrag des privaten Konsums und der privaten KonsumentInnen an den Ressourcenverbräuchen und den Umweltwirkungen von Produktion und Konsum noch mit Unsicherheiten verbunden ist, insofern lässt sich zu diesen Fragen noch Forschungsbedarf erkennen.

Weitere Studien haben die Aufteilung der Umweltwirkungen auf die verschiedenen Phasen des Life Cycle einzelner Produkte untersucht, um aus der Ressourcenperspektive die Einflussmöglichkeiten der Akteure auf der Seite der Produktion und des Konsums zu bestimmen. Bei typischen Verbrauchsprodukten (wie z.B. Ernährung) gilt nach den vorliegenden Daten die Produktion als besonders ressourcenintensiv (FRoSTA AG 2009, Känzig/

Jolliet 2007, Quack/Rüdenauer 2007, Wiegmann et al. 2005). Demgegenüber kommen Ökobilanzen und Stoffstromanalysen von Gebrauchsprodukten (wie z.B. Kleidung oder Pkws)
zu dem Ergebnis, dass die Nutzungsphase im Vergleich zur Produktion den höheren Anteil am Ressourcenverbrauch und an den Umweltwirkungen hat (Grießhammer et al. 2004,
Känzig/Jolliet 2007, Quack/Rüdenauer 2007, siehe aber den Beitrag von Hans Dieter
Hellige, der für die Informationstechnik zu dem gegenläufigen Ergebnis kommt, dass die
Herstellungsphase mehr Ressourcen beansprucht als die Nutzung). Allerdings sind auch
diese Ergebnisse als vorläufig zu betrachten, da die Integration von Nutzungsmustern in
Ökobilanzen und Stoffstromanalysen methodisch noch nicht systematisch erschlossen ist.
Daher unterscheiden sich die bisherigen Ergebnisse über die Verteilung der Umweltwirkungen zwischen Produktion und Konsum zum Teil erheblich, was insbesondere auf deutliche Unterschiede in den dort getroffenen Annahmen über die Nutzungsmuster zurückgeführt werden kann. Diese gehen in der Regel von einem durchschnittlichen Nutzungs-
verhalten aus und nehmen damit in den Bilanzierungen die Heterogenität der Nutzungsmuster und Konsumpraktiken unterschiedlicher Konsumentengruppen nicht auf (Tisch/
Weller 2006, Tukker/Janssen 2006, Weller 2008).

Aus der Konsumperspektive lässt sich somit aus diesen Befunden die Herausforderung an
die analytischen Arbeiten im Kontext Industrial Ecology ableiten, die Ressourcen- und
Umweltrelevanz des Konsums und des Konsumhandelns im Verhältnis zu den anderen
Phasen der Herstellung und der Abfallbehandlung genauer zu bestimmen, um im Sinne
der Verteilung von Verantwortung zwischen den relevanten beteiligten Akteuren in den
politischen Handlungsstrategien zur Förderung nachhaltiger Konsummuster die Einflussmöglichkeiten und Einflussgrenzen der KonsumentInnen angemessen berücksichtigen zu können.

6.3 Soziale Ausdifferenzierung von Alltags-
routinen und Konsumpraxen: Folgen für die
Bestimmung von Umweltwirkungen und
Ressourcenverbräuchen

Die Ergebnisse der Industrial Ecology über die Umweltwirkungen sowohl von Konsumbereichen als auch über die verschiedenen Stufen im Life Cycle von Produkten und Technologien basieren in der Regel auf Annahmen über einen (abstrakten) Durchschnittkonsum
und Durchschnittkonsumenten. Als soziale Dimensionen gehen dabei hauptsächlich die
durchschnittlichen Ausgaben für unterschiedliche Konsumbereiche und Konsumgüter ein
(Tukker/Jansen 2006). Nur in Anfängen werden weitere soziale Dimensionen wie Unterschiede in den Einkommen oder in den Zeitmustern berücksichtigt (Jalas 2005). Unterschiede in den alltäglichen Konsumpraxen und der alltäglichen Nutzung von Produkten
spielen in den Ökobilanzen und Stoffstromanalysen ebenfalls keine Rolle, vielmehr werden für die Berücksichtigung der Konsum- und Nutzungsphase Annahmen über durchschnittliche Nutzungsmuster einbezogen oder Nutzungsszenarien gebildet, die zum Teil

auf plausibilierte Erfahrungen im Umgang mit den Produkten, zum Teil auf Daten aus der Marktforschung beruhen (Weller et al. 2002).

In der Forschung zu nachhaltigem Konsum wird dagegen die Bedeutung der sozialen und kulturellen Ausdifferenzierung von Konsummustern und Konsumpraxen unterschiedlicher Konsumentengruppen unterstrichen. Es gibt eine breit aufgefächerte Debatte über die Frage, wie sich Unterschiede z.B. in den Einkommenssituationen, den Konsumeinstellungen und -orientierungen, den Umwelteinstellungen, den Werten und den Lebens- und Konsumstilen auf den Konsum auswirken und was daraus für die Möglichkeiten und Strategien folgt, nachhaltige Konsummuster zu fördern (siehe z.B. Umweltbundesamt 2002, Brand et al. 2003, Jackson 2006, Liedtke et al. 2008).

Als ein Konzept, das die Differenzierung unterschiedlicher Konsumentengruppen in verschiedenen Dimensionen aufnimmt, hat sich in der Forschung zu nachhaltigem Konsum das Konzept der Konsum- und Lebensstile etabliert. Konsum- und Lebensstile werden in der soziologischen Forschung – und auch in der Marktforschung – als relativ stabile soziokulturelle, handlungspraktische Muster aufgefasst (Lange 2005). Nach Reusswig fließen in Lebensstilen drei Dimensionen zusammen: Performanz, soziale Lage und Mentalität (Reusswig 2002). Performanz beinhaltet insbesondere Praktiken und Verhaltensmuster, bestimmende Faktoren der sozialen Lage sind Bildung, Einkommen, Alter, Geschlecht oder Herkunft, während Mentalität Komponenten wie Einstellungen, Werte, Lebensziele und Weltbilder umfasst. Das Konzept der Lebensstile geht von der Pluralität unterschiedlicher Konsumstile aus, die eng mit Identitätskonzepten verbunden sind und in Grenzen individuell wählbar sind. Diese Perspektive unterscheidet sich erheblich von den Debatten im Kontext einer nachhaltigen Entwicklung über „den westlichen Lebensstil". Damit werden das allgemein hohe Konsumniveau und der hohe Ressourcenverbrauch der Produktions- und Konsummuster, die in den (westlichen) Industrieländern dominant sind, problematisiert.

In der Forschung zu nachhaltigem Konsum wurde in den letzten Jahren damit begonnen, das Wissen über die sozioökonomische und soziokulturelle Pluralisierung der Gesellschaft mit der Untersuchung der damit verbundenen Umweltwirkungen und Ressourcenverbräuche zu verbinden. Diese Studien setzen z.B. den Ressourcenverbrauch in Bezug zur sozialen Lage und der ökonomischen Situation unterschiedlicher Konsumentengruppen (z.B. Moll et al. 2005, Liedtke et al. 2008,). Eine weitere Forschungsrichtung in der Forschung zu nachhaltigem Konsum verknüpft die Bestimmung unterschiedlicher Konsumstile z.B. im Bereich Ernährung oder Mobilität mit der Bilanzierung des Ressourcenverbrauchs und der Umweltwirkungen dieser Konsumstile (Götz et al. 2003, Wiegmann et al. 2005, Eberle et al. 2005). Es werden damit als vierte Dimension ökologische Daten in die Erfassung unterschiedlicher Konsumstile einbezogen. Ziel ist es, Konsumstile auch nach ihrem Ressourcenverbrauch zu differenzieren und die Ergebnisse in die Entwicklung (politischer) Strategien zur nachhaltigeren Gestaltung von Konsummustern, die an die unterschiedlichen Konsumentengruppen angepasst sind, zu integrieren.

Zu dem Zusammenhang zwischen der Höhe des Einkommens von Haushalten und dem Ausmaß von Umweltwirkungen konnte – auch im Kontext Industrial Ecology – gezeigt werden, dass die Umweltwirkungen eng mit der Einkommenssituation korrelieren: Je höher das durchschnittliche Einkommen, desto höher sind der durchschnittliche Ressourcenverbrauch und die Umweltwirkungen. So kommt eine Studie des Wuppertal-Instituts zu dem Ergebnis, dass in Deutschland 20% der Bevölkerung rund 80% der Ressourcen verbraucht, also eine ähnliche soziale und ökologische Schieflage wie in globaler Perspektive festzustellen ist (Liedtke et al. 2008). Speziell mit Blick auf den Energieverbrauch lässt sich zeigen, dass die Höhe des Haushaltseinkommens zu den relevanten Einflussfaktoren für die Höhe des Energieverbrauchs privater Haushalte – neben der Anzahl der Haushaltsmitglieder, die Wohnfläche, die Geräteausstattung und die Energieeffizienz der Energieerzeugung – gehört (Michaelis/Lorek 2004, Moll et al. 2005, IFEU 2005). Dabei konnte weiterhin beobachtet werden, dass relativ betrachtet der Anteil des Haushaltseinkommens, der für direkten Energieverbrauch aufgewandt wird, bei den einkommensschwachen Haushalten durchschnittlich höher ist als bei den einkommensstarken Haushalten, wobei letztere absolut betrachtet im Durchschnitt einen höheren direkten (und insbesondere indirekten) Energieverbrauch aufweisen (siehe z.B. Moll et al. 2005).

Weiterhin wirken sich Gender und die geschlechtsspezifische Arbeits- und Aufgabenteilung auf den Ressourcenverbrauch und die Umweltwirkungen des Konsums aus. Dies drückt sich u.a. in genderbezogenen Differenzen insbesondere in den Konsumorientierungen, den Umwelteinstellungen und den Konsum- und Nutzungsmustern aus, die ihrerseits wiederum mit deutlichen genderbezogenen Differenzen im Ressourcenverbrauch einhergehen (Johnsson-Latham 2007, OECD 2008a, OECD 2008b).

Mit Blick auf Differenzen in den Ressourcenverbräuchen unterschiedlicher Konsumstile liegen erste Studien zu den Bereichen Ernährung und Mobilität vor. Hier wurde bei den Befragungen zusätzlich zu den drei Dimensionen der Konsumstile – Performanz, Werte und soziale Lage – auch der Ressourcenverbrauch bestimmt. Die Ergebnisse zeigen, dass sich die verschiedenen Konsumstile im Ressourcenverbrauch durchaus unterscheiden können. Für Ernährung konnte bei einem Sample von mehr als 2.000 Personen, die in Einzelbefragungen zu ihrer sozialen Lage, ihren Konsumpraktiken und Werten befragt wurden, sieben Ernährungsstile identifiziert werden (Wiegmann et al. 2005). Nach Berechnung der Umweltwirkungen der jeweiligen Ernährungsmuster konnte gezeigt werden, dass sich die durchschnittlichen ernährungsbezogenen CO_2-Emissionen dieser sieben Konsumstile zwischen 1.800 kg / Kopf und Jahr bis zu 2.400 kg / Kopf und Jahr bewegten, und damit durchaus relevante Unterschiede aufweisen. Als ressourcenintensivster Ernährungsstil mit durchschnittlich rund 2.400 kg CO_2-Äquivalente / Kopf und Jahr wurde der Ernährungsstil „Desinteressierte Fast-FooderInnen" identifiziert, die beiden Ernährungsstile „Konventionelle Gesundheitsorientierte" und „Freudlose GewohnheitsköchInnen" erzeugten demgegenüber mit rund 1.800 kg CO_2-Äquivalente / Kopf und Jahr durchschnittlich rund ein Viertel weniger an Klimagasen.

Für Mobilität konnte für ein Sample von 1.000 Personen ebenfalls gezeigt werden, dass die dort bestimmten fünf Freizeitmobilitätsstile in ihrem Ressourcenverbrauch und ihren

Umweltwirkungen unterschieden: Der Mobilitätsstil „Fun-Orientierte" verursachte danach durchschnittlich 5,4 kg CO_2-Äquivalente / Kopf und Tag, er lag damit rund 33 % über dem Mittelwert aller an der Studie beteiligten Personen. Im Vergleich dazu lag der CO_2-Ausstoß des Mobilitätsstils „Traditionell-Häusliche" mit rund 2,0 kg / Kopf und Tag rund 50 % unter dem durchschnittlichen Mittelwert (Götz et al. 2003).

Abschließend lässt sich festhalten, dass der Einfluss der ökonomischen Situation unterschiedlicher Konsumentengruppen auf den konsumbezogenen Ressourcenverbrauch allgemein und den Energieverbrauch im Besonderen weitgehend abgesichert ist. Diese Daten stammen im Wesentlichen aus dem Kontext Industrial Ecology. Weiterhin lassen sich empirisch abgesicherte Ergebnisse für den Einfluss von Konsumstilen auf den Ressourcenverbrauch und den Umweltwirkungen finden. Hintergrund dieser Einschätzung sind – allerdings noch wenige – interdisziplinäre Studien im Kontext der sozial-ökologischen Forschung zu nachhaltigem Konsum. Dort wurde in Stoffstromanalysen und Ökobilanzen, die mit naturwissenschaftlich-ökonomischen Daten arbeiten, Ergebnisse aus Befragungen über das Konsumverhalten, die auf sozialwissenschaftlichen Befragungsmethoden basieren, einbezogen. Die Ergebnisse dieser sozial-ökologischen Studien beziehen sich bislang insbesondere auf die Ressourcenrelevanz unterschiedlicher Konsumstile in einzelnen Konsumbereichen.

Weitgehend unbestimmt bleibt bislang der Einfluss unterschiedlicher Nutzungsmuster und Alltagsroutinen auf den Ressourcenverbrauch und die Umweltwirkungen des privaten Konsums. Gleichwohl wird im Kontext nachhaltigen Konsums häufig betont, dass insbesondere durch die Nutzung, d.h. durch den Umgang von Konsumenten und Bürgern mit Ressourcen, Technologien, Produkten und Dienstleistungen, über die Ressourcenintensität und die Umweltwirkungen des Konsums entschieden wird (siehe z.B. Grießhammer et al. 2004). Allerdings gelten Konsumverhalten und -entscheidungen im Alltag in vielen Bereichen als habitualisiert, auch für die Nutzungsmuster und Konsumpraxen ist davon auszugehen, dass sie im erheblichen Maß von alltäglichen, z.T. kollektiven, Routinen geprägt werden (Kaufmann 1999, Shove 2003). Das herausragende Charakteristikum routinisierter Verhaltensweisen besteht darin, dass sie als „inkorporierte" Handlungsmuster alltäglich wiederholt werden, ohne dass über sie jeweils neu und bewusst entschieden wird. Da aber bewusste (Um-)Entscheidungen für eine Veränderung nicht nachhaltiger Konsummuster als eine wichtige Voraussetzung betrachtet werden, wurden Alltagsroutinen in der Forschung zu nachhaltigem Konsum bisher als ein Umsetzungshemmnis für nachhaltigen Konsum diskutiert (Jackson 2006, Weller et al. 2007). Allerdings wird in jüngster Zeit auch auf die Gefahr hingewiesen, Alltagsroutinen generalisierend als Erklärungsansatz für die Umsetzungsprobleme von Umweltverhalten zu verstehen und damit in eine „Erklärungsfalle" zu laufen (Hunecke 2008). Noch gar nicht erschlossen für die Debatten und Forschung über nachhaltigen Konsum ist die Bestimmung besonders resssourcensparender und besonders umweltschonender Alltagsroutinen und Konsumpraxen insbesondere mit Bezug auf die Frage, unter welchen Bedingungen und in welcher Form diese als „Vorzeigemodelle" und Positivbeispiele für nachhaltigere Konsummuster genutzt werden können, z.B. auch als Element von Informations- und Kommunikationsstrategien.

Dass Unterschiede in den Alltagsroutinen für die Bestimmung der Einflussmöglichkeiten von Konsumenten auf den Ressourcenverbrauch bedeutsam sind, dafür liegen vermehrt Hinweise vor. Ihre Bedeutung lässt sich beispielsweise an den erheblichen Differenzen im Energieverbrauch vergleichbarer Haushalte (Haushaltsgröße, Ausstattung mit Haushaltsgeräten, sozioökonomischer Hintergrund und Energieversorgungsstrukturen) erkennen. Die Unterschiede lassen sich auch nicht auf die Technologien selbst zurückführen, sie können vielmehr als Indiz für die Bedeutung von Alltagsroutinen für den Energieverbrauch in privaten Haushalten verstanden werden (Bilharz 2007, Gram-Hanssen 2004, Spargaaren 2004, Vringer 2005) erkennen. Dass und wie diese auf Unterschiede zwischen Konsumenten in ihren Konsumpraxen und Alltagsroutinen zurückgeführt werden können, wurde erstmals in einer qualitativen Studie für den Bereich Heizen sehr konkret aufgezeigt (Gram-Hanssen 2008). Daten über erhebliche Unterschiede im Ressourcenverbrauch und speziell auch im ökologischen Rucksack unterschiedlicher Haushalte bieten weitere Hinweise für die Bedeutung von Alltagsroutinen für den Ressourcenverbrauch allgemein (Carlsson-Kanyama et al. 2005, Lähteenoja et al. 2008).

Ein genaueres Verständnis über die Umwelteffekte, die mit verschiedenen Konsumpraxen und Alltagsroutinen verbunden sind, ist für die Entwicklung von Strategien zur Förderung nachhaltigen Konsums in zweierlei Hinsicht förderlich: Erstens können damit fundierte Hinweise erarbeitet werden, welche Alltagsroutinen besonders ressourcenintensiv und umweltbelastend sind. Diese können als Ansatzpunkte für naturwissenschaftlich bestimmte Veränderungs*notwendigkeiten* eingeführter Alltagsroutinen und Nutzungsmuster genutzt werden. Zweitens können besonders ressourcensparende und umweltschonende alltägliche Verhaltensroutinen und Nutzungsmuster identifiziert werden, die demgegenüber Ansatzpunkte für naturwissenschaftlich bestimmte Veränderungs*möglichkeiten* für einen nachhaltigeren Konsum darstellen, die mit Bezug auf Alltagsroutinen neue Strategieoptionen erschließen können.

Insofern stellt sich aus der Forschung zu nachhaltigem Konsum als neue Herausforderung und neue Forschungsperspektive an die analytischen Arbeiten im Kontext Industrial Ecology, Differenzen in den alltäglichen Nutzungsmustern und Konsumpraxen zu berücksichtigen und dabei über Durchschnittsannahmen und plausibilisierte Einschätzungen des Nutzungsverhaltens hinauszugehen (siehe den Beitrag von Gößling-Reisemann und von Gleich in diesem Sammelband).

6.4   Einbindung von Konsumpraxen in Systems of Provision und ihre Folgen für konsumbezogene Umweltwirkungen

Das Konzept der Systems of Provision (SOP) betont, dass Konsummuster und Konsumpraxen in spezielle Infrastruktur- und Distributionsnetzwerke sowie Produktionssysteme eingebunden sind (siehe im Detail Gößlinger-Reisemann/von Gleich in diesem Sammelband). Für das Verständnis von Konsummustern und ihrer Dynamik sind nach diesem

Konzept die Beziehungen zwischen den Akteuren, die an den jeweiligen Systems of Provision beteiligt sind, zentral. In Orientierung an Ben Fine, auf den dieses Konzept zurückzuführen ist, werden in der Forschung zu nachhaltigem Konsum Systems of Provision definiert "as the chain that unites particular systems of production with particular systems of consumption, focusing on the dynamics of the different actors (producers, distributors, retailers as well as consumers)" (OECD 2002). Nach dem Verständnis von Fine wird mit diesem Begriff die Aufmerksamkeit auf die Wechselbeziehungen zwischen Produktions- und Konsummustern gelenkt, indem Systems of Provision als „the inclusive chain of acitivity that attaches consumption to the production that makes it possible" aufgefasst werden (Fine 2002: 79).

Wesentlich für das Konzept der Systems of Provision ist, dass es einen analytischen Rahmen bietet, der von Konsumaktivitäten ausgeht und ihre Einbindung in Versorgungs- und Produktionssysteme betrachtet. Dabei ist er insbesondere auf die Analyse von Akteuren und Akteurskonstellationen in ihren Wechselbeziehungen zwischen Produktion und Konsum ausgerichtet. Eine weiteres Charakteristikum ist, dass er als vertikaler Zugang die Unterschiede und Spezifika einzelner Konsumbereiche, Produkte und Technologien betont und insofern Konsum und Konsumpraxen nicht generalisiert, sondern vielmehr auf die Notwendigkeit verweist, diese in ihren Besonderheiten zu verstehen. Hierfür ist es erforderlich, einzelne Systems of Provision z.B. im Bereich Ernährung, Bekleidung oder Mobilität zu analysieren, um ihre spezifischen Entwicklungsdynamiken erklären zu können. Darüber hinaus wird die Bedeutung symbolischer und materieller Dimensionen spezifischer Systems of Provision thematisiert. Nicht berücksichtigt wird bislang aber in diesem Konzept und den damit arbeitenden Studien die für nachhaltigen Konsum bedeutsame Frage nach den Energieverbräuchen und Stoffströmen, die in Systems of Provision verursacht werden. Für die Umsetzungsmöglichkeiten und -grenzen nachhaltigen Konsums im Alltag ist aber – wie weiter oben bereits ausgeführt – durchaus relevant, wie sich alltägliche Konsumpraxen in ihrer Einbindung in unterschiedliche Systems of Provision auf das Ausmaß und die Qualität der Umweltwirkungen auswirken.

In diesem Zusammenhang lässt sich, wie auch im Beitrag von Gößling-Reisemann und von Gleich ausgeführt, zunächst eine grundsätzliche Kompatibilität zwischen Industrial Ecology und Systems of Provision annehmen: Beide Ansätze betonen den systemaren Charakter von Produktions- und Konsumsystemen, beide orientieren sich als Ausgangspunkt ihrer Analysen auf den Konsum, wobei sich hier aber auch Unterschiede zeigen. Während der Ausgangspunkt der Ökobilanzen und Stoffstromanalysen eine vergleichsweise abstrakte funktionelle Einheit ist, die insbesondere auf die Nachfrage ausgerichtet ist wie z.B. der Konsum einer bestimmten Menge eines Getränks oder eines Kleidungsstückes, gehen die Analysen zur Entwicklungsdynamik von Systems of Provision von Konsumaktivitäten aus wie z.B. sich ernähren oder sich bekleiden, wobei zum Teil noch eine Eingrenzung auf einzelne Produkte erfolgt ,z.B. sich mit Zucker zu ernähren oder sich mit einem Pelzmantel zu bekleiden (Gößlinger-Reisemann und von Gleich in diesem Buch).

Während damit eine grundsätzliche Kompatibilität in Hinblick auf die Integration ökologischer Dimensionen in Systems of Provision in die Analysen von Industrial Ecology gegeben scheint, lenkt der Blick auf die Einbindung von Konsumaktivitäten in Systems of Provision auf noch offene Fragen in den Debatten über – ökologisch begründete – Handlungsmöglichkeiten und -grenzen der privaten Konsumenten hin.

So zeigt sich beispielsweise bei der Bestimmung der Umweltbelastungen und Ressourcenverbräuche der Konsum- und Nutzungsphase das Problem und die Herausforderung, nicht nur die Einbindung in das jeweilige produkt- bzw. konsumbezogene System of Provision also z.B. Ernährung oder Bekleidung, sondern auch die weitere Einbindung dieses Systems of Provision in ein spezifisches Energieversorgungssystem angemessen zu berücksichtigen. Denn die Umwelteffekte der Nutzung, die beispielsweise bei Ernährung im wesentlichen auf dem Stromverbrauch der Lagerung und Zubereitung von Nahrungsmitteln und bei Bekleidung auf dem Stromverbrauch der Reinigung und Pflege von Textilien beruhen, werden in erheblichem Maß von der Effizienz und Energieträger der jeweiligen Energiesysteme beeinflusst. So kann die Menge der nutzungsbedingten CO_2-Emissionen in Abhängigkeit von dem jeweiligen Energieversorgungssystem, in das die Konsumaktivitäten der privaten Haushalte eingebunden sind, erheblich variieren: Wird der Strom auf Basis von regenerativen Energieträgern erzeugt, werden die CO_2-Emissionen deutlich niedriger sein als bei Haushalten, deren Strom aus vergleichsweise CO_2-intensiven Kohlekraftwerken stammt.

Dies Beispiel wirft einerseits die bereits diskutierte Frage auf, wie diese Differenzen in den Ökobilanzen und Stoffstromanalysen besser berücksichtigt werden können, bislang wird hier in der Regel der aktuelle jeweilige nationale Energiemix als Bezugssystem genommen. Andererseits - und dieser Aspekt ist besonders relevant für die Debatten über die Handlungsmöglichkeiten und Verantwortungsbereiche privater Konsumenten – lenkt dieses Beispiel die Aufmerksamkeit auf grundlegende Fragen bei der Bestimmung der Verantwortung von Konsumenten für nachhaltigere Konsum- und Produktionsmuster. Diese können in diesem Beispiel zwar zumindest seit ein paar Jahren über den Wechsel ihres Stromanbieters – also reaktiv über ihre Nachfrage - darüber mitentscheiden, in welches Energiesystem sie eingebunden sind. Insgesamt sind ihre Einflussmöglichkeiten jedoch begrenzt, sie haben keinen direkten Einfluss auf das Energieversorgungssystem – hinsichtlich Energieeffizienz, Wirkungsgrad der Energieerzeugung und des Energietransports oder hinsichtlich des Energiemixes und seiner Zusammensetzung aus fossilen und regenerativen Energien. Trotzdem können aber gerade diese Rahmenbedingungen der Energieversorgung einen höheren Einfluss auf die konsumbezogenen CO_2-Emissionen haben als die konkreten Nutzungsmuster. Damit werden grundsätzliche Fragen der Verantwortungsverteilung zwischen den verschiedenen relevanten Akteuren in Systems of Provision deutlich. Diese unterstreichen einerseits das Zusammenspiel der hauptsächlich relevanten Akteure aus den drei Bereichen Politik, Unternehmen und Konsum in dem bereits erwähnten „Triangle of Change". Andererseits zeigen sie, wie komplex bereits eine ökologisch begründete Aufteilung von Verantwortung zwischen diesen Akteursgruppen ist. Dazu kommt, dass für die Entwicklung effektiver und zielgruppenangepasster Strategien zur Förderung nachhaltigerer Formen von Produktion und Konsum auch soziale Dimensionen zu berücksichtigen sind. Insofern spricht dies für die Notwendigkeit, die eher ökologisch-naturwissenschaftlich fundierten Studien aus dem Kontext Industrial Ecology in Bezug zu setzen zu den eher sozialwissenschaftlich fundierten Debatten aus dem Kontext der Forschung zu nachhaltigem Konsum.

6.5   Industrial Ecology: Quantitative Zielvorgaben für nachhaltige Konsum- und Produktionsmuster

Werden die Ergebnisse und Debatten von Industrial Ecology und zu nachhaltigem Konsum explizit aufeinander bezogen, zeigt sich als weitere übergreifende Forschungsperspektive die Entwicklung quantitativer Zielvorgaben für nachhaltige Konsum- und Produktionsmuster. In der Forschung zu nachhaltigem Konsum wird in jüngster Zeit problematisiert, dass die bisherigen Konzepte und Ansätze eines nachhaltigen Konsums überwiegend relational ausgerichtet sind. Es handelt sich in der Regel um nachhaltigere Konsumalternativen, die im Vergleich zu konventionellen Konsumangeboten, dem Status quo, ökologische Entlastungen erwarten lassen. Belz und Bilharz sprechen in diesem Zusammenhang von nachhaltigem Konsum im weiteren Sinn (Belz/Bilharz 2007). So ist die Produktion von biologisch erzeugten Nahrungsmitteln mit einem geringeren Einsatz von Pestiziden und Düngemitteln verbunden als die Herstellung konventioneller Nahrungsmittel. In ähnlicher Weise zielen energieeffiziente Haushaltsgeräte auf einen im Vergleich zum Status quo reduzierten Energieverbrauch bei der Nutzung dieser Geräte. Die Liste dieser nachhaltigeren Produktalternativen ließe sich noch beliebig weiter fortsetzen, so gehören alle Produkte mit dem Umweltengel oder anderen Umweltlabel dazu. Bezugspunkt für die nachhaltigeren Konsumalternativen ist jeweils der Status quo der konventionellen Herstellung und Nutzung. Als Maßstab für die relative Nachhaltigkeit der nachhaltigeren Angebote gelten die ökologischen Entlastungen, die im Vergleich zu den konventionellen durch nachhaltigere Angebote erzielt werden und sich in der Regel darauf beziehen, dass die Produkte mit weniger Ressourcen und/oder weniger Umweltbelastungen hergestellt oder/und genutzt oder/und als Abfall entsorgt werden können.

Angesichts des anhaltend hohen und nicht nachhaltigen Konsumniveaus wird im Kontext der Forschung zu nachhaltigen Konsum aktuell wieder vermehrt diskutiert, welche Anforderungen Konsumformen erfüllen müssen, die für alle Menschen zu verallgemeinern und gleichzeitig mit den Zielen einer nachhaltigen Entwicklung zu vereinbaren sind. Belz und Bilharz verwenden in diesem Zusammenhang den Begriff des nachhaltigen Konsums im *engeren* Sinn (Belz/Bilharz 2007). Diese Definition führt zu der Frage nach dem Maß und den Zielorientierungen eines im engeren Sinn nachhaltigen Konsums. Es trägt der Erfordernis Rechnung, Aussagen über ein absolutes Konsumniveau zu tätigen, das mit einer nachhaltigen Entwicklung vereinbar wäre. In diesem Sinne zielt es auf ein Maß des Konsums, das inter- und intragenerational für alle Menschen zu verallgemeinern ist, ohne die Ziele einer nachhaltigen Entwicklung zu gefährden. Damit gerät die vielfach an den Rand gedrängte Debatte über das Konsumniveau als solches in den Blick und es wird die Notwendigkeit einer konkreten quantitativen Zielperspektive betont. In diesen Zusammenhang werden als allgemeine Ansatzpunkte für einen Maßstab nachhaltigen Konsums im engeren Sinn u.a. der ökologische Fußabdruck, die CO_2-Emissionen pro Kopf und Jahr oder der Verbrauch an fossilen Ressourcen diskutiert, genauere Operationalisierungen stehen aber noch aus.

Diese Überlegungen weiter zu konkretisieren und zu operationalisieren, indem z.B. konkrete Zielorientierungen für den privaten Konsum allgemein sowie bezogen auf die unterschiedlichen Konsumfelder (und grundsätzlich auch für die damit verbundenen Formen der Produktion) bestimmt werden, stellt somit eine weitere Forschungs- und Gestaltungsperspektive dar. In diesem Zusammenhang wäre zu überprüfen, ob bzw. inwiefern die Orientierung an den Tragekapazitäten natürlicher Systeme, die in den Konzepten von Industrial Ecology eine zentrale Rolle spielen, für diese Operationalisierung und Konkretisierung der quantitativen Zielvorgaben eines nachhaltigen Konsums im engeren Sinn hinzugezogen werden kann. Allerdings müsste diese ökologische Perspektive um soziale Dimensionen erweitert bzw. zu diesen in Bezug gesetzt werden, um eine Engführung allein auf ökologische Zieldimensionen eines nachhaltigen Konsums zu vermeiden. Auch angesichts der weiter oben aufgezeigten Schwierigkeiten und noch offenen Fragen, die konsumbezogenen Umweltwirkungen zu bestimmen, lässt sich daraus einerseits als Konsequenz ableiten, dass hierfür Industrial Ecology in Bezug gesetzt wird zur Forschung zu nachhaltigem Konsum, um damit ökologisch-naturwissenschaftliche mit sozialwissenschaftlichen Perspektiven zu verknüpfen. Weiterhin lässt sich daraus die Notwendigkeit gesellschaftlicher Aushandlungsprozesse ableiten, die auf Basis der Ergebnisse aus dem Kontext Industrial Ecology und aus dem Kontext der Forschung zu nachhaltigem Konsum konkrete Zielvorgaben über das Maß eines nachhaltigen Konsums im engeren Sinn entwickeln. An diesen gesellschaftlichen Aushandlungsprozessen sollten im Sinne des bereits erwähnten „Triangle of Change" Akteure aus Politik, Wirtschaft und Gesellschaft beteiligt werden, um die verschiedenen Perspektiven in diesen Aushandlungsprozess mit einzubringen.

6.6   Fazit

Insgesamt zeigt sich in der Zusammenführung von Industrial Ecology und der Forschung zu nachhaltigem Konsum ein deutliches Potenzial, wechselseitige „blinde Flecken" zu erkennen und genauer in den Blick zu nehmen. Die angeführten Beispiele machen auf die Beziehungen zwischen Produktion und Konsum aufmerksam und weisen auf offene Fragen in den Konzepten von Industrial Ecology und in der Forschung zu nachhaltigem Konsummustern hin. Zugleich zeigen sich damit auf der analytischen Ebene Ansatzpunkte zwischen Industrial Ecology und dem Ansatz der Systems of Provision, indem einerseits ökologische Dimensionen in Systems of Provision und andererseits sozialwissenschaftliche Daten über Konsummuster in Industrial Ecology integriert werden.

Abschließend soll noch auf die Bedeutung der Qualität der für die Herstellung und Nutzung von Produkten und Technologien eingesetzten Stoffe und Materialien hingewiesen werden. Im Kontext Industrial Ecology und seinen gestaltungsorientierten Ansätzen wird dieser Aspekt insbesondere in den Eco-Parks und regionalen Verwertungsnetzwerken aufgegriffen und bereits vielfach erfolgreich umgesetzt (Posch/Perl 2007). Hier werden (Abfall)Produkte des einen Unternehmens von anderen Unternehmen als Rohstoffe genutzt und damit auf lokaler Ebene industrielle Stoff- und Materialkreisläufe geschlossen. Deutlich wird der enge Zusammenhang zwischen Produktion und Konsum: Ein Teil der Unternehmen in Eco-Parks und den regionalen Verwertungsnetzwerken fungiert als Produzenten und ein anderer Teil als Konsumenten, allerdings nicht als private, sondern als industrielle Konsumenten. Für diesen Kreislauf ist es erforderlich, dass die (Abfall)-Produkte des einen Unternehmens den Anforderungen der konsumierenden Unternehmen genügen müssen, um als Rohstoffe eingesetzt werden zu können. Dabei entscheidet die qualitative Dimension, d.h. aus welchen Materialien und Stoffen die (Abfall)Produkte bestehen, inwiefern sie von anderen Unternehmen als Rohstoffe in ihrer Produktion genutzt werden können.

Überträgt man diese Überlegungen auf den Zusammenhang zwischen Produktion und privatem Konsum, lässt sich aus der Konsumperspektive ein weiteres Gestaltungsproblem für Industrial Ecology erkennen. Grundsätzlich stellt sich die Frage, wie der private Konsum in diese Stoffkreisläufe integriert werden kann. In den Fokus geraten die verbrauchernahen Verbrauchs- und Gebrauchsprodukte sowie die Frage, aus welchen Materialien und Stoffen diese Produkte und Technologien bestehen sollten, um sie entweder unproblematisch in die natürlichen oder in die industriellen Stoffkreisläufe zurückzuführen. Daran schließt sich als weitere Frage an, wie sich Konsumaktivitäten und Nutzungsmuster privater KonsumentInnen auf die Rückführungsmöglichkeiten von Ver- und Gebrauchsprodukten in industrielle und natürliche Stoffkreisläufe auswirken.

Es lassen sich somit zusätzlich zu den ausführlich erörterten analytischen Ansätzen auch gestaltungsbezogen neue Einsichten für nachhaltige Konsum- und Produktionsmuster aus dem Kontext Industrial Ecology gewinnen.

Literatur

Belz, F.-M./Bilharz, M. (2007): Nachhaltiger Konsum, geteilte Verantwortung und Verbraucherpolitik: Grundlagen, in: Belz, F.-M./Karg, G./Witt, D. (Hrsg.). Nachhaltiger Konsum und Verbraucherpolitik im 21. Jahrhundert. Marburg, S. 21-52.

Bilharz, M. (2007): Key Points nachhaltigen Konsums. In: Belz, F.-M., Karg, G., Witt, D. (Hrsg.). Nachhaltiger Konsum und Verbraucherpolitik im 21. Jahrhundert. Marburg:, S. 105-138.

Brand, K.-W./Brumbauer, T./Sehrer, W. (2003): Diffusion nachhaltiger Konsummuster. München.

Carlsson-Kanyama, A./Engström, R./Kok, R. (2005): Indirect and Direct Energy Requirements of City Households in Sweden, Journal of Industrial Ecology, Vol. 9, 1-2, S. 221-236.

Fine, B. (2002): The World of Consumption: The Material and Cultural Revisited. London.

FRoSTA AG (2009): Fallstudie Tagliatelle Wildlachs. Fallstudie erstellt im Rahmen des PCF-Projekts. Bremerhaven,www.pcf-projekt.de.

Götz, K./Loose, W./Schmied, M./Schubert, S. (2003): Mobilitätsstile in der Freizeit. Minderung der Umweltbelastungen des Freizeit- und Tourismusverkehrs, Umweltbundesamt UBA Bericht Nr. 2/03. Berlin.

Gram-Hanssen, K. (2004): Domestic electricity consumption – consumers and appliances, in: Reisch, L. A./Röpke, I. (Hrsg.): The Ecological Economics of Consumption. Cheltenham. Northampton, S. 132-150.

Gram-Hanssen, K. (2008): Heat comfort and practice theory. Proceedings: Refereed Sessions I-II. Sustainable Consumption and Production: Framework for Action. 2nd Conference of the Sustainable Consumption Research Exchange (SCORE!) Network. Monday 10 and Tuesday 11 March, Halles des Tanneurs. Brussels, S. 53-72, verfügbar unter: http://www.score-network.org/files/ /24121_CF2_ session_1-2.pdf.

Grießhammer, R./Bunke, D./Eberle, U./Gensch, C. O./Graulich, K./Quack, D./Rüdenauer, I./Götz, K./Birzle-Harder, B. (2004): EcoTopTen – Innovationen für einen nachhaltigen Konsum, Pilot-Phase. Freiburg.

Hertwich, E.O. (2005). Consumption and Industrial Ecology. Journal of Industrial Ecology, Volume 9, Number 1-2, 1-6

Hunecke, M. (2008): Möglichkeiten und Chancen der Veränderung von Einstellungen und Verhaltensmustern in Richtung einer nachhaltigen Entwicklung, in: Lange, H. (Hrsg.) Nachhaltigkeit als radikaler Wandel. Wiesbaden, S. 95-122.

IFEU (Institut für Energie- und Umweltforschung Heidelberg e.V.) (2005): Politikinstrumente zum Klimawandel durch Effizienzsteigerung von Elektrogeräten und -anlagen in Privathaushalten, Büros und im Kleinverbrauch, im Auftrag des Umweltbundesamtes. Heidelberg.

Isenmann, von Hauff, R., M. (Hrsg.) (2007): Industrial Ecology: Mit Ökologie zukunftsorientiert wirtschaften. Heidelberg.

Jackson, T. (Hrsg.) (2006): The Earthscan Reader in Sustainable Consumption. London.

Jalas, M. (2005): The Everyday Life Context of Increasing Energy Demands. Time Use Survey Data in a Decomposition Analysis. Journal of Industrial Ecology, Vol. 9, 1-2, S. 129-146.

Johnsson-Latham, G. (2007): A study on gender equality as a prerequisite for sustainable development. Report to the Environment Advisory Council, Sweden, verfügbar unter: http://www.genderandenviroment.org/admin/admin_biblioteca/documentos/rapport_engelska.pdf.

Känzig, J., Jolliet, O. (2007): Prioritising sustainable consumption patterns: key decisions and environmental gains, International Journal of Innovation and Sustainable Development, Vol. 2,2, S. 140-154.

Kaufmann, J.-C. (1999): Mit Leib und Seele. Theorie der Haushaltätigkeit. Konstanz.

Lähteenoja, S. M./Lettenmeier, E./Kotakorpi, E. (2008): The ecological rucksack of households - huge differences, huge potential for reduction? Proceedings: Refereed Sessions III-IV. Sustainable Consumption and Production: Framework for Action. 2nd Conference of the Sustainable Consumption Research Exchange (SCORE!) Network. Monday 10 and Tuesday 11 March. Halles des Tanneurs. Brussels, Belgium, S. 319-338, verfügbar unter: http://www.score-network.org/.

Lange, H. (2005): Lebensstile. Der sanfte Weg zu mehr Nachhaltigkeit? In: G. Michelsen, J. Godemann (Hrsg.), Handbuch für Nachhaltigkeitskommunikation. Grundlagen und Praxis. München, S. 160-172.

Liedtke, C.,/Welfens, M./Stengel, O. (2007): Ressourcenschonung durch lebensstilorientierte Bildung, in: Altner, G./Leitschuh, H./Michelsen, G./Simonis, U. E./Weizsäcker, U. E. (Hrsg.), Jahrbuch Ökologie 2008. C.H.. München, S. 142-153.

Loerincik, Y./Kanzig, J./Jolliet, O. (2005): Life Cycle Approaches for Sustainable Consumption, Conference Report, International Journal Life Cycle Assessment Vol. 10, 3, S. 228-229.

Michaelis, L./Lorek, S. (2004): Consumption and the Environment in Europe. Trends and Futures. Danish Environmental Protection Agency. Environmental Project, Vol. 904.

Moll, H. C./Noorman, K. J./Kok, R./Engström, R./Throne-Holst, H./Clark, C. (2005): Pursuing More Sustainable Consumption by Analyzing Household Metabolism in European Countries and Cities. Journal of Industrial Ecology, Vol. 9, 1-2, S. 259-275.

OECD (Organisation for Economic Co-Operation and Development) (2002): Towards Sustainable Household Consumption? Trends and Policies in OECD Countries, Paris.

OECD (Organisation for Economic Co-Operation and Development) (2008a): Gender and Sustainable Development. Maximising the Economic, Social and Environmental Role of Women, Paris.

OECD (Organisation for Economic Co-Operation and Development) (2008b): Promoting Sustainable Consumption. Good Practices in OECD Countries, Paris.

Posch, A./Perl, E. (2007): Regionale Verwertungsnetzwerke und industrielle Symbiosen, in: Isenmann, R./von Hauff, M. (Hrsg.), Industrial Ecology: Mit Ökologie zukunftsorientiert wirtschaften, München, S. 265-278.

Quack, D./Rüdenauer, I. (2007): Energie- und Stoffströme der privaten Haushalte in Deutschland im Jahr 2005, Freiburg.

Reusswig, F. (2002): Lebensstile und Naturorientierungen. Gesellschaftliche Naturbilder und Einstellungen zum Naturschutz, in: Rink, D. (Hrsg.), Lebensstile und Nachhaltigkeit, S. 156-182.

Shove, E. (2003): Comfort, Cleanliness and Convenience. The Social Organisation of Normality, Oxford.

Spaargaren, G. (2004): Sustainable consumption: a theoretical and environmental perspective, in: Southerton, D./Chappells, H./Van Vliet, B. (Hrsg.), Sustainable Consumption: The Implicationsof Changing Infrastructures of Provision. Cheltenham. Northampton, S. 15-31.

Tisch, A./Weller I. (2005): Gemeinsame Produktnutzung – ökologisch sinnvoll?, in: Bonas, I./ Büttner, T./Leeb, A./Piek, M./ Schumacher, U./Schwarz, C./Tisch A. (Hrsg.), Gemeinschaftsnutzungsstrategien für eine lokale nachhaltige Entwicklung. München, S. 145-164.

Tukker, A., Jansen, B. (2006): Environmental Impacts of Products. A Detailed Review of Studies. Journal of Industrial Ecology, Vol. 10,3, S. 159-182.

Tukker, A./Sto, E./Vezzoli, C. (2008): The governance and practice of change of sustainable consumption and production. Journal of Cleaner Production, Vol. 16, 11, S. 1143-1145.

UBA (Umweltbundesamt) (Hrsg.) (2002): Nachhaltige Konsummuster. Ein neues umweltpolitisches Handlungsfeld als Herausforderung für die Umweltkommunikation. Berlin.

Vringer, K. (2005): Analysis of the energy requirement for household consumption, Utrecht.

Weller, I./Hayn, D./Schultz, I. (2002): Geschlechterverhältnisse, nachhaltige Konsummuster und Umweltbelastungen, in: Balzer, I./Wächter, M. (Hrsg.): Sozial-ökologische Forschung. Ergebnisse der Sondierungsprojekte aus dem BMBF-Förderschwerpunkt, München, S. 431–452.

Weller, I./Buchholz, K./von Rüth, P. (2007): Neue Nutzungsstrategien im Alltag(stest): Wege zu nachhaltigem Konsum?, in: Rabelt, V./Simon, K. H./Weller, I./Heimerl, A. (Hrsg.), nachhaltiger_nutzen: Möglichkeiten und Grenzen neuer Nutzungsstrategien, München, S. 88-103.

Weller, I. (2008): Konsum im Wandel in Richtung Nachhaltigkeit? Forschungsstand und Perspektiven. In: Lange, H. (Hrsg.), Nachhaltigkeit als radikaler Wandel. Die Quadratur des Kreises?, Wiesbaden, S. 43-70.

Wiegmann, K., Eberle, U., Fritsche, U. R., Hünecke, K. (2005): Umweltauswirkungen von Ernährung – Stoffstromanalysen und Szenarien, verfügbar unter: http://www.ernaehrungswende.de/fr_ver.html.

Teil II:
Ausgewählte Managementaspekte einer Industrial Ecology

7 Anforderungen an nachhaltige Gewerbegebiete

Michael von Hauff

7.1 Einführung in die Nachhaltige Entwicklung

Die Völkergemeinschaft hat sich auf der Konferenz der United Nations Conference on Environment and Development (UNCTAD) in Rio de Janeiro im Jahr 1992 zu dem Leitbild der Nachhaltigen Entwicklung verpflichtet. Es waren 178 Nationen die sich zur Nachhaltigen Entwicklung als Leitbild des 21. Jahrhunderts bekannten. Die Weltkonferenz, aber auch die Folgekonferenz im Jahr 2002 in Johannesburg führte dazu, dass dieses Leitbild international eine große Popularität und eine wachsende Gestaltungsorientierung erfahren hat. Besondere Beachtung erfuhr die Agenda 21 als handlungsleitendes Programm. Das Programm besteht aus einer Vielzahl von Zielen und Maßnahmen die für die Träger Nachhaltiger Entwicklung eine klare Richtung vorgeben. In der Folge wurden Ansätze bzw. Konzepte entwickelt, die versuchen die Forderungen der Agenda 21 in Politik, Gesellschaft und Wirtschaft zu integrieren (v. Hauff, Kleine 2009, S. 11). Besondere Bekanntheit haben die zahlreichen Aktivitäten von Kommunen zur lokalen Agenda 21 erfahren. Aber auch auf nationaler und internationaler Ebene entstanden handlungsorientierte Ansätze wie beispielsweise die nationalen Nachhaltigkeitsstrategien. Als weitere Träger Nachhaltiger Entwicklung werden in der Agenda 21 auch Unternehmen genannt. Gewerbegebiete wurden jedoch bisher als potenzielle Träger nicht erkannt, obwohl sie – wie in diesem Beitrag gezeigt wird – einen großen Beitrag zur Nachhaltigen Entwicklung leisten können, d.h. vielfach einen größeren Beitrag als einzelne Unternehmen zu leisten vermögen.

Nachhaltige Gewerbegebiete haben in dem Konzept des Eco-Industrial Park einen Vorläufer. Eco-Industrial Parks basieren jedoch nur auf der ökologischen Nachhaltigkeit (Wilderer 2002). Ein nachhaltiges Gewerbegebiet basiert auf dem Leitbild Nachhaltiger Entwicklung, das über die ökologische Nachhaltigkeit hinausgeht. Es geht von den drei Dimensionen Ökologie, Ökonomie und Soziales aus, wobei alle drei Dimensionen idealtypisch gleichrangig sind bzw. die gleiche Bedeutung haben. Daher sind bei dem Konzept eines nachhaltigen Gewerbegebietes die beiden anderen Dimensionen explizit mit einzubeziehen. Während das Leitbild Nachhaltiger Entwicklung – wie schon erwähnt – sowohl auf globaler, nationaler, regionaler, kommunaler aber auch auf einzelwirtschaftlicher Ebene zunehmend Beachtung findet und in Form von konkreten Konzepten bzw. Strategien umgesetzt wird, findet es bei Industrie- bzw. Gewerbegebieten erst in neuerer Zeit zunehmend Interesse. Die Entwicklung eines Konzepts für ein nachhaltiges Gewerbegebiet ist somit noch Neuland.

In dem folgenden Abschnitt geht es zunächst um die theoretische Fundierung des Konzepts eines nachhaltigen Industrie-/Gewerbegebietes. Dabei werden besonders die drei

Dimensionen inhaltlich begründet. In Abschnitt drei wird dann im Rahmen einer Fallstudie die Planung eines nachhaltigen Gewerbegebietes vorgestellt. Anschließend werden die Erkenntnisse in das neue Konzept des integrierenden Nachhaltigkeitsdreiecks eingeführt, das eine bessere Systematisierung ermöglicht. In Abschnitt vier werden die wichtigsten Erkenntnisse zusammen geführt.

7.2   Theoretische Begründung eines nachhaltigen Gewerbegebietes

Es gilt nun zu klären, welche Anforderungen das Leitbild Nachhaltige Entwicklung an das Konzept eines nachhaltigen Gewerbegebietes stellt. Ein erster Schritt hierzu ist, die drei Dimensionen Nachhaltiger Entwicklung inhaltlich abzugrenzen (v. Hauff, Kleine 2009):

■ Ökologische Nachhaltigkeit: Die Nutzung der Umwelt hat schon in vielfältiger Weise das Niveau der Übernutzung erreicht. Dabei kommt dem Industriesektor und der industriellen Produktion insgesamt aber auch einzelnen Gewerbegebieten hinsichtlich einer Reduktion der Übernutzung der Umwelt eine große Bedeutung zu. Das betrifft sowohl die Produktion als auch die Nutzung bzw. den Konsum industrieller Produkte. Gleiches gilt aber auch für die Erstellung von bestimmten Dienstleistungen wie z.B. für Transporte, die in ihrer Wirkung auch nicht umweltneutral sind. Hier setzt die ökologische Nachhaltigkeit an: Die ökologische Nachhaltigkeit zielt auf die Erhaltung der ökologischen Systeme bzw. des ökologischen Kapitalstocks ab. Die Notwendigkeit begründet sich daraus, dass das ökologische System die Lebensgrundlage (life support system) aller menschlichen Aktivitäten bildet. Die Umwelt bzw. das ökologische System dient einerseits als Aufnahmemedium (Senke) anthropogener Emissionen und andererseits als Quelle natürlicher Ressourcen, die den Menschen direkten oder indirekten Nutzen stiften.

Beispiel: Ein wichtiges Handlungsfeld in einem Gewerbegebiet ist die Energieversorgung. Bisher kommt es in einem Gewerbegebiet in der Regel zu einer Energienachfrage der einzelnen Unternehmen. Ein übergreifendes Energiekonzept für das gesamte Gewerbegebiet ermöglicht jedoch vielfältige Alternativen. Entscheiden sich beispielsweise die Unternehmen in einem Gewerbegebiet für ein gemeinsames Energiekonzept, so können regenerative Energieträger zum „Zuge kommen", da hier eine ganz andere Kostenstruktur entsteht als bei einer einzelwirtschaftlichen Energieversorgung. Kommt es also zu ökologisch als auch ökonomisch positiven Effekten spricht man von Ökoeffizienz.

Die Weiterentwicklung zu einem nachhaltigen Gewerbegebiet erfordert nun entsprechend dem Leitbild Nachhaltiger Entwicklung die gleichrangige Berücksichtigung der beiden anderen Dimensionen. Daher ist es notwendig, die beiden Dimensionen Ökonomie und Soziales inhaltlich zu konkretisieren. Analog zur Ökologischen Nachhaltigkeit spricht man hier von der Ökonomischen und Sozialen Nachhaltigkeit.

■ Ökonomische Nachhaltigkeit: Einen Zugang zur ökonomischen Nachhaltigkeit vermittelt die Wohlfahrtsökonomie. In der neoklassischen Wohlfahrtsökonomie geht es um die Maximierung des materiellen Wohlstandes des Individuums (pro-Kopf-Einkommen). Hiervon abzugrenzen ist der gesellschaftspolitische Wohlfahrtsbegriff der weit darüber hinausgeht, indem er neben der quantitativen Dimension der materiellen Ausstattung der Individuen oder einer Gesellschaft auch die subjektiv bewertete Lebenslage (Lebensqualität) einbezieht. Somit werden die materiellen Dimensionen wie Arbeit, Einkommen und Konsum durch immaterielle Dimensionen wie Freiheit, soziale Gerechtigkeit und sozialer Konsens ergänzt (Feser 2008). Dieser erweiterte Wohlfahrtsbegriff geht entsprechend über den Indikator Sozialprodukt bzw. pro-Kopf Einkommen hinaus. Zur Messung der Lebenslage eignet sich z.B. der Index of Sustainable Economic Welfare (ISEW) (Cobb 1989, S. 401).

Beispiel: Ein wichtiges Handlungsfeld im Rahmen von Nachhaltigen Gewerbegebieten ist eine effiziente bzw. nachhaltige Verkehrsinfrastruktur bzw. Verkehrsanbindung des Gewerbeparks. Das gilt sowohl für eine nachhaltige Verkehrsanbindung des Güterverkehrs (Anlieferung und Abtransport von Gütern) als auch für die Verkehrsanbindung der Mitarbeiterinnen und Mitarbeiter des Gewerbegebietes. Dabei geht es primär um die Reduzierung von Fahrten und Fahrzeiten, was sowohl für den Güterverkehr als auch für Arbeitnehmer zu Kosteneinsparungen führt. Dies wirkt sich somit sowohl auf den Ertrag als auch auf das rale Einkommen der Beschäftigten aus.

■ Soziale Nachhaltigkeit: Zusätzlich zu der ökologischen und ökonomischen Nachhaltigkeit besteht die Forderung nach sozialer Nachhaltigkeit. Hierbei geht es um die Erhaltung des sozialen Kapitals. Coleman, Bourdieu und Putnam verstehen unter sozialem Kapital die Sozialstruktur einer Gesellschaft (Haug 1997). Einen neuen Zugang zur Sozialen Nachhaltigkeit bietet die Neue Institutionenökonomie (v. Hauff, Schiffer 2010). In Analogie zum Sachkapital als auch zum ökologischen Kapital geht es darum, dass der einzelne Bürger als auch die Gemeinschaft einen Nutzen aus dem sozialen Kapital erzielt. Somit stellt sich die Frage, wie das soziale Kapital erhalten werden kann und wie zukünftige Generationen von seinem heutigen Bestand profitieren können. Dabei ist zu berücksichtigen, dass sich soziales Kapital nicht im Besitz eines Individuums befindet, sondern sich nur in dem Besitz eines sozialen Netzes oder der gesamten Gesellschaft befinden kann. Da die Übertragung des sozialen Kapitals von einer Gesellschaft auf die nächste Generation nur sehr begrenzt möglich ist, muss sich jede Generation ihr soziales Kapital weitgehend selbst aufbauen.

Beispiel: Entsprechend zur Sozialstruktur einer Gesellschaft stellt sich in diesem Kontext die Frage nach der Sozialstruktur eines Gewerbegebietes. Zunächst erscheint ein abgestimmtes Management aller Unternehmen des Gewerbegebietes notwendig zu sein. Daraus begründet sich dann nicht nur ein unternehmensspezifisches sondern auch ein Gewerbegebiet orientiertes Identitätsgefühl aller Mitarbeiterinnen und Mitarbeiter. Das ist für den Abstimmungsprozess zwischen den Unternehmen im Gewerbegebiet aber auch zwischen Gewerbegebiet, Kommune und Bürgerinnen und Bürgern von großer Bedeutung. Als weitere Handlungsfelder sind Humanisierungsmaßnahmen, Fortbildungsmaßnahmen und Freizeitangebote im Gewerbegebiet zu nennen. In diesem Kontext spricht man auch von Auf- und Ausbau immaterieller Ressourcen.

Darüber hinaus gibt es Handlungsfelder, die zu einer Verbesserung der sozialen Lebenslage der Mitarbeiterinnen und Mitarbeiter beitragen können. Ein Handlungsfeld ist beispielsweise die Mitarbeiter orientierte Kinderbetreuung. Findet die Kinderbetreuung im Gewerbegebiet statt, erleichtert das die Vereinbarkeit von Beruf und Familie in hohem Maße und trägt gleichzeitig zu einer Entspannung der Eltern bei. Dies erhöht gleichzeitig die Produktivität der betroffenen Eltern. Es ermöglicht auch bisher nicht erwerbstätigen Frauen in das Berufsleben zurück zu kehren, was sowohl den betroffenen Frauen aber – unter Berücksichtigung der demografischen Entwicklung – auch den Unternehmen in dem Gewerbegebiet nützlich ist. Darüberhinaus reduziert es anfallende Fahrten der Eltern zu außerhalb liegenden Betreuungseinrichtungen bzw. zu privaten Betreuern und führt dadurch zu erheblichen Einspareffekten bei den Emissionen, die durch den Berufsverkehr verursacht werden. Auch die Verknüpfung von Wohnen und Arbeiten in einem möglicherweise dafür geeigneten Gewerbegebiet ist eine Maßnahme zur Reduzierung von umweltschädigendem Verhalten.

Die inhaltliche Abgrenzung der drei Dimensionen bzw. der drei Kapitalarten gibt jedoch noch keine Auskunft über deren Beziehung zueinander. Sie wurde in der Abgrenzung der drei Dimensionen nur exemplarisch aufgezeigt. Weiterhin stellt sich die Frage nach der optimalen Bewirtschaftung der drei Kapitalarten, die zu einem Optimum menschlichen Wohlergehens führen soll. Daher ist es wichtig die Komplementarität der Kapitalarten zu analysieren und aufzuzeigen. Auffällig in diesem Zusammenhang ist, dass die Beziehung zwischen ökologischem und ökonomischem Kapital in der Literatur schon umfassend behandelt wird. Dagegen wurde die Bedeutung des sozialen Kapitals für die anderen Kapitalarten in der ökonomischen Literatur lange vernachlässigt.

7.3   Fallbeispiel: Entwicklung eines nachhaltigen Gewerbegebietes

Im vorliegenden Fall handelt es sich um die Weiterentwicklung eines Industriegebietes in Nordrhein-Westfalen, das im Rahmen eines Modellprojektes eine Nachhaltigkeitsstrategie entwickelt und umsetzt. Bereits im Jahre 2002 begann das Düsseldorfer Umweltministerium, MUNLV, im Rahmen der Agenda 2010 mit der Entwicklung eines „Ökologischen Gewerbegebietes" (Wolf 2004). Hier ging es vornehmlich um die Entwicklung eines neuen Gewerbe-Standortes nach ökologischen, ökonomischen und sozialen Kriterien in der Gemeinde Kürten, NRW (Wolf 2003). Die Entwicklung wurde auch auf Altstandorte in NRW ausgeweitet. Den acht Industriegebieten in NRW, die sich an dem Modellprojekt beteiligten, wurde am 11.4.06 das Label „Eco Industrial Park" verliehen. Träger der Entwicklung waren hier die Kommunen und die Unternehmen in den Industriegebieten. Für die Umsetzung wurden im MUNLV Kriterien entwickelt, deren Einhaltung die Kommunen in einer „Bürgermeistererklärung" vereinbarten (Wolf 2007, S. 255).

Einer der Industriestandorte ist das Industriegebiet „Am Kruppwald/An der Knippen-burg" in Bottrop/NRW. Das Industriegebiet besteht seit den 60-er Jahren, hat eine Fläche von 120 ha, ist voll besiedelt, mit ca. 25 großen Unternehmen sowie vielen kleinen und mittleren Unternehmen. Alle großen Unternehmen haben bereits ein Umweltmanage-mentsystem eingeführt und/oder nahmen bereits am „Ökoprofit"-System des Landes NRW teil. Trotz der hohen, integrierten Umweltstandards haben sich die Unternehmen der weiterführenden Aufgabe der Entwicklung ihres Industriegebietes zu einem „Nach-haltigen Industriegebiet" gestellt (Wolf 2007, S. 259 ff). Unter Beteiligung der Kommune gründete sich eine Interessengemeinschaft aus den 25 größten Unternehmen vor Ort, die bei regelmäßigen Treffen ihre Nachhaltigkeitsstrategie entwickeln.

Leitidee ist die Verantwortung für die Zukunft, die die Unternehmen bewusst wahrneh-men wollen. Erstaunlicherweise handelt es sich größtenteils um am Standort alt eingeses-sene Unternehmen mit hoher wirtschaftlicher Erfahrung und sehr erfolgreicher Unter-nehmensführung. Bei Beginn des Projektes wurde schon deutlich, dass dabei viele Ent-scheidungen auf den ersten Blick im üblichen Sinne „unwirtschaftlich" und entgegen ihrer bisherigen Verhaltensweisen getroffen werden müssen. Das erfordert starke Partner, viel Offenheit, Wissen über Zusammenhänge, Überzeugungskraft und persönliche Integrität, die Entwicklung eines individuellen Nachhaltigkeitsmanagements und eines funktionie-renden Netzwerkes.

Hier die Übersicht der Ziele, durch die die Unternehmen die Nachhaltige Entwicklung an-streben (v. Hauff, Wolf 2008, S. 202):

7.3.1   Entwicklung eines nachhaltigen Gebietsmanagements

■ Ziel: Prüfung aller Entscheidungen auf Nachhaltigkeit

■ Maßnahmen: Gründung einer Interessengemeinschaft, Entwicklung von Ko-
                                 operationen in gewerbegebietstypischen Entscheidungsfeldern
                                 (Bewachung, Einkaufsgemeinschaft, Abfallentsorgung, gemein-
                                 same Nutzung des Bahnanschlusses usw.), Entwicklung von be-
                                 trieblichen Synergien sowie horizontalen oder vertikalen Netz-
                                 werken z.B. Unternehmen gleicher oder verschiedener Produk-
                                 tionsstufen eines Produktes, Nutzung von Non-Product-
                                 Output, Nutzung von Prozesswässern und Abwärme des
                                 Nachbarbetriebes, gemeinsame Nutzung von Fuhrpark, Lager-
                                 stätten, Logistik usw.

7.3.2   Entwicklung eines nachhaltigen Wassermanagements

■ Ziele: Reduktion des Wasserverbrauchs, Sicherung der Grundwasser-
                                 qualität, Vermeidung von Abwasseremissionen

■ Maßnahmen: Senkung des Gesamtwasserverbrauchs, Brauchwassernutzung,
                        Vermeidung und Klärung von Schmutzwasser, ökologische
                        Maßnahmen der Abwasserbeseitigung, produktionsintegrierte
                        Umweltschutzmaßnahmen, Regenwasserbewirtschaftung in
                        Form von Versickerung, Entsiegelung, Einleitung, Dachbegrü -
                        nung oder Nutzung zur Kostenreduzierung (Gebühren) und
                        Regulierung des Wasserhaushaltes.

7.3.3   Entwicklung eines nachhaltigen Abfallmanagements

■ Ziele: Verringerung der Abfallmengen durch Vermeidung von Abfall
                        vor Verwertung und vor umweltgerechter Entsorgung

■ Maßnahmen: Senkung der Entsorgungskosten durch Nutzung von Synergien,
                        Erstellung einer Abfallbilanz und eines Abfallwirtschaftskon-
                        zepts, quantitative Abfallvermeidung durch Verringerung der
                        eingesetzten Masse, Erhöhung der Gebrauchsdauer, Reduktion
                        der verwendeten Stoffe, qualitative Abfallvermeidung durch
                        Vermeidung von giftigen Stoffen, Vermeidung von Stoffver-
                        bünden, Abfallverwertung-Trennung-Recycling statt Entsor-
                        gung.

7.3.4   Entwicklung eines Energiekonzeptes

■ Ziele: Reduktion des Energieverbrauchs und der CO_2-Emissionen

■ Maßnahmen: Einführung von Energiemanagementsystemen, energieeffizien-
                        tes Wirtschaften und Produzieren (Rationelle Energieumwand-
                        lung, Vermeidung von Leitungsverlusten, Einsatz von effizien-
                        ter und sparsamer Gebäudetechnik) Senkung des Elektrizitäts -
                        bedarfs, Senkung des Heizwärmebedarfs, (Energiesparmaß-
                        nahmen an bestehenden Gebäuden, Nutzung von Abwärme),
                        Bau eines BHKW's zur Versorgung des Gebietes mit Strom und
                        Wärme, Reduktion des Kraftstoffeinsatzes, Umstellung auf al-
                        ternative Kraftstoffe, Nutzung regenerativer Energien (Biogas,
                        Erdwärme und Solarenergie).

7.3.5   Entwicklung nachhaltiger städtebaulicher Strukturen

■ Ziele: Städtebauliche Qualität und Wahrnehmung verbessern

■ Maßnahmen: Corporate Design für das Gesamtgebiet, Schaffung eines quali-
                        tativen Umfeldes, attraktive Straßenraumgestaltung Nachhalti-

ge Baukonzepte für Um-, An- und Neubauten bauliche Verdichtung , Einsatz ökologischer Baustoffe.

7.3.6 Entwicklung einer nachhaltigen Verkehrsnutzung

■ Ziele: Reduktion des Verkehrsaufkommens und der Belastungen durch den Verkehr

■ Maßnahmen: Direkte Anbindung an die Autobahn (Verkehrsverringerung), Kombination von Anlieferung und Abtransport im Gebiet (Verkehrsverringerung), Reduzierung der Verkehrsflächen, Nutzung des Bahnanschlusses, ÖPNV-Anbindung auf Betriebszei - ten auslegen, Ordnung des ruhenden Verkehrs, Anschluss an Radwegeverbindungen, Reduktion des Kraftstoffeinsatzes, Umstellung auf alternative Kraftstoffe.

7.3.7 Entwicklung eines sozialen Konzeptes

■ Ziele: Flexibilisierung der Arbeitszeiten, Qualifizierung, Erhöhung der Arbeitszufriedenheit

■ Maßnahmen: Individuelle Kinderbetreuung (24-Std-Betreuung, 0-14 Jahre, Krankenstation, Hausaufgabenbetreuung), Ausbildungskooperationen, Durchführung von Praktika, Werksunterricht, Austausch von Auszubildenden, Zusammenarbeit mit Schulen, Gesundheitsangebote, Betriebssport, Einrichten eines Mittagstisches in Werkskantine.

An den dargestellten Inhalten fällt besonders auf, dass es sich um eine umfassende, gleichrangige Sicht auf ökologische, ökonomische und soziale Inhalte handelt, die hier erstmalig für ein Industriegebiet formuliert wurden. Anders als bei den „Eco Industrial Parks", die vor allem die klassischen ökologischen Inhalte in ihrem Konzept berücksichtigen (z.B. Energie- und Material-Effizienz, Abfall- und Wassermanagement, Stoffstrommanagement, Kreislaufwirtschaft), werden hier auch bisher in der Industriegebietsentwicklung eher marginale

ökologische Maßnahmen wie z.B. Regenwasserbewirtschaftung, Dachbegrünung, Nutzung regenerativer Energien, Umstellung auf alternative Kraftstoffe, Ökologische Baukonzepte, Reduzierung der Versiegelungsflächen, oder

soziale Maßnahmen wie z. B. Flexibilisierung von Arbeitszeiten, Erhöhung der Arbeitszufriedenheit, Kinderbetreuung, Ausbildungskooperationen, Gesundheitsangebote, Restauration als wichtige Parameter eines Nachhaltigen Industrie-/Gewerbegebietes betrachtet und entwickelt.

Darüberhinaus ist darauf hinzuweisen, dass eine Reihe von Maßnahmen eine zentrale ökonomische Relevanz und/oder gleichzeitig soziale und ökologische Relevanz beinhalten: z.B. Erhöhung der Material- und Ressourceneffizienz, Betrachtung des Lebenszyklus von Produkten und Dienstleistungen, energetische Sanierung von Gebäuden, Entwicklung von Kooperationen und Synergien, Verbesserung der städtebaulichen Qualität des Gebietes, Schaffung eines qualitätsvollen Umfeldes, bauliche Verdichtung des Gebietes, ökologische (und damit wirtschaftliche) Gebiets-Erschließung, Einsatz effizienter Gebäudetechnik, Vermeidung von Abwasseremissionen, Ausbildungskooperationen, Einrichten eines betriebsübergreifenden Mittagstisches usw.

Abbildung 7.1   Das Integrierende Nachhaltigkeitsdreieck und seine Felder
(in Anlehnung an v. Hauff, Kleine 2005)

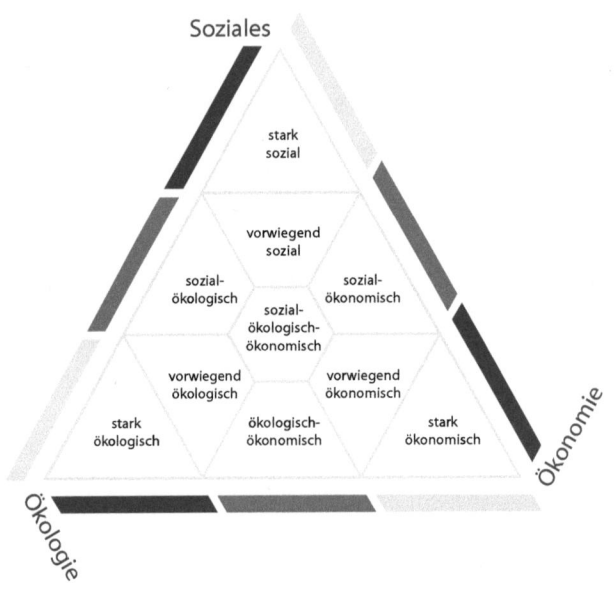

Schaut man darüberhinaus ins Detail, so wird schnell deutlich, dass alle diese Aspekte einer nachhaltigen Entwicklung einen erheblichen Einfluss auf den Klimaschutz und die Umweltqualität haben: Nicht nur die klassischen Maßnahmen zur Material- und Energieeffizienz senken den CO_2-Ausstoß, sondern z.B. ebenfalls die Einrichtung von Radwegeverbindungen, die Verwendung ökologischer Baustoffe, die Reduktion des Abwasseraufkommens, die Kinderbetreuung vor Ort, die mögliche Nutzung einer Arztpraxis im Gebiet, eine gemeinsame Kantine (so dass die Mitarbeiter und Mitarbeiterinnen nicht weite Wege zum Mittagstisch fahren müssen) genauso wie eine systematische Anbindung des Gebietes an den ÖPNV – der auch alle Schichtzeiten abdeckt.

Das Zusammenwirken lässt sich mit einer Systematisierungsmethode synoptisch darstellen (Kleine, v. Hauff 2005): Das Integrierende Nachhaltigkeitsdreieck.

Dieses neue methodische Vorgehen zur Systematisierung von Nachhaltigkeitszielen soll im Folgenden die Weiterentwicklung der bislang festgelegten Ziele unterstützen. Eine mögliche Einordnung der sieben thematischen Zielfelder in das Zusammenwirken der drei Dimensionen findet sich in (Kleine und von Hauff 2008). Die sieben Bereiche können im integrierenden Nachhaltigkeitsdreieck noch weiter in Handlungsfelder untergliedert werden, so wie sie im Rahmen der einzelnen Bereiche genannt wurden.

Es wird deutlich, dass

■ die bisher verfolgten Ziele vorwiegend produktions- und prozessorientierte Aspekte eines Umweltmanagements (Wasser, Abfall, Energie) umfassen,

■ die Gestaltung städtebaulicher Strukturen und der Verkehrsnutzung ebenfalls eine starke Umweltorientierung aufweist,

■ originär ökonomische Aspekte bislang nicht eigens formuliert wurden sowie

■ eine gewisse, mitarbeiterbezogene Ergänzung durch das soziale Konzept besteht.

Abbildung 7.2 Einordnung der Zielfelder in das Integrierende Nachhaltigkeitsdreieck, (Methodische Grundlage von v. Hauff, Kleine 2005)

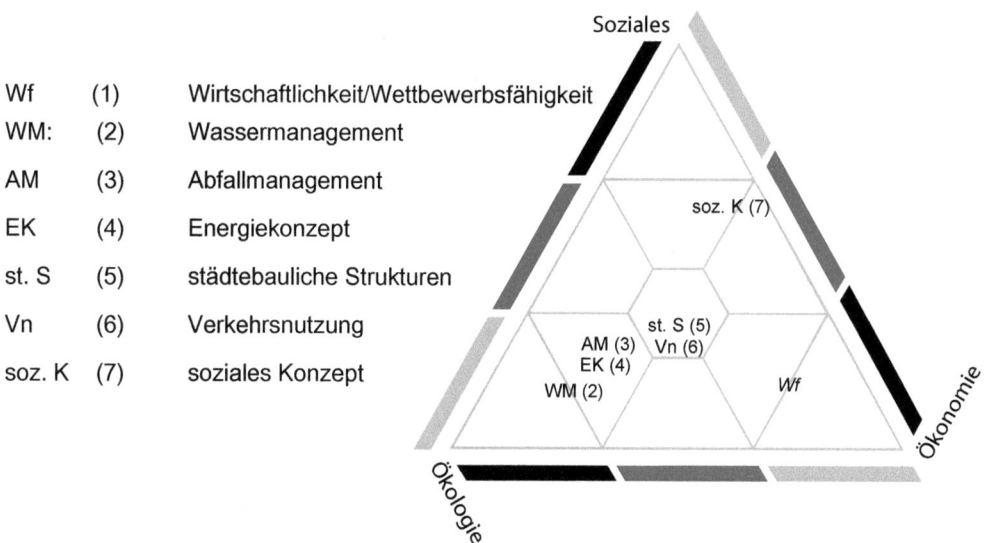

Wf	(1)	Wirtschaftlichkeit/Wettbewerbsfähigkeit
WM:	(2)	Wassermanagement
AM	(3)	Abfallmanagement
EK	(4)	Energiekonzept
st. S	(5)	städtebauliche Strukturen
Vn	(6)	Verkehrsnutzung
soz. K	(7)	soziales Konzept

Aus diesen Erkenntnissen heraus sind v.a. die ökonomischen Vorteile eines an Nachhaltigkeit abgestimmten Gewerbepark-Konzeptes weiter auszubauen. Dabei weist Lowe explizit darauf hin, dass ein Industriepark bzw. Gewerbegebiet als Gemeinschaft von Produktions- und Dienstleistungsunternehmen durch die Zusammenarbeit eine bessere Umwelt- und Wirtschaftsleistung bei der Bewirtschaftung von stofflichen Ressourcen, Energie, Wasser und Materialien anstreben (Lowe 1998), was in dem bisherigen Konzept schon relativ weit entwickelt ist.

Dies unterstreicht die Notwendigkeit, dass die Nachhaltige Entwicklung durchgängiger Bestandteil des Gesamtkonzeptes sein und besonders mit den ökonomischen Zielen der Akteure im Gewerbepark harmonieren soll. Der Gewerbepark kann beispielsweise zur Steigerung der Wettbewerbsfähigkeit als originär betriebliche Zielsetzung beitragen (in der Abbildung durch „Wf" gekennzeichnet). Zu diesem ökonomischen Ziel gehören beispielsweise die Kosten senkenden Effekte von Einkaufsgemeinschaften für Verbrauchsgüter wie Strom und Wasser oder gemeinsame Produktionskapazitäten (höhere Auslastung von Maschinen) oder Verwaltungstätigkeiten. Zusammenfassend lässt sich feststellen, dass es in diesem Kontext kaum sozial-ökologische Handlungsbereiche gibt, da sie für Unternehmen bzw. Gewerbegebiete kaum relevant sind.

Nachhaltiges Gebietsmanagement umfasst die Gestaltung von Zusammenarbeit und Entscheidungsstrukturen. Diese institutionellen Aspekte sind einer Querschnittsdimension außerhalb des Dreiecks zuzuordnen.

7.4   Fazit

Das Thema der nachhaltigen Industrie- bzw. Gewerbegebiete ist in Deutschland aber auch international noch weitgehend Neuland. Die Konkretisierung sowohl der Begründung als auch der praktischen Umsetzung eines nachhaltigen Gewerbegebiets erfolgte im Rahmen eines interdisziplinären Forschungsprojektes, an dem fünf deutsche Hochschuleinrichtungen beteiligt waren. Die Projektkoordination war an der Technischen Universität Kaiserslautern angesiedelt. Daher wurden in diesem Beitrag Erkenntnisse aus diesem Forschungsprojekt vorgestellt. Dabei gilt natürlich zu berücksichtigen, dass die konzeptionelle Ausgestaltung noch am Anfang steht und dieser Beitrag nur erste Erkenntnisse aus dem Forschungsprojekt aufzeigt. Es ist jedoch hervorzuheben, dass viele Gewerbegebiete sowohl ein großes Potenzial als auch ein großes Interesse an diesem Forschungsansatz haben. Insofern ist zu erwarten, dass dieser Forschungsansatz in Zukunft weitere Verbreitung erfährt.

Literatur

Cobb, C.W. (1989): The Index of Sustainable Economic Welfare, in: Daly, H.E./Cobb, J.B. (Hrsg), For the Common Good – redirecting the economy toward community, the environment, and a sustainable future, Boston, S. 401-457.

Feser, H.-D. (2008): Nachhaltiger Wohlfahrtsstart?, in: v. Hauff, M./Lingnau, V./Zink, K.J. (Hrsg.), Nachhaltiges Wirtschaften, Baden-Baden, S. 1-22.

Haug, S. (1997): Soziales Kapital. Ein kritischer Rückblick über den aktuellen Forschungsstand, Arbeitspapiere des Arbeitsbereiches II ,15. Mannheimer Zentrum für Europäische Sozialforschung, Mannheim.

v. Hauff, M./Kleine, A. (2005): Methodischer Ansatz zur Systematisierung von Handlungsfeldern und Indikatoren einer Nachhaltigkeitsstrategie – Das Integrierende Nachhaltigkeits-Dreieck; Volkswirtschaftliche Diskussionsbeiträge an der Universität Kaiserslautern, Nr. 19-05, verfügbar unter: http://kluedo.ub.uni-kl.de/volltexte/2005/1802/.

v. Hauff, M./Kleine, A. (2009): Nachhaltige Entwicklung – Grundlagen und Umsetzung, München.

v. Hauff, M./Schiffer, H. (2010): Soziale Nachhaltigkeit im Kontext der neuen Insitutionsökonomik, Volkswirtschaftliche Diskussionsbeiträge der Technischen Universität Kaiserslautern, Vol. 30-10, Kaiserslautern.

Kleine, A./v. Hauff, M. (2008): Sustainability-driven Implementation of Corporate Social Responsibility – Application of the Integrative Sustainability Triangle. Journal for Business Ethics.

Lowe, E. A. (1998): Regional Resource Recovery and Eco-Industrial Parks – An Integrated Strategy, in: Strebel, H., Schwarz, E. (Hrsg.), Kreislauforientierte Unternehmenskooperationen: Stoffstrommanagement durch innovative Verwertungsnetze. München/Wien/Oldenbourg, S. 27-58.

Wilderer, M.Z. (2002): Economic Growth, Environment and Development, Delhi.

Wolf, V. (2004): Nachhaltige Gewerbeflächenentwicklung. Ein Modellprojekt in NRW, Ministerium für Umwelt und Naturschutz, Landwirtschaft und Verbraucherschutz des Landes Nordrhein-Westfalen, Düsseldorf, abrufbar unter: www.munlv.nrw.de.

Wolf, V. (2005): Eco Industrial Parks, A Pilot Project in North Rhine-Westphalia, Ministry of the Environment, Conservation, Agriculture and Consumer Protection of the State of North Rhine-Westphalia.

Wolf, V. (2007): Modellprojekt Nachhaltige Gewerbeflächenentwicklung in NRW, in: Isenmann, R./v. Hauff, M. (Hrsg.), Industrial Ecology: Mit Ökologie zukunftsorientiert wirtschaften, Heidelberg, S. 251-264.

8 Zero Emissions

Hans Schnitzer

8.1 Einführung

Der Schutz unserer Umwelt vor Emissionen aus menschlichen Aktivitäten hat eine diskontinuierliche Entwicklung hinter sich.

- Es begann mit einem Immissionsschutz im Nahbereich starker Emittenten durch eine Verdünnung der Emissionen und eine Verlängerung der Leitungen (Dilution is the solution to pollution). Die Kamine wurden höher gebaut, die Abwasserleitungen verlängert und die Deponien weiter aus den Siedlungen hinaus verlegt. Hierfür waren weder neue Technologien erforderlich noch Änderungen im System oder im Verhalten.

- Mitte der 80er Jahre begann die Blütezeit des „technischen Umweltschutzes". Die Städte bekamen ihre Abwasserreinigungsanlagen, die Kraftwerke und Industriebetriebe ihre Filter, die Müllentsorgung die Verbrennungsanlagen und das Auto den Katalysator. Diese Technologien bezeichnet man treffend als „End-of-Pipe-Technologien", da sie typischerweise am Ende des Rohres (Abwasserrohr, Kraftwerkskamin, Auspuff,…) installiert wurden. Wiederum war kaum eine Änderung bei den bestehenden Technologien notwendig – die Technologien waren additiv, nachgerüstet und getrennt geplant.
  Diese Maßnahmen waren extrem erfolgreich für den Umweltschutz. Die Qualität der Oberflächengewässer verbesserte sich schnell, wie auch die Luftqualität in Ballungsräumen. Von der Idee her ist dieser Ansatz top-down, also durch Gesetze und Grenzwerte geregelt. Entsprechend hinhaltend war die Reaktion der betroffenen Betriebe. End-of-Pipe-Technologien verursachen im Allgemeinen erhöhte Produktionskosten ohne einen Marktvorteil zu ergeben. Unternehmungen tendierten daher dazu, alle Spielräume auszunutzen und nur das minimal Geforderte zu erfüllen. Umweltauflagen sind auch heute noch ein Argument dafür, Produktionen in Länder mit weniger strengen Vorschriften auszulagern oder zumindest damit zu drohen.
  In dieser Zeit entwickelte sich auch der Gedanke des Recycling und damit die Mülltrennung im privaten und betrieblichen Bereich. Gute Sammelsysteme können mehr als 50% des Mülls in die Recyclingwirtschaft bringen, wo einzelne Fraktionen stofflich wieder- (weiter-?) verwendet oder zumindest einer energetischen Nutzung zugeführt werden. Die Terminologie hier ist leider sehr unklar und von Interessen getrieben („Thermisches Recycling" statt Verbrennung, oft wird eine minderwertige Weiterverwendungen als „Recycling" bezeichnet, Symbole und Logos täuschen eine Kreislaufwirtschaft vor, …).
  Abgesehen von Recycling, brachte der technische Umweltschutz keine Verminderung des Ressourcenverbrauches. Zusätzliche Umweltschutzanlagen erfordern immer zusätzlich Energie, Wasser und andere Betriebsmittel. Für den Endverbraucher vermindert dieser Ansatz oftmals nur das schlechte Gewissen beim Konsum („seit wir einen Katalysator haben, fahren wir wieder jedes Wochenende ins Grüne", „ich kann beliebig

viel konsumieren, da ich den Müll ordentlich trenne und die alten Sachen zur Kleider-
sammlung gebe", ...).

■ Mitte der 90er Jahre begann sich der „Produktionsintegrierte Umweltschutze" (Integrated Pollution Prevention, Waste Minimization, Cleaner Production, Eco-efficiency, ...)
durchzusetzen. Mit diesem Ansatz wollte man Ökologie und Ökonomie vereinigen
und die Unternehmen dazu bringen, „Umweltschutz aus Eigennutz" zu betreiben (z.B.:
Fussler, 1996). Durch eine effizientere bzw. effektivere Ausnutzung der eingesetzten
Ressourcen kam es gleichzeitig zu ökonomische Vorteilen und Emissionsminderungen.
Betriebsintern kam es zu Maßnahmen des „Good Housekeeping", Mitarbeiter wurden
geschult und man begann Emissionen betriebswirtschaftlich zu bewerten (Jasch, 2003).

Einige Fallstudien berichten von einer Verminderung des Einsatzes von Betriebsmitteln
auf 25% des Ausgangswertes – Faktor 4 Technologien. Im Gegensatz zu End-of-Pipe-
Technologien ist beim integrierten Umweltschutz ein Eingriff in den Produktionsprozess erforderlich. Damit ist ein größeres unternehmerisches Risiko verbunden, aber natürlich auch die Chance auf einen Wettbewerbsvorteil durch geringere Produktionskosten. Produktionsintegrierter Umweltschutz berücksichtigt erstmals auch den Energieeinsatz, da er einen Kostenfaktor darstellt, während die Energieprozesse bei der Betrachtung der Umwelt höchstens ein paar Schadstoffe beitrugen.
Der produktionsintegrierte Umweltschutz war die Hereinnahme wirtschaftlicher Überlegungen in den Umweltschutz mit der Erwartung, dass damit unternehmerisches
Handeln zu geringeren Emissionen führt. Gleichzeitig führt er zu einer Verminderung
der Einsatzmengen in einem Produktionsprozess und ist daher ein erster Schritt in
Richtung Dematerialisierung der Wirtschaft.

■ Etliche Jahre später begannen sich einige Unternehmen auch der sozialen Relevanz ihres Tuns bewusst zu werden und stellen mit einer Politik der „Corporate Social
Responsibility" die dritte Säule einer nachhaltigen Wirtschafts- und Gesellschaftsent-
wicklung auf.

Einer der Pioniere der Zero Emissions Bewegung ist Gunter Pauli, der in mehreren Büchern und zahlreichen Vorträgen diese Idee publik machte (Pauli, 1998). Pauli konzentriert
sich vorwiegend auf Projekte im Umfeld der Landwirtschaft.

Eine gemeinsame Vorstudie vom Süddeutschen Institut Augsburg/Deutschland, PanMobi-
le Eisenstadt/Österreich und dem European Focal Point des UNU Zero Emissions Forums
wurde 2005 durchgeführt. Die Studie hatte zum Ziel, innerhalb der Regionalentwicklung
des österreichischen Bundeslandes Burgenland Möglichkeiten einer Implementierung des
Zero Emissions Konzeptes aufzuzeigen. Hauptfokus war die Förderung der regionalen
Wirtschaft durch

■ Bildung von industriellen Clustern und

■ eine umfassende Nutzung natürlicher Ressourcen.

All dies sollte mit einer Verringerung des Verkehrsaufkommens einhergehen. Zur Erreichung dieser Ziele wurde eine Analyse der Stoffströme in der Region durchgeführt; eine
umfassende Studie zeigte internationale Modelle für die Region auf, Best-Practice-Beispiele
und aktuelle Probleme sowie beispielhafte innovative Unternehmen wurden untersucht,
auch hinsichtlich einer Identifikation möglicher Cluster (Varga, 2007). Basierend auf den
Untersuchungsergebnissen wurden Gespräche mit führenden Unternehmen der Region
geführt. Diese haben zu einer Initiierung von einigen Workshops geführt, bei denen nicht
nur die Ergebnisse präsentiert, sondern auch Netzwerke gebildet wurden, um gemeinsam
mögliche Pilotprojekte zur Implementierung von Zero Emissions zu identifizieren.

Die Entwicklung von Zero Emissions Modellen für industrielle Produktionen fand feder-
führend an der TU Graz statt. Im Rahmen der Projekte ZERIA I und II wurden Möglichkeiten der Umsetzung von emissions- und abfallfreien Produktionsverfahren in Österreich
untersucht (Erler, 2000). Zu den bereits erprobten Methoden zählten Cleaner Production,
die Nutzung nachwachsender Rohstoffe und Ecodesign. Auch Ansätze wie Upsizing
(Umwandlung der Emissionen und der im Produktionsprozess ungenutzten Rohstoffe in
Produkte mit hoher Wertschöpfung) oder Integrierte Biogene Systeme (Nutzung biogener
Abfälle und Emissionen zur Erzeugung von Dünger, Tierfutter, Energieträgern, etc.) gehen
in Richtung Null-Emissionsprozesse.

Keine dieser an sich erfolgreichen Strategien ist allein in der Lage das Null-Emissionsziel
zu erreichen. Allerdings verwenden alle die gleichen Werkzeuge (Analyse der wahren
Kosten, Lebenszyklusanalysen, Stoffflussanalysen, Umweltmanagementsysteme) und stehen denselben Hindernissen gegenüber. Daher wurde im Rahmen des Projekts gezielt
nach Möglichkeiten gesucht, einzelne Ansätze zu verbinden und eine Gesamtstrategie zu
erarbeiten.

Ausgangspunkt ist eine vollständige Stoff- und Energiebilanz sowie eine Schwachstellenanalyse des jeweils betrachteten industriellen Prozesses. Bei der Entwicklung von Umsetzungsmöglichkeiten für Null-Emissionsverfahren kann man die Emissionsströme in die
einzelnen Medien gesondert betrachten. Im Rahmen der ZERIA-Projekte wird zwischen
Emissionen in Luft und Wasser, energetischen Emissionen (Abwärme, Lärm) und festen
Abfällen unterschieden. Gefährliche Abfälle und Verbundwerkstoffe werden getrennt betrachtet. Um zu einer übergreifenden Strategie zu gelangen, werden die verschiedenen
Vermeidungs- oder Nutzungsmethoden und Medien in einer Matrix zusammengefasst
und für die so entstehenden Paare (Emission in ein Medium, Methode) Lösungsmöglichkeiten in Richtung Null-Emissionen gesucht, wobei in der Folge unterschiedliche Methoden miteinander kombiniert werden. Nach dem Zero Emissions Konzept kann dabei ein
Emissionsstrom prinzipiell auf zwei Arten eliminiert werden:

- durch die produktionsinterne Vermeidung (Produktionsumstellungen, neue Verfahren, Ersatz von herkömmlichen Rohstoffen durch ungefährliche und nachwachsende
  Rohstoffe, etc.)

- durch interne oder externe Verwertungen (eventuell nach einer geeigneten Aufbereitung).

Aus dieser Betrachtungsweise ergibt sich für jeden Emissionsstrom eine Anzahl möglicher Vorgangsweisen, um in Richtung Zero Emissions zu kommen. Diese „hierarchisch" geordnete Sammlung von Methoden, Anwendungsrichtlinien, Erfahrungswerten und theoretischen Erkenntnissen wird in einem „Entscheidungsbaum" dargestellt. Je nach der tatsächlichen Situation des betrachteten Betriebes ergeben sich mit dieser Checkliste geeignete und weniger geeignete Kombinationen von Methoden. Mit Hilfe dieses Werkzeugs können Potenziale für die Umsetzung emissions- und abfallfreier Produktionsverfahren im einzelnen Betrieb ermittelt werden. Als Beispiele wurden im Rahmen des Projekts Entscheidungsbäume für Prozesswasser und Energie vollständig ausgearbeitet. Basis für die Entwicklung dieses Systems waren die Erfahrungen und speziellen Anforderungen österreichischer Betriebe, die mittels einer Fragebogenaktion erhoben wurden. Dabei zeigte sich ein großes Interesse an emissions- und abfallfreien Verfahren. Prozesswasser und feste Abfälle wurden von den teilnehmenden Betrieben als größte Problemfelder genannt.

Das Projekt ZERIA 3 (Zero Emissions Research in Application) war die Fortführung der beiden Vorgängerprojekte ZERIA (Zero Emissions Research in Austria) und ZERIA 2 (Zero Emissions Research in Austria 2), welche als Ressortforschung des Bundesministerium für Wissenschaft und Verkehr bzw. des Bundesministerium für Verkehr, Innovation und Technologie, des Bundesministeriums für Umwelt, Jugend und Familie und des Wirtschaftsförderungsinstitutes finanziert wurden (Schnitzer, 2007). ZERIA 3 wurde im Rahmen des Impulsprogramms „Nachhaltig Wirtschaften" des BMVIT abgewickelt und umfasste die Bereiche

■ Strategien zur Einführung abfall- und emissionsfreier Produktion

■ Methoden zur Unterstützung der Einführung, und

■ Fallstudien in mehreren Sektoren.

Am Anfang des Projektes standen einige Hypothesen und Erfahrungen, die im Zuge der Arbeiten gestärkt, erweitert oder auch widerlegt wurden. Der „Zero-Emissions"-Ansatz bedient sich zwar grundsätzlich ähnlicher Methoden wie der produktionsintegrierte Umweltschutz, geht aber strategisch einen anderen Weg. Ausgehend von der Beschreibung des „ZERO EMISSONS ENTERPRISE – ZEE" (abfall- und emissionsfreies Unternehmen) als ein ideales Endresultat werden in einer rückwärts gerichteten Analyse Zwischenlösungen erarbeitet, die machbar und wirtschaftlich sind. Hierdurch vermeidet man Sackgassenentwicklungen und Technologien, die keine weitere Ressourceneffizienz oder Emissionsminderung zulassen.

Die Auswertung der Fallstudien sowie der neuen Literatur ergab folgende Erkenntnisse:

■ „Zero Emissions" ist ein neuer ganzheitlicher Ansatz zu einer ressourceneffizienten Wirtschaftsentwicklung. Die Erfahrungen zeigten, dass mittels des Zero Emissions-Ansatzes eine Weiterentwicklung des produktionsintegrierten Umweltschutzes möglich ist, der über die Ökoeffizienzmaßnahmen hinaus reicht. Bezüglich der angewandten Methoden kann auf den Erfahrungen und Vorarbeiten aus den Projekten des produktionsintegrierten Umweltschutzes aufgebaut werden.

- Ein medienbezogener Zugang ist möglich und sinnvoll. Zero Emissions muss nicht als Gesamtprojekt gestartet werden. Medienbezogene Zugänge wie

  - kein Abwasser
  - kein fester Abfall
  - keine Emission von Treibhausgasen

  können weitgehend unabhängig voneinander erarbeitet und umgesetzt werden.

- Diskontinuitäten in der Wirtschaftlichkeitsrechung eröffnen betriebswirtschaftlich neue Perspektiven.

Eine gute Zusammenfassung verschiedener Ansätze zu Zero Emissions stellt die Special Issue „Approaching Zero Emissions" des „Journal of Cleaner Production" (Volume 15 Numbers 13-14, 2007) dar.

8.2   Grundlagen

Um Zero Emissions klar und verständlich definieren zu können, müssen zunächst die beiden Begriffe „Zero – Null" und „Emissions – Emissionen" diskutiert werden. Daraus leitet sich letztlich die Definition von „Zero Emissions" ab.

8.2.1   Was ist eine Emission?

Alle Substanzen, die in einen Produktionsprozess eingebracht werden, verlassen ihn wieder, wenn man kurzzeitige interne Lagerungen (Speicher) außer Betracht lässt (Abb. 8.1).

Abbildung 8.1   Zur Definition der Stoffströme

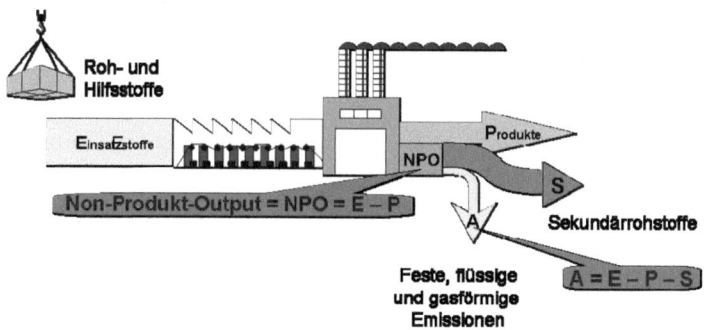

Aus betriebswirtschaftlichen Interessen wird ein möglichst großer Anteil der Einsatzstoffe in Produkte umgewandelt, tatsächlich ist aber oftmals der Non-Product-Output bezüglich seiner Masse größer, wenn auch im Wert geringer. Der NPO kann in Sekundärrohstoffe (Altpapier, Schrott,...) und echte Emissionen aufgeteilt werden. Die Emissionen können sowohl fest (Abfälle), wässrig (Abwässer) oder gasförmig (Luftemissionen) sein. Energetische Emissionen können als Wärmeinhalt oder Heizwert in den stofflichen Emissionen enthalten sein, ohne Masse als abgestrahlte Wärmeenergie auftreten oder – in geringeren Mengen aber mit oftmals großer Wirkung – als Lärm oder Licht anfallen.

Sekundärrohstoffe haben meist einen wirtschaftlichen Wert (Erlöse aus dem Verkauf von Schrott, Altpapier, Holz,…), der jedoch unter den Herstellungskosten liegt. Die Herstellung von NPOs ist niemals Unternehmenszweck.

Die Definition der Emission im Sinne von Zero Emissions ist somit eine wirtschaftliche wie auch stoffliche (Planasch, 2006):

Emissionen sind Material- und Energieströme, die den Betrachtungsraum verlassen und dabei

■ keinen wirtschaftlichen Erlös ergeben, und/oder

■ keiner weiteren stofflichen Verwendung zugeführt werden können.

Stoffe, die in eine einfache Nutzung (z.B. Verbrennung, Kompostierung) gehen werden sehr wohl als Emissionen betrachtet.

8.2.2   Was bedeutet ZERO?

Es gibt vier Möglichkeiten „Null" zu definieren:

■ Absolut Null

■ Analytisch Null

■ Null Beeinflussung der Umwelt (Zero Impact)

■ Null Infrastrukturbedarf

8.2.2.1   Absolut Null

Unter dem Begriff „Absolut Null" versteht man die vollständige Eliminierung von Nicht-Produkt-Strömen über die Systemgrenzen. Dies bedeutet

■ Kein Abwasser

■ Kein fester Abfall

■ Keine gasförmigen Emissionen

■ Keine Energieabstrahlung

Dies ist die härteste, zugleich aber die konkreteste Definition von Null. Die technische Umsetzung ist teilweise mit Technologien, die dem Stand der Technik entsprechen, möglich, jedoch in den meisten Fällen teuer und in der Implementierung aufwendig. Absolut NULL lässt sich nur für einzelne Stoffe erfüllen.

Beispiel für „absolut Null Technologien" sind meist Substitutionstechnologien, wie der vollständige Verzicht auf FCKWs in Reinigungsverfahren oder die Vermeidung von Blei-emissionen aus dem Verkehr durch den totalen Verzicht des Einsatzes dieser Substanz als Benzinzusatz. Auch das Verbot von Asbest ist ein Ansatz, dessen Emissionen auf NULL zu reduzieren.

Es fällt schwer Unternehmen von der Notwendigkeit der kompletten Eliminierung von Stoff- und Energieströmen zu überzeugen, wenn dies mit hohen Kosten verbunden ist. Deshalb erscheint diese Definition nur für Einzelsubstanzen geeignet und beruht praktisch immer auf gesetzlichen Vorschriften und nicht auf den betriebswirtschaftlichen Interessen des Anwenders.

8.2.2.2   Analytisch Null

Um einen Inhaltsstoff in einem Strom zu finden, muss dieser eine Konzentration über-schreiten, die analytisch nachgewiesen werden kann. Wird eine Substanz im Rahmen einer Analyse nicht nachgewiesen, so bedeutet dies nicht, dass sie nicht vorhanden ist, sondern dass die Konzentration unter der Nachweisgrenze liegt. Der Begriff „Analytisch Null" zielt auf diese Tatsache ab und definiert Null als „Nicht nachweisbar".

Ein Problem mit dieser Definition besteht darin, dass durch genauere Messmethoden die Nachweisgrenzen für Substanzen einem ständigen Wandel unterzogen sind. In regelmäßi-gen Zeitabständen werden neue Detektionswege und Messverfahren entwickelt. Um ein Zero Emissions Unternehmen umsetzen bzw. erhalten zu können, müsste die vorhandene Technologie ständig diesem Wandel der Messgenauigkeit angepasst werden, wodurch ho-he Kosten und ein ständiger Anpassungsdruck entstehen. Diese Unsicherheit wird von Unternehmen nicht akzeptiert, wodurch diese Definition schwer umsetzbar erscheint.

Ein anderes Problem besteht darin, dass meist nur das gefunden wird, nach dem gesucht wird. So waren Dioxine kein Problem, und als Emission „nicht vorhanden" – da nicht ge-messen, bevor sich nicht diesbezüglich ein großes Bewusstsein, eine geeignete Analytik und in der Folge eine diesbezügliche Gesetzgebung entwickelte.

8.2.2.3   Zero Impact

Unter Zero Impact versteht man das Eliminieren der negativen Auswirkungen von Stoff- und Energieströmen auf die Umwelt.

Fast alle Substanzen treten in der Umwelt in einer natürlichen – unschädlichen – Konzent-ration auf. Bei der Anwendung von „Zero Impact-Technologien" werden diese natürlichen Schwankungsbreiten ausgenutzt und Unternehmen die Möglichkeit gegeben, Stoff- und Energieströme über ihre Unternehmensgrenze hinaus zu transportieren. Die Konzentrationen der Inhaltsstoffe befinden sich dabei in ihrer Summe und ihrem punktuellen Auftreten stets unter der natürlichen Aufnahmekapazität des Ökosystems.

Diese Definition wird von Unternehmen akzeptiert, da die Sinnhaftigkeit mit der schädlichen Wirkung gewisser Inhaltstoffe auf das Ökosystem leicht erklärt werden kann. Abwasser, das die Qualität des Vorfluters nicht verschlechtert und CO_2-Emissionen aus der energetischen Nutzung nachwachsender Rohstoffe gelten nach dieser Definition nicht als Emissionen[1].

8.2.2.4   Keine Infrastruktur für Emissionen erforderlich

Der Wegfall von Versorgungsinfrastrukturen ist bei der Arbeit mit Unternehmen der anschaulichste Ansatz. Zero waste water äußert sich im Fehlen eines Abwasserkanals und den dazugehörigen Einrichtungen und Bewilligungen. Meist wird das Unternehmen dennoch Wasser benötigen; dieses verlässt das betrachtete Gebiet jedoch nicht, nur in Produkten oder durch Verdunstungsverluste. Einige japansche Unternehmungen, die im Bereich Zero-Waste sehr fortgeschritten sind, definieren Zero-Waste mit „weniger als 1% der die Fabrik verlassenden Stoff gehen auf Deponie oder in eine einfache Verbrennung": **Matsushita Group** considers: "Zero Emissions" to imply a 98% recycling rate or above; **Fujitsu Group** Zero landfill or simple incineration through 100% effective waste utilization.

Betriebswirtschaftlich gesehen gibt diese Definition die größten Anreize, weil Investitionen vermieden werden können (keine Abwasserleitungen, keine Kamine, kein Müllplatz,…). Dieser Ansatz hat auch die größte Symbolwirkung, da der Erfolg der Maßnahmen unmittelbar gesehen werden kann und daher Managern und Politikern am leichtesten kommunizierbar ist.

8.3   Systemebenen für Zero Emissions Ansätze

Resultierend aus dem Vorhergesagten ergibt sich folgende Definition für „Zero Emissions": Stoffströme, welche die definierten Grenzen eines Zero Emissions Systems überschreiten und keine Produkte sind, dürfen keinen negativen Einfluss auf sowohl die ökologische, soziale oder ökonomische Umwelt ausüben. Die Wirkung von Produkten wurde in den bisherigen Fallstudien ausgenommen, da dies in vielen Fällen (Automobilindustrie, Brauereien,…) zu endlosen Diskussionen geführt hätte. Ebenso werden in den meisten berichteten Fallstudien eventuelle „Rücksäcke" (Emissionen in der Vorgeschichte) der eingesetzten Stoffe nicht berücksichtigt. Dies geschieht entweder aus pragmatischen Gründen (Aufwand zu groß, dem Unternehmen nicht zumutbar,…) oder aus der Überlegung her-

---

[1] In Zukunft werden alle Energien aus erneuerbaren Quellen als „solare Energien" bezeichnet und als neutral bezüglich der Klimawirkung behandelt, obwohl im derzeitigen Energiesystem durchaus klimawirksame Emissionen mit der Verwendung erneuerbarer Energien verbunden sind.

aus, dass sich bei einer weiteren Verbreitung des Zero Emissions Ansatzes die Rücksäcke laufend vermindern, bis sie unbedeutend geworden sind.

Die Übertragung eines Stoffstromes auf ein anderes Unternehmen, welches diesen dann entsorgt, wird nicht als Zero Emissions verstanden. Eine derartige Übertragung von Emission erweitert die Systemgrenze, um das andere Unternehmen, und eröffnet ein Netzwerk, dessen Outputströme wiederum der Definition entsprechen müssen.

Zero Emissions können auf verschiedenen Ebenen definiert werden. Diese Ansätze widersprechen sich nicht, sondern sind vielmehr hierarchisch voneinander abhängig. Lösungen auf den unteren Eben ersparen Maßnahme auf den höheren. In vielen Fällen, die in der Literatur beschrieben werden, sind die Systemgrenzen nicht oder nicht klar definiert (Zeroemissions vehicles, zero-emissions power plants, zero-emission fuel cell forklifts, zero-emissions homes, zero-emissions meetings, zero-emissions events,…).

8.3.1   Zero Emissions auf der Ebene Technologien

Emissionen, die auf der Ebene der Technologien vermieden werden brauchen später keine Beachtung mehr zu finden. Ein gutes Beispiel hierfür sind Reinigungstechnologien, wo früher halogenierte Kohlenwasserstoffe (FCKWs) eingesetzt wurden. Nach vielen Versuchen, diese Systeme hermetisch geschlossen zu halten, wurden diese Verfahren großteils durch wässrige ersetzt. Dies brachte neue Probleme mit sich (höhere Trocknungsdauer, mehr Trocknungsenergie, Abwasseranfall,…), sodass wasserfreie Verfahren wie Bürsten und Trocknen mit Maisgranulat einen Marktanteil erhalten haben.

Für wässrige Reinigungs- und Waschverfahren lassen sich durch Kreislaufschließungen technologisch abwasserfreie Systeme entwerfen. Diese werden aber weiterhin Wasseremissionen in der Trocknerabluft haben und müssen die eingesetzten Chemikalien vollständig ausnutzen und die Schmutzstoffe der gereinigten Teile als Wertstoffe ausschleusen. Wird die Energie solar bereitgestellt, besteht keine Treibhauswirkung.

Tatsächlich überlagern sich bei diesem Ansatz verschiedene Definitionen von Zero Emissions:

■ Keine Infrastruktur erforderlich

   – Keine Abwasserleitungen

■ Zero Impact

   – CO_2-Emissionen klimaneutral, da aus solarer Quelle
   – Luftfeuchtigkeit im Rahmen der natürlichen Schwankungen

■ Analytisch Null

   – Vollständiger Verzicht auf gefährliche Substanzen (keine „chemische" Reinigung, keine FCKWs, keine verdunstenden Fleckputzmittel,…)

Epson berichtet im Nachhaltigkeitsbericht 2007 von einem geschlossenen System für Fluorwasserstoffsäure.

Closed-loop recycling for hydrofluoric acid waste

In 2003, as part of its zero emissions initiatives, Epson developed a technique for generating high-purity calcium fluoride, CaF_2, from hydrofluoric (HF) acid. The latter is used in semiconductor fabrication, during the silicon oxide layer etch (removal) step. Post-etching, hydrofluoric acid contains a large amount of contaminants. Ordinarily, this waste is either used as-is as dilute HF acid or is reacted with calcium carbonate, $CaCO_3$, to form low-purity calcium fluoride, which is then used to regenerate HF.

By rethinking the method used to process HF acid waste, in 2003 Epson succeeded in consistently generating 93% pure calcium fluoride. Then in 2006 we conducted joint tests with an HF acid provider to come up with a practical method of recycling the waste into 98% pure calcium fluoride. This calcium fluoride is regenerated into hydrofluoric acid that is sufficiently pure to be reused in our semiconductor manufacturing process, thus completing a closed-loop recycling system. Because the waste HF acid is recycled, this technology also helps reduce the amount of new calcium fluoride that needs to be mined to create HF acid.

(Epson Group, 2007)

8.3.2   Zero Emissions auf der Ebene Einzelunternehmung und Unternehmenscluster

Einzelne Unternehmungen wählen meist parzielle Ansätze zu Zero-Emissions:

- – Zero (solid and toxic) waste
- – Zero waste water
- – Zero greenhouse effect.

Diese Zugänge sind weitgehend unabhängig voneinander und können getrennt beschritten werden (Schnitzer 2007). Oft sind sie Teil einer breiteren Zero-Aktivität:

- – Kein Ausschuss (Zero Defect, Total Quality)
- – Keine Arbeitsunfälle (Zero Accidents)
- – Keine Lagerhaltung (Just in Time Production)

Die Zero Waste Alliance sieht in ihrem Konzept den Ansatz ebenfalls breiter (http://www.zerowaste.org/index.htm vom 4.4.2010; Abb. 8.2):

Abbildung 8.2   Ansatz der Zero Waste Alliance

Zero Waste, a visionary goal that strives for:
Zero Waste of resources
– 100 % Efficiency of energy, materials and human resources
Zero Solid Waste
Zero Hazardous Waste
Zero Emissions – to air, water, or soil
Zero Waste in Production Activities
Zero Waste in Administrative Activities
Zero Waste in Product Life Cycle
Zero Toxics

Resulting in:
Reduced risks to employees
Reduced risks to the environment
Reduced presence of toxics creates less hazardous waste
Closed loops for materials
Reduced costs

Eine der weitest fortgeschrittenen Firmen ist der Teppichhersteller Interface aus den USA. Interface hat ein unternehmensweites Programm gestartet und dokumentiert seine Erfolge laufend. Alle Aktivitäten basieren auf dem Mission Statement (Abb. 8.3):

Abbildung 8.3   Mission Statement Interface

Achieving Mission Zero™ (*http://www.interfaceglobal.com/Sustainability.aspx*).

Interface's dedication to sustainability has evolved into the company's Mission Zero commitment — our promise to eliminate any negative impact Interface has on the environment by 2020.
We continue to be guided on our journey by Mission Zero™: our promise to completely eliminate the negative impact our company may have on the environment by 2020. This site is designed to share valuable educational resources and information with members of the communities we serve, which we hope will inspire you to create your own Mission Zero journey to sustainability.

Zahlreiche betriebliche Nachhaltigkeitsberichte beinhalten Kapitel über Zero Emissions Initiativen. So berichtet Epson von einer praktisch vollkommenen Eliminierung fester Abfälle in ihren japanischen Anlagen (Epson Group, 2007).

Einige Betriebe der Lebensmittelindustrie, und hier besonders Brauereien, haben festgestellt, dass es relativ einfach ist, vollkommen auf erneuerbare Energien umzustellen (Zero Global Warming). Der Energieinhalt der biogenen Abfälle von Brauereien reicht in Kombination mit einer energieeffizienten Verfahrensführung aus, den Wärmebedarf zu decken (Muster-Slawitsch, 2010 und 2010a). Eine ausführliche Studie zur Produktion von Sojasauce gibt es von Tadashi (Tadashi, 2004). Dass ein derartiger Ansatz auch außerhalb der Lebensmittelindustrie möglich ist, beweißt die VAE Schienenproduktion in Zeltweg / Steiermark (Fritz, 2010).

Alle Ansätze zu Zero Emissions erfordern Stoffflüsse zwischen Unternehmungen. Kein Einzelbetrieb wird Altpapier, Schrott und Altkunststoffe selbst aufbereiten sondern man wird Nutzungskaskaden aufbauen. Eine räumliche Nähe derartiger Unternehmungen ist einem Zero-Emissions Ansatz förderlich, ist aber keine Bedingung. Bei einer kritischen Durchsicht der Literatur kommt man zur Einsicht, dass die Möglichkeiten in größeren Industriestandorten nicht wesentlich besser sind. Oftmals fürchtet man eher eine zu enge Bindung durch Stoff- oder Energieströme an einen Betrieb, da diese die eigene Flexibilität behindern könnte. Abfälle und Abwärme zu vermeiden ist betriebswirtschaftlich immer noch besser, als sie dem nächsten betrieb zu verkaufen.

Mehrere Projekte zu abwasserfreien Produktionen wurden im Rahmen des Programms „Fabrik der Zukunft" durchgeführt. ZERMEG – Zero Emission Retrofitting Of Existing Galvanizing Plants. Mit dem Optimierungsansatz ZERMEG wurde eine Methode geschaffen, mit der sich bestehende galvanische Anlagen systematisch optimieren lassen (Fresner 2003, Fresner 2006).

In dieser Dokumentation werden verschiedene Lösungen zur Reduktion von Ausschleppungen von Prozessbädern, zur Verbesserung der Spültechnik, zur Badpflege, zur Standzeitverlängerung und zur Rückführung von Elektrolyten beschrieben. Die wesentlichsten Ansätze werden im Detail mit ihren Einsatzbereichen und Kosten beschrieben. Im Sinne eines Expertensystems werden Auswahlkriterien für die verschiedenen Ansätze angegeben. Das Programm wurde in drei Fallstudien in einem Eloxalbetrieb (Anodisieranstalt Heuberger), bei der Verkupferung von Druckwalzen (Rotoform) und der Beize einer Feuerverzinkerei (Mosdorfer) angewendet. In allen drei Fällen konnte deutliches Verbesserungspotenzial aufgezeigt werden.

ZERMEG II ist das Nachfolgeprojekt des Projektes ZERMEG (Zero Emission Retrofitting Method of Existing Galvanizing Plants). Dieses Projekt zielte darauf ab, eine Methodik zu entwickeln, mit der bestehende Galvanikanlagen so umgestellt, umgebaut und betrieben werden können, dass sie sich unter möglichst weitgehender Reduktion des Chemikalieneinsatzes und Kreislaufschließungen betreiben lassen. Der Ansatz, bestehend aus einem methodischen Vorgehensmodell, einem Rechenprogramm zur Identifikation der theoretisch idealen Wasser- und Chemikalienverbräuche, Checklisten für Optionen und Datenbanken mit geeigneten Technologien zur Standzeitverlängerung von galvanischen Bädern und zur Kreislaufführung wurde entwickelt. Die Anwendung der Methodik in drei Pilotprojekten war äußerst erfolgreich. Reduktionen des spezifischen Wassereinsatzes von 80-

95% und deutliche Reduktionen des spezifischen Chemikalieneinsatzes waren das Ergebnis der Anwendung von ZERMEG. Es hat sich gezeigt, dass zur vollkommenen Kreislaufschließung bzw. für ein vollständiges Zero Emissions Konzept in oberflächenbehandelnden Betrieben detaillierte Untersuchungen der Entfettung sowie der Beiz- und Ätzprozesse notwendig sind.

ZERMET (Zero Emission Retrofitting For Existing Textile Plants) stellt die Anwendung der Methoden und Erfahrungen aus dem Projekt ZERMEG auf die Textilindustrie dar. Diese Methode soll im Rahmen eines „Fabrik der Zukunft Transfer-Projektes" auf eine andere Branche mit hohem Wasserverbrauch und Energieeinsatz angewendet werden. Davon erwartet man sich für diese Branche ähnliche Ergebnisse wie für die galvanischen Betriebe in ZERMEG, nämlich eine deutliche Reduktion des Wasser- und Energieeinsatzes. Das größte Umweltproblem in der Textilindustrie betrifft die Menge der Abwässer und deren chemische Belastung. Weitere wichtige Themen sind der Energieverbrauch, die Abgasemissionen, die festen Abfälle und die Geruchsemissionen, die bei einzelnen Verfahrensschritten zu erheblichen Belästigungen führen können. Als besonders interessant für die Anwendung von ZERMET sind Waschprozesse, Färbeprozesse und nasse Ausrüstung.

In keinem dieser Projekte wurde ein vollkommen abwasserfreier Betrieb realisiert.

8.3.3   Zero Emissions auf kommunaler und regionaler Ebene

Die meisten der in den letzten Jahren publizierten Aktivitäten beziehen sich auf Zero waste Städte und Regionen (z.B.: Seejae, undated). Viele dieser Programme aus den USA, Australien und Neuseeland gehen aber nicht über das hinaus, was in Europa unter Mülltrennung läuft (z.B.: Austin's Zero Waste system will strive to recover that estimated loss and eliminate waste, or get darn close. This Plan defines success as reducing by 20% the per capita solid waste disposed to landfills by 2012, diverting 75% of waste from landfills and incinerators by 2020, and 90% by 2040. Austin, 2008).

Häufig findet man auch in Europa Konzepte und Projekte für die Energieversorgung einer Stadt oder Region ohne Treibhauswirkung[2]. Darüber hinaus gibt es eine Reihe von Forschungsprojekten, die sich mit Zero Emissions Städten auseinandersetzen:

- ZEUS – Zero Emissions Urban System

- Projekt „Null-Emissions-Stadt - Zero Emission City" des Institutes für Wohnen und Umwelt in Darmstadt (Diefenbach, 2002)

Das bekannteste Beispiel für eine Zero Emissions Stadtplanung ist sicherlich Masdar in Abu Dhabi in den Vereinigten Arabischen Emiraten. Auf einer Gesamtfläche von 6,4 km[2],

---

[2] Häufig wird hierbei der Ausdruck CO_2-frei statt CO_2-neutral verwendet (z.B.: Siemens, 2009). Es geht hier aber eindeutig um NULL-Wirkung und nicht um NULL-Stoffströme, sonst wäre in dieser Stadt auch das Atmen verboten.

von der 6 km² bebaut sind und in der 50.000 bis 100.000 Leute wohnen werden, soll eine Stadt entstehen, die vollständig mit erneuerbaren Energien versorgt wird. Die Aufteilung der Stadt ergibt

- Wohnraum 30%

- Wirtschaftssonderzone 24%

- Handel und Gewerbe 13%

- Universität 6%

- Gemeinschaft und Kultur 8%

- Verwaltung und Transportwege 9%

- Sonstiges 10%

Die für Masdar definierten Ziele beziehen sich hauptsächlich auf die klimawirksamen Emissionen - die Vision einer CO_2-neutralen Stadt. Ein ähnliches Projekt mit breiteren Zielen entsteht in Dongtan, Chongming-Island, Schanghai in China: Eine autarke Stadt, die ihre eigene nachhaltige Energie erzeugt, genug Nahrung für ihre Bedürfnisse anbaut, Wasser in einem gut durchdachten Kreislaufsystem hoch effizient nutzt und in der die Bereiche Leben, Arbeiten und Freizeit räumlich eng miteinander verknüpft sind. Ebenfalls in Asien arbeitet man an einem Konzept für die Bucheon City in Korea (Lee, undated).

Für ZEUS wurden in der Anfangsphase des Projektes folgende sieben Prinzipien definiert (Schnitzer, 2010):

- Es soll möglichst kein Material ohne (wirtschaftlichen) Wert das Gebiet verlassen – das gilt für Feststoffe, Flüssigkeiten und Gase

- Der Energieeinsatzes im Gebiet ist maximal gleich groß wie der natürliche Energieeintrag durch Sonne, Wind, Wasserkraft, … auf das Gebiet

- Im Rahmen des beschränkten Energieverbrauchs darf Fremdenergie importiert und mit Zero Emissions eingesetzt werden

- Das Ausmaß des Wasserverbrauchs im Gebiet darf nicht größer sein als die natürliche Niederschlagsmenge auf das Gebiet

- Zero Treibhausgaswirkung im Gesamt-'Metabolismus' des Planungsgebiets

- Verminderung der Belastung der Ökosphäre

- Keine Stoff- oder Energieströme mit negativen Auswirkungen auf die Lebens- oder Standortqualität innerhalb des Systems und an dessen Grenzen.

Im Projekt ZEUS werden diese Prinzipien auf alle Bereiche der Stadt – Wohnen, Arbeiten, Bildung, Verkehr, Freizeit, Produktion – umgelegt.

8.3.4   Agro-basierte Zero Emissions Systeme

Besonders erfolgversprechende Möglichkeiten zur Realisierung von Zero Emissions bieten agro-industrielle Systeme. Betriebe zur Verarbeitung nachwachsender Rohstoffe aus Land- und Forstwirtschaft beruhen auf „solaren" Inputmaterialien. Die Photosynthese ist nach wie vor die einzige Technologie, mit der in großen Maßstab große Moleküle (Zucker, Öle, Zellulosen,…) aus kleinen (H_2O, CO_2) hergestellt werden können. Es ist derzeit so, dass nur ein geringer Teil er geernteten Biomasse beim Kunden ankommt; ein großer Teil geht am Feld oder bei der Verarbeitung verloren.

Agro-basierte Zero Emissions Systeme sind darauf ausgerichtet, die gesamte geerntete Biomasse einer kaskadischen Nutzung zuzuführen (Abb. 8.4).

Abbildung 8.4   Schema eines agro-industriellen Zero Emissions Systems

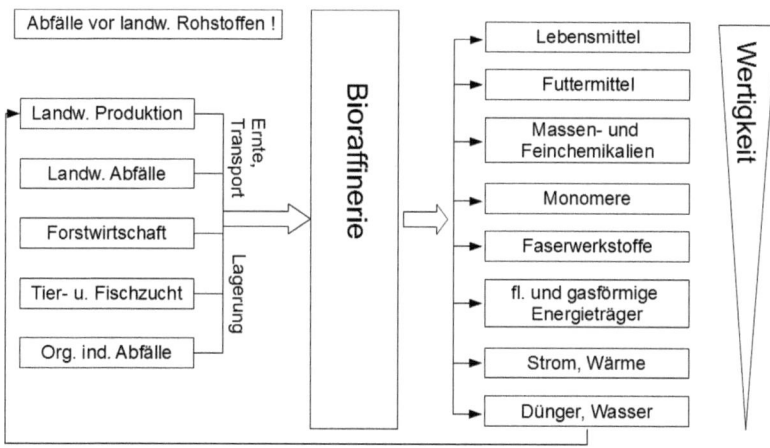

Hierbei besteht eine strenge Produkthierarchie:

■ Lebensmittel (food)

■ Futtermittel (feed)

■ Hochpreisliche Feinchemikalien (z.B. für Pharma, Kosmetik, Wellness)

■ Massenchemikalien

■ Werkstoffe

■ Flüssige, feste und gasförmig Energieträger

■ Wasser für die Landwirtschaft

■ Dünger für die Landwirtschaft.

Dieser Ansatz ist besonders für Regionen, in denen Felder bewässert werden müssen von
großer Bedeutung. Einige dieser agro-basierten Zero Emissions Systeme wurden um ausgewählte Früchte entworfen: Gras (Mandl, 2010), Bambus, Ananas, Soya (Nguyen, 2008).
Wirtschaftliche Anreize bestehen vor allem in Erlösen durch zusätzliche Produkte, aber
auch in der Eigenversorgung mit Wasser, Energie und Düngemitteln innerhalb des Systems.

8.4   Methodischer Zugang

Der produktionsintegrierte Umweltschutz konzentriert sich auf das Verbessern von Systemen. Zero Emissions tritt an, Systeme zu verändern. Dies erfordert auch einen anderen
methodischen Zugang. Kontinuierliche Verbesserungen enden mit immer geringer werdenden ressourcenökonomischen und betriebswirtschaftlichen Effekten. 10% eines Be-
triebsmittels einzusparen ist immer etwa gleich aufwändig, der Effekt wird aber mit zunehmender Effizienz geringer (Abb. 8.5).

Abbildung 8.5   Gesetz des abnehmenden Grenznutzens

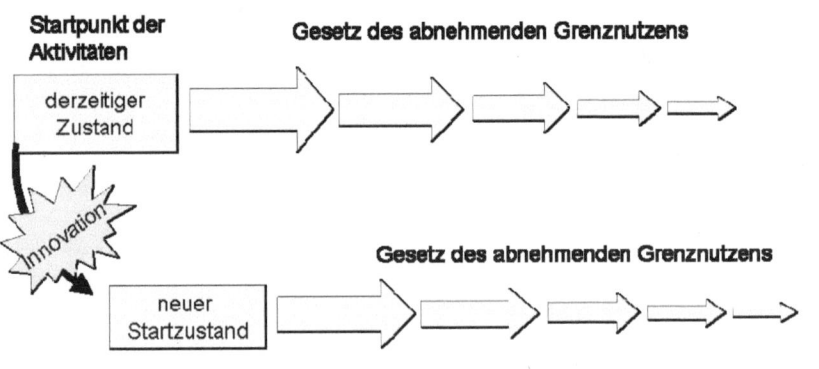

Bei der Umsetzung des Zero Emissions Ansatzes wird deshalb versucht, zuerst den Zero
Emissions Zustand als „wünschenswerten Endzustand" zu definieren und davon ausgehend zu diskutieren, warum dieser nur als Leitlinie und nicht als Sollzustand definiert
wird (Abb. 8.6, ähnlich Mann, 2002).

Abbildung 8.6   Umkehr der Methodik

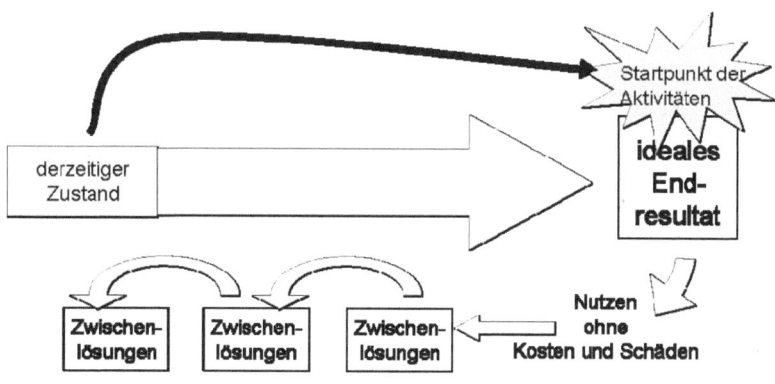

Vom generellen Zero Emissions Endzustand können in der Folge parzielle ZEROs abgeleitet (Wasser, Energie, Stoffströme, Biodiversität, ...) und getrennt umgesetzt werden (Abb. 8.7).

Abbildung 8.7   Partielle ZEROs

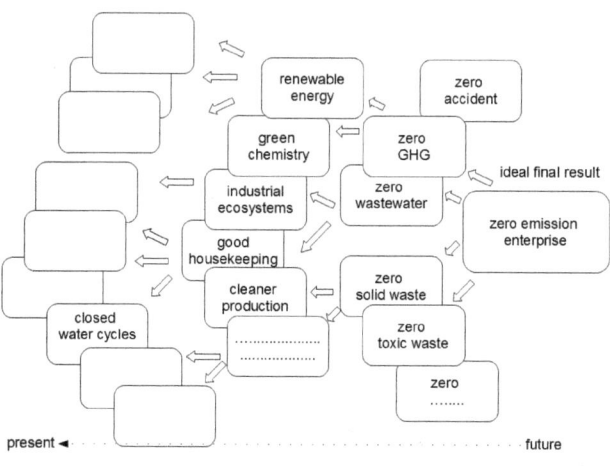

Diese Methode hat gegenüber einer kontinuierlichen Verbesserung den Vorteil, dass Sackgassen in der Entwicklungen und Investitionen in später nicht mehr gebrauchte Technologien vermieden werden können. Die technologischen Fragestellungen erscheinen erst auf einer tieferen Ebene und sind dort klar definiert.

8.5   Fazit

Das Bestreben in Unternehmungen oder Regionen einen Zero Emissions Ansatz umzusetzen ist noch sehr neu und mit großen methodischen Fragen verbunden. Durch die Beschreibung eines erstrebten Idealzustandes als Leitlinie und die hierauf basierende Ableitung „partieller ZEROs" lassen sich viele Schwierigkeiten umgehen.

Wirtschaftliche Anreize bestehen über die Einsparung von Betriebskosten hinaus in der Möglichkeit, Infrastrukturkosten zu vermeiden. Keine Abwasserleitungen aus der Firma und keine Kamine in den Häusern führen zu verminderten Investitionen und Behördenverfahren. Aber auch wenn es nicht zu einer Realisierung eines Zero Emissions Zustandes kommt, führt der methodische Zugang über das Design eines idealen, abfall- und emissionsfreien Produktionsprozesses zu neuen Erkenntnissen und einer breiteren Sichtweise.

Forschungs- und Entwicklungsbedarf besteht noch auf allen Ebenen, von neuen Technologien über die Nutzung pflanzenbasierter Rohstoffe bis zu Kreislaufschließungen und dem systematischen Einsatz erneuerbarer Energien.

Literatur

City of Austin (2008): Zero Waste Strategic Plan, Austin, Texas, verfügbar unter: http://cityofaustin.org/sws/downloads/zerowaste_plan.pdf.

Diefenbach, N./Enseling, A./Werner, P. (2002): Zero Emission City, Sondierungsstudie im Auftrag des Bundesministeriums für Bildung und Forschung vorgelegt vom IWU – Institut Wohnen und Umwelt GmbH, Darmstadt in Zusammenarbeit mit dem ZIV – Zentrum für integrierte Verkehrssysteme, Darmstadt.

Epson Group (2007): Sustainability Report, verfügbar unter: http://global.epson.com/community/sr/2007/pdf/ 2007_en_sr.pdf.

Erler, B./Gwehenberger, G./Schnitzer, H. (2000): ZERIA – Zero Emissions Reserrach in Austria. Berichte aus der Energie- und Umweltforschung, BMVIT, Wien.

Fresner, J. et al (2003): ZERMEG. Zero Emission Retrofitting Method for Existing Galvanizing Plants. Methode zur Optimierung bestehender Galvaniken für einen möglichst abwasser- und abfallfreien Betrieb, Berichte aus Energie- und Umweltforschung, BMVIT, Wien.

Fresner, J. et al. (2006): ZERMEG II – Zero emission retrofitting method for existing galvanising plants. Berichte aus Energie- und Umweltforschung, Vol. 22, Wien.

Fritz, D./Neureiter, G. (2010): VAE Eisenbahnsysteme GmbH als CO_2-neutraler Industriebetrieb. Umwelterklärung 2009, VAE Eisenbahnsysteme GmbH, Zeltweg.

Fussler, C. (1996): Driving ECO-Innovation, London.

Jasch, C./Schnitzer, H. (2003): EMA – Environmental Management Accounting. Fallstudienreihe zur Umwelt- und Kostenrechnung, Berichte aus Energie- und Umweltforschung,Vol. 4, BMVIT, Wien.

Mandl, M. (2010): Status of green biorefining in Europe. Biofuels, Bioproducts and Biorefining, Vol. 4, 3, S. 268–274.

Mann, D. (2002): Hands on Systematic Innovation, CREAX, Belgien ISBN 90-77071-02-4.

Muster-Slawitsch, B./Brunner, C./Ribeiro de Lima, D./Schnitzer, H. (2010): The green brewery concept energy efficiency and the use of renewable energy sources in breweries. 19th International Congress of Chemical and Process Engineering CHISA, 28 August – 1 September,

Prague. Muster-Slawitsch, B./Schnitzer, H. (2010): Low carbon solutions for the food Industry, I-SUP2010 Bruges.

Nguyen Ngoc, U. (2008): Zero Emissions agro-based industrial systems in the food processing industry, Dissertation TU Graz.

Pauli, G. (1998): The Road to zero Emissions – More Jobs, More Income and no Pollution, Sheffieled, ISBN 1 874719 18 7.

Planasch, M. (2006): Design industrieller Zero Emissions Systeme, Dissertation TU Graz.

Schnitzer, H. (2007): ZERIA 3 Zero Emissions Research in Application, Berichte aus Energie- und Umweltforschung, Vol. 14, BMVIT Wien.

Schnitzer, H. et al. (2010), Konstituierende Merkmale einer Zero-Emissions Stadt. Österreichischer Klimatag, Wien.

Seejae, L. (o.J.): Citizens and City government' s Cooperation towards Zero-emission City – The case study of Bucheon City, Korea, verfügbar unter: http://kitakyushu.iges.or.jp/docs/mtgs/seminars/other/jpn   200310/bucheonreport.pdf.

Siemens AG (Hrsg.) (2009): Sustainable Urban Infrastructure Ausgabe München – Wege in eine CO_2-freie Zukunft, München.

Tadashi, H./Makoto, H./Hirokazu, T. (2004): Approach to Zero Emission Processes in Food Industry – Case Study for Soy-Sauce Production Process. Journal of Water and Environment Technology, Vol.2, 1.

Varga, M./Kuehr R. (2007): Integrative approaches towards Zero Emissions regional planning: synergies of concepts. Journal of Cleaner Production, Vol. 15, S. 1373 – 1381.

9 Eco-industrielle Parks als strategische Allianzen — wie gut passen die Partner zusammen?

Christoph Bey

9.1 Einführung

Im Bereich des betrieblichen Ökomanagement wendet sich seit einigen Jahren das Interesse von Forschern und Ökomanagern den eco-industriellen Parks (EIPs) zu, Netzwerken von einem Dutzend bis zu mehreren Hundert kleiner und grosser Unternehmungen, die ihre gegenseitige geographische Nähe zum Austauschen von Prozessabfällen oder Unterprodukten nutzen. Dies soll dazu führen, dass die nicht benötigten Stoffe oder Energieträger eines Prozesses zu wertvollen Inputs eines anderen verwendet werden, und damit die Ressourcenintensität verringert wird. Dies hat nicht nur positiven Effekt auf die Umweltperformance, sondern auch auf die finanzielle Situation eines Unternehmens.

Die Entwicklung von EIPs wird auch deshalb vorangetrieben, weil in regionalen Unternehmensnetzwerken kollektive Umwelt- und Finanzleistungen erzielt werden können, die oft höher sind als die Summe der individuellen Leistungen, die jede einzelne Unternehmung für sich erzielen könnte. Somit kann man EIPs auch im Zusammenhang mit Business-Clustern sehen (z.B. Krugman 1996, Porter 1998). Letzteren schreibt man ihre Wettbewerbsvorteile den intensiven Verknüpfungen und Kontakten zwischen den Partnern zu. Die Zusammenarbeit und das Vertrauen, das sich bei diesen Netzwerken einstellt, scheinen in vielen Fällen im ökonomischen Sinne wertvoller zu sein als die Freiheit und Flexibilität, sich weltweit seine Zulieferer suchen zu können, d.h. zu geringsten Stückkosten. EIP-Management, oder ganz einfach Umweltmanagement in Netzwerken, hat sich zu einer viel versprechenden Initiative im Ökomanagement entwickelt – Lichtjahre entfernt von der simplen Verringerung der Umweltverschmutzung.

Da nun diese Strukturen von hoch miteinander vernetzten Unternehmen äusserst komplex werden können, muss man die Erfolgswahrscheinlichkeit des ganzen Systems in direkter Beziehung zu seinem Management sehen – dies ist die Hauptthese des Beitrags.

Der Beitrag ist in zwei Teile gegliedert:

■ Die einleitende Beschreibung von EIPs stützt sich auf ein bekanntes Fallbeispiel, die industrielle Symbiose von Kalundborg, Dänemark. Der erste Abschnitt endet mit einer Diskussion der aktuellen Probleme, die in EIPs auftreten. Diese können in zwei Kategorien eingeteilt werden: technische oder Managementprobleme. Da nun die Disziplin der Industrial Ecology von Ingenieuren und Naturwissenschaftlern dominiert wird, sind es die Managementprobleme, die noch nicht die Aufmerksamkeit erlangt haben, die ihnen gebührt.

■ Der zweite Abschnitt des Beitrags befasst sich mit der Idee des „strategischen Allianz-Passes", einer Art Scorecard, die die Kompatibilität von EIP-Partnern untersucht. Somit wird zum ersten Mal Industrial Ecology Management vom Blickpunkt der strategischen Allianzen diskutiert.

9.2   Kalundborg: der weltweit erste eco-industrielle Park

Der eco-industrielle Park von Kalundborg besteht aus vier Industrieunternehmen und einer Reihe anderer Partner (vgl. Ehrenfeld und Gertler 1997): ein mit Kohle befeuertes Elektrizitätswerk (Asnæs), einer Ölraffinerie (Statoil), einem Biotechunternehmen (Novo Nordisk) und einem Gipsproduzenten (Gyproc), die das Herz des Netzwerks ausmachen. Hinzu kommen kleinere (weniger wichtige) Partner, wie die Kommune von Kalundborg, Bauern und Fischzuchten, die auch einige der Abfälle oder Nebenprodukte der Hauptpartner verwenden. Die heutigen Verflechtungen des Netzwerks in Kalundborg haben sich im Laufe von mehreren Jahrzehnten entwickelt (ab etwa 1972), ohne dass spezielle Mechanismen oder Institutionen nötig waren, um die Partner zur Zusammenarbeit zu bewegen. Diese sehr wichtige Tatsache erklärt sich zumindest teilweise, so Ehrenfeld und Gertler (1997), durch den Zusammenhalt und die Kooperationsbereitschaft, die die etwa 15000 Einwohner der Stadt Kalundborg ausmachen (Abb. 9.1).

Man kann drei Kategorien von Vorteilen des Austausches von Ressources und Energie in Kalundborg unterscheiden: Wassereinsparungen durch die Säuberung und Verwendung von Kühlwasser, Treibstoffeinsparungen (Kohle und Öl) durch die Verwendung von Gas, das ursprünglich ein Abfallstoff der Raffinerie war, und Abfallvermeidung (vor allem Schlamm und Filterasche des Kohlekraftwerks, aber auch verminderter CO_2-Ausstoss der obengenannten Treibstoffeinsparungen). Es ist deswegen nicht verwunderlich, dass das Kalundborg-System erhebliches Interesse erregt hat andererorts, wo Firmen und Statdtverwaltungen sich inspiriert fühlten, ihr eigenes EIP zu schaffen. In den letzten 15 Jahren, seit deren der Kalundborg EIP als Modellversuch für betriebliches Umweltmanagement in Netzwerken bekannt wurde, ist die Liste der fehlgeschlagenen EIP-Projekte leider länger geworden als die der Erfolge.

Was sind die Problembereiche? Die gravierendsten Probleme sieht man anscheinend im Ingenieurbereich (z.B. Tudor et al. 2007, Heeres et al. 2004): wie kann man, falls ein EIP-Partner ausfallen sollte, Alternativen für die betroffenen Abfälle oder Beiprodukte für Angebot oder Nachfrage finden? Der Ausstieg eines einzigen Partners aus dem EIP kann das gesamte System derartig erschüttern, dass nicht selten ein ganzer EIP-Versuch aufgegeben werden musste. Damit zusammenhängende Probleme sind Schwankungen in der Menge, der Qualität oder im Preis der Ressourcen- oder Energieflüsse, die auch einen gesamten EIP destabilisieren können; weiterhin Strukturen, die zu unflexibel und zu sehr abhängig sind von der Aktivität des Hauptpartners; oder aber Probleme bei der Kommunikation und Verbreitung von Informationen; und letztlich, gesetzliche oder juristische Probleme.

Abbildung 9.1 Schematische Übersicht der Abfall- und Kuppelproduktaustausche im EIP von Kalundborg (verändert aus Ehrenfeld und Gertler 1997)

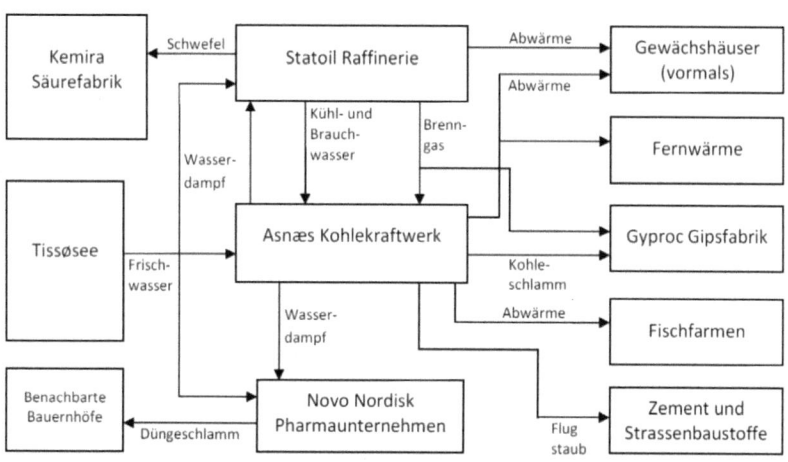

Im Hinblick auf die Erfahrungen, die in Kalundborg über mehr als 20 Jahre gesammelt werden konnten, sollten zukünftige EIPs von Grund auf neu geplant werden (Neuansiedlung von Unternehmen) oder eher auf schon lange etablierten Industrieparks aufgebaut werden? Es scheint ziemlich sicher zu sein, dass fast keine der betroffenen Unternehmungen daran interessiert ist, „nur" zu EIP-Zwecken seinen Standort zu wechseln, und dies auch noch zusammen mit anderen, „fremden" Firmen (Tudor et al. 2007).

Im Bereich der Industrial Ecology gibt es daher mehrere Denkansätze, um die obengenannten Probleme zu vermeiden oder wenigstens zu vermindern. Die beliebteste Lösung scheint die zu sein, die sich auf schon nahe beieinander angesiedelte Unternehmungen und Organisationen stützt, mit der Folge, dass heutzutage niemand mehr einen EIP-Projekt ohne dichte lokale Bindungen ins Auge fassen würde. Dies sogar trotz des schon erwähnten Widerstrebens vieler potentieller Netzwerkpartner. Ein anderer Ansatz ist die Schaffung eines „Ankers" (Chertow 1996, Ayres 1999, Gibbs et al. 2002, Agrawal und Cockburn 2003) für den EIP, also einer Koordinationsstelle, die sich um die Beziehungen der EIP-Partner untereinander kümmert. Man könnte sich hier eine spezialisierte Unternehmensberatung für diese Funktion vorstellen, aber auch einfach das Management eines der Hauptpartner eines EIPs (z.B. eines Rohmaterialenverwerters, Treibstoffverwerters, oder Abfallrecyclers). Spezial-Software kann auch seinen Teil zur besseren Koordination beitragen: eine Datenbank systemweiter physischer Outputs bringt diese in Verbindung mit existierenden oder potentiellen Nachfrageprozessen für Ressourcen und Energieträger. Die grundlegende Überlegung muss aber die sorgsame und vollständige Einbindung aller betroffener Stakeholder bei der Planung und Entwicklung eines EIPs sein. Dies betrifft nicht nur Unternehmen, wie Heeres et al. (2004) feststellen, sondern auch die öffentliche Hand, einschliesslich lokaler, regionaler und landesweiter Vertreter (z.B. Industrie- und Handelskammern), Bildungseinrichtungen, Arbeitervertreter und Gewerkschaften, EIP-Experten und Nichtregierungsorganisationen.

Der Problembereich, der in diesem Kapitel besprochen werden soll, Probleme im Management und in der Organisation, hat noch nicht die ihm gebührende Resonanz in der Literatur zur Industrial Ecology gefunden. Dies ist nicht verwunderlich, sind es doch bislang die Natur- und Ingenieurwissenschaften gewesen, deren Autoren hauptsächlich zur Entwicklung der EIPs beigetragen haben. So erwähnen Chiu und Yong (2004) zwar einen Mangel an für jedweden industriellen Cluster notwendigen systemischen Managementkompetenzen, und auch eine zu enge Konzentration auf intraorganisationellem Management, das leider dem interorganisationellen Management vorgezogen wird. Es sind aber die letzteren Managementkompetenzen, die notwendig sind, damit wirklich das gesamte System von den Ressourcen- und Energieaustauschen Nutzen ziehen kann. Weiterhin sprechen Heeres et al. (2004) das Problem an, dass die angestrebten Stoff- und Energieflüsse nicht in die derzeitige Organisationsstruktur eines Unternehmens passen könnten.

Dieser Beitrag ist hingegen aus der Überzeugung entstanden, dass es in der Hauptsache nur die Identifizierung und die Lösung von Managementproblemen sind, die einen erfolgreichen EIP von einem fehlgeschlagenen Projekt unterscheiden. Es scheint nun keine Überraschung zu sein, dass die finanziellen, strategischen, technologischen und Umweltobjektive jedes einzelnen Unternehmens im EIP nicht unbedingt kompatibel mit denjenigen des gesamten EIPs sein müssen. Folglich stärkt dies nicht den Zusammenhalt der Partner, oder führt zu sehr unterschiedlichen Sichtweisen bezüglich des Engagements und des Beitrags jedes einzelnen Unternehmens zum Erfolg (Synergie) des Gesamtsystems.

Es müssen also die Komponenten angesprochen werden, die noch in der akademischen Literatur zur EIP-Entwicklung fehlen, vor allem die Frage, wie Netzwerke effektiv gemanagt werden können oder welche Managemententscheidungen für das Funktionieren eines EIP getroffen werden müssen. Weiterhin muss man sich auch Gedanken machen über den Spielraum für alternative Strategien in einem engen Netzwerk: welche Möglichkeiten gibt es für die Architektur von EIP-Organisation, welche strategischen Optionen für jedes individuell Projekt, und in welchem Masse sind diese Entscheidungen verantwortlich für das effektive Funktionieren des Systems?

Unsere Antwort darauf in diesem Kapitel ist der Vorschlag, Managementliteratur zu Unternehmenskooperationen in EIP-Studien einzubeziehen. Der folgende Abschnitt beschäftigt sich somit mit Neuerungen in der Forschung zu strategischen Allianzen, die wir als relevant zu EIP-Projekten einschätzen. Wir besprechen die Ergebnisse unserer Analyse im Hinblick auf die Entwicklung von EIPs.

9.3 Der „strategische Allianzen-Pass": ein Instrument zur Bewertung der Effektivität von strategischen Allianzen

Eco-industrielle Parks sind auch als inter-organisationelle Kooperationen anzusehen, und als solches fallen sie unter den Dachbegriff der strategischen Allianzen. Diese sind in den letzten Jahrzehnten zu einem sehr effektiven und weitverbreiteten Verfahren zur Bildung neues Wissens und neuer Kompetenzen gereift (z.b. Kogut 1988), oder um die Ressourcen eines Partners verwenden zu können (Das und Teng 2001). Das erklärte Ziel einer Allianz ist also, wirtschaftliche und intellektuelle Ressourcen der Allianzpartner gemeinsam zu nutzen, und dies meistens jenseits von geographischen Grenzen oder einzelnen Industriesektoren. Die Forschungsliteratur zu strategischen Allianzen hat bislang drei Phasen durchschritten – ausgehend von einer Beschreibung ihrer Grundbedingungen („Warum eine strategische Allianz eingehen?"), gefolgt von einer Diskussion spezieller Strukturen („Welche verschiedenen Möglichkeiten gibt es, eine strategische Allianz einzugehen?"), und letztendlich in einer Verhaltensperspektive mündend („Wie funktionieren Allianzen?"). Anfangs war man davon überzeugt, dass der Erfolg einer strategischen Allianz wesentlich von der Optimierung der Transaktionskosten abhängt, in Anlehnung an Coase (1937) und Williamson (1985). Heute aber sind sich Forscher und Manager weitgehend einig, dass erfolgreiche strategische Allianzen nicht einfach nur auf einem gemeinsamen Businessmodell beruhen – also einer rein ökonomischen Perspektive – sondern von Vertrauen und einem guten Ruf. Folglich muss die Dimension der Unternehmenskultur in die Überlegungen hin zur Bildung einer Allianz aufgenommen werden.

Um die verschiedenen Formen strategischer Allianzen abzubilden, gibt es in der einschlägigen Literatur eine Reihe von Klassifikationen, die von einem einzigen Kriterium zu mehrdimensionalen Systemen reichen. Die am weitesten verbreitete Typologie verwendet nur ein einziges Kriterium, beispielsweise Kapital, und unterscheidet Kapitalbasierte Allianzen und Joint Ventures von anderen, die eher auf langfristigen Vertragsabmachungen beruhen als auf Kapital (Das und Teng 1998). Einem anderen Verfahren zufolge kann man Allianzen nach Langfristigkeit oder dem Niveau gemeinsamer Ressourcennutzung einteilen (Spekman 2000).

Multikriterielle Klassifikationen werden zwar nicht so häufig verwendet wie Ein-Kriterien-Systeme, sie scheinen sich aber besser für das Verständnis komplexer Organisationssysteme wie EIP zu eignen. Zu dieser Art von Typologie gehören nicht nur Kriterien, die die internen Ressourcen der Partner einordnen, sondern auch solche, die das dynamische Unternehmensumfeld, das die teilnehmenden Firmen umgibt, beurteilen. Ein Beispiel für ein solches Schema bewertet die Struktur des jeweiligen Industriesektors der einzelnen Partner, deren Nationalität, Position in vertikaler Integration, Zugriff auf Märkte und Technologien sowie Marketingpolitik (Vyas 1995). Es ist klar, dass dieses Klassifikationsschema eine vielschichtige Betrachtungsweise interorganisationeller Netzwerke in einem komplexen Umfeld ermöglicht.

Wir haben vor, die komplexe Sichtweise interorganisationeller Allianzen in diesem Kapitel auf EIPs anzuwenden. Dabei sind drei verschiedene Problemkategorien zu identifizieren, die Unternehmen im Hinblick auf strategische Allianzen betreffen. Somit entsteht ein Gesamtkonzept, womit Asymmetrien untersucht, und eine Allianz kompatibel gemacht werden kann mit strategischen Unternehmensinteressen, speziellen Industriekonfigurationen, oder kulturellen Anforderungen. Dieses Schema nennen wir den „strategischen Allianzen-Pass" (Abb. 9.2).

Abbildung 9.2   Der „strategische Allianzen-Pass"

---

1. Strategische Interessen der Partner

1.1. Gemeinsame Gründe für Zusammenarbeit mit Partnern
- Schneller Zugang zu Partnerkompetenzen, *„joint manufacturing"*, globales Marketing; gemeinsame Kundendatenbank, beschleunigte Innovationen, Industriestandards unterstützen

1.2. Kapitalstruktur der Allianz (auf Eigenkapital basiert oder einfacher Vertrag)
- Kapitalbasierte Allianzen: Minderheitsbeteiligung, "joint ventures", Mehrheitsbeteiligung
- Nichtkapitalbasierte Allianzen: Verträge regeln Verantwortlichkeiten jedes Partners, Operationsmodus der Allianz und Allianzerweiterung oder -ende)

2. Allianzkonfiguration und Industrie

2.1 Allianzstruktur mit Partnern aus einer oder verschiedenen Industrien
- Nur eine oder mehrere Industrien betroffen
- Vertikal integrierte Industrien oder nichtverbunden
- Industrielebenszyklen: schnellwachsende, reife oder schrumpfende Industrien

2.2. Mechanismen für Koordination und Zusammenarbeit verschiedener Industrien
- Binäres Verhältnis oder komplexes Netzwerk
- Formeller Vertrag oder/und informelle Beziehungen
- Stakeholderbeziehungen (Wirtschaft, Regierungsorgane, Bildungs- und Forschungseinrichtungen)

3. Kulturspezifische Dimensionen

Internationale oder regionale Allianz
- Unterschiede in der Rechtssprechung
- Kulturelle Unterschiede und Probleme
- Interkulturelle Kompatibilität

Die erste der drei Dimensionen betrifft gemeinsame organisationelle strategische Interessen: Basiert die Partnerschaft auf gemeinsamen oder kompatiblen Interessen, wie z.B. schneller Zugriff auf Partnerkompetenzen; gemeinsame Fabrikation; globales Marketing; gemeinsam genutzte Kundendateien; besser vorangetriebene Innovationen; und Unterstützung gemeinsamer technischer oder Industriestandards. Die Diskussion gemeinsamer organisationeller strategischer Interessen findet ihren Niederschlag in der Kapitalstruktur und den Interaktionsmechanismen der zukünftigen Allianz (bilateral oder Netzwerk; formelle Verträge oder informelle Vereinbarungen).

Die zweite Dimension betrifft industriespezifische Unternehmenskonfigurationen. Die Partner kommen entweder aus demselben Industriesektor, aus vertikal integrierten Industrien, oder aus komplett verschiedenen Industrien; diese sind entweder schnellwachsend, reif oder zerfallend. Einige Forschungsarbeiten haben industriespezifischen Attribute bei der Entstehung von Allianzen gefunden: so sind in schnellwachsenden Industrien, die grosse Investitionsanstrengungen und ein intensives Innovationsklima erfordern, Unternehmen eher technologischen Allianzen zugeneigt. In „reifen" Industrien sind häufiger Allianzen anzutreffen, die auf Marketing und Produktion basiert sind. In einer bestimmten strategischen Allianz muss eine Organisationsarchitektur gefunden werden, die für alle Partner effizient ist. So ist es beispielsweise klar geworden, dass es eine sehr komplexe Aufgabe ist, Beziehungen zwischen Partnern aus Industrien in verschiedenen Lebenszyklusphasen zu organisieren.

Die dritte Dimension unseres „Passes" betrifft kultur- und umfeldspezifische Attribute. *Die* Partner können nur dann effektiv zusammenarbeiten, wenn ihre Unternehmenskulturen und Identitäten einigermassen kompatibel zueinander sind, und die Manager offen hinsichtlich kultureller Differenzen. Der letzte Punkt wird als kritisch angesehen für die Fähigkeit der Unternehmen, die Partner unvoreingenommen zu verstehen und vertrauensvolle und verlässliche Beziehungen herzustellen, und dies sowohl im nationalen wie auch im internationalen Kontext. Es muss allerdings festgehalten werden, dass Prognosen zur Kulturdistanz nur mit grösster Vorsicht zu behandeln sind: es besteht die Gefahr einer groben Vereinfachung, wenn man Unternehmenskultur zu sehr mit landesspezifischer Kultur gleichstellt. So raten wir davon ab, Wertekongruenz zwischen Allianzpartnern mit der Erwartung zu suchen, dass eine hohe Kongruenz direkt zu einem Wettbewerbsvorteil führt. Zuerst sollte die strategische Einstellung eines Unternehmens (seine „kulturelle Sensibilität") verstanden werden, bevor irgendwelche Vorhersagen gemacht werden können.

9.4 Eco-industrielle Parks und der „strategische Allianzen-Pass": erste Ergebnisse

Im vorstehenden Abschnitt wurde klar, dass die sehr grob gezeichneten „organisationellen Barrieren" (Heeres et al. 2004), die einem erfolgreichen EIP im Weg stehen, aber noch nicht von Theoretikern der Industrial Ecology angesprochen wurden, eine ganze Reihe von Managementproblemen verbergen. Das Aufspüren und Entwickeln dieser Problembereiche dauerte mehrere Jahrzehnte im Feld der strategischen Allianzen. Deshalb scheint es logisch zu sein, dass die Entwicklung von EIPs nur von der Anwendung von Ideen der strategischen Allianzen profitieren kann.

Wenn wir uns nun einem EIP wie Kalundborg zuwenden, fallen sogleich einige Besonderheiten ins Auge: in der Dimension der industriespezifischen Strukturen und der Architektur der Partnerschaften, wie im „Pass" besprochen, wird es klar, dass die Beziehungen in EIPs sehr zahlreich sind (der EIP von Burnside, Halifax/Neuschottland umfasst etwa 1200 Partnerunternehmen, Côté und Cohen-Rosenthal 1998), verglichen mit den zumeist nur zwei, oder höchstens einer Handvoll, Partnern in traditionellen strategischen Allianzen. Weiterhin gehören die Unternehmen eines EIPs sowohl den KMU als auch den Grossunternehmen an, die jedes für sich aus einer anderen Industrie kommend in ihrer aktuellen Lebenszyklusetappe zu stecken scheinen (schnellwachsende im Vergleich zu „reifen" oder rückläufigen Industrien, innovationsorientierte gegenüber kostenorientierte Industrien). Dies bestimmt die strategischen Objektive jedes einzelnen Partnerunternehmens. Diese Ziele, auf EIPs bezogen, umfassen den schnellen und verlässlichen Zugriff auf Partnerressourcen, der sich zu einer Ko-fabrikation ausweiten kann, und zweitens, die Unterstützung von gemeinsamen technologischen oder umweltlichen Standards.

Die heutigen EIPs fallen ausnahmslos in die Kategorie der Vertragsabmachungen, d.h. Allianzen ohne Kapitalbeteiligungen. Ferner wird die Beendung eines EIPs – trotz der fehlenden Kapitalbeteiligung – von den beteiligten Partnern als ein sehr unerwünschtes Ereignis angesehen, das das feine Gefüge der Stoff- und Energieaustausche erschüttert: für einen funktionierenden EIP sind verlässliche und effiziente Lieferanten unerlässlich, da die Austausche von Abfällen und Kuppelprodukten äussert komplex sind.

Die dritte Dimension des „strategische Allianzen-Passes" betrifft kulturspezifische Attribute: in Bezug auf einen EIP müssen nicht nur länderspezifische kulturelle Eigenschaften berücksichtigt werden, so wie bei traditionellen Allianzen, sondern vor allem firmenspezifische oder professionelle kulturelle Differenzen: Es ist unschwer einzusehen, dass ein KMU-Partner wesentlich andere Objektive und einen sehr eigenen Managementstil im Vergleich zu einem Grossunternehmen aufweist. Dies wird noch verstärkt durch die Vielfalt der Industriesektoren, denen die EIP-Partner angehören, jeder mit seiner eignen professionellen Kultur, die sich auf die spezifische Industrie beschränkt. Weiterhin kann man die oben erwähnte „kulturelle Sensibilität" eher vom Management von international tätigen Grossunternehmen erwarten, die weitaus mehr mit anderen (länderspezifischen) Kulturen zu tun haben als KMUs. Wir müssen also von den letzteren fordern, sich in diesem Punkt weiterzuentwickeln und in ihrem Management Fragen verschiedener Kulturen aufzuwerfen, seien diese professioneller oder länderspezifischer Natur.

Abschliessend können wir beobachten, dass die Beziehungen einer Allianz innerhalb eines EIP wesentlich komplexer zu sein scheinen als die innerhalb einer eher traditionellen Allianz. Sogar ohne im Moment weiter auszuholen, kann man sagen, dass EIP-Management einen grossen Nutzen von Theorien strategischen Managements ziehen könnte, sodass die speziellen Probleme von EIPs während ihrer Entstehung, ihrer täglichen Arbeit miteinander und im Falle einer Auflösung des Systems besser verstanden und gelöst werden können. Wenn wir auf den EIP von Kalundborg zurücksehen, sollten wir im Auge behalten, dass dieses Netzwerk ein Ergebnis der sehr engen Beziehungen der Einwohner der Stadt Kalundborg untereinander ist. Diese familienähnlichen Beziehungen haben sich über Generationen hinweg entwickelt und können als einzigartiger Erfolgsfaktor angesehen werden, der nicht kopiert, oder, was noch besorgniserregender wäre, vielleicht noch nicht einmal in einem anderen Kontext genutzt werden kann.

Literatur

Agrawal, A./Cockburn, I. (2003) The anchor tenant hypothesis: exploring the role of large, lo cal, R&D-intensive firms in regional innovation systems, International Journal of Industrial Organization, Vol. 21, S. 1227–1253.

Chandler, A. (1962): Strategy and structure: chapters in the history of the industrial enterprise, Cambridge.

Chiu, A./Yong, G. (2004): On the industrial ecology potential in Asian developing countries, Journal of Cleaner Production, Vol. 12, S. 1037-1045.

Coase, R. H. (1937): The nature of the firm. Economica, Vol 4, 16, S. 386–405.

Côté, R./Cohen-Rosenthal, E. (1998): Designing eco-industrial parks: a synthesis of some experiences, Journal of Cleaner Production, Vol. 6, S. 181-188.

Das, T. /Teng, B. (1998): Resource and risk management in the strategic alliances making process, Journal of Management, Vol. 24, 1, S. 21-42.

Das, T./Teng, B. (2001): A risk perception model of alliance structuring, Journal of Interna tional Management, Vol. 7, 1, S. 1-29.

Ehrenfeld, J./Gertler, N. (1997): Industrial ecology in practice – the evolution of interdepen dence at Kalundborg, Journal of Industrial Ecology, Vol. 1, 1, S. 67-79.

Gulati, R. (1995): Does familiarity breed trust? The implications of repeated ties for contractual choice in alliances, Academy of Management Journal, Vol. 38, 1, S. 85-112.

Heeres, R./Vermeulen, W./de Walle, F. (2004) Eco-industrial park initiatives in the USA and the Netherlands: first lessons, Journal of Cleaner Production, Vol. 12, S. 985-995.

Kogut, B. (1988): Joint ventures: theoretical and empirical perspectives. Strategic Management Journal, Vol. 9, 4, S. 319-332.

Krugman, P. (1996): The localization of the world economy, in: Krugman, P.: Pop Internat-ionalism, Cambridge, S. 205-215.

Kurup, B. (2007): Methodology for capturing environmental, social and economic implications of industrial symbiosis in heavy industrial areas, Unpublished PhD thesis, Curtin University of Technology.

Lambert, A./Boons, F. (2002): Eco-industrial parks: stimulating sustainable development in mixed industrial parks, Technovation, Vol. 22, S. 471-484.

Oldenburg, K./Geiser, K. (1997): Pollution prevention and … or industrial ecology? Journal of Cleaner Production, Vol. 5, S. 103-108.

Porter, M. (1998): Clusters and the new economics of competition, Harvard Business Review, Vol. 76, 6, S. 77-90.

Spekman, R./Isabella, L./MacAvoy, T. (2000): Alliance competence, New York.

Tudor, T./Adam, E./Bates, M. (2007): Drivers and limitations for the successful development and func-tioning of EIPs (eco-industrial parks): A literature review, Ecological Economics, Vol. 61, S. 199-207.

Vyas, N./Shelburn, W./Rogers, D. (1995): An analysis of strategic alliances: forms, functions and framework, Journal of Business & Industrial Marketing, Vol. 10, 3, S. 47-60.

Wallner, H. (1999): Towards sustainable development of industry: networking, complexity and eco-clusters, Journal of Cleaner Production, Vol. 7, S. 49-58.

Williamson, O. (1985): The economic institutions of capitalism, New York.

Zhu, Q./Côté, R. (2004): Integrating green supply chain management into an embryonic eco-industrial development: a case study of the Guitang Group, Journal of Cleaner Production Vol. 12, S. 1025-1035.

10   Dilemmata in Nachhaltigkeitskooperationen: Empfehlungen an die Moderation

Georg Müller-Christ

10.1   Einführung: Das Besondere an Kooperationen für Nachhaltigkeit

Industrial Ecology Management äußert sich in der Praxis in der nachhaltigen Entwicklung von Gewerbegebieten: Jedoch stellen Gewerbe- oder Industriegebiete im Bestand eine Ansammlung von wirtschaftenden Akteuren dar, die erst einmal zufällig nebeneinander agieren und sich vermutlich kaum kennen. Sie wissen damit auch nicht, dass es Probleme gibt, die sie nur als Partner lösen können. Dies gilt insbesondere für die neu auftauchenden Aufgaben einer kooperativen Reduzierung von Emissionen oder einer Steigerung der Sozialverträglichkeit.

Diese Kooperationen entstehen nicht von alleine. Bei genauerem Hinsehen haben diese Kooperationen eine Eigengesetzlichkeit, die neu ist und die nicht einfach zu moderieren ist. Nehmen die Unternehmen miteinander Beziehungen auf und bilden ein Netzwerk, sind die Voraussetzungen geschaffen, um überhaupt gemeinsam Themen zu bearbeiten. Netzwerke haben in ihrer Freiwilligkeit und ihrem Optionenreichtum an Themen eine Eigengesetzlichkeit, die die erste Herausforderung an die Netzwerkmoderation stellt: Es tauchen Spannungsfelder auf, die zum Überleben des Netzwerkes unbedingt notwendig sind und erhalten werden müssen, den Mitgliedern aber als Widersprüchlichkeit erscheinen.

Wählt ein Netzwerk das Thema Nachhaltigkeit, wird es den Akteuren schon bald auffallen, dass nach einer ersten Steigerung der Öko-Effizienz mit ihrer Win-Win-Hypothese gemeinsame weitere Zukunftsinvestitionen getan werden müssen, die erst einmal Geld, Zeit und verändertes Verhalten kosten. Es kann nun einmal nichts für die Zukunft getan werden, was nicht den Gegenwartserfolg und die Gegenwartsliquidität belastet: Nachhaltigkeitsinvestitionen kollidieren mit dem vorherrschenden Effizienzdruck. Auch diese Widersprüchlichkeit muss in nachhaltigen Gewerbegebieten moderiert werden.

Nachhaltigkeitsorientierte Gewerbegebiete, die in der Form von Netzwerken organisiert sind, müssen eine ineinander geschachtelte dreifache Widersprüchlichkeit bewältigen: Netzwerkmanagement ist das Management von Widersprüchen und Nachhaltigkeitsmanagement ist das Management von Widersprüchen. Die Widersprüche unterscheiden sich inhaltlich, nicht aber strukturell: Es müssen logische Gegensätze bewältigt werden, was nur konstruktiv funktioniert, wenn das Unerreichbare – die so genannten Trade-offs – thematisiert werden darf.

Dieser Beitrag soll eine Idee davon vermitteln, dass nachhaltigkeitsorientierte Netzwerkmoderation im Wesentlichen die Aufgabe hat, Trade-offs zu ermöglichen, zu beobachten und auszubalancieren. Diese Aufgabe ist insofern neu, als bislang der Win-Win-Gedanke als Voraussetzung stabiler Kooperationen die Tätigkeit des Moderators in herkömmlichen Netzwerken, Gruppen und Organisationen leitet. Dieser kurzfristige Win-Win-Gedanke muss nun abgelöst werden von der Bereitschaft, Jetzt-für-Dann-Entscheidungen zu treffen, deren Nutzen (Win) häufig viele trifft, deren Kosten aber Einzelne tragen. Gerade Akteure, die das Entscheidungsverhalten in regionalen Netzwerken untersuchen, äußern zunehmend die «schmerzhafte» Erkenntnis, dass der Umgang mit harten Kollisionen den Erfolg der Netzwerke im Nachhaltigkeitskontext steuert (von der Heydt 1997; Baitsch/Müller 2001).

Die Moderation, die vom Ethos des Kompromisses durchdrungen ist, kann diese Art der Verteilung von Kosten und Nutzen nicht bewältigen. Die Lösungsprämisse des Kompromisses im Sinne einer heutigen Win-Win-Situation stellt nicht die einzige Bewältigungsform von Dilemmata dar. Genau genommen ist sie nur eine Vorstufe der Bewältigung, weil sie das Spannungsfeld zwischen den Kosten heute und dem Nutzen morgen durch Abstraktion verbal aufhebt, es im konkreten Entscheidungsfall aber umso heftiger zurückkommt. Härter formuliert ist ein Kompromiss im Dilemmafall ein Reflexionsabbruch, um die Kräfte des Spannungsfeldes nicht deutlich spüren zu müssen.

Der Grundgedanke ist, dass man nur etwas für eine nachhaltigere Entwicklung erreichen kann, wenn man heute zum einen darin investiert, negative Nebenwirkungen des wirtschaftlichen Handelns auf Natur und Gesellschaft zu reduzieren, zum anderen die Funktionsfähigkeit der Ressourcenquellen des Wirtschaftens erhält (Müller-Christ 2010). Jedes Engagement für oder gegen eine nachhaltigere Entwicklung setzt Entscheidungen voraus, zumeist Entscheidungen, die viele Akteure gemeinsam treffen müssen. Das Besondere dieser kollektiven Nachhaltigkeitsentscheidungen ist eben, dass sie nicht durch eine kurzfristige Win-Win-Perspektive moderiert werden können. Es geht vielmehr darum, Trade-offs zu verteilen, was kurzfristig dazu führt, dass Akteure Zeit, Geld und mentale Kapazitäten investieren müssen ohne genau zu wissen, ob sie später einen direkten Vorteil haben werden. Über mehrere Entscheidungen hinweg können diese Trade-offs dann ausbalanciert und gleichmäßig auf die Akteure verteilt werden.

10.2   Die dreifach geschachtelte Widersprüchlichkeit von Nachhaltigkeitsnetzwerken

In der breiten Netzwerkliteratur findet die Tatsache, dass Netzwerke ständig Dilemmata oder Widersprüche bewältigen müssen, noch wenig Beachtung. Vereinzelt wird darauf hingewiesen, dass die Bewältigung von Zielkonflikten in der losen Koordinationsform einer Netzwerkstruktur eine besondere Herausforderung darstellt (von der Heydt 1998). Im

Weiteren wird nun dargestellt, dass Netzwerke für Nachhaltigkeit nicht nur eine Dilemma-Art bewältigen müssen, sondern sogar mehrere, die dann im Geschehen der alltäglichen Entscheidungen als ineinander geschachtelte Widersprüchlichkeiten auftreten. Es ist an dieser Stelle nicht so wichtig, welche Position die drei Dilemmata nun genau zueinander haben, auch nicht welches ein großes, welches ein kleines Dilemma ist. Ineinander geschachtelt soll letztlich nur bedeuten, dass in der organisatorischen Realität der Netzwerke die Spannungsfelder schwer auseinander zu halten und auch schwer separat zu bewältigen sind. Gleichwohl gelten für alle Dilemma-Arten dieselben logischen Bewältigungsformen, die dann nachfolgend erläutert werden (Abb. 10.1).

Abbildung 10.1 Die dreifach geschachtelte Widersprüchlichkeit von Nachhaltigkeitsnetzwerken

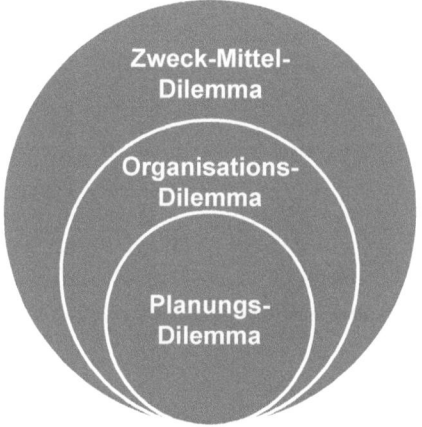

10.2.1 Eigengesetzlichkeiten der Netzwerkstruktur (Organisationsdilemmata)

Die Netzwerkliteratur ist umfangreich und faszinierend. Sie ist vermutlich deshalb so interessant für die Forschung gewesen, weil die Tatsache, dass Menschen und Institutionen lose gekoppelte Beziehungen dauerhaft aufrechterhalten haben, um dann gegebenenfalls durch diese Beziehungen Probleme zu lösen, ein Phänomen ist, das weder durch ökonomisches Kosten-Nutzen-Denken noch durch hierarchisches Machtdenken gut zu erklären ist. Beziehungspflege in Netzwerken – so war dann ein Erklärungsversuch – ist eine Koordinationsform, die genau zwischen Hierarchie und Markt liegt. Vertrauen in die Partner, dass diese weder ihre Macht einsetzen, um sich durch opportunistisches Verhalten einen kurzfristigen Vorteil zu verschaffen noch die Beziehungen in einseitigem Kosten-Nutzen-Erwägungen pflegen, ist das Wesensmerkmal von Netzwerken.

Gewerbegebiete als Netzwerke ähneln am ehesten den regionalen Netzwerken, die heterarchisch strukturiert sind und denen eine strategische Netzwerkführerschaft fehlt. Regionale Kommunikations- und Kooperationsnetzwerke bestehen aus relativ dauerhaften vertrauensgestützten und auf Gegenseitigkeit beruhenden Beziehungen zwischen regionalen Unternehmen, Forschungseinrichtungen und wirtschaftspolitischen Akteuren. Die Besonderheit von regionalen Netzwerken liegt in der Möglichkeit niedrigschwelliger Kontakte. Durch die räumliche Nähe steigt nämlich die Möglichkeit zu direkten Interaktionen und zu intensiveren, vertrauensvolleren Kooperationsbeziehungen.

Die Moderation oder Steuerung von Netzwerken ist deshalb eine komplexe Aufgabe, weil in regionalen Netzwerken, wie es beispielsweise Gewerbegebiete sein können, viele dezentral verteilte und flüchtige Macht- und Entscheidungskompetenzen kontrolliert werden müssen. Faktisch kommt es zu einer permanenten Aushandlung über kleinste Details mit häufig wechselnden Akteuren. Entscheidungen in Netzwerken sind schwierig zu steuern, weil die Akteure in ihre Entscheidungen ihre individuellen Prämissen, die Prämissen der Organisation, die sie vertreten, die Prämissen des Netzwerks und die Prämissen des Netzwerkumfelds zu Grunde legen. Diese vier Bereiche von Prämissen sind vielfach ineinander vernetzt.

Die Moderation oder Steuerung von Netzwerken ist aber auch deshalb eine komplexe Aufgabe, weil die Zieldiversitäten, die Wahrnehmungsdivergenzen und die Interessenskollisionen in diesen vier Bereichen an Prämissen ausgehandelt und abgewogen werden müssen. Zudem sind diese Prämissen noch zeitlich instabil (Baitsch/Müller 2001, S. 31). Die Spannungsfelder, in denen sich eine Netzwerkmoderation bewegen muss, beruhen auf den drei Organisationsdilemmata, die in der nachfolgenden Abbildung visualisiert sind (Abb. 10.2).

Abbildung 10.2   Grunddilemmata der Organisation von Netzwerken

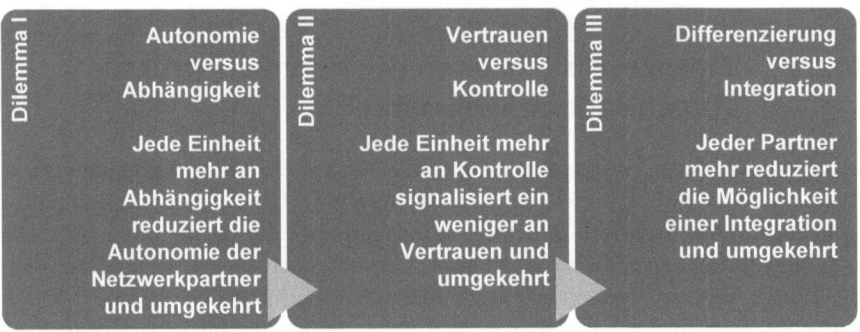

Die einzelnen Dilemmata können hier nur ansatzweise skizziert werden. Ihre theoretische Fundierung findet sich in der Organisations- und Netzwerkliteratur. Das Grunddilemma, aus welchem diese Netzwerkdilemmata abgeleitet sind, ist das von Zwang versus Freiheit. Organisationen müssen, weil sie alle einen spezifischen Zweck erreichen wollen, einen

Rollenzwang auf die Teilnehmer der Organisation ausüben. Gleichzeitig erhalten Organisationen dann die besten Beiträge von ihren Teilnehmern, wenn sie diesen möglichst viele Freiheiten einräumen (Müller-Christ 2007).

Dilemma I: Netzwerke als organisatorische Koordinationsform bewegen sich zwischen der Idee der hierarchischen Koordination (Abhängigkeit) und der marktlichen Koordination (Autonomie). Sie sind von ihrem Wesen her also bereits widersprüchlich angelegt, was aber in der Literatur eher als goldenen Mittelweg zwischen Abhängigkeit und Autonomie beschrieben wird. In der praktischen Durchführung muss aber auch eine Netzwerkmoderation ständig die Spannung zwischen Zielorientierung durch hierarchische Koordination und selbstbestimmten Entscheidungsprozessen zur Akzeptanzgewinnung bewältigen. Der Moderator ist insbesondere dann gefordert, wenn die Unternehmen ihre Stoff- und Energieströme strukturell koppeln sollen und so ein hohes Maß an wechselseitiger Abhängigkeit realisieren müssen.

Dilemma II: Das Dilemma von Vertrauen versus Kontrolle ist ein allseits bekanntes Spannungsfeld zweckorientierter Systeme. Die Netzwerkpartner müssen einander vertrauen können, dass nicht einer der Partner die Kooperationsbereitschaft eines anderen opportunistisch ausnutzt, um Erfolge auf Kosten anderer zu erzielen. Vertrauen ist eine riskante Vorleistung der Akteure; sie erwarten, dass Chancen nicht individuell genutzt werden, sondern Rücksicht auf das Gesamtziel genommen wird. Gleichwohl muss es einen Kontrollmechanismus geben, der aber immer signalisiert, dass das Vertrauen nicht ausreichen könnte. Jede Einheit mehr an Kontrolle signalisiert ein weniger an Vertrauen und jede Einheit mehr an Vertrauen reduziert die Möglichkeit von Kontrolle. Gemeinsame Zweckerreichung in einem Netzwerk braucht aber auch die Kontrolle des Handelns der einzelnen Teilnehmer.

Dilemma III: Je geringer die Anzahl der Akteure in einem Netzwerk ist, desto einfacher ist es, diese auf eine gemeinsame Problemstellung einzuschwören (Integration). Gleichzeitig bleiben die Wirkungsmöglichkeiten aber gering. Das Wesen von Netzwerken ist indes ihre Offenheit für neue Teilnehmer. Mit jedem neuen Teilnehmer nimmt aber die Schwierigkeit zu, eine gemeinsame Problemstellung zu definieren. Diese muss dann zwangsläufig abstrakter formuliert werden, um alle Interesse zu berücksichtigen, wodurch die Handlungsorientierung aber schwindet und in den alltäglichen Entscheidungsprozessen die Konflikte wieder auftauchen.

10.2.2 Eigengesetzlichkeiten der ökonomischen Rationalitäten (Zweck-Mittel-Dilemma)

Nachhaltigkeit lässt sich weder durch maximale Effizienz erreichen noch kann langfristiges Effizienzstreben mit Nachhaltigkeit gleichgesetzt werden. Nachhaltigkeit und Effizienz sind vielmehr zwei eigenständige Rationalitäten, die von wirtschaftenden Akteuren unter den heutigen Bedingungen beide zugleich verfolgt werden müssen. Ihre Beziehung ist leider nicht komplementär, wie gegenwärtig in Wirtschaft und Politik versucht wird zu transportieren, sie ist auch nicht neutral. Die Beziehung zwischen Nachhaltigkeit und Effizienz ist widersprüchlich: Ihre Anwendungen auf Entscheidungen im Ziel-Mittel-Kontext führen zu unterschiedlichen und teilweise eben dilemmahaften Gestaltungsaussagen (Müller-Christ 2007).

Im Kontext der beiden ökonomischen Rationalitäten kommt es zu einem Ziel-Mittel-Dilemma. Dies bedeutet, dass das Ziel der anhaltenden Gewinnerzielung durch Effizienzmaßnahmen erreicht wird, die wiederum durch die möglichen Störungen der Ressourcenzuflüsse die anhaltende Gewinnerzielung konterkarieren. Mit anderen Worten: Je mehr Effizienz als Instrument der Gewinnerzielung eingesetzt wird, desto mehr Nebenwirkungen auf die Ressourcenquellen werden erzeugt, desto mehr wird die Gewinnerzielung der Zukunft beeinträchtigt. Andersherum geht jede Investition in die Erhaltung der Ressourcenquellen zu Lasten der Gegenwartsliquidität und des Gegenwartserfolgs. Unternehmen können dieses Dilemma nicht umgehen. Sie können sich gleichwohl ökonomisch unvernünftig verhalten, indem sie durch ihr heutiges Effizienzverhalten ihre Ressourcenbasis von morgen aufs Spiel setzen.

10.2.3   Eigengesetzlichkeiten des Planungsprozesses (Planungsdilemma)

Die Realisierung einer nachhaltigeren Ausrichtung von Gewerbegebieten ist in ihrer Umsetzung letztlich ein Planungsproblem. Für dieses Planungsproblem gibt es mehrere Leitbilder, die sich grob in Top-down- und Bottom-up-Ansätze kontrastieren lassen. Die Stadt- und Regionalplanung hat sich schon immer mit der Frage auseinander gesetzt, mit welcher Planungsart die größten Realisierungsfortschritte zu erreichen sind. Wie so häufig liegt die Wahrheit in der Mitte: Es geht darum, in intelligenter Weise Elemente des Top-down-Ansatzes mit Elementen des Bottom-up-Ansatzes zu verbinden.

Der Top-down-Ansatz steht für die Leistungsfähigkeit und die Umsetzungsschwierigkeit einer zentral geplanten, langfristigen Neuausrichtung von Gewerbegebieten in Richtung einer nachhaltigeren Entwicklung. Die Informationen für das Konzept und die Bewertung der Richtigkeit der Idee sind alle an der Spitze des Planungsprozesses vorhanden und ermöglichen es, die große Idee einer nachhaltigeren Entwicklung logisch in kleinere Prozessschritte zu übersetzen. Wenn überhaupt eine Art Moderationsbedarf entsteht, dann liegt er darin, den Akteuren werbend die Richtigkeit der kleineren Prozessschritte zu vermitteln und sie zum Mitmachen anzuregen, ohne dass sie das Konzept in Frage stellen. In der Realität liegen die Vorteile dieser zentralen Planungsart in der Schnelligkeit des Planungsprozesses und in der klaren Zielorientierung. Der Nachteil liegt darin, dass die zentralen Planer eben doch nicht den notwendigen Informationsvorsprung vor der Dezentralen haben und es in der Realisierung zu erheblichen Widerständen kommen wird.

Der dezentrale Bottom-up-Planungsprozess schafft Planungskonzepte, die sehr viel mehr die Realisierungsbedingungen berücksichtigen, dabei aber leicht das zu lösende Problem oder die Idee aus den Augen verlieren. Der Moderationsbedarf zwischen den dezentralen

Akteuren steigt und der Moderator verliert dann immer mehr seine Neutralität, wenn die Akteure durch einen dezentralen Planungsprozess eine Entscheidungsvorlage schaffen sollen, die Einschränkungen ihrer bisherigen Handlungsweise erfordern. Ohne steuernden Eingriff neigen die Akteure zumeist dazu, das zu lösende Problem oder die Idee solange umzudefinieren, bis es wieder durch die bisherigen Handlungsrationalitäten zu erreichen ist. Als typisches Beispiel kann hier der Versuch angeführt werden, eine nachhaltige Entwicklung durch eine Steigerung der betriebswirtschaftlichen Effizienz erreichen zu wollen. Natürlich lassen sich durch Energie-, Material und Abfalleinsparungen Kostenreduzierungen und ökologische Entlastungen zugleich erreichen, aber eben nur relativ pro Produkteinheit. Absolut nehmen der Ressourcenverbrauch und die Emissionen weiter zu, weil das Produktionsvolumen weiter wächst.

Die Verbindung der beiden Planungsarten führt zu Trade-offs. Die Vorteile der zentralen Planungsart mit ihrer Schnelligkeit und ihrer logischen Ableitbarkeit der Prozessschritte können nicht mehr in vollem Umfang genutzt werden, wenn die Planung dezentralisiert wird. Sie wird dann zwar realistischer, dauert aber länger und ist schwieriger auf das Ziel einer nachhaltigeren Entwicklung auszurichten. Die Kombination der beiden Planungsarten wird im so genannten „perspektivischen Inkrementalismus" verfolgt. Mit Inkrementalismus ist gemeint, dass das große Planungsziel in viele kleine Schritte zerlegt wird, die sich perspektivisch auf den Weg machen, in diesem Falle hier als perspektivisch auf den Weg zur Nachhaltigkeit. In der folgenden Abbildung (10.3) sind die methodischen Konstruktionsprinzipien des perspektivischen Inkrementalismus visualisiert.

Die mit dem perspektivischen Inkrementalismus umschriebene Planungskultur unterscheidet sich nicht durch neue Inhalte, sondern durch veränderte Verfahrensweisen und Methoden von der zentralen Planungsart. Das Problem ist daran, dass diese Planungskultur (wie jede andere auch) erst einmal nicht sichtbar ist und damit nur schwer zu einer bewussten Entscheidung gemacht werden kann. Zudem erfordert diese Planungskultur eine gewisse Ambiguitätstoleranz, weil sie in sich widersprüchlich angelegt ist: Sie verlangt ein ständiges gedankliches Pendeln zwischen kleinen Projekten und deren Ausrichtung an einem großen Ziel, was umgekehrt nur funktioniert, wenn nicht zwischendurch kleine Projekte eingeschleust werden, die dem großen Ziel nicht dienlich sind. So kann es dem Anliegen eines nachhaltigen Gewerbegebiets nicht förderlich sein, wenn im Verlaufe des Projektes beispielsweise der Antrag gestellt wird, das Nachtfahrverbot für LKW aufzuheben. Die Moderation muss in einem inkrementellen Planungsprozess die Bereitschaft haben, unpassende Kleinprojekte zu unterbinden, auch wenn deren Öko-Wirkung scheinbar noch so gering ist. Deren Imagewirkung ist es nicht!

Abbildung 10.3 Die methodischen Konstruktionsprinzipien des perspektivischen
Inkrementalismus (in Anlehnung an von der Heydt 1998, S. 36)

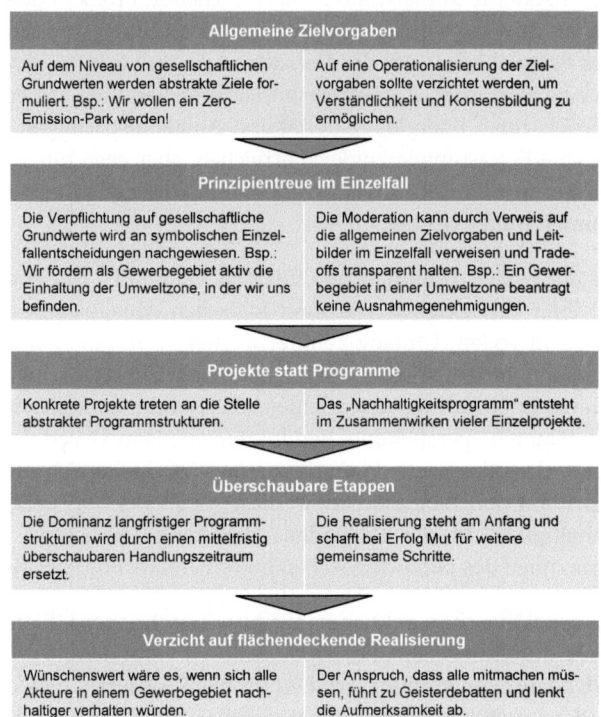

10.3 Netzwerkmoderation bei dreifach geschachtelter Widersprüchlichkeit

10.3.1 Empfehlungen für die Netzwerkmoderation

Moderation ist eine Tätigkeit, die von Menschen durchgeführt wird. Von daher finden sich in der Literatur viele Vorschläge dafür, welche Eigenschaften diese Menschen haben sollen und was genau die Tätigkeiten sind, die ein Moderator durchführen soll und welche Kompetenzen er haben muss. Häufig werden Eigenschaften, Tätigkeiten und Kompetenzen in Anforderungskatalogen zusammengefasst. Aus umfangreichen Beobachtungen und Begleitungen regionaler Netzwerke haben Baitsch und Müller (Baitsch/Müller 2001) Erkenntnisse darüber gesammelt, welchen Anforderungen eine herkömmliche Netzwerkmoderation gerecht werden sollte.

Moderation in Netzwerken sollte

- ...flexibel auf unterschiedliche Erwartungen reagieren

- ...die Balance zwischen Offenheit und Geschlossenheit sichern

- ...ein systematisches Moderationskonzept verfolgen

- ...die Organisation der Selbstorganisation zum Ziel haben

- ...Machtasymmetrien im Netzwerk thematisieren

- ...eine Balance zwischen Formalisierung und informeller Kooperation sichern

- ...die nicht intendierten Wirkungen öffentlicher Programme abschätzen

- ...Umsetzung und strategische Planung parallel verfolgen.

Der Begriff der herkömmlichen Netzwerkmoderation soll nicht im Sinne von gewöhnlich verstanden werden. Vielmehr soll ein Unterschied gemacht werden zu der sehr wichtigen Erkenntnis, dass eine Moderation von Netzwerken eine eigenständige Qualität besitzt gegenüber der klassischen Moderation von Gruppen. Diese eigenständige Qualität beruht darauf, dass es nicht allein auf die sozialpsychologische Begleitung der Akteure ankommt – etwa im Sinne der themenzentrierten Interaktion. Netzwerkmoderation umfasst auch die inhaltliche und methodische Steuerung der Akteure, was wiederum nur gelingt, wenn der Moderator seine neutrale Rolle aufgibt und die Akteure in die komplexen Abstimmungen der Entscheidungen für Nachhaltigkeit führt. Darüber hinaus zeichnet sich der regionale Kontext von Netzwerken durch eine spezifische Akteurskonstellation aus; das Spezifische liegt darin, dass Akteure mit unterschiedlichen Eigengesetzlichkeiten und Eigenwertigkeiten (Unternehmen, Planungsgesellschaften, Kommunen, Bürgerinnen und Bürger u. a. m.) am Netzwerk teilnehmen. Eine weitere Prämisse der eigenständigen Qualität der Netzwerkmoderation liegt darin, dass die Netzwerkteilnehmer, die als Personen die Abstimmungsprozesse durchführen, an sich Institutionen repräsentieren und somit in mehreren Rollen auftreten, die nicht immer sauber zu trennen sind.

Zu diesen Anforderungen hinzu kommen zahlreiche Empfehlungen für eine gute Moderation, die sich aus dem Kontext der Führung von Gruppen ergeben. Die Moderation der Zusammenarbeit in Gruppen hat eine Schnittmenge zur Moderation von Kooperationen der Unternehmen in Gewerbegebieten und zwar immer dann, wenn es um Interessenskollisionen geht. Schließlich arbeiten auch hier Menschen zusammen. Stärker und wirkungsvoller als Interessenskollisionen sind aber die logischen Widersprüche, die sich aus der Sache ergeben: aus der Sache, ein Netzwerk für eine nachhaltigere Entwicklung zu führen. Die entscheidende Botschaft dieser Abhandlung über Netzwerkmoderation sind die dreifach geschachtelten Widersprüche, die sich aus dem Organisations-, dem Planungs- und dem Zweck-Mittel-Dilemma ergeben. Letztere erscheinen im Kontext der Kooperationen von Unternehmen zuweilen als harte Kollisionen.

Die Moderation von Netzwerken für eine nachhaltige Entwicklung von Gewerbegebieten verliert aber dann ihre Glaubwürdigkeit und damit auch ihre Wirkungsmöglichkeiten, wenn sie allein dankbare und konsensfähige Probleme auf verhältnismäßig geringem Dilemmaniveau (weiche Kollisionen) behandelt und die wirklich großen Herausforderungen nicht beachtet. Beispielsweise sollte es nicht passieren, dass ein Netzwerk in Gewerbegebieten es durch eine Moderation zwar schafft, der Kommune eine neue Beschilderung des Industriegebietes abzuringen (eine eher weiche Kollision), im weiteren Verlauf der Zusammenarbeit aber nicht eine Tonne CO_2 einspart (eine eher harte Kollision, wenn nicht Öko-Effizienz im Spiel ist).

Die Ausführungen bislang lassen sich so zusammenfassen, dass im Rahmen der nachhaltigeren Entwicklung von Gewerbegebieten vor allem harte Verteilungsprobleme gelöst werden müssen. Die Grundprämisse hierzu lautet, dass man durch schlichtes Umbenennen dieser Verteilungsaufgabe von Trade-offs in herkömmliche Interessenskonflikte der Sache nicht gerecht wird. Der gravierende Unterschied liegt genau darin, dass Widersprüche oder Dilemmata logische Gegensätze in der Sache sind, Interessenskonflikte hingegen durch Bewertungen von Menschen entstehen. Im Konsens werden diese Bewertungen dann verändert und die Konflikte gelöst; so lässt sich der Ethos des Konfliktmanagements zusammenfassen. Diese Vorgehensweise ist bei Widersprüchen nicht möglich. Hierauf muss eine dilemmasensible Moderation gut vorbereitet sein. Die nachfolgenden Empfehlungen sind dabei nicht neue Instrumente oder Werkzeuge der Moderation, aber eine andere Orientierung: eine Trade-off-bereite und dilemmasensible Moderation der Kooperationen für mehr Nachhaltigkeit in Gewerbegebieten.

10.3.2 Grundlegende Moderationsempfehlungen zum Umgang mit Dilemmata

Die Empfehlungen, die bislang in den Ausführungen der Literatur zur Moderation in Netzwerken für mehr Nachhaltigkeit fehlen, sind in der nachfolgenden Abbildung zusammengefasst. Sie resultieren aus den vorangegangenen theoretischen Überlegungen zur Bewältigung von Widersprüchen. Für den Moderator bedeutet der Umgang mit Widersprüchen, dass er die Kompetenz zur Bewältigung von Dilemmata besitzen muss. Diese Kompetenz, die noch nicht konzeptionell umschrieben ist, könnte sich genau aus diesen vier Handlungsfeldern zusammensetzen, die hier als dilemmabezogene Moderationsempfehlungen abgeleitet sind. Im Rahmen der Bildung für eine nachhaltige Entwicklung wird neben den so genannten Gestaltungskompetenzen zunehmend auf die Kompetenz abgehoben, Dilemmata bewältigen und Ambiguitäten aushalten zu können (de Haan u. a. 2008). Noch völlig unbeantwortet bleibt die Frage, wie Moderatoren – aber auch die Entscheider in den Unternehmen, die kooperieren wollen – diese Dilemmakompetenz erwerben können. Die vorhandenen pädagogischen Ansätze thematisieren mehr den Umgang mit moralischen Dilemmata, beispielsweise unter der Überschrift: Moral ist lehrbar! (Lind 2003). So bleibt bislang nur der vorsichtige Hinweis, dass interessierte Moderatoren ihren Blick schulen für die Kollisionen von Interessen und sachlichen Notwendigkeiten und deren behutsamer, aber offener Bewältigung.

Abbildung 10.4 Dilemmabezogene Moderationsempfehlungen

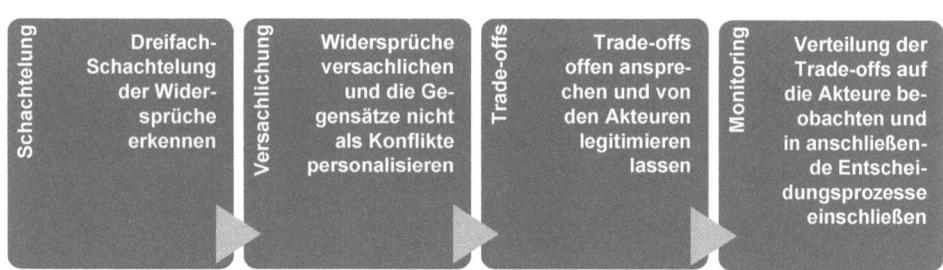

10.3.2.1 Schachtelung: Dreifach geschachtelte Widersprüche erkennen

Der bekannte amerikanische Managementforscher Henry Mintzberg hat einmal gesagt, dass modernes Management im Wesentlichen ein Management von Widersprüchen ist. Gerade Netzwerke zählen zu den modernen Organisationsformen, die mehr Komplexität bewältigen können als hierarchische Strukturen. Dafür ist ihre Steuerung auch weniger direkt möglich. Moderatoren in Netzwerken sollten sich in der modernen Organisationslehre auskennen und verstehen, wie die Widersprüche in der Organisationsgestaltung entstehen und wie sie bewältigt werden können. Die zentrale Erkenntnis hierbei ist, dass Widersprüche eben nicht beseitigt werden können, sondern nur bewältigt. Ihre Spannungsfelder liegen in der Sache begründet und konstruktive Bewältigungen können nur innerhalb der Spannungsfelder entstehen und nicht durch Beseitigung dieser. Eine besondere Herausforderung liegt darin, dass in Netzwerken für eine nachhaltige Entwicklung, wie es nachhaltige Gewerbegebiete sein können, verschiedene Widersprüche ineinander geschachtelt auftreten.

10.3.2.2 Versachlichung

Konflikte in Netzwerken waren auch bisher Thema der Überlegungen zu Besonderheiten der Moderation. Die wichtige Unterscheidung, die hier jedoch hinzugefügt wird, ist der Unterschied zwischen einem Konflikt und einem Widerspruch. Ein Widerspruch ist in der Sache begründet und unabhängig von Personen, ein Konflikt entsteht durch eine Bewertung eines Menschen oder einer Institution und ist fest mit diesen verbunden. Netzwerkmoderation bei den geschachtelten Widersprüchlichkeiten muss folglich zwei Aufgaben lösen, die bislang noch nicht ausreichend thematisiert werden:

■ Widersprüche und Interessenskonflikte auseinander halten können

■ Widersprüchlichkeiten in der Sache von Konflikten zwischen Personen trennen können und somit verhindern, dass Widersprüche als Konflikte definiert werden.

Abbildung 10.5   Konfliktmanagement, Mediation und Dilemmamanagement im
                     Vergleich

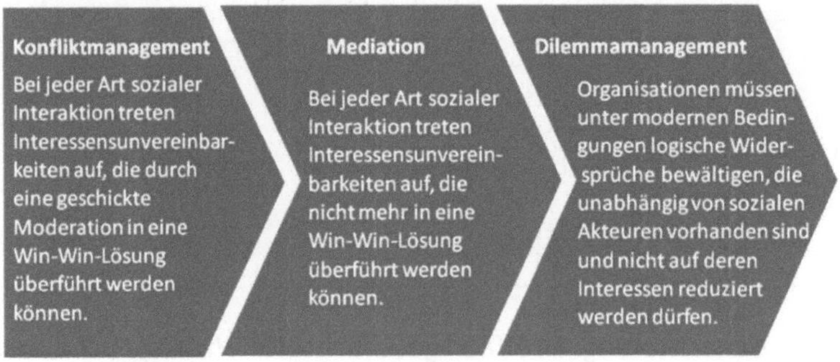

Konfliktmanagement	Mediation	Dilemmamanagement
Bei jeder Art sozialer Interaktion treten Interessensunvereinbarkeiten auf, die durch eine geschickte Moderation in eine Win-Win-Lösung überführt werden können.	Bei jeder Art sozialer Interaktion treten Interessensunvereinbarkeiten auf, die nicht mehr in eine Win-Win-Lösung überführt werden können.	Organisationen müssen unter modernen Bedingungen logische Widersprüche bewältigen, die unabhängig von sozialen Akteuren vorhanden sind und nicht auf deren Interessen reduziert werden dürfen.

In der Abbildung (10.5) ist der Versuch unternommen worden, den Unterschied zwischen
einem Konfliktmanagement, der Mediation und dem Dilemmamanagement auf den Punkt
zu bringen. Natürlich hält die Praxis ein buntes Kaleidoskop dieser Problemlagen bereit.
Die Erfahrung zeigt jedoch, dass die drei Bewältigungsansätze mit einem unterschiedlichen Ethos arbeiten und deshalb mit unterschiedlichen Lösungsprämissen arbeiten.

Mit Versachlichung ist genau die Erleichterung gemeint, wenn Akteure in Kooperationen
erkennen, dass die Spannungen, die sie bewältigen müssen, nicht durch Personen, sondern
durch die Logik der Sache entstanden sind. In diesem Moment taucht bei den Kooperati-
onspartnern häufig auch eine erstaunliche Bereitschaft auf, über Trade-offs zu reden – also
die Unvereinbarkeiten zu akzeptieren und ihre Bewältigung zu diskutieren (ausführlich zu
Widerspruchsmanagement und Trade-off Bewältigung in Müller-Christ 2010).

10.3.2.3   Trade-offs zulassen und legitimieren

Kooperationen gelingen dauerhaft dann, wenn alle beteiligten Partner nicht mehr investieren müssen als sie an Nutzen ernten. So lautet der Erfolgsbegriff des Kooperationsmana-
gements. Dieser Erfolgsbegriff kommt dann in Schwierigkeiten, wenn in Kooperationen
über Trade-offs verhandelt werden muss; dann trägt mindestens ein Kooperationspartner
eine Investition oder eine Unterlassung, deren Nutzen mehr den anderen Partnern als ihm
selbst zukommt: Er hat folglich kurzzeitig ein negatives Kosten/Nutzen-Verhältnis in der
Kooperation realisiert. Anders aber können Widersprüche in Netzwerken für Nachhaltigkeit nicht bewältigt werden.

Wenn der LKW-Verkehr wegen der hohen Lärm- und Feinstaubbelastung der Anwohner
reduziert werden soll, dann müssen Unternehmen für diese ökologische Entlastung eine
organisatorische Belastung tragen und Zeit und Geld investieren für eine andere Art der
Belieferung. Vielleicht bekommen die Anwohner auch aus guten Gründen nicht schnell
eine Entlastung verhandelt, dann müssen sie länger die Belastung tragen. Egal wie das Er-

gebnis lautet: Der Moderator muss dafür sorgen, dass der Trade-off von den Beteiligten legitimiert wird, damit seine Bewältigung dauerhaft akzeptiert wird.

Der Moderator hat also die Aufgabe, in den vielen dilemmabezogenen Entscheidungen der Kooperationspartner die Verteilung der Lasten durch die Trade-offs im Blick zu haben und die langfristige Win-Win-Situation anzustreben, ohne die unumgängliche kurzfristige Win-Lose-Situation einzelner Kooperationspartner zu verharmlosen und wegzudefinieren. Damit er hier den Überblick behält, muss er alle Entscheidungen im Netzwerk und ihre Trade-offs beobachten und festhalten. Er braucht ein Monitoring der Entscheidungen.

10.3.2.4   Monitoring von Entscheidungsprozessen

Bei genauerem Hinsehen haben alle menschlichen Entscheidungsprozesse die Phasen: Problemstellung, Alternativensuche, Alternativenbewertung und Realisierung. Bei Routineentscheidungen laufen die Problemerkennung, die Alternativensuche und ihre Bewertung blitzschnell ab, bei neuen und komplexen Entscheidungen können einzelne Phasen sehr lang dauern.

Interessanterweise stellt jede Phase für sich auch wieder einen Entscheidungsprozess dar. Auch die Entscheidung für eine bestimmte Problemsicht, auch die Entscheidung für eine zu berücksichtigende Alternative, auch die Entscheidung für eine Bewertung einer Alternative läuft wieder in den vier Phasen ab. Entscheidungsprozesse laufen dann professionell ab, wenn es gelingt, die Alternative auszuwählen und zu realisieren, die das Problem am besten löst. In der Praxis ist dies mit erheblichen Informationsbeschaffungs- und -verarbeitungsprozessen verbunden. Diese liegen teilweise in der Sache begründet (wie stelle ich das Energieeinsparpotenzial einer neuen Anlage verlässlich fest, wie bewerte ich das Potenzial?), sie liegen teilweise in Machtunterschieden begründet: Nicht jede problemlösende Alternative ist gewünscht, weil die Trade-offs und Nebenwirkungen nicht akzeptiert werden oder sie gegen versteckte Ziele eines Partners verstoßen.

Der Moderator muss nun Entscheidungsprozesse so steuern können, dass eine zieloptimale Lösung entsteht. Hilfreich hierbei ist es, die Phasen der einzelnen Entscheidungen genau zu überblicken und zu kontrollieren, ob sie reflektiert abgelaufen sind. Schlechte Entscheidungen entstehen leicht dann, wenn

- das Problem falsch definiert wurde (eine gute Problemstellung ist die halbe Lösung);

- die Alternativen nicht umfassend genug gesucht wurden;

- die Alternativen hinsichtlich ihres Zielerreichungsbeitrags falsch bewertet wurden;

- die gewählte Alternative sich nicht realisieren ließ oder nicht realisiert wurde.

Da jede Phase eines Entscheidungsprozesses wiederum einen Entscheidungsprozess beinhaltet, können in dilemmabezogenen Entscheidungen Trade-offs in jeder Phase entstehen, die beobachtet und dokumentiert werden müssen. Über einen angemessenen Zeitraum hinweg sollten sich die Trade-offs über die Kooperationspartner wieder gleich verteilen, damit langfristig alle Partner einen Nutzen von der Kooperation haben. Die Aufgabe,

Trade-offs zu monitoren, wird dann leichter, wenn in den Entscheidungsprozessen das Un-vereinbare offen ausgesprochen werden kann, Kooperationspartner sich freiwillig bereit erklären, einen Trade-off zu tragen und es ein Schema zur Bewertung der Trade-offs gibt. Für den Beginn bietet sich vielleicht ein einfaches 10-Punkte-Schema an. Die Zuordnung der Bonuspunkte zu einem Trade-off sollte tunlichst im Konsens erfolgen, im Zweifelsfall demokratisch, nie aber autoritär durch den Moderator.

10.3.3   Spezielle Empfehlungen zum Umgang mit Spannungsfeldern

Die dreifach geschachtelten Widersprüche, wie sie oben eingeführt wurden, müssen so bewältigt werden, dass die Spannungsfelder, die sie aufbauen, erhalten bleiben. Aus jeder der drei thematisierten Widersprüchlichkeiten wird im Folgenden das entscheidende Spannungsfeld näher erläutert und mit Moderationsempfehlungen versehen (Abb. 10.6).

Bei den Moderationsempfehlungen ist es wichtig, zu verstehen, dass die einzelnen Spannungsfelder in dem Sinne systematisch bewältigt werden können, wie es vorne erarbeitet wurde. Die Vorstellung, dass beide Pole zeitgleich verfolgt werden können, indem auf unterschiedlichen Gestaltungsebenen, an unterschiedlichen Orten durch unterschiedliche Menschen und durch unterschiedliche Instrumente das Spannungsfeld segmentiert und ausbalanciert wird, ist schwierig vorzustellen, schwierig zu beschreiben und schwierig zu vermitteln. Erste Ansätze werden im Weiteren dazu gemacht. Sie führen, wie eingangs erwähnt, nicht zu neuen Werkzeugen oder Instrumenten der Moderation, sondern zu neuen Orientierungen, die mehr Komplexität verarbeiten können. Die Ansätze zeigen auch, dass zwischen einem Netzwerkmanagement und einer Netzwerkmoderation kaum zu trennen ist. Der Netzwerkmanager muss zu einem Moderator der Abstimmungsprozesse werden oder der Netzwerkmoderator zu demjenigen, der das Netzwerk managt. Vermutlich gibt es in der Praxis keinen Raum für zwei getrennte Rollen: Moderator und Manager.

Abbildung 10.6   Spannungsfelder der thematisierten Dilemmata

10.3.3.1   Planungsdilemma: Spannungsfeld Neutralität versus Ergebnisorientierung

Das Planungsdilemma wurde vorne als Gegensatz von Top-down-Ansatz (schnelle Ergebnisse) und Bottom-up-Ansatz (akzeptierte Ergebnisse) formuliert. Das Spannungsfeld, welches sich für den Moderator in einem Netzwerk verallgemeinern lässt, ist das von Neutralität versus Ergebnisorientierung.

Das freiwillige Miteinander in einem Netzwerk setzt eigentlich einen neutralen Moderator voraus. An sich ist in den meisten Kontexten die Rolle des Moderators überhaupt mit Neutralität gleichgesetzt. Auf der anderen Seite muss auch jedes Netzwerk Ergebnisse produzieren, damit die Teilnehmer den Nutzen des abgestimmten Verhaltens erkennen. Dieser Gegensatz ist nicht neu, er erhält jedoch durch das zu erreichende Ergebnis eine neue und besondere Brisanz: Nachhaltigkeit als Ziel des Netzwerks wird nur erreicht, wenn Trade-offs verteilt werden. Nicht jeder profitiert also von dem Ergebnis, und die Gegenkräfte gegen effektive Nachhaltigkeitsmaßnahmen können beizeiten sehr groß werden.

Zuviel Neutralität des Moderators kann dazu führen, dass die Teilnehmer des Netzwerks sich auf die Lösung nachrangiger Nachhaltigkeitsprobleme einigen (weiche Kollisionen). Zuviel Ergebnisorientierung kann dazu führen, dass die Bereitschaft zur freiwilligen Mitarbeit der Teilnehmer erlischt. In beiden Fällen ist für eine nachhaltige Entwicklung eines Gewerbegebiets wenig gewonnen. Der Moderator hat nun die grundsätzlichen Möglichkeiten des Widerspruchsmanagements zur Verfügung. Er kann versuchen, ständig zwischen Neutralität und Ergebnisorientierung hin und her zu pendeln, was in der Praxis vermutlich dazu führt, einen goldenen Mittelweg zu wählen: behutsame Interventionen führen dann zu passablen Nachhaltigkeitsbeiträgen.

Der perspektivische Inkrementalismus, der vorne als Bewältigungsform des Planungsdilemmas eingeführt wurde, deutet auf eine komplexere Problemlösung hin. Seine Prämisse ist es, das große Problem einer nachhaltigen Entwicklung in viele kleine Probleme zu zerlegen und diese inkrementell (langsam wachsend und aufeinander aufbauend) abzuarbeiten. Der Moderator hat nun die Möglichkeit, diese Projekte zu segmentieren in ergebnisorientierte und neutrale Projekte: Bei den einen dringt er auf rasche Ergebnisse, bei den anderen verhält er sich neutral und lässt die Teilnehmer die Lösung ausdiskutieren. Diese Bewältigungsform lässt sich als Partitionierung bezeichnen: Das große Nachhaltigkeitsprojekt wird in viele kleine Partitionen zerlegt, die nach gegensätzlichen Kriterien bearbeitet werden.

Eine andere Möglichkeit zu segmentieren ist es, die Pioniere und innovativen Unternehmen im Gewerbegebiet ergebnisorientiert zu führen und die Zauderer und Follower (die, die erst mal sehen wollen, ob es klappt) neutral zu behandeln. Genauso ist es möglich, die fokale Organisation, beispielsweise eine Interessengemeinschaft des Gewerbegebiets, eher ergebnisorientiert zu führen, auf Versammlungen aller Akteure eines Gewerbegebiets sich eher neutral zu verhalten. Die Bewältigung des Spannungsfeldes verlangt folglich vom Moderator, dass er Projekte, Persönlichkeiten oder Organisationseinheiten bewusst gegensätzlich behandelt. Nach welchen Kriterien er die Unterschiede macht, kann letztlich nur seinem Feingefühl für die dilemmabeladene Situation überlassen werden. Sein Erfolg hängt letztlich davon ab, dass er ambivalent führt, ohne die Teilnehmer in Ambivalenzen alleine zu lassen.

10.3.3.2 Organisationsdilemma: Spannungsfeld Öffnung versus Schließung des Netzwerks und im Netzwerk

Vorne wurden drei Dilemmata ausgearbeitet, die sich aus den organisationstheoretischen Erkenntnissen zur Führung von Netzwerken ergeben: Autonomie versus Abhängigkeit, Vertrauen versus Kontrolle, Differenzierung versus Integration. Für den Moderator ergibt sich aus diesen Dilemmata ein übergreifendes Spannungsfeld, welches er täglich bewältigen muss: Öffnung versus Schließung der Netzwerkstrukturen. Diese Aufgabe wird in der Managementliteratur als Grenzmanagement bezeichnet. Damit eine Institution überlebt, muss sie sich stets zugleich ihren Umwelten öffnen, um sich an neue Gegebenheiten anzupassen wie auch kulturell schließen, um nicht ihre Identität zu verlieren.

Öffnen und Schließen ist ein Spannungsfeld, welches wiederum in doppeltem Sinne in einem Netzwerk auftaucht und von der Netzwerkmoderation bewältigt werden muss. Gleichzeitig muss sich das Netzwerk selbst öffnen für neue Teilnehmer und gleichzeitig wieder schließen, um arbeitsfähig zu sein. Aber auch die einzelnen Teilnehmer müssen angeleitet werden, sich für die Teilnahme im Netzwerk zu öffnen und gleichzeitig sich kulturell abzugrenzen, um ihre Identität zu wahren.

Für die einzelnen Teilnehmer des Netzwerkes bedeutet die Mitgliedschaft, dass sie Informationen über ihr Unternehmen einbringen müssen, um Kooperationen im Stoffstrommanagement zu ermöglichen. Geben die Netzwerkakteure sensible Daten weiter, können sie sich selbst gefährden, weil andere diese Daten zu ihrem Vorteil verwenden können. Allerdings ist die Preisgabe der Daten die Grundvoraussetzung für die Entwicklungsfähigkeit des Netzwerks.

Der Netzwerkmoderator wird beobachten, dass die einzelnen Teilnehmer ihren eigenen Modus finden, wie viele Informationen sie preisgeben und in welchen Bereichen sie sich eher geschlossen halten. Er ist besonders gefordert, wenn Teilnehmer wichtige Informationen zurückhalten, um sich zu schützen, den Gesamterfolg eines Projektes des Netzwerkes aber gefährden. In solchen Fällen hilft es zumeist nichts, Vertrauen einzufordern. Vielmehr sollte der Moderator versuchen, der Notwendigkeit der Informationsöffnung mit einem Modus der Schließung zu begegnen. Mit anderen Worten: Wenn Unternehmen Informationen preisgeben (sich öffnen), tun sie dies in einen vertrauenswürdigen Kreis von Menschen hinein (eine Projektgruppe), die informatorisch abgeschlossen ist. Das betroffene Unternehmen kann mit der Netzwerkmoderation bestimmen, mit welchen Menschen diese Projektgruppe besetzt wird.

Konkret bedeutet dies für ein Netzwerk von Unternehmen in einem Gewerbegebiet, dass die entstehende Interessengemeinschaft eine andere Identität entwickeln als die Unternehmen: Die Identitäten sind nicht identisch. Auch sind die Interessen der Interessengemeinschaft nicht in jeder Hinsicht identisch mit den Interessen der Unternehmen.

Auch das Netzwerk selbst muss ein Grenzmanagement betreiben. Die Moderation steht vor der Aufgabe, das Netzwerk stets offen für alle Akteure des Gewerbegebiets zu halten, gleichzeitig aber Grenzen zu schließen, um arbeitsfähig zu bleiben. Jeder neuer Teilnehmer, der ernsthaft mitarbeiten will, kann die Nachhaltigkeitswirkungen des Netzwerks erhöhen, gleichzeitig aber durch die eigenen Werte und Normen die Identität des Netzwerks verwässern. Dieses Spannungsfeld kann der Moderator wieder organisatorisch bewältigen, indem er offene und geschlossene Arbeitsgruppen einrichtet. Offene Arbeitsgruppen werden mit Belangen beschäftigt, die wechselnde Besetzungen und vielfältige Meinungen vertragen. Mit der Mitarbeit in offenen Arbeitsgruppen können neue Teilnehmer an das Netzwerk herangeführt werden. Dies korrespondiert mit der Aufgabe des Moderators, neutral zu bleiben. Geschlossene Arbeitsgruppen können mit hoher Ergebnisorientierung geführt werden und tragen zur Identität des Netzwerks bei. Hier können – wie bereits erwähnt – auch große Nachhaltigkeitswirkungen erzielt werden.

10.3.3.3 Zweck-Mittel-Dilemma: Spannungsfeld kurzfristige Effizienzgewinne versus langfristige Ressourcensicherung

Der Widerspruch zwischen Nachhaltigkeit und Effizienz stellt den Kernwiderspruch der nachhaltigen Orientierung von Gewerbegebieten dar. Die Investition in die ressourcensichernde Ausrichtung des Gewerbegebiets belastet die Gegenwartsliquidität der Unternehmen und reduziert somit die Gewinne. Eine zu starke Ausrichtung der Unternehmen an den kurzfristigen Erfolgen reduziert die Bereitschaft, in Nachhaltigkeit zu investieren. Hintergrund ist ein Nullsummenspiel: Eine Einheit Geld oder Zeit oder Aufmerksamkeit kann nur einmal verwendet werden – entweder für den kurzfristigen Gewinnausweis oder für die langfristige Ressourcensicherung.

Der Moderator steht hier vor einer schwierigen Aufgabe. Die Bereitschaft der Unternehmen und Unternehmer, sich in dieses Spannungsfeld hinein zu begeben, hängt von vielen Faktoren ab: von der Unternehmensgröße, von der Rechtsform, von der Ertragslage, von der Branche u. a. m. Eine Erfahrung lautet jedoch, dass mittelständische und eigentümergeführte Unternehmen sehr standorttreu sind und eher aufgeschlossen sind für eine langfristige Sicherung der Ressourcenbasis: Der mittelständische Unternehmer möchte langfristig Einkommen aus seinem Unternehmen erzielen und es eventuell an die Familie weitergeben. Betriebsstätten größerer Konzerne sind weniger standorttreu und abhängiger von den Konzernstrategien. Mittelständische Unternehmer in einem Gewerbegebiet könnten daher vielleicht am ehesten gewonnen werden, ein Nachhaltigkeitsengagement mitzutragen, welches nicht nur auf kurzfristige Effizienzgewinne zielt.

Der Moderator muss davon ausgehen, dass die Unternehmen unterschiedlich zugänglich für das Argument der langfristigen Ressourcensicherung sind. Sie sind im Übrigen auch unterschiedlich zugänglich für das Argument der Effizienzsteigerung durch Umweltschutz, auch wenn es scheinbar gutes betriebliches Rationalisierungsdenken ist. Eine Möglichkeit, sich in diesem ökonomischen Spannungsfeld zu bewegen, ist die Zurücknahme der schnellen ökonomischen Argumentation. Jeder Unternehmer weiß vermutlich, dass er Einsparpotenziale an Material, Abfall, Wasser, Verkehr und Energie im Unternehmen hat. Für jeden Unternehmer kann eine von außen erzeugte Veränderung auch zugleich eine Belehrung sein, dass er seiner Aufgabe als Unternehmer und Geschäftsführer nicht ordentlich nachgekommen ist. Zum anderen bedeutet jede Veränderung von Material-, Abfall-, Verkehrs-, Wasser- und Energieströmen auch einen Eingriff in die funktionierenden Produktionsprozesse, und die Haltung „Never touch a running system – koste es was es wolle!" kann unter den komplexen Produktionsbedingungen eine sehr sinnvolle Haltung sein. Die Erfahrung zeigt genau dies: Das bloße Aufzeigen von Einsparpotenzialen löst nicht unbedingt auch die organisatorische Veränderung im Unternehmen aus.

Der Moderator sollte daher die ökonomischen Argumente sehr behutsam einsetzen. Vor allen Dingen sollte er nicht zu häufig das Effizienzargument ziehen, sondern mehr darauf hinwirken, dass die Unternehmen gemeinsam daran arbeiten, für sich und die Gesellschaft den Umweltschutz voranzutreiben und dem Klimawandel aktiv zu begegnen. Wenn er Energieverbünde initiiert, in denen Unternehmen gemeinsam eine Energieversorgung sichern, dann sollte die CO_2-Reduzierung im Vordergrund stehen und nicht die Kostenminimierung. Überhaupt könnte es sich zeigen, dass Unternehmer und Unternehmen in der Kooperation mit den Partnern im Gewerbegebiet anderen Argumenten gegenüber aufgeschlossen sind als den rein ökonomischen: Kostenminimierung und Ertragssteigerungen. Der Moderator sollte daher nicht in die Effizienzfalle tappen, in der er den Unternehmen erklären muss, dass die durch Kostensenkungszwänge entstandene Externalisierung von sozialen Kosten (nicht gewollte Nebenwirkungen auf Mensch und Natur) durch noch mehr Kostensenkung behoben werden können.

Auf der Seite der langfristigen Ressourcensicherung übernehmen die meisten Unternehmen ihr gegenwärtiges Investitionsverhalten. Dieses ist davon getragen, dass Investitionen nur dann getätigt werden, wenn sie sich in kurzer Zeit – meist zwei Jahre – amortisieren.

Damit wird das kurzfristige Effizienzdenken nicht wirklich verlassen und nur so genannte Jetzt-für-Jetzt-Entscheidungen getroffen. Jetzt-für-Dann-Entscheidungen oder sogar Jetzt-für-Dann-für-Andere-Entscheidungen gehorchen anderen Gesetzesmäßigkeiten. Langfristige Wirkungen, deren Eintritt immer unsicher ist, müssen in allererster Linie gewollt sein. In zweiter Linie müssen sie dann effizient realisiert werden. Eine beabsichtigte langfristige Wirkung darf nicht in der Form entschieden werden, dass der Nutzen der Wirkung in Heller und Pfennig ausgerechnet wird. Solche Rechenwerke sind aufgrund der vielen Annahmen über zukünftige Entwicklungen zumeist Makulatur und dienen allein dem Zweck, die Verantwortung für eine Jetzt-für-Dann-Entscheidung auf das Rechenwerk abzuwälzen.

Der Moderator steht also vor der Herausforderung, die Unternehmen dazu zu bewegen, die Nachhaltigkeit des Gewerbegebiets als eine Investition in die Zukunft des Unternehmens zu verstehen und hierbei das kurzfristige Effizienzdenken zu ergänzen durch ein langfristiges Existenzdenken.

Literatur

Baitsch, C./Müller, B. (Hrsg.) (2001): Moderation in regionalen Netzwerken, München.

De Haan, G./Kamp, G./Lerch, A./Martignon, L./Müller-Christ, G./Nutzinger, H.-G. (2008): Nachhaltigkeit und Gerechtigkeit. Grundlagen und schulpraktische Implikationen, Berlin/Heidelberg.

Lind, G. (2003): Moral ist lehrbar, München.

Müller-Christ, G. (2007): Formen der Bewältigung von Widersprüchen: Die Rechtfertigung von Trade-offs als Kernproblem, in: Müller-Christ, G./Arndt, L./Ehnert, I. (Hrsg.): Nachhaltigkeit und Widersprüche. Eine Managementperspektive, Hamburg, S. 127-178.

Müller-Christ, G. (2010): Nachhaltiges Management. Einführung in Ressourcenorientierung und widersprüchliche Managementrationalitäten, Baden Baden.

Müller-Christ, G./Liebscher, A.K. (2010): Nachhaltigkeit im Industrie- und Gewerbegebiet. Ideen zur Begleitung von Unternehmen in eine Ressourcengemeinschaft, München.

von der Heydt, A. (1997): Verhandeln für eine bessere Zukunft. Mit Vermittlerorganisationen zur nachhaltigen Entwicklung, Berlin.

11 Geschäftsmodelle für das Management nachhaltiger Gewerbegebiete

Anna Katharina Liebscher

11.1 Einführung: Nachhaltigkeit im Gewerbegebiet

Dass das Thema Nachhaltigkeit inzwischen in Theorie und Praxis fest verankert ist, wurde nicht nur in den vorangehenden Beiträgen bereits erläutert. Auch über die innerbetriebliche Wahrnehmung von Nachhaltigkeitsaufgaben hinaus sind Entwicklungen zu beobachten, wie sich mehrere Akteure zusammenschließen, um gemeinsam an Nachhaltigkeitsaufgaben – oder genauer: Ressourcenaufgaben – zu arbeiten. Denn genau darum geht es beim Thema Nachhaltigkeit: Es müssen die Herausforderungen, die mit der Knappheit von Ressourcen (sowohl materieller als auch immaterieller Art) einhergehen, erkannt, angenommen und bewältigt werden; die Ressourcenquellen müssen gesichert werden (Müller-Christ 2001: 159f.). Hierzu sind Investitionen notwendig, die heute getätigt werden müssen, um die zukünftige Ressourcenversorgung sicherzustellen (Müller-Christ 2004: 11). Häufig scheitert die Bereitschaft, aktiv in die Sicherung des Ressourcennachschubs zu investieren – gerade bei kleinen und mittleren Unternehmen – daran, dass diese weder über die finanziellen noch die organisationalen Ressourcen verfügen, die solch ein Vorgehen erfordern würde. Die gemeinschaftliche Planung, Durchführung und Steuerung von Nachhaltigkeitsprojekten in Gewerbe- oder Industriegebieten stellt daher für alle Beteiligten eine sinnvolle Möglichkeit dar, Ressourcen zu bündeln und gemeinsam zu erreichen wozu sie im Alleingang nicht in der Lage wären. Auf diese Weise können alle Akteure ihre rationale Verpflichtung wahrnehmen, in den Erhalt ihrer Ressourcenbasis zu investieren (Müller-Christ 2001: 340).

Die Durchführung einer solchen kooperativen Zusammenarbeit erfordert allerdings nicht nur die Bereitstellung finanzieller Mittel, sondern auch einen nicht zu vernachlässigenden organisatorischen Aufwand. Daher sollen in diesem Beitrag die Möglichkeiten der Finanzierung einer nachhaltigen Entwicklung im Gewerbegebiet in Verbindung gebracht werden mit den denkbaren Alternativen der organisatorischen Gestaltung der kooperativen Zusammenarbeit.

11.2 Aufgaben und Herausforderungen der Kooperation im nachhaltigen Gewerbegebiet

Ein nachhaltiges Gewerbegebiet soll verstanden werden als ein lokales oder interkommunales System freiwilliger, aber organisierter Kooperationen zwischen den verschiedenen

Akteuren, die eine gemeinsame Vision einer nachhaltigen Sicherung der gemeinsamen ökonomischen, sozialen und ökologischen Ressourcenquellen teilen und die dafür bereit sind, kollidierende Interessen zu akzeptieren und in Aushandlungsprozessen zu bewältigen. Die besondere Herausforderung der Arbeit innerhalb einer solchen Kooperation liegt darin, dass den gemeinsam in Angriff genommenen Investitionen keine kurzfristigen wirtschaftlichen Vorteile folgen, sondern diesen Entscheidungen Jetzt-für-Dann-Präferenzen zugrunde gelegt werden sollen (de Haan et al. 2008: 127). Die Akteure des Gewerbegebiets müssen daher von dem herkömmlichen Verständnis der Kooperation als kurzfristige und marktorientierte Lösung zur Problembewältigung oder -beseitigung Abstand nehmen und der kooperativen Zusammenarbeit ein anderes Ziel zugrunde legen: die langfristige Gewährleistung der Ressourcenverfügbarkeit und die damit einhergehende Sicherung der eigenen Existenzgrundlage.

11.2.1 Kooperationsverständnis

Es existieren unzählige Definitionsversuche für interorganisationale Kooperationen (Friese 1998: 59f., Wohlgemuth 2002: 11f.), die zumeist auf die Inhalte folgender Definition hinauslaufen: „Kooperation ist die freiwillige Zusammenarbeit von rechtlich selbständigen Unternehmen, die ihre wirtschaftliche Unabhängigkeit partiell zugunsten eines koordinierten Handelns aufgeben, um angestrebte Unternehmensziele im Vergleich zum individuellen Vorgehen besser erreichen zu können." (Friese 1998: 64)

Durch eine wechselseitige Verflechtung der Mittel realisieren die kooperierenden Partner gemeinsam beschlossene und verfolgte Ziele (Wurche 1994: 47, Pankau 2002: 132f.). Klassische Kooperationsziele lassen sich grob zwei Bereichen zuordnen: Unternehmensinterne Ziele betreffen Kostensenkungen, Zeiteinsparungen, Qualitäts- und Flexibilitätsverbesserungen, unternehmensübergreifende Ziele beinhalten die Verbesserung der Wettbewerbsposition und der Innovationsfähigkeit (Friese 1998: 121, Etter 2003: 52-55, Küker 2003: 128-130). Von besonderer Bedeutung – insbesondere unter Berücksichtigung der Ressourcenknappheit – sind der Zugang zu strategisch wichtigen Ressourcen und die Optimierung der eigenen Ressourcenausstattung (Mellewigt 2003: 109). Interorganisationale Kooperationen erfordern ein koordiniertes gemeinschaftliches Vorgehen, einen Informations- und Ergebnisaustausch und ein rücksichtsvolles, aufeinander abgestimmtes Verhalten bei der Zusammenarbeit (Boehme 1986: 34; Göbel/Ortmann/Weber 2007: 183f.).

Diese Verhaltensrichtlinien beweisen auch bei der kooperativen Zusammenarbeit zur Sicherung der Ressourcenverfügbarkeit Gültigkeit. Jedoch müssen Zweck, Zeithorizont und Ziele der Zusammenarbeit in diesem Fall angepasst werden: Ist der Zweck der Kooperation der Schutz der Wirtschaftsgrundlage in der Form, dass die Verfügbarkeit benötigter Ressourcen abgesichert wird, so müssen die Partner ihre Kooperation auf lange Sicht aufbauen und die Realisierung kurzfristiger wirtschaftlicher Vorteile hintanstellen. Die Akteure müssen das Ziel der freiwilligen, langfristigen und selbstgesteuerten Zusammenarbeit verinnerlichen und dazu bereit sein, für die Realisierung ihrer Vorhaben Interessensdifferenzen und aufwändige Abstimmungsprozesse in Kauf zu nehmen.

11.2.2 Ressourcensicherung

In der Managementlehre kristallisiert sich in jüngerer Zeit die Tendenz heraus, Unternehmen aus einer Systemperspektive zu betrachten (Remer 2004: 91-94). Unternehmen als Systeme interagieren mit anderen Systemen und bauen zu ihnen Beziehungen auf, wobei das Überleben des Systems von der Berücksichtigung der Systemumwelt abhängt (Luhmann 1984: 242f., 249). Unternehmen sind als ressourcenabhängige Systeme zu verstehen: Sie nehmen Ressourcen von ihren Umwelten auf und geben Ressourcen an ihre Umwelten ab (Müller-Christ/Remer 1999: 72f.). Um die eigene Existenz sicherzustellen müssen Unternehmen daher die Eigengesetzlichkeiten der Umwelten, der notwendigen Ressourcen und deren Quellen bei ihrer wirtschaftenden Tätigkeit berücksichtigen (die Ressourcenregime, Müller-Christ 2010:407) und bei ihrem Ressourceneinsatz der Rationalität der Nachhaltigkeit folgen, die besagt, dass das Verhältnis von Ressourcennachschub zu Ressourcenverbrauch ausgeglichen bleiben muss. Nur so kann das Problem knapper Ressourcen bewältigt werden (Müller-Christ 2001: 160, 333f.).

Die Abhängigkeit von Ressourcen betrifft jedoch nicht nur einzelne Unternehmen, sondern auch deren Umwelten, weshalb Systeme sich mit einem „Gemeinschaftsschicksal" konfrontiert sehen (Remer 2004: 321). In dem als Haushalts- oder Ressourcengemeinschaft zu verstehenden Gesamtsystem hängt das Wohlergehen eines Systems von dem des Gesamtsystems ab (Müller-Christ/Remer 1999: 83). In diesem Zusammenhang wird das zwischen Unternehmen in der Regel vorherrschende Konkurrenzdenken um ein Kooperationsdenken erweitert (Remer 2004: 307).

11.2.3 Kooperation im Gewerbegebiet

Die langfristige Ansiedlung von Unternehmen in Gewerbegebieten birgt ein großes Potenzial für die gemeinschaftliche Ressourcensicherung. Unternehmen haben die ethische und rationale Verpflichtung, die Ressourcenbasis zu schonen und ihr Wirtschaften dementsprechend auszurichten (normatives und substanzerhaltungsrationales Nachhaltigkeitsverständnis, Hülsmann 2004: 42ff.). Mit Hilfe von Kooperationen können die zufällig nebeneinander angesiedelten Unternehmen gemeinsam Ressourcen erschließen, Win-Win-Situationen schaffen und netzwerkartige Ressourcengemeinschaften bilden (Müller-Christ 2001: 374). Ein nachhaltiges Gewerbegebiet wurde oben bezeichnet als „ein lokales oder interkommunales System freiwilliger, aber organisierter Kooperationen zwischen den verschiedenen Akteuren, die eine gemeinsame Vision einer nachhaltigen Sicherung der gemeinsamen ökonomischen, sozialen und ökologischen Ressourcenquellen teilen und die dafür bereit sind, kollidierende Interessen zu akzeptieren und in Aushandlungsprozessen zu bewältigen." Dabei sollen Partner eine selbstgesteuerte Zusammenarbeit anstreben, in der die gemeinsamen Ziele, Aufgaben, Strategien und Prozesse mit allen Partnern abgestimmt sind.

Da „gesunde" Kooperationen sich jedoch i.d.R. nicht von selbst entwickeln und auch nachhaltige Entwicklung kein Selbstläufer ist, muss eine Lenkungsinstanz geschaffen werden, welche das gemeinsame Vorgehen koordiniert, für Entscheidungen verantwortlich zeichnet sowie die Planung, Durchführung und Kontrolle von nachhaltigkeitssteigernden Maßnahmen überwacht. Eine solche Instanz soll als Parkmanagement bezeichnet werden.

11.2.4   Aufgaben des Parkmanagements

Ein nachhaltiges Gewerbegebiet kann sich nur entwickeln, wenn die ansässigen Unternehmen ein gemeinsames Vorgehen wählen und umsetzen. Die langfristige selbstgesteuerte Zusammenarbeit als Ressourcengemeinschaft benötigt dabei eine Institution, die als zentraler Anlaufpunkt, als Management und Ansprechpartner für die Belange der Gemeinschaft fungiert (Kooperationen im Nachhaltigkeitskontext benötigen eine neutrale Instanz zur Überwindung auftretender Widersprüche; Müller-Christ 2003: 112f.). Durch die Einrichtung eines Parkmanagements gehen Unternehmen eine Selbstbindung ein, in der sich ihre Kooperationsbereitschaft äußert und die Grundlage einer nachhaltigen Ausrichtung der Zusammenarbeit im Gewerbegebiet werden kann. Unternehmen zeigen hiermit ihre Bereitschaft, in die nachhaltige Ausrichtung ihres Unternehmens und ihres Umfelds zu investieren, sowohl in finanzieller als auch in organisatorischer Hinsicht.

Die Aufgaben eines solchen Parkmanagements sind vielfältig und den Zielen und Vorstellungen der Partner im Gewerbegebiet anzupassen. Die Betonung der Gemeinsamkeit bei der Planung, der Finanzierung, der Umsetzung und der Kontrolle von Maßnahmen, die zu einer nachhaltigen Ausrichtung beitragen sollen, ist von großer Bedeutung für den Erfolg einer Entwicklung zum nachhaltigen Gewerbegebiet. Das Parkmanagement koordiniert ebendiese Schritte und hat im Zuge dessen folgende Aufgabenbereiche zu berücksichtigen (ausführlich in Müller-Christ/Liebscher 2010):

- ■ Allgemeine Koordination und Informationsmanagement

    - – Festlegung und Gestaltung von Terminen und Gesprächen
    - – Beschließung und Einhaltung von Deadlines
    - – Kenntnis und Berücksichtigung rechtlicher Aspekte
    - – Interne und externe Kommunikation, PR
    - – Finanzierung und Kostenpläne
    - – Sammlung von Daten (z. B. über beteiligte Unternehmen, die Zusammenarbeit, die Kommune, Rechte und Pflichten)
    - – Datenaufbereitung
    - – Distribution der Informationen

- ■ Coaching und Moderation

    - – Coachings zum Aufbau von hard und soft skills mit dem Ziel der Erweiterung von Fach-, Sozial- und Führungskompetenz
    - – Beziehungsaufbau
    - – Strukturierung von Entscheidungs- und Problemlösungsprozessen
    - – Strategieentwicklung
    - – Motivation

■ Konflikt- und Widerspruchsmanagement

- Identifikation von Konflikten (zwischen Personen, Prozessen)
- Moderation des Konfliktlösungsprozesses
- Unterstützung der Konsensfindung
- Prävention möglicher Konflikte
- Identifikation von Widersprüchen (logische Gegensätze, wechselseitiger Ausschluss mehrerer Alternativen)
- Bekanntmachung der Widersprüche und Schaffung eines Widerspruchsverständnisses
- Bewältigung der Widersprüche durch Abwägung und Inkaufnahme von Trade-offs

■ Kaufmännischer und technischer Support

- Vermittlung von Fachkompetenz durch die eigene Person oder geschulte Dritte

Generell sind die Aufgaben des Parkmanagements bei jeder wählbaren Kooperationsform dieselben. Je nach Planungs- und Arbeitsfortschritt sind verschiedene Formen der kooperativen Zusammenarbeit denkbar, die als Prozess des Zusammenwachsens angesehen werden können.

11.3 Geschäftsmodelle für nachhaltige Gewerbegebiete

Als historisch gewachsenes Kollektiv weisen Gewerbe- und Industriegebiete häufig einen umfangreichen Branchenmix und unterschiedliche Betriebsgrößen auf. Die Vorstellungen, Ziele und Möglichkeiten der Nachbarn können daher sehr verschieden sein: Die hohe Anzahl an Beteiligten, verschiedene Problemlösungsmuster, die Heterogenität der Partner (Unternehmen, Kommunen, Bürgerschaften) und divergierende finanzielle, personelle und zeitliche Mittel müssen koordiniert und aufeinander abgestimmt werden. Der Weg zum nachhaltigen Gewerbegebiet ist ein Prozess, in den das Parkmanagement als Koordinationsinstanz eingebettet sein muss, um die Ideen, Aktivitäten und Ziele Einzelner auf das gemeinsame Gesamtziel abzustimmen. Zwischen dem Wirtschaften im Alleingang und der gemeinsamen Bearbeitung von Nachhaltigkeitsaufgaben sind verschiedene Alternativen bei der Betreuung und dem Management eines nachhaltigen Gewerbegebiets denkbar, die mit steigender Kenntnis der Partner, Abläufe und Ziele, gefestigtem Vertrauen und Erfahrung nacheinander durchlaufen werden können. Vorstellbar ist hier ein Prozess von loser netzwerkartiger Zusammenarbeit über den Zusammenschluss zu einem Verein bis hin zu einer genossenschaftlich organisierten Nachhaltigkeitsagentur (ausführlich in Müller-Christ/Liebscher 2010).

Je nachdem, wie weit die Zusammenarbeit im Gewerbegebiet bereits fortgeschritten ist, bieten sich verschiedene Möglichkeiten an, von wem das Parkmanagement übernommen werden könnte. Zu Beginn des gemeinsamen Vorgehens kann die Koordination von einem Einzelnen übernommen werden, bspw. von einem Unternehmer, einem Mitglied der

Kommunalverwaltung oder einem Arbeitnehmer eines der beteiligten Unternehmen. Bei fortgeschrittener Zusammenarbeit kann es sinnvoll werden, statt einer Einzelperson ein Team einzusetzen, dem Vertreter der verschiedenen Partner angehören und in dem Aufgaben geteilt werden können. Neben diesen internen Möglichkeiten können auch Externe hinzugezogen werden, deren Einsatz den Vorteil hat, dass sie unvoreingenommen die Abläufe beurteilen und gegebenenfalls bereits von Erfahrungen in ähnlichen Projekten profitieren können. Privatwirtschaftliches Parkmanagement ist als Centermanagement aus Einkaufszentren bekannt. Es ist allerdings zu beachten, dass nach aktueller Kenntnis bislang keine Agenturen explizit die Verknüpfung von Nachhaltigkeit und Parkmanagement anbieten.

11.3.1   Projektbezogene Zusammenarbeit im Netzwerk

Einfache Projekte, die dem Kennenlernen, dem Aufbau von Vertrauen und dem Zusammenwachsen dienen, können bereits zu Beginn der Zusammenarbeit, wenn die kooperative Vorgehensweise noch nicht institutionalisiert ist, durchgeführt werden. Auf diese Weise können die Partner feststellen, ob sie in der Lage sind, gemeinsame Ziele zu verfolgen und Projekte erfolgreich umzusetzen.

11.3.1.1   Organisation

Durch eine solche lose gekoppelte Zusammenarbeit entsteht ein Netzwerk, das den Partnern die Möglichkeit eröffnet, durch eine Zusammenlegung von Mitteln, die Integration verschiedener Ideen und die gegenseitige Unterstützung bei der Aufgabenerfüllung ihr gemeinsames Ziel zu erreichen (Becker et al. 2007: 4f.). Bei der als Netzwerk organisierten Zusammenarbeit behalten die Partner ihre rechtliche und wirtschaftliche Selbstständigkeit, allerdings schaffen sie sich eine „soziale Infrastruktur", auf deren Basis die Zusammenarbeit vertieft werden kann (Aderhold 2005: 127f.). Das Nachhaltigkeitsnetzwerk fokussiert bei der gemeinsamen Zielerreichung nicht auf steigende Gewinne oder Wettbewerbsvorteile, sondern auf die Erreichung von Nachhaltigkeitszielen, die ein einzelnes Unternehmen des Netzwerks nicht realisieren könnte. Netzwerke entstehen zwar quasi von selbst, bei der Entwicklung und Pflege benötigen sie jedoch koordinative Unterstützung. Es ist daher bereits an dieser Stelle sinnvoll, einen Parkmanager oder eine Parkmanagerin zu benennen.

Um erste Gemeinschaftsprojekte erfolgreich zu gestalten, müssen sich die Partner der Win-Win-Situation bewusst werden, die sie sich selbst schaffen: Bei der gemeinsamen Vorgehensweise profitieren sie aufgrund der Teilung von Risiken und finanzieller Belastung gleichermaßen. Da sich ihre Anstrengungen auf die Erhöhung der ökologischen, sozialen und ökonomischen Nachhaltigkeit beziehen, entsteht eigentlich sogar eine Win-Win-Win-Situation, denn es gewinnen nicht nur die Kooperationspartner, sondern auch die beteiligten Personen, zukünftige Generationen und die Umwelt (Müller-Christ 2003: 100).

11.3.1.2   Finanzierung

Bei der projektbezogenen Zusammenarbeit im Netzwerk können nachhaltigkeitserhöhende Maßnahmen nur finanziert werden, wenn sich alle Partner daran beteiligen. Es muss also Geld „gesammelt" werden, mit dem bestimmte Vorgänge und Tätigkeiten bezahlt werden können. Hier ist es sinnvoll, einen Verantwortlichen zu benennen, der die Bereitstellung und Verwendung finanzieller Mittel für Projekte koordiniert. Da das Nachhaltigkeitsnetzwerk im Gewerbegebiet ohnehin koordinative Unterstützung durch ein Parkmanagement benötigt, liegt es nahe, diese Person auch als „Schatzmeister" für die Nachhaltigkeitsprojekte der Ressourcengemeinschaft einzusetzen, der die Verantwortung für die Planung, die Finanzierung, die Durchführung und die Kontrolle der Projekte übertragen bekommt. Zu Beginn der Zusammenarbeit sollten die Partner sich auf kleinere, risikoarme und schnell umzusetzende Projekte konzentrieren, um Vertrauen aufbauen, die Gemeinschaft stärken und ihre Verlässlichkeit beweisen zu können.

Das Vorgehen bei der projektbezogenen Finanzierung sollte die Erstellung eines Business Plans beinhalten, in dem Ziele, Strategien und Verantwortliche genannt werden und der eine Kalkulation der erwarteten Kosten enthält. Hierauf aufbauend kann den finanziellen Möglichkeiten und dem Beteiligungsgrad der Netzwerkpartner entsprechend eine Verteilung der Kosten beschlossen werden. Durch eine sorgfältige Planung können spätere Konflikte vermieden und potenzielle finanzielle Engpässe antizipiert werden.

Die projektbezogene Finanzierung sollte neben der Höhe der für die Maßnahmen benötigten Investitionen auch eine Entschädigung des Parkmanagements beinhalten. Da vermutlich in diesem Stadium der Zusammenarbeit die Koordination noch von einer einzelnen Person im Gewerbegebiet übernommen wird, sollten die Einbußen, die durch die zusätzlichen Aufgaben entstehen, ausgeglichen werden. Ist die Einführung finanzieller Entschädigungen nicht erwünscht, kann auch ein Rotationsverfahren eingeführt werden, bei dem die Koordinationsaufgaben jeweils Angehörigen unterschiedlicher Unternehmen übertragen werden.

11.3.1.3   Grenzen der projektbezogenen Finanzierung

Wie bereits erwähnt, sind der Arbeit eines ungeschulten Einzelnen im Parkmanagement Grenzen gesetzt. Auch in Bezug auf die projektbezogene Kooperation und Finanzierung sollte mit zunehmender Komplexität der Zusammenarbeit, steigender Anzahl an Partnern und wachsendem Zeitaufwand die Form der Kooperation überdacht werden.

Für kleine und schnell zu realisierende Projekte ist die projektbezogene Zusammenarbeit gut geeignet, sobald jedoch größere Vorhaben geplant werden, sollte die Institutionalisierung eines Parkmanagements und somit eine dauerhaft installierte Finanzierungsmöglichkeit in Betracht gezogen werden. Da größere Projekte mehr Zeit und mehr finanzielle Mittel in Anspruch nehmen, sollte ein „Finanzierungspolster" geschaffen werden, das durch die regelmäßige Entrichtung von Zahlungen geschaffen werden kann.

Bedingen Maßnahmen im Gewerbegebiet die Inanspruchnahme von Leistungen Externer, sollte ein Auftritt als Union erfolgen, da das Erscheinen als ein einziger Partner eine positive Außenwirkung schafft. Innerhalb des Gewerbegebiets bietet ein „offizieller" Zusammenschluss den Vorteil, dass die Partner ein höheres Zugehörigkeitsgefühl entwickeln und die Sicherheit bekommen, für Projekte und Investitionen nicht allein haftbar zu sein und Risiken zu teilen.

11.3.2 Zusammenschluss zum Verein

Die Komplexität und der Umfang der vom Parkmanagement zu erfüllenden Aufgaben nehmen mit steigender Anzahl an Partnern sowie konkreter und umfangreicher werdenden Plänen stark zu. In diesem Fall kann die Institutionalisierung eines Parkmanagements sinnvoll sein, die mit einer Festigung der netzwerkartigen Zusammenarbeit in Form einer Vereinsgründung einhergehen kann.

11.3.2.1 Organisation

Vereine werden mit dem Ziel gegründet, dauerhaft gemeinschaftliche Interessen zu verfolgen. Die rechtliche Grundlage für die Gründung und den Betrieb eines Vereins sind die §§ 21-79 BGB. Die Mitgliedschaft in einem Verein erfolgt freiwillig, ist jedoch in der Regel an die Entrichtung von Mitgliedsbeiträgen gekoppelt; die Erwirtschaftung von Gewinnen ist im gemeinnützigen Verein nicht zulässig. Ein Verein ist verpflichtet, einen Vorstand zu bestellen, der regelmäßige Mitgliederversammlungen einberufen muss (Zimmer 2007: 17ff.; Schaub 2008: 112-114).

Die gemeinschaftliche Zusammenarbeit im Rahmen der nachhaltigen Entwicklung eines Gewerbegebiets kann durch die Gründung eines Vereins gestützt werden, wenn die Arbeit an Intensität zunimmt und die Koordination aus finanziellen oder zeitlichen Gründen nicht mehr ohne weiteres neben der regulären Arbeit erledigt werden kann. Die Kosten der Vereinsgründung können von den Partnern, aber auch von Externen – Kommune, Land, etc. – übernommen werden. Durch die Vereinsgründung wird die netzwerkartig organisierte Zusammenarbeit in eine institutionalisierte Zusammenarbeit transformiert. Die Vereinssatzung enthält dann den Zweck (die gemeinsame Erhöhung der Nachhaltigkeit im einzelnen Unternehmen und im Gewerbegebiet), die Verantwortlichkeiten und Ziele der Zusammenarbeit. Der Zusammenschluss zu einem Verein stärkt das Auftreten der Gemeinschaft und hat den Vorteil, dass durch den konstanten Zufluss an finanziellen Mitteln auch solche Projekte und Maßnahmen realisiert werden können, die eine längere Laufzeit haben, umfangreiche Aufgaben beinhalten und deren Investitionen sich nur langsam amortisieren.

Ist die Arbeit im Verein erfolgreich verlaufen und sind die Partner bereit, sich auch langfristig aneinander und an die gemeinsame Arbeit im Gewerbegebiet zu binden, kann diese durch die Gründung einer Genossenschaft noch gefestigt werden, innerhalb derer – im Gegensatz zum eingetragenen Verein – auch die Erwirtschaftung von Gewinnen zulässig ist.

11.3.2.2 Finanzierung

Die Einführung von Mitgliedsbeiträgen, die von jedem Vereinsmitglied in regelmäßigen Abständen zu entrichten sind (Burgert 2008:24f.), ermöglicht die Einrichtung eines Spartopfes für die langfristige Planung und Umsetzung von Nachhaltigkeitsmaßnahmen in der Ressourcengemeinschaft. Neben größeren, aufwändigeren Projekten können durch die Schaffung von Rücklagen gegebenenfalls auch kleinere Projekte problemlos eingeschoben werden. Die Höhe der Mitgliedsbeiträge wird von der Mitgliederversammlung beschlossen. Um möglichst viele Vereinsmitglieder zu gewinnen, ist es empfehlenswert, eine Staffelung der Beiträge entsprechend der finanziellen Lage des jeweiligen potenziellen Vereinsmitglieds vorzunehmen. Weiterhin ist die Höhe der Beiträge mit den Vorhaben im Gewerbegebiet abzustimmen. Eine zu niedrige Beitragshöhe kann die Realisierbarkeit geplanter Maßnahmen einschränken; sind die Beiträge sehr hoch, können potenzielle Mitglieder leicht abgeschreckt werden.

Unterstützung finden Vereine in Sponsoren (Schaub 2008: 91ff.). So bieten Kommunen, Länder und Bund Mittel oder günstige Kredite, auch einzelne Unternehmen im Gewerbegebiet oder Private können einen Zuschuss gewähren. Die Suche nach externen Geldgebern sollte daher unbedingt während der Vereinsgründung berücksichtigt werden.

Die im Zuge der Vereinsmitgliedschaft zu entrichtenden Beiträge und die bereitgestellten Gelder Externer können hier nicht nur für Investitionen, sondern auch für die Finanzierung eines institutionalisierten Parkmanagements genutzt werden, das die Planung, Durchführung und Kontrolle geplanter Maßnahmen übernimmt und die Finanzen verwaltet.

11.3.2.3 Grenzen der Zusammenarbeit im Verein

Die Mitgliedschaft in einem Verein bringt für die Partner eine Verbindlichkeit mit sich, die bei der freiwilligen projektbezogenen Zusammenarbeit nicht gegeben ist. Es gilt also, Überzeugungsarbeit zu leisten, um Mitglieder zu gewinnen. Da viele Maßnahmen alle Ansässigen betreffen, sollte versucht werden, möglichst viele Partner von den Vorteilen der Vereinsarbeit zu überzeugen. Dabei zeigt die Erfahrung, dass größere Unternehmen, die ohnehin bereits ihre Verantwortung in Sachen Nachhaltigkeit wahrnehmen, schneller bereit sind, gemeinschaftlich zu investieren als kleinere Unternehmen, denen hierfür die Mittel fehlen. Genau diese Partner könnten aber von der gemeinschaftlichen Vorgehensweise besonders profitieren.

Da die Mitgliedschaft (unter Einhaltung der festgelegten Fristen) kündbar ist, ist es möglich, dass Unternehmen ihre Mitgliedschaft und ihre Beiträge zurückziehen, sofern sie mit dem Vorgehen nicht einverstanden sind. Daher sollten von vornherein eine offene Kommunikationsstruktur, regelmäßige und umfassende Informationen und Transparenz gepflegt werden, um möglichen, durch eine Kündigung der Mitgliedschaft verursachten, finanziellen Engpässen entgegenzuwirken.

Die Arbeit im Verein stellt derzeit die verbindlichste Form der Zusammenarbeit dar. Die Praxis hat bereits gezeigt, dass diese Art der Institutionalisierung der Gemeinschaft funktioniert, bspw. in der Interessengemeinschaft Technologiepark Universität Bremen e. V. Es ist jedoch denkbar, die Ressourcengemeinschaft noch weiter zu festigen und zu intensivieren. Hierfür bietet sich die Organisationsform der Genossenschaft an.

11.3.3   Gründung einer genossenschaftlichen Nachhaltigkeitsagentur

Das ursprüngliche Ziel von Genossenschaften ist die Ermöglichung der Chancen großer Unternehmen auch für kleinere und mittlere Unternehmen: So können z. B. mehrere kleine Unternehmen im Genossenschaftsverbund von Größenvorteilen profitieren, die sonst nur den großen offen stehen. Grundlage der Gesetzgebung für Genossenschaften ist das Genossenschaftsgesetz (GenG).

11.3.3.1   Organisation

Genossenschaften operieren nach dem Prinzip der Selbsthilfe und steuern sich selbst. In einer Genossenschaft schließen sich mehrere Unternehmen zusammen und gründen ein Gemeinschaftsunternehmen, um durch einen gemeinsamen Geschäftsbetrieb die Mitglieder zu fördern. Die Genossenschaft hat gegenüber dem Verein die Vorteile einer engeren Einbindung der Mitglieder und der Zulässigkeit eines zwar zweckgebundenen, aber dennoch gewinnorientierten Wirtschaftens. Die Mitgliedschaft erfolgt freiwillig, allerdings ist eine Kapitalbeteiligung Pflicht für alle Mitglieder. Dabei ist ein Genossenschaftsmitglied zugleich Eigentümer, Geschäftspartner und Eigenkapitalgeber der Genossenschaft. Genossenschaften haben einem Förderzweck zu dienen, der im Gesellschaftsvertrag festzulegen ist. Sie sind gekennzeichnet durch eine eingeschränkte Haftung, denn jedes Mitglied haftet nur in Höhe seines Eigenkapitalanteils. Dass Genossenschaften gemeinschaftlich ausgerichtet sind, ist daran zu erkennen, dass jedes Genossenschaftsmitglied unabhängig von der Höhe der Kapitaleinlage gleich stark stimmberechtigt ist. Genossenschaften verfügen über die drei Organe Vorstand, Aufsichtsrat und Generalversammlung und sind bei Gericht in das Genossenschaftsregister einzutragen (Kräkel 2007: 345ff.; Peemöller 2005: 407-410).

Zentraler Vorteil einer Genossenschaft gegenüber einem Verein ist die Zulässigkeit des Wirtschaftens und eine hiermit verbundene langfristige Planungssicherheit. Während Vereine für ideelle Zwecke gegründet werden, verbindet die Genossenschaft den Bereich der Förderung und den des Wirtschaftens, denn sie darf selbst als wirtschaftendes Unternehmen auftreten und Gewinne erwirtschaften. Mit der Gründung und Mitgliedschaft in einer genossenschaftlich organisierten Nachhaltigkeitsagentur können also die Unternehmen eines Gewerbegebiets doppelt profitieren, da die Umsetzung von Maßnahmen einer nachhaltigen Entwicklung durch den gemeinsamen Geschäftsbetrieb realisiert werden kann.

11.3.3.2 Finanzierung

Da jedes Mitglied eine Kapitaleinlage zu erbringen hat, ist in der genossenschaftlichen Ressourcengemeinschaft eine erhöhte Planungssicherheit gegeben. Die Erfüllung des Zwecks – die gemeinsame Erzielung einer nachhaltigen Entwicklung im Gewerbegebiet – kann dadurch langfristig geplant und die Realisierbarkeit gewährleistet werden. Die von den Mitgliedern zu erwerbenden Genossenschaftsanteile sind als Eigenkapitalanteile zwar rückzahlbar, es ist jedoch zulässig, eine bestimmte Kündigungs- und Austrittsfrist aus der Genossenschaft festzulegen, um die Planungssicherheit zu erhöhen. Eine Staffelung der Einlagen kann auch hier dafür sorgen, eine große Anzahl an Partnern zu gewinnen.

Die Mitglieder der Ressourcengemeinschaft können in der Genossenschaft von der Eigenständigkeit des Gemeinschaftsunternehmens profitieren. Während sich der klassische Genossenschaftsgedanke auf die Erwirtschaftung von Gewinnen mit anschließender Ausschüttung konzentriert, sollten in der Nachhaltigkeitsagentur Mittel erwirtschaftet werden, die in Nachhaltigkeitsprojekte investiert werden (bspw. könnte aus den Eigenkapitaleinlagen ein Windrad finanziert werden, dessen Erträge dann in neue Projekte einfließen).

In die genossenschaftliche Nachhaltigkeitsagentur kann ein Parkmanagement fest eingebettet werden. Das Parkmanagement unterstützt hierbei die Partner im Gewerbegebiet bei der Lösung ihrer Ressourcenprobleme und sorgt für die finanzielle Planungssicherheit. Der Parkmanager oder die Parkmanagerin kann in der genossenschaftlichen Nachhaltigkeitsagentur direkt bei dem Gemeinschaftsunternehmen angestellt sein und steht somit im Dienste aller Mitglieder. Wenn der Manager oder die Managerin Zugriff auf die finanziellen und organisationalen Mittel des Gemeinschaftsunternehmens erhält, kann er oder sie eine langfristige Planung gewährleisten. Auch die Vergütung des Parkmanagements kann in diesem Fall aus dem Genossenschaftsvermögen erfolgen, das auch als Finanzierungsquelle für die nachhaltigkeitserhöhenden Maßnahmen dient.

11.3.3.3 Grenzen der Zusammenarbeit in der genossenschaftlichen Nachhaltigkeitsagentur

Bisher existiert die genossenschaftliche Nachhaltigkeitsagentur nur in der Theorie. Es wird allerdings erwartet, dass die Probleme und Herausforderungen denen im Verein ganz ähnlich sind. Mitgliedergewinnung und Interessenübereinstimmung werden auch hier schwierig sein. Außerdem wird die Gründung einer solchen Genossenschaft einigen Aufwand erfordern, und die potenziellen Mitglieder müssen wiederum von den Vorteilen einer solchen langfristigen Selbstbindung überzeugt sein.

Fehlende Erfahrungswerte machen die Antizipierung des Unvorhergesehenen schwierig. Die Organisationsform ist an sich zwar etabliert, wurde für den Zweck der Nachhaltigkeit jedoch noch nicht angepasst. Als Orientierungshilfe könnten Einkaufsgenossenschaften herangezogen werden, in denen die beteiligten Unternehmen ihren Warenbedarf, Produktionsprozesse und Marketingmaßnahmen koppeln, um auf diese Weise Größenvorteile zu realisieren und Gewinne zu erzielen (Teuber 2009: 93ff.). Der zentrale Unterschied liegt hier in der Verwendung der Erträge und Einsparungen, die wiederum in die Erhöhung der Nachhaltigkeit investiert werden sollten.

11.4   Sonderförderung

Neben der Eigenfinanzierung der nachhaltigen Entwicklung im Gewerbegebiet durch die Partner besteht die Möglichkeit, Parkmanagement und nachhaltigkeitserhöhende Maßnahmen durch Sonderfördermittel – zumindest teilweise – extern finanzieren zu lassen. Speziell im Bereich Umweltschutz existieren diverse Förderprogramme des Bundes und der Länder, die auf den Homepages der Ministerien für Umwelt- und Naturschutz einsehbar sind, wie bspw. das „Fördergeld für Energieeffizienz und erneuerbare Energien" für günstige zweckbezogene Kredite oder Darlehen und Beratung (BMU 2009) oder die eigenen Förderprogramme der Länder. Das Bundesministerium für Wirtschaft und Technologie betreibt eine Förderdatenbank, die sämtliche Fördermaßnahmen von Bund und Ländern beinhaltet. Sie enthält auch Programme, die in Zusammenarbeit mit Hochschulen und weiteren Forschungseinrichtungen betrieben werden, wie z. B. das Fachprogramm FONA (Forschung für die Nachhaltigkeit). Darüber hinaus kann auch die Beantragung projektbezogener Sonderfördermaßnahmen beim Land oder der Kommune erfolgreich sein, und es können Public Private Partnerships gegründet werden, durch die ebenfalls die öffentliche Hand an der Zusammenarbeit beteiligt wird.

Auch Privatpersonen können als Sponsoren oder Investoren gewonnen werden. Für die Möglichkeit, von Erfahrung, Know-how und zusätzlichem Kapital zu profitieren, könnte aus dem Konzept der „Business Angels" das Konzept der „Sustainability Angels" abgeleitet werden: Sustainability Angels investieren in erfolgversprechende nachhaltigkeitserhöhende Projekte und können auch als Berater miteingebunden werden. Potenzielle Angels sind ausscheidende Mitglieder des Gewerbegebiets oder auch Manager und Managerinnen, die für Nachhaltigkeit einstehen.

11.5   Fazit

Die Inangriffnahme von Ressourcenproblemen im Gewerbegebiet sollte nicht aus Angst vor hohen organisationalen und finanziellen Investitionen vermieden, sondern gemeinschaftlich in Angriff genommen werden. Die unterschiedlichen Alternativen zur Bereitstellung und Finanzierung eines Parkmanagements und von Maßnahmen oder Projekten haben gezeigt, dass in jeder Phase der Zusammenarbeit Möglichkeiten gefunden werden können, wie die Kooperation gestaltet werden kann. Im Zuge der Zusammenarbeit mehrerer Partner bekommen auch kleinere Unternehmen und solche, die allein die benötigte Zeit und die Mittel nicht erübrigen könnten, die Chance, in die Sicherstellung des Ressourcennachschubs zu investieren. Es gilt allerdings abzuwarten, ob sich die Zusammenarbeit in der Praxis tatsächlich so weit entwickeln wird wie hier vorgestellt. Erfahrungsgemäß kommen gewerbegebietsweite Kooperationen nur zustande, wenn die Partner wirklich dazu bereit sind, etwas zu verändern und aktiv an einer nachhaltigen Entwicklung mitzuarbeiten. Da die gemeinschaftliche nachhaltige Ausrichtung von Gewerbegebieten ein sehr junges Forschungsgebiet ist, könnte es wohl noch einige Jahre dauern, bis Kooperationen jenseits der Zusammenarbeit im Verein im Gewerbegebiet eingegangen werden.

Literatur

Aderhold, J. (2005): Unternehmen zwischen Netzwerk und Kooperation. Theoretische und pragmatische Folgerungen einer übersehenen Unterscheidung, in: Aderhold, J.; Meyer, M.; Wetzel, R. (Hrsg.): Modernes Netzwerkmanagement. Anforderungen – Methoden – Anwendungsfelder, Wiesbaden, S. 113-142.

Becker, T./Dammer, I./Howaldt, J./Killich, S./Loose, A. (2007): Netzwerke – praktikabel und zukunftsfähig, in: Becker, T./Dammer, I./ Howaldt, J./Killich, S./Loose, A. (Hrsg.): Netzwerkmanagement. Mit Kooperation zum Unternehmenserfolg, 2. überarb. und erw. Aufl, Berlin/Heidelberg, S. 3-11.

BGB: Bürgerliches Gesetzbuch i. d. F. v. 28.9.2009.

BMU – Bundesministerium für Umwelt, Naturschutz und Reaktorsicherheit (2009): Fördergeld für Energieeffizienz und erneuerbare Energien. Programme – Ansprechpartner – Adressen, Berlin.

Boehme, J. (1986): Innovationsförderung durch Kooperation. Zwischenbetriebliche Zusammenarbeit als Instrument des Innovationsmanagements in kleinen und mittleren Unternehmen bei Einführung der Mikroelektronik in Produkte und Verfahren, Berlin.

Burgert, J.-S. (2008): Umsatzbesteuerung von Vereinen. Der Verein als Unternehmen, Hamburg.

Business Angels: http://www.business-angels.de/ (letzter Abruf: 21.04.2010):

de Haan, G./Kamp, G./Lerch, A./Martignon, L./Müller-Christ, G./Nutzinger, H.-G. (2008): Nachhaltigkeit und Gerechtigkeit. Grundlagen und schulpraktische Konsequenzen, Berlin/Heidelberg.

Etter, C. (2003): Nachgründungsdynamik neugegründeter Unternehmen in Berlin im interregionalen Vergleich. Interaktionseffekte zwischen Unternehmen, unternehmerischem Umfeld, Kooperationsbeziehungen und unternehmerischem Erfolg, verfügbar unter: http://deposit.ddb.de/cgi-bin/dokserv?idn=971788650.

FONA – Forschung für die Nachhaltigkeit: http://www.fona.de (letzter Abruf: 23.04.2010)

Fördermaßnahmen von Bund und Ländern: http://www.foerderdatenbank.de/ (letzter Abruf: 20.04.2010

Förderprogramme der Länder: http://www.bmu.de/foerderprogramme/ (letzter Abruf: 21.04.2010)

Friese, M. (1998): Kooperation als Wettbewerbsstrategie für Dienstleistungsunternehmen. Wiesbaden. Zgl. Diss. Univ. Hohenheim, 1998.

GenG (Genossenschaftsgesetz): Gesetz betreffend die Erwerbs- und Wirtschaftsgenossenschaften i. d. F. v. 25.5.2009.

Göbel, M./Ortmann, G./Weber, C. (2007): Reziprozität. Kooperation zwischen Nutzen und Pflicht, in: Schreyögg, G./Sydow, J. (Hrsg.): Kooperation und Konkurrenz, Wiesbaden, S. 161-205.

Hülsmann, M. (2004): Bezugspunkte zwischen Strategischem Management und Nachhaltigkeit, in: Hülsmann, M./Müller-Christ, G./Haasis, H.D. (Hrsg.): Betriebswirtschaftslehre und Nachhaltigkeit, Wiesbaden, S. 25–72.

Kräkel, M. (2007): Organisation und Management, 3. überarb. und erw. Aufl., Tübingen.

Küker, S. (2003): Kooperation und Nachhaltigkeit. Ein prozessorientierter Gestaltungsansatz für eine Analyse der Beiträge von Kooperationen zum nachhaltigen Wirtschaften, Hamburg. Zgl. Diss. Univ. Bremen, 2002.

Luhmann, N. (1984): Soziale Systeme. Grundriß einer allgemeinen Theorie, Frankfurt a. M.

Mellewigt, T. (2003): Management von strategischen Kooperationen. Wiesbaden. Zgl. Habil. Univ. Mainz u. d. T. Management und Erfolg von Strategischen Kooperationen in der Telekommunikationsbranche. Eine empirische Untersuchung auf der Basis des ressourcenorientierten Ansatzes, 2002.

Müller-Christ, G. (2001): Nachhaltiges Ressourcenmanagement. Eine wirtschaftsökologische Fundierung, Marburg. Zgl. Habil. Univ. Bayreuth, 2001.

Müller-Christ, G. (2003): Verstetigung von Kooperationen im Nachhaltigkeitskontext durch Widerspruchsmanagement, in: Elsner, W./Biesecker, A. (Hrsg.): Neuartige Netzwerke und nachhaltige Entwicklung. Komplexität und Koordination in Industrie, Stadt und Region, Frankfurt a. M., S. 95-114.

Müller-Christ, G. (2004): Strategisches Management – Auch Unternehmen selbst müssen nachhaltig werden, in: Hülsmann, M./Müller-Christ, G./Haasis, H.D. (Hrsg.): Betriebswirtschaftslehre und Nachhaltigkeit, Wiesbaden, S. 3–24.

Müller-Christ, G. (2010): Nachhaltiges Management. Einführung in Ressourcenorientierung und widersprüchliche Managementrationalitäten, Baden-Baden.

Müller-Christ, G./Liebscher, A.K. (2010): Nachhaltigkeit im Industrie- und Gewerbegebiet. Ideen zur Begleitung von Unternehmen in eine Ressourcengemeinschaft, München

Müller-Christ, G./Remer, A. (1999): Umweltwirtschaft oder Wirtschaftsökologie? Vorüberlegungen zu einer Theorie des Ressourcenmanagements, in: Seidel, E. (Hrsg.), Betriebliches Umweltmanagement im 21. Jahrhundert. Aspekte, Aufgaben, Perspektiven, Berlin et al., S. 69-87.

Pankau, E. (2002): Sozial-Ökonomische Allianzen zwischen Profit- und Nonprofit-Organisationen. Kooperationsbedarf, Kooperationskonzept, Kooperationsmanagement, Wiesbaden. Zgl. Diss. Univ. Bayreuth, 2001.

Peemöller, V.H (2005): Genossenschaften als „historische" und moderne Form der Kooperation, in: Zentes, J./Swoboda, B./Morschett, D. (Hrsg.), Kooperationen, Allianzen und Netzwerke. Grundlagen – Ansätze – Perspektiven, Wiesbaden, S. 405-427.

Remer, A. (2004): Management. System und Konzepte, 2. Aufl., Bayreuth.

Schaub, R. (2008): Sponsoring und andere Verträge zur Förderung überindividueller Zwecke, Tübingen.

Teuber, J. (2009): Interessenverbände und Internationalisierung, Wiebaden.

Wohlgemuth, O. (2002): Management netzwerkartiger Kooperationen. Instrumente für die unternehmensübergreifende Steuerung, Wiesbaden. Zgl. Diss. Univ. Göttingen, 2002.

Wurche, S. (1994): Strategische Kooperation. Theoretische Grundlagen und praktische Erfahrungen am Beispiel mittelständischer Pharmaunternehmen, Wiesbaden.

Zimmer, A. (2007): Vereine – Zivilgesellschaft konkret, 2. Aufl., Wiesbaden.

12 Von der Effizienz zur Konsistenz?

Jürgen Freimann und Michael Walther

12.1 Einführung

Der Ansatz der Industrial Ecology (IE, vgl. hierzu z.B. Lifset/Graedel 2002), dem der vorliegende Sammelband die Perspektive des Industrial Ecology Management hinzufügen will, ist durch mindestens zwei charakteristische Merkmale geprägt:

■ In analytischer Perspektive begreift er industrielle Systeme als Subsysteme natürlicher Systeme, deren Funktionieren auf ständige Zuflüsse aus natürlichen Quellen ebenso angewiesen ist wie auf die Aufnahmefähigkeit natürlicher Senken.

■ In präskriptiver Perspektive postuliert er ein Lernen von der Natur im Sinne der Gestaltung technischer Einzellösungen nach natürlichen Vorbildern (Bionik) sowie der Gestaltung industrieller Systeme nach dem Vorbild natürlicher Systeme.

Das hinter dieser Perspektive stehende Leitbild heißt Nachhaltigkeit, der Weg dorthin Nachhaltige Entwicklung im Sinne der weltweiten Etablierung von globalisierbaren Lebens- und Wirtschaftsformen, die eine dauerhafte Sicherung des Ressourcenzugangs für alle Menschen ermöglichen. Nachhaltige Entwicklung zielt im Ende auf ein von Konsistenz geprägtes Beziehungsgefüge zwischen vom Menschen gestalteten sozio-technischen Systemen und den sie tragenden natürlichen Systemen. Als globalisierbare Lebensmodelle sind damit nur Modelle tauglich, die auf der Grundlage der Erhaltung der Funktionsfähigkeit der natürlichen Systeme sozio-technische Systeme so gestaltet, dass sie auf der Grundlage regenerativer Energieversorgung als stofflich weitgehend geschlossene Systeme funktionieren und nur in dem Umfang Ressourcen nutzen und Stoffeinträge in die Natur vornehmen, wie dies von den natürlichen Systemen verarbeitet werden kann.

Neben Konsistenz werden als Umsetzungsstrategie für Nachhaltige Entwicklung regelmäßig Effizienz und Suffizienz genannt. Die derzeit insbesondere in Unternehmen vorherrschenden Umsetzungsbemühungen fokussieren überwiegend auf Effizienzsteigerungen, d.h. auf die vermeintliche Entkopplung von wirtschaftlichem Wachstum und dem dazu notwendigen Stoffeinsatz, indem entweder das aktuelle Ausmaß des Ressourcenverbrauchs zu einer weitestmöglichen Ausdehnung der damit produzierten Güter genutzt oder die aktuelle verfügbare Gütermenge mit minimalem Ressourceneinsatz produziert wird. „MIPS" und „Faktor 10" sind einige der in diesem Kontext populär gewordenen Heilsversprechen (z.B. Schmidt-Bleek 1994; Weizsäcker 1997), deren Reiz vor allem in ihrer Verträglichkeit mit der überbrachten Wirtschaftsweise liegt, die jedoch insgesamt noch immer durch die Effizienzgewinne konterkarierende Rebound-Effekte aufgehoben wurden, also als zielführende Option allenfalls mit zur Nachhaltigkeit beitragen, diese jedoch nicht allein bewirken können.

Konsistenz als Leitbild der IE wird in der Literatur vielfach so verstanden, als sei sie wie Effizienz auch eine vorrangig technisch machbare Handlungsoption (z.B. Paech 2005: 56

ff.), die grundlegende kulturelle Handlungsnotwendigkeiten als entbehrlich charakterisiert, also z.B. die Notwendigkeit der absoluten Reduktion von Stoffverbräuchen und Emissionen im Rahmen alternativer Konsumstrukturen insbesondere in den entwickelten Ländern ausblendet. Diese Sichtweise wird von uns nicht geteilt. Konsistenz im primär technischen Verständnis hat Grenzen,

■ weil Ressourcenverbräuche bei der Rohstoffgewinnung und in der Nutzungsphase weithin ausgeblendet werden,

■ weil auch geschlossene sozio-technische Systeme nicht per se ökologisch unschädlich sind, z.B. wenn sie physische Tragfähigkeitsgrenzen unbeachtet lassen

■ und weil sie eine Bequemlichkeitsillusion beinhalten, die die Notwendigkeit von Verhaltensänderungen in Produktion und insbesondere Konsumtion negiert.

Konsistente (ökologisch tragbare) sozio-technische Systeme sind nach unserem Verständnis nur solche Systeme, die sich qualitativ und quantitativ in die Funktionsmechanismen der natürlichen Systeme einpassen und deren Quellen und Senken nur im Rahmen ihrer Regenerationsfähigkeiten in Anspruch nehmen. Ihre Entwicklung bedarf daher sowohl weitreichender Effizienzsteigerungen als auch der Substitution nicht nachwachsender durch nachwachsende Ressourcen (im Rahmen der Tragfähigkeit der natürlichen Systeme) und eines grundlegenden Wandels der Konsummuster insbesondere bei den „Key points" (Bilharz 2008) im Sinne der Suffizienz. Am „kulturellen Weg" (Paech 2005: 62 ff.), wie mühsam und schmerzhaft er für uns im materiellen Überfluss eingerichtete Wohlstandsmenschen auch sein mag, an grundlegenden Verhaltensänderungen vom Mehr zum Besser führt auch dann kein Weg vorbei, wenn man im Sinne der IE konsistente wirtschaftliche Strukturen und Handlungsmuster zu etablieren versucht.

Konsistente sozio-technische Systeme fallen nicht vom Himmel, wie wünschbar sie auch immer sein mögen. Sie werden von Menschen als Akteuren in sozialen Systemen entwickelt oder eben nicht entwickelt. Forschung, die einen Beitrag zur Entwicklung solcher Systeme leisten will, darf sich daher nicht damit begnügen, deren Merkmale und Fähigkeiten herauszuarbeiten. Sie muss – als Sozialwissenschaft sogar in erster Linie – die Funktions- und Handlungsbedingungen sozialer Systeme untersuchen und zu verstehen helfen, um die Bedingungen benennen zu können, unter denen es möglich ist, dass konsistente sozio-technische Systeme entwickelt und umgesetzt werden. Dabei muss sie sowohl die System- als auch die Akteursebene in den Blick nehmen, um das Wechselverhältnis zwischen System und Akteur in sozialen Systemen adäquat abzubilden. Sie muss zudem versuchen, die notwendigen Prozesse individuellen und sozialen Lernens zu thematisieren und Bedingungen dafür aufzeigen, ob und wann derartige Lernprozesse die Chance beinhalten, dass Akteure und Institutionen sich in Richtung Nachhaltigkeit entwickeln.

Als Betriebswirte haben wir normalerweise das soziale System „erwerbswirtschaftliches Unternehmen" im Fokus. Wir betrachten Unternehmen als in diverse soziale Regelungssysteme eingebettete Subsysteme ebenso wie die individuellen bzw. kollektiven Akteure, die in ihnen Verantwortung tragen und in ihrem Namen Aktivitäten vollziehen. Dabei müssen wir immer wieder erkennen, dass die Handlungen von Unternehmen in Bezug auf

Nachhaltige Entwicklung vielfach eine begrenzte Reichweite haben, weil das Regelungssystem Natur von den unternehmerischen Akteuren zumeist als von ihren Handlungsmöglichkeiten weit entfernt wahrgenommen wird und tatsächlich zumeist nur vermittelt über andere Systeme (insbesondere Markt und Recht) auf Unternehmen einwirkt, wenngleich umgekehrt Unternehmenshandeln nicht selten sehr direkte Folgen für die Natur hat.

Im folgenden Beitrag wollen wir jedoch über den Horizont des einzelnen Unternehmens hinausschauen und Unternehmensnetzwerke in den Blick nehmen. Vorläufig seien derartige Netzwerke definiert als zwischen Markt und Organisation angesiedelte, auf Zeit oder auf Dauer angelegte Kooperationsverbünde von Unternehmen und anderen sozialen Institutionen, die sich Aktivitäten widmen, die von einzelnen Unternehmen allein nicht bewältigt werden können und die aufgrund ihrer kooperativen Natur auch nicht den üblichen marktlichen Koordinationsmechanismen anvertraut werden sollen.[1] Denn in der Literatur zur Industrial Ecology werden – auch über das Vorzeigebeispiel Industrial Symbiosis Kalundborg (z.B. Ehrenfeld/Chertow 2001) hinaus – Unternehmensnetzwerke immer wieder als besonders vielversprechende Ansätze zur nachhaltigkeitsorientierten Umgestaltung der Wirtschaft apostrophiert, weil sie als stofflich orientierte Verwertungsnetzwerke einen Beitrag zur Etablierung von Stoffkreisläufen leisten und/oder als Supply-chain- oder regionale Netzwerke (z.B. Seuring 2007; Kirschten 2003) nachhaltigkeitsbezogene Lernprozesse initiieren und fördern können. Wir wollen die sich hierin ausdrückenden Hoffnungen hinterfragen und insbesondere prüfen, welche sozio-ökonomischen Entwicklungspotentiale in ökologieorientierten Unternehmensnetzwerken in Richtung Nachhaltigkeit stecken.

12.2 Natürliche, soziale und technische Systeme

Natürliche Systeme (mit Ausnahme der sozialen Systeme, die als von natürlichen Systemen abgekoppelte und in diesem Sinne als „quasi-natürliche" begriffen werden können) sind nicht bewusst gestaltet, weder von außen noch von den Systemelementen (den „quasi-handelnden" Akteuren). Diese sind festgelegt auf das Ziel „Überleben" bzw. „Überleben der Art", agieren jedoch nie bewusst und willensgesteuert auf diese Ziele hin.

Der entscheidende Faktor für die Güte der Passung natürlicher Systeme an ihre Umwelt – die als sog. unbelebte Umwelt den Rahmen setzt für Leben und Entwicklung – und der internen Koordination der Einheiten und der systemischen Stabilität ist die Zeit. Die Evolution hatte und hat viel Zeit. Wie viel Zeit nötig ist, sieht man an Systemen, die durch – oftmals menschliche – Eingriffe aus dem Gleichgewicht gebracht worden und noch immer

---

[1] Ähnlich definiert Sydow: „Ein Unternehmungsnetzwerk stellt eine auf die Realisierung von Wettbewerbsvorteilen zielende Organisationsform ökonomischer Aktivitäten dar, die sich durch komplex reziproke, eher kooperative denn kompetitive und relativ stabile Beziehungen zwischen rechtlich selbständigen, wirtschaftlich jedoch zumeist abhängigen Unternehmen auszeichnet" (Sydow 1992:79)

nicht wieder im (alten oder neuen, auf langen Zeitskalen immer temporären) Gleichgewicht sind. Beispiele sind importierte Tierarten, die langjährig stabile Ökosysteme aus dem Gleichgewicht bringen.

Aus Perspektive des globalen Ökosystems läuft nichts anderes als ein Trial-and-Error-Prozess ab: Der das System gefährdende Error ist zumeist der Mensch. Mit der Abkopplung der sozialen Systeme von natürlichen Systemen entfällt jedoch die Notwendigkeit, auf solche Prozesse zu setzen. Denn ein Trial-and-Error-Lösungsverfahren ist bewusster Planung aufgrund seines großen Zeitbedarfs in der Regel unterlegen. Geht man von der Notwendigkeit eines Umsteuerns der menschlichen Wirtschaftsweise aus, die im sozialen System entschieden wird, bleibt diese Zeit ohnehin nicht.

Es wird auf der anderen Seite notwendig, mit den Schwächen bewusster Planung umzugehen. Bewusste Planung wird möglich durch Reflexionsfähigkeit und Erwartungsbildung. Problematisch ist nun aber, dass damit auch der Eigennutz der Planer als Variable ins Spiel kommt und sich nicht selten gegen (langfristige) Systemnotwendigkeiten stellt. Menschliche Handlungen sind willensbestimmt und damit nicht auf Aktionen im Sinne der langfristigen Systemerhaltung festgelegt.

Soziale Systeme lassen sich auf Grundlage des durch die Betrachtung natürlicher Systeme Erlernten modellieren. Dabei müssen jedoch die Besonderheiten sozialer Systeme beachtet werden, die neben der oben angesprochenen Individualität der Akteure auf der strukturellen Ebene liegen. Nach Giddens sind Strukturen immer Strukturbündel aus Signifikation/Sinn, Legitimation/Formalstrukturen und Herrschaftsstrukturen/Ressourcen (siehe hierzu Giddens 1984). Diese Strukturen beeinflussen die Wahrnehmung und die Entscheidungen der zum System gehörenden Akteure. Der „Sinn" aller Elemente natürlicher Systeme lässt sich mit Überleben übersetzen. Menschen und soziale Systeme grenzen sich gerade davon ab. Sie sind Sinnsysteme, die im rekursiven Zusammenspiel individueller Sinnerzeugung und kollektiver Sinnstrukturen (Kultur) verknüpft sind.

Über die Entwicklung und Implementierung technischer Systeme wird von Menschen in sozialen Systemen entschieden. In größeren Zusammenhängen (etwa nationaler oder globaler technischer Systeme) sind sie sogar zumeist das ungeplante Ergebnis individueller oder unternehmerischer Einzelentscheidungen und damit emergente Systeme, deren Merkmale sich aus den zufällig auftretenden Wirkungszusammenhängen der Einzelentscheidungen herausbilden.

Angewandt auf die im Industrial-Ecology-Ansatz vorherrschende Sichtweise bedeutet dies vor allem, dass der rein systembezogene Zugang, wie ihn IE zumeist vornimmt, für natürliche Systeme angemessen sein mag, nicht aber für soziale Systeme: Diese kann nur verstehen, wer die rekursive Verknüpfung von Struktur und Handeln beachtet, also soziales Handeln und soziale Strukturen weder holistisch noch individualistisch zu „erklären" versucht, sondern Strukturation als konstitutives Element sozialer Systeme erkennt.

Wenn IE zudem industrielle Systeme weder über ihre ökonomisch-finanzwirtschaftlichen Merkmale noch über soziale beschreibt, sondern auch hierin der Naturanalogie folgt und die stofflich-technischen Strukturen und Flüsse in den Vordergrund rückt, ist auch dies ein zu kurz greifender Problemzugang. Denn der stofflich-technische Zugang ist selbstverständlich vor allem deshalb bedeutsam, weil es unter Nachhaltigkeitsgesichtspunkten genau auf diese Dimensionen ankommt. Zugleich sind diese Dimensionen jedoch nicht einmal für Technikgestalter handlungsleitend. Das sind vielmehr monetäre und soziale Dimensionen. Der Unternehmer führt eine (nachhaltige) Technik nicht ein, weil sie die Stoffflüsse reduzieren hilft, sondern weil sie ihm Geld zu verschaffen verspricht, vor dem Hintergrund kultureller Maßstäbe soziales Ansehen verleiht und damit seinen Status in der Gesellschaft sichert und/oder ausbaut. Ähnliches gilt für den zweiten in diesem Zusammenhang wichtigen sozialen Akteur, den Konsumenten. Auch Recht als systemisch denkbare Handlungsvorschrift ist zum einen selbst das Ergebnis vielfach aufeinander bezogener individueller Entscheidungen und schafft es zudem eher ausnahmsweise, bei allen Mitgliedern der Gesellschaft die geforderten Handlungsweisen tatsächlich zu bewirken. Die Juristen pflegen in diesem Kontext von Vollzugsdefiziten zu sprechen.

Zudem dominiert in der IE vielfach der instrumentelle Zugriff auf den Gegenstand den analytischen. Ohne dass man wirklich danach strebt zu verstehen, wie industrielle Systeme funktionieren und wie sie mit den individuellen Handlungsmustern verschränkt sind, werden systemische Gestaltungsoptionen entwickelt und in die sozialen Systeme eingespeist. Das Ausmaß ihrer Akzeptanz und Anwendung scheint damit nur noch von der intellektuellen Einsicht in deren Nützlichkeit und/oder vom mehr oder weniger guten Willen der verantwortlichen Akteure abzuhängen, ein allzu schlichtes Bild von sozioökonomischen Entscheidungsprozessen.

Wer industrielle Systeme nach dem Vorbild der Natur (um)gestalten will, muss daher zunächst ein analytisches Verständnis für die Funktionsmechanismen sozialer Systeme und die Handlungsorientierungen sozialer Akteure zu gewinnen versuchen. Erst dann kann es gelingen, für die vorfindlichen Handlungsstrukturen Gestaltungsoptionen zu entwickeln, die wirtschaftlich und gesellschaftlich an beobachtbare Muster anschlussfähig und in diesem Sinne praxistauglich sind.

12.3   Akteure, Unternehmen, Netzwerke

Wahrnehmung und Entscheidungen der Akteure in Unternehmen, auf die es in erster Linie ankommt, wenn sie nachhaltig umgestaltet und zu kooperativen Unternehmensnetzwerken im Sinne konsistenzorientierter Systeme weiterentwickelt werden sollen, sind von wirtschaftlichen, kulturellen und machtstrategischen Faktoren beeinflusst. Neben den unternehmensindividuellen Strukturen sind gleichermaßen die Umfeldstrukturen (wie z.B. Marktbedingungen, rechtliche Vorschriften, Branchen- und Professionskulturen, politische Macht der Verbände etc.) relevante Einflussfaktoren.

Auf der personalen Ebene ist verbreitet eine Denkhaltung zu beobachten, die die Entscheidungs- und Handlungsweisen der wirtschaftlichen Akteure orientiert am Handlungsmuster des Homo Oeconomicus, das auf den Grundannahmen zum Wesen des Menschen basiert, wie sie von der europäischen Sozialphilosophie des 18. Jahrhunderts entwickelt wurden und von der neoklassischen Ökonomik des 19. Jahrhunderts zum modellhaften Akteur umfunktioniert wurden, um den wirtschaftlichen Aspekt des menschlichen Handelns von anderen Aspekten zu isolieren und damit vermeintlich besser zu verstehen.[2]

Was in der Modellwelt der Ökonomik als universales, vernunftbestimmtes Handlungsmuster auftaucht, bleibt aber nicht auf die Modellwelt begrenzt: Es wird (rück)übertragen in die wirkliche Welt, weil es unterstellt, die wesentlichen Merkmale zu beinhalten (vgl. hierzu Freimann 2006). Es erlebt eine Metamorphose vom Denk- zum Handlungsmodell. Schnäppchenjagd und eindimensional orientierte unternehmerische „Rationalisierung" sind beides Spielarten der Uminterpretation des Denkmodells Homo Oeconomicus in das Handlungsmodell Homo Oeconomicus.

Eine in diesem Zusammenhang auch heute noch hoch relevante empirische Studie aus 1992 zeigt, dass eine qualifizierte Mehrheit von Managern (etwa 75%) diesem als „Ökonomismus" zu bezeichnenden Weltbild anhängt (Ulrich/Thielemann 1992). Die Befragten sehen es überwiegend als unausweichlich, aber vereinbar mit den herrschenden unternehmensethischen Grundlagen an, rational im Sinne des Homo Oeconomicus zu handeln. Vor dem Hintergrund einer derart verbreiteten Weltsicht erscheint es eher zweifelhaft, dass diesen Akteuren die Errichtung kooperativer Netzwerkstrukturen überhaupt in den Sinn kommt.

Unter der Überschrift „Mikropolitik" bzw. – in neoklassisch basierter Sprechweise – „Principal-Agent-Problematik" wird diese Art von Handlungsorientierung auch in Bezug auf die Binnenstruktur von Unternehmen beobachtet und theoretisch reflektiert. Nicht das – in der Regel auf die Dimension der Unternehmenswertmaximierung reduzierte – Ziel des Unternehmens ist danach handlungsleitend für die entscheidungsbefugten Akteure im Unternehmen, sondern ihr eigener individueller Vorteil in Form von Einkommens-, Macht- usw. –zuwächsen, aber auch persönlicher Sympathie und Antipathie und anderen durchaus menschlichen Neigungen.

Auch auf organisatorischer Ebene lassen sich eher Hindernisse als Treiber einer Netzwerkbildung erkennen: Formale Strukturen müssen von Sinnsteuerung begleitet werden, müssen Machteinsatz begrenzen können und aus Sicht der handelnden Akteure nicht sinnvoll erscheinen lassen. Das bezieht sich sowohl auf die innerorganisatorische Ebene von Unternehmen als auch auf die Ebene der Beziehungen zwischen Unternehmen, die traditionell als Marktbeziehungen gestaltet sind, im Sinne der IE jedoch um Kooperations- bzw. Netzwerkbeziehungen zu ergänzen wären.

---

[2] Werner Hofmann weist den historischen Ursprung dieses Denkens bereits in den Schriften Adam Smiths nach: „Der Typus des modernen Kaufmanns wird hier zur anthropologischen Figur; so wie die neue Tauschordnung überhaupt den Zeitgenossen als „natürliche" Ordnung erscheint, die bisher durch das staatliche Reglement in ihrer Entfaltung gehindert worden ist." (Hofmann 1971, S. 41)

Dabei ist davon auszugehen, dass bezogen auf die Mikro-Ebene, das Beziehungsgeflecht in den einzelnen Unternehmen bzw. die Strukturen der Unternehmen, bereits zahlreiche Erkenntnisse zur Funktionsweise von Organisationen vorliegen. Die IE-relevanten Entscheidungsträger sind hier typischerweise gleichzeitig auch die Akteure mit großen Machtpotentialen und großem Einfluss auf die Unternehmenskultur (vgl. Walther 2004). Aus Sicht der formalen Organisation ergäben sich mithin kaum Hindernisse, wenn die relevanten Akteure „alternative" Orientierungen durchsetzen wollten.

Die Beobachtbarkeit von Mikropolitik jedoch macht aus den innerorganisatorischen Funktionsbedingungen ein Problemfeld, das prinzipiell weder durch formale Organisation noch durch Versuche zur Gestaltung von Unternehmenskultur eliminiert werden kann. Wenn mikropolitisch handelnde Akteure bzw. Agents die Regeln der Organisation missachten und/oder für ihre eigenen Belange instrumentalisieren, ist Unternehmenshandeln allenfalls noch situativ erklär- und prognostizierbar.

Auf der Makro-Ebene werden ökologieorientierte Vorgaben und Incentives klassischerweise mit den Koordinationsmechanismen staatliche Regulierung und/oder Markt verbunden. Was der Staat nicht dekretiert und der Markt nicht zu honorieren verspricht, geschieht nicht. Hier wird das Problem der Kurzfristigkeit der ökonomischen Nachteile (bei eventuellen langfristigen Vorteilen, Stichwort: Zukunftsfähigkeit) relevant. Märkte sanktionieren Unternehmen sehr schnell. Eine zentrale Frage, die sich in diesem Zusammenhang stellt, lautet: Welche Handlungen können bereits jetzt auch mit kurzfristig unschädlichen oder sogar positiven ökonomischen Effekten zwar nicht von einzelnen Unternehmen allein, aber von Kooperationen/Netzwerken angegangen werden?

Der gesetzlichen Regulierung begegnen wirtschaftliche Akteure zumeist defensiv: Sind sie nicht lobbyistisch zu verhindern oder zu entschärfen, werden sie aufwandsminimal umgesetzt. Chancen, die sie bieten, werden kaum als solche wahrgenommen oder genutzt (vgl. hierzu Freimann 2007).

Folgt man Müller-Christ (2007), dann entstehen jedoch öko-industrielle Strukturen im Sinne symbiotischer, an natürlichen Vorbildern orientierter Kooperationsnetzwerke weder als Folge staatlicher Regulierung noch aus der Marktdynamik, die nachhaltigkeitsorientiertes Nachfrageverhalten setzt. Zu fragen ist hier, wie dann Unternehmen als Treiber für die Entwicklung von Netzwerk- und Kreislaufstrukturen modelliert werden sollen. Zumindest langfristig müssten sie darin Chancen erkennen oder die Notwendigkeit sehen, in den Erhalt ihres Ressourcenpools zu investieren oder gemeinsame Effizienzmaßnahmen zu ergreifen (vorausgesetzt das Ziel heißt: langfristiges Überleben des Systems Unternehmen, was insbesondere den auf Frist berufenen Entscheidungsträgern in Großunternehmen auch nicht grundsätzlich unterstellt werden kann).

In Bezug auf die erwünschten Kooperationen/Netzwerke stellen sich aus unserer Sicht vor allem die folgenden Fragen: Welches sind notwendigen Fähigkeiten, die Unternehmen besitzen oder entwickeln müssen, um die Bereitschaft zu zeigen, sich in Netzwerke zu begeben und diese aktiv mitzugestalten? Gerade bei strategisch längerfristigem Handeln im Hinblick auf solche Strukturen sind der Aufbau und die Pflege entsprechender interner

Kompetenzen ein wichtiger Faktor. Organisatorische Fähigkeiten (capabilities, siehe Teece et al. 1997), die aufgebaut werden, verschaffen darüber hinaus bei stärkerer gesetzlicher Regulierung Vorteile in Hinblick auf Anpassungsfähigkeit und -geschwindigkeit.

Kooperationen zwischen Unternehmen führen jedoch dann wieder zu Veränderungen der Strukturen der einzelnen Unternehmen, die mit bedacht werden müssen. Aus Kooperationsbeziehungen resultiert Macht für die diese kontrollierenden Akteure (vgl. Crozier/ Friedberg 1979). Ebenso sind aus Netzwerken resultierende kulturelle Veränderungen in den beteiligten Unternehmen zu erwarten. Zudem werden auch die Umfeldstrukturen wiederum rekursiv beeinflusst.

Gesamtgesellschaftlich ist zu fragen: Ist eine schrittweise Ausweitung der ökologisch-ökonomischen Schnittmenge genügend schnell erreichbar? Sind Netzwerke vielleicht sogar eine Möglichkeit, auch von Unternehmensseite die für nachhaltige Entwicklung unabdingbaren Suffizienzaspekte zu berücksichtigen?

12.4 Typen nachhaltigkeitsorientierter Unternehmensnetzwerke

Netzwerke werden üblicherweise als eine Form der Koordination bezeichnet, die zwischen Hierarchie und Markt angesiedelt ist, dabei aber weniger ein etwas-von-beidem, sondern vielmehr eine eigenständige Koordinationsform darstellt. Vertrauen ist hier die Steuerungsform, die den etablierten Formen Anweisung und Preis als Alternative entgegen gestellt wird. (Unternehmens-)Netzwerke sind damit komplementäre soziale Systeme, die die etablierte Marktkoordination zwischen Unternehmen durch kooperative Elemente ersetzen und ergänzen.

In der Auseinandersetzung mit Nachhaltigkeit und dem unternehmerischen Umgang mit diesem (gesellschaftlichen) Konzept sind eine Vielzahl von unterschiedlichen Netzwerken beschrieben worden (z.B. Kirschten 2003). Wir wollen hier vier Typen nachhaltigkeitsorientierter Netzwerke unterscheiden:

- Horizontale Branchennetzwerke

- Vertikale Netzwerke entlang der Wertschöpfungskette

- Diagonale Verwertungsnetze

- Diagonale Nachhaltigkeitsnetzwerke

Jedes solcher Netzwerke ist grundsätzlich geeignet, einen Beitrag zu Nachhaltigkeit zu leisten.

In den horizontalen Branchennetzwerken – üblicherweise als Branchenverbände bekannt – ist inzwischen fast flächendeckend eine Auseinandersetzung mit Nachhaltigkeit zu beobachten. Unabhängig davon, mit welcher Zielsetzung sie antreten – an Nachhaltigkeit orientiert oder vorrangig von ökonomischen Zielen geleitet – ist diesen etablierten Netzwerken zu attestieren, bisher wohl am meisten erreicht zu haben. Dies gilt insbesondere für Branchen mit hohem Risikopotential, wie z.b. problematischen Prozessen oder einem besonderen Fokus der Öffentlichkeit. So gelang es z.b. dem Automobilverband VDA, den Staat zu einer großzügig bemessenen finanzielle Kaufhilfe für Neuwagen zu bewegen, wenn ein älteres Fahrzeug zeitgleich verschrottet wird, und dies auch noch als „Umweltprämie" in die öffentliche Meinungsbildung einzuspeisen.

Vertikale Netzwerke werden in der Literatur vor allem in Bezug auf die Governance von Wertschöpfungsketten diskutiert (Gereffi et al. 2005). Solche vertikalen Kooperationen zwischen Unternehmen sind von hoher Nachhaltigkeitsrelevanz über die ihnen innewohnenden Möglichkeiten, sowohl Produkt- als auch Prozessinnovationen anzuregen und umzusetzen.

Diagonale Netzwerke in Form von Verwertungsnetzen stehen im Mittelpunkt des Industrial-Ecology-Ansatzes. Sie sind mit ihrem Fokus auf Materie- und/oder Energieaustausch zumeist eher lokal/regional angelegt und eng gekoppelt. Auf dieser Ebene bestehen sie aus einem Geflecht an bilateralen effizienzorientierten Beziehungen. Verwertungsnetze brauchen Unternehmen aus unterschiedlichen Branchen, um materielle Verwertungsmöglichkeiten zu haben. Das ist auch für ihre soziale Stabilität vorteilhaft, da auf diese Weise keine starken Konkurrenzbeziehungen im Netzwerk vorhanden sind.

Völlig entgegengesetzt sind die ebenfalls diagonalen Nachhaltigkeitsnetzwerke angelegt. Hier steht der Austausch von Informationen im Mittelpunkt. Auch ist der regionale Bezug kein zwingendes Kriterium. Zuletzt sind diese Netzwerke auch sehr lose gekoppelt. Beispiele finden sich z.B. in den Unternehmensnetzwerken B.A.U.M. oder Unternehmensgrün. Im Rahmen dieser Netzwerke werden auch Themen wie die stärkere Einbindung und Unterstützung von KMU bearbeitet. Die organisatorische Ebene (Managementsysteme, -instrumente, der Aufbau der nötigen Ressourcen/Kompetenzen, Mitarbeitereinbindung etc.), spielt hier eine deutlich prominentere Rolle. Auch wenn die Nachhaltigkeitsnetzwerke zunächst die Grenzen der Industrial Ecology überschreiten, ist doch danach zu fragen, wie sich die beiden diagonalen Ansätze gegenseitig befruchten können und ob Entwicklungsmöglichkeiten von einer Netzwerkform zur anderen auszumachen sind.

Die nachfolgenden Erörterungen schließen zunächst an der in Rahmen der Industrial Ecology geführten Diskussion und damit am Netzwerktypus 3 an. Im Rahmen des IE-Konzepts wird argumentiert, dass Verwertungsnetze und Eco-Industrial Parks die engen Grenzen von Einzelunternehmen sprengen, Chancen zu ökologischer Konsistenz und ökonomischen Vorteilen (win-win) eröffnen und die Möglichkeit zu unternehmensübergreifenden Lernprozessen bieten.

Dabei muss jedoch zunächst daran erinnert werden, dass über den Markt vermittelte Austauschbeziehungen zwischen Unternehmen immer auch schon den Transfer von Abprodukten eines Unternehmens als Inputfaktoren für andere Unternehmen beinhaltet haben. Was im Rahmen der Industrial Ecology als Netzwerk beschrieben wird, ist zu beobachten, seit es Städte gibt (Desrochers 2001). Zu fragen ist damit vor allem danach, ob die als Verwertungsnetze interpretierten, auf längere Dauer angelegten Geflechte aus Verkaufs- und Kaufbeziehungen von Abprodukten des einen als Sekundärrohstoffe anderer Unternehmen einen anderen, nämlich einen spezifischen Netzwerkcharakter besitzen, der über Markttransaktionen hinausgeht.

Verwertungsnetze sind zumeist auf längere Dauer angelegt wie z.b. die vielfach als Musterbeispiel diskutierte Industrial Symbiosis Kalundborg, um deren industriellen Kern – ein Kohlekraftwerk – sich zahlreiche andere, verschiedene Abprodukte nutzende Unternehmen angesiedelt haben. Hieraus resultieren Pfadabhängigkeiten, sowohl im wirtschaftlichen Miteinander in Form von Gewohnheiten und verfestigten Beziehungen, als auch in Form stofflicher Dependenzen im Sinne eines Hard Wiring. Die meisten Nutzer der Abprodukte benötigen das Kohlekraftwerk und damit eine nicht nachhaltige technologische Basis ebenso, wie umgekehrt das Kohlekraftwerk als größte entsprechende Anlage in Dänemark ohne die Abwärme- und Abprodukte-Nutzung durch andere Unternehmen am Standort kaum eine staatliche Betriebsgenehmigung bekommen hätte.

Die nächste Frage stellt sich bezüglich der interorganisatorischen und darüber auch interpersonellen Beziehungen im Verwertungsnetz. Wird gemeinsam geplant und gesteuert? Wer plant und steuert? Sind Akteure benennbar oder geschieht dies selbstorganisierend über das gesamte Netzwerk? Gehen die Bezüge über das Verkaufen und Kaufen hinaus? Brauchen die Netzwerke Unterstützung von außen, z.B. in Form von Koordinationsleistungen? Und zuletzt ganz grundsätzlich: Wird der sehr positiv konnotierte Netzwerkbegriff im Rahmen der Industrial Ecology eher als Heilsversprechen eingeführt oder weil tatsächlich etwas qualitativ Neues zu beobachten ist?

12.5   Empirische Befunde zu Verwertungsnetzwerken

Die Debatte über Öko- und Nachhaltigkeitsnetzwerke wird nicht erst in jüngster Zeit geführt (siehe z.B. diverse Beiträge im Umweltwirtschaftsforum, Heft 4/1995 sowie Kirschten 2003). Was aber wissen wir empirisch über die tatsächliche Nutzung dieser Möglichkeiten? Und warum gibt es in der Praxis, von wenigen Fällen abgesehen, die wissenschaftlich begleitet werden und/oder auf staatlich-industriepolitische Initiativen oder Umnutzungen ehemaliger Militärgelände zurückgehen, so wenige tatsächlich längerfristig bestehende derartige Netzwerke, dass das mehr als 20 Jahre alte Beispiel Kalundborg noch immer als Paradebeispiel herhalten muss?

Einige aus unserer Sicht zentrale empirische Befunde seien hier zusammengestellt (siehe auch Posch 2006):

■ Was auf der Ebene der stofflichen Verwertungsstrukturen zu beobachten ist, entpuppt sich bei näherem Hinsehen zumeist als ein Netz bilateraler Verkäufer-Käufer-Beziehungen zwischen Abprodukt-Anbietern und -Nachfragern.

■ In Vordergrund des Interesses beider Partner steht die Kostenersparnis bzw. die Generierung von zusätzlichen Erträgen anstelle der bisher kostenpflichtigen Entsorgung auf konventionellem Weg. Nicht Ökologie, sondern Ökonomie motiviert die Akteure.

■ Die Partnerbeziehungen sind für die beteiligten Unternehmen weder von hoher Priorität noch begründen sie große gegenseitige Abhängigkeiten. Fällt ein Partner aus, suchen und finden viele „Netzwerk"-Teilnehmer andere Partner.

■ In Kalundborg hat bisher kein Unternehmen Möglichkeiten, die in die ökonomisch-ökologische Schnittmenge fallen, genutzt, wenn sie nicht Bestandteil des Kerngeschäfts sind (Desrochers 2001 mit Verweis auf Lowe et al 1996).

■ Es gibt zumeist eine eher geringe Netzwerkidentität, die im Fehlen zentraler gemeinsamer Zielvorstellungen und eines bewussten Bottom-up-Entstehungsprozesses begründet ist.

■ Wo branchenbezogene Verwertungsnetze, die Zulieferer, Markenproduzenten und Verwerter einschließen müssten, erhebliche Potentiale zur Intensivierung der Wiederverwendung von Bauteilen und der Sekundärrohstoffnutzung bieten (z.B. in der Automobilindustrie und Elektrogeräteindustrie, wo es gesetzliche Rücknahmepflichten der Markenhersteller gibt), stehen sowohl die Branchenkultur als auch die geringe Handlungs- und Zahlungsbereitschaft der Konsumenten der Etablierung derartiger Kooperationsnetze im Wege (siehe Freimann/Blume/Mauritz/Walther 2008).

■ Die Vorteile von über die aktuelle stoffliche Verwertung hinausweisenden Öko- und Nachhaltigkeitsnetzwerken weisen, wie viele unternehmerische Optionen zum Nachhaltigkeitsmanagement auch, Langfristcharakter auf, der in konventionellen unternehmerischen Planungskalkülen kaum Relevanz hat.

Vor diesem Hintergrund verwundert es nicht, dass in der Literatur Zweifel daran angemeldet werden,

■ ob Netzwerke vielleicht sogar nur Konstruktionen ihrer wissenschaftlichen Beobachter sind, die in den Wahrnehmungen der Beteiligten so nicht präsent sind (Posch 2006) und

■ ob IE-Netzwerke nicht zu einem „eigenständigen theoretischen Phänomen hochstilisiert werden", obwohl auch traditionellere Ansätze mit dem Fokus auf bilaterale Geschäftsbeziehungen ausreichend Erklärungskraft besitzen (bereits Schneidewind 1995),

■ wie selbstorganisierend die Netzwerke wirklich entstanden sind

■ und die Einschätzung geäußert wird, dass nach Maßgabe einer weiter gefassten Netzwerkdefinition, die insbesondere das Soziale betont, Beispiele wie Kalundborg überhaupt keine Netzwerke darstellen (z.B. Chisholm 1998).

Daran anschließend stellt sich, will man die Debatte an dieser Stelle nicht resigniert abbrechen, die Frage nach den Entwicklungsperspektiven. Als ähnlich positiv konnotierte Lösung, wie dies auch bezüglich Netzwerken zu beobachten ist, wird in diesem Zusammenhang oft auf Lernprozesse verwiesen. Ungeachtet der Empirie, die wenig zu abgelaufenen

Lernprozessen zu berichten hat, von Hinweisen auf Informationsaustausch und gemeinsame Entwicklung technisch-effizienzorientierter Maßnahmen abgesehen (z.B. Kincaid 1999), wird dadurch der Hoffnung Ausdruck gegeben, wie auch immer angeregte Lernprozesse mögen zu der verstärkten Entstehung und Weiterentwicklung öko-industrieller Netzwerke und Parks und auf diesem Wege zu nachhaltigen industriellen Strukturen führen.

12.6   Lernen in nachhaltigkeitsorientierten Unternehmensnetzwerken

Es lernen grundsätzlich Individuen, dies aber eingebettet in Strukturen. Das individuelle Wissen besteht dabei nicht nur aus Faktenwissen, Fähigkeiten etc., sondern vor allem auch aus Grundannahmen zum Sein und Sollen von Dingen, die auf Sinnkonstruktionen beruhen (z.B. Sackmann 2000). Diese gründen auf Regeln der Signifikation als Element jeder Struktur (Giddens 1984). Wahrgenommen werden diese Strukturen dabei immer unvollständig, subjektiv und zu weiten Teilen unbewusst.

Die unbewusste Natur der Wahrnehmung ist ein wichtiger Aspekt, da sich Individuen in einer Vielzahl unterschiedlichster Sozialsysteme bewegen, dabei von unterschiedlichen, oft widersprüchlichen Strukturen beeinflusst sind, ohne diese vollständig benennen und unterscheiden zu können und bewusst zwischen Rollen und Sozialsystemen wechseln zu können. Die subjektiven Wahrnehmungen und Einstellungen entwickeln sich in rekursiver Verknüpfung mit den Strukturen. Entscheidungen und Handlungen besitzen immer das Potential zur Strukturbeeinflussung und zwar nicht nur der Systeme, auf die sie sich beziehen.

Unternehmen sind im Gegensatz zu anderen Sozialsystemen erstens stärker formal strukturiert und zweitens stark von exogenen Veränderungen beeinflusst. Ersteres hat mit der expliziteren und klareren Zielsetzung und Organisation bedeutenden Einfluss auf kulturelle Sinnstiftung. Mit Zweitem sind veränderte Erwartungen übergeordneter oder überlappender Systeme angesprochen, die sich z.B. in Rechtsnormen oder verändertem Stakeholderverhalten manifestieren (DiMaggio/Powell 1991). Auch hier hängt die Wahrnehmung dieser Veränderungen wiederum von individuellen Sinnkonstruktionen und den Unternehmensstrukturen ab (Ortmann 1995). Auch abweichende Erwartungen neuer Akteure im Unternehmen als Ausdruck veränderter Umwelt können Veränderungen bewirken, müssen sich aber gegenüber etablierten Strukturen beweisen.

Lernen findet statt, wenn Wissen erweitert und/oder verändert wird. Als Auslöser für Lernprozesse lassen sich „wahrgenommene Unterschiede", die Erwartungen enttäuschen können, ausmachen (Klimecki/ Laßleben 1998). Dabei sind es vor allem die tiefer liegenden kulturellen Grundannahmen, die den Rahmen für das bilden, was wahrgenommen wird und als wahrgenommener Unterschied anschlussfähig ist (absorptive capacities, Cohen/ Levinthal 1990). Im Fall von Unternehmen sind geteilte Annahmen zum Wesen der Gesellschaft, Politik und Wirtschaft, der Unternehmen insgesamt, des eigenen Unternehmens und der eigenen Rolle darin zentrale Sinnkonstruktionen.

Im Sinne von Argyris/Schön (1978) lässt sich, wie die Empirie zeigt, in den industriellen Verwertungsnetzwerken Single-loop-learning beobachten, bei dem die wahrgenommenen Grundannahmen stabil bleiben. Dieses Lernen führt zu „adjustierten Suchregeln, Aufmerksamkeitsregeln, veränderten Zielhöhen und Erwartungen" (Cyert/March 1963). Ausgehend von ökonomisch vorteilhafter, rechenbarer Effizienzorientierung als Grundlage der Netzwerke sind diese anschlussfähig an etablierte Wahrnehmungsmuster. Effizienz ist ein seit langem stabiles zentrales Wesensmerkmal von Unternehmen. Auch die fehlende Netzwerkidentität verwundert vor diesem Hintergrund nicht. Die Netzwerke bedürfen keiner Kulturelemente, die von den Grundannahmen der einzelnen Unternehmen abweichen. Es entsteht kein die Unternehmen überlappendes soziales System, das sich durch eine solche Kultur definieren würde.

Die für eine Orientierung an der Konsistenzstrategie notwendigen Double-loop-Lernprozesse, die auch ein Verlernen bisheriger Grundannahmen bedingen, finden dagegen nicht statt. Es fehlen die von der Unternehmensumwelt oder aus den Netzwerken heraus ausgelösten Erwartungsenttäuschungen oder wahrgenommenen Unterschiede, die als Möglichkeiten gesehen werden könnten. Ideen zu innovativen konsistenten Lösungen oder auch nur Herangehensweisen sind weiterhin nicht anschlussfähig. Eine Eigendynamik aus den Netzwerken heraus, die sich als exploitative und stabile Netzwerke klassifizieren lassen (Sydow et al. 2003), ist entsprechend unwahrscheinlich. Industrial Ecology-Netzwerke müssen, um von Unternehmen als Option akzeptiert zu werden, klar mit den jeweils als zentrale Treiber für Unternehmenserfolg wahrgenommenen Faktoren verknüpft werden können (Cohen-Rosenthal 2000). Vor dem hier nur kurz dargestellten lerntheoretischen Hintergrund ist die in der IE-Debatte als Hoffnungsträger auftauchende Fokussierung auf verwertungsnetzwerk-initiierte Lernprozesse, die den Weg von Effizienz zu Konsistenz weisen können, daher kaum tragfähig.

12.7   Fazit

In den vorfindlichen Verwertungsnetzen stehen – allen Bemühungen um die netzwerkinterne Installierung von Weiterverwendungsschleifen zum Trotz – Gesichtspunkte unternehmerischer Effizienz im Zentrum: Die Abprodukte basaler Produktionsprozesse werden nicht mehr kostenpflichtig entsorgt, sondern als Sekundärrohstoffe oder Brennstoffe in daran anschließenden Prozessen verwertet. Nur in diesem Sinne leisten sie einen Beitrag zur Nachhaltigen Entwicklung, der jedoch nicht verhindert, dass Rebound-Effekte letzten Endes nicht zu konsistenten Industriesystemen, sondern doch zur weiteren Vermehrung der Quellen- und Senken-Übernutzung führt. Konsistenz im Sinne einer weitestmöglichen Schließung von Gewinnungs-, Produktions-, Nutzungs- und Verwertungsprozessen der gebrauchten Güter als Grundstoffen neuer Prozesse zur Erzeugung derselben oder ähnlicher Güter ist nicht zu beobachten. Wenn aber, wie Huber (2000) ausgeführt hat, Effizienz und Konsistenz immanent widersprüchliche Nachhaltigkeitsstrategien darstellen, sind von diesen Netzen substantielle Nachhaltigkeitsbeiträge ebenfalls kaum zu erwarten.

Folgt man dem Stufen-Konzept des COSY-Modells (Schneidewind 1994), dann überspringen Verwertungsnetze zudem eine bedeutsame Entwicklungsstufe unternehmenspolitischen Nachhaltigkeitsmanagements: Von der Stufe der ökologischen Optimierung der Produktionsprozesse im Sinne einer effizienten Ressourcennutzung schreiten sie nicht fort zur ökologischen Optimierung der Produkte, sondern fokussieren gleich die nächste Stufe der Funktionsverbünde im Sinne der Herstellung von kooperativer Ressourcennutzung zwischen Unternehmen. Ebenfalls weiterhin außen vor bleibt die Anvisierung neuer Geschäftsmodelle zur Förderung suffizienter Wirtschafts- und Lebensmodelle.

Zur Bearbeitung der Probleme einer ökologischen Produktgestaltung längs des gesamten Lebensweges ist jedoch die in Verwertungsnetzen vollständig ausgesparte Beteiligung der Konsumenten als Nachfrager und Nutzer der Produkte unerlässlich. Hier allerdings zeigen empirische Studien, dass vom Absatzmarkt her eher schwache Impulse ausgehen (z.B. Walther/Schenkel 2010). Das erklärt teilweise die Fokussierung der IE auf die Produktionsprozesse, begrenzt aber zugleich die Reichweite der hier ansetzenden Aktivitäten. Dies gilt verstärkt für Gebrauchsgüter, bei denen die wesentlichen ökologischen Folgen nicht in der Herstellungsphase, sondern während ihrer Nutzung feststellbar sind. So sind Autokäufer, auch solche die ausnahmsweise auf ökologische Eigenschaften der Fahrzeuge Wert legen, daher primär an einer Treibstoffreduzierung interessiert und nicht an der Verwertungsmöglichkeit von Abprodukten oder Altfahrzeugen. Für vorrangig ökonomisch motivierte Autokäufer gilt das erst recht.

Die Entwicklungsmöglichkeiten in Richtung Konsistenz sind stark begrenzt. Ähnlich wie eine unternehmerische Effizienzorientierung nicht-konsistente Pfade zementieren kann, dürfte es auch den bestehenden Verwertungsnetzen schwer fallen, deutlich weiter zu gehen bzw. auf andere Pfade auszuweichen. Die in Netzen geschaffenen Austauschbeziehungen zwischen Unternehmen können sogar einzelunternehmerische Effizienz behindern, wenn etwa Möglichkeiten der Abfallreduktion nicht genutzt werden, weil vertraglich bindende Lieferverpflichtungen bestimmte Abfallmengen vorschreiben.

Der für Nachhaltige Entwicklung unerlässliche kulturelle Wandel scheint mithin durch Verwertungsnetzwerke als technische Lösungsoptionen eher behindert als befördert zu werden. Allein bestimmte soziale Aktivitäten, die oft nicht von Unternehmen allein, sondern nur von Verbünden realisierbar sind, wie z.B. gemeinsam betriebene Unternehmenskindergärten oder ein flexibles Flächen- und Gebäudenutzungsmanagement können den kulturellen Wandel befördern. Ob und wie sie dadurch die Entwicklung von Verwertungs- zu Nachhaltigkeitsnetzwerken befördern sollen, ist nicht erkennbar.

Nachhaltigkeit ist ein gesellschaftliches Konzept und die Frage nach der kulturellen Verankerung in diesem (übergeordneten) Sozialsystem auch mit Skepsis zu beantworten. Ob nun Unternehmen als naturgemäß effizienzorientierte Systeme hier voranschreiten sollten und können, bleibt fraglich. Gesellschaftliches Lernen, an dem natürlich Unternehmen ebenso teilnehmen können und in den nachhaltigkeitsorientierten Informationsnetzwerken ja auch tun, scheint die notwendige Grundlage zu sein, um Konsistenzlernen in Unternehmen zu befördern. Dann lässt sich auch die Diskussion um Lernen in Netzwerken wieder stärker aufnehmen und z.B. nach mikropolitischen hemmenden und fördernden Bedingungen fragen (Friedberg 2003), und es lassen sich praktische organisatorische Fragen in den Blick nehmen (Siebenhüner 2006).

Lenkt man den Blick auf die allgemeine Netzwerkforschung, fällt auf, dass insbesondere in kleinen regionalen Netzwerken nicht selten Netzwerkmoderatoren aktiv sind. Zwar sind nach überwiegender Auffassung in der Literatur (z.B. Sterr 2003; Strebel/Schwarz 1998) die vielfach beschriebenen Netzwerke Kalundborg, Steiermark und Pfaffengrund selbstorganisiert entstanden, der positive Effekt von Moderation und Koordination wird jedoch in der Literatur wiederholt herausgestellt. Aber auch hier überwiegen noch immer die unbeantworteten Fragen:

- Wer soll derartige Moderatorenfunktionen wahrnehmen?

- Können Moderatoren wirklich notwendige Lernprozesse, die über Anpassungslernen hinausgehen und in Richtung Nachhaltigkeit weisen, befördern?

- Was sollen zentrale Planer oder Moderatoren besser machen als der Markt oder das Recht?

- Sind nicht zudem Netzwerke der Moderatoren erforderlich, die deren Horizonte erweitern und Perspektiven eröffnen können und wer sollte diese organisieren und ihre Dauerhaftigkeit gewährleisten?

Bestehende informatorische Nachhaltigkeitsnetzwerke wie etwa B.A.U.M. oder Unternehmensgrün bemühen sich darum, einerseits selbst Moderationsfunktionen zu übernehmen, andererseits zur Vernetzung von Moderatoren, auch solcher, die „nur" die Nachhaltigkeitsbemühungen einzelner Unternehmen fördern sollen, beizutragen. Aus der empirischen Umweltmanagementforschung ist jedoch nur ausnahmsweise überliefert, dass diese Netzwerke zu einer qualitativen Ausweitung des Umweltengagements von Unternehmen beitragen. Im Gegenteil: Eine kürzlich publizierte Untersuchung zur Reichweite des Informationsaustausches brachte die nüchterne Erkenntnis, dass eine Ausdehnung des Umweltengagements über den betriebsbezogenen Umweltschutz hinaus hin zur Produktökologie durch Vernetzung der Umweltmanagementbeauftragten jedenfalls nicht befördert wird (Billmann 2010).

Insofern scheint der heutige Stand des Wissens kaum Perspektiven aufzuweisen, die beobachtbare Schritte von Verwertungsnetzen und darin engagierten Unternehmen in Richtung Nachhaltigkeit aufdecken. Dabei sind jedoch keinesfalls alle Aspekte derartiger Entwicklungsoptionen bereits hinreichend erforscht. Wenn sie eröffnet werden sollen, scheint es daher geboten, in kommenden Untersuchungen vor allem die folgenden Fragen einer Klärung zuzuführen:

■ Gibt es Beziehungen zwischen Verwertungsnetzen und informationsbezogenen Nachhaltigkeitsnetzen, die in symbiotischer Form ausgebaut und zu nachhaltigen Verwertungsnetzen fortentwickelt werden könnten?

■ Welche kulturellen Bedingungen sind notwendig und wie können diese befördert werden, damit dem effizienzorientierten unternehmerischen Handeln der Aspekt von Konsistenz in den Blick gerät?

■ Beinhaltet die aktuelle Tendenz des Outscourcing von Flächen- und Gebäudemanagement in vielen „alten" gewachsenen Industriearealen mit einer wachsenden und fluktuierenden Zahl industrieller Nutzer an ein professionelles Real Estate Management Möglichkeiten zur nachhaltigen Entwicklung dieser Areale und einer daraus resultierenden Perspektivenerweiterung?

■ Welche Rolle können in diesem Zusammenhang neue Netze spielen, die sich derzeit z.B. in der (alternativen) Energiewirtschaft bilden und über den Bezug auf die Produktionsprozesse hinaus auch die nachhaltige Gestaltung der Produkte im Blick haben?

■ Ist ein von der öffentlichen Hand moderiertes Netzwerkmanagement in industriepolitisch gewollten regionalen Netzwerken in der Lage, ökonomische Entwicklung auf Basis gemeinsam geteilter Nachhaltigkeitsorientierung der anzusiedelnden Unternehmen auf den Weg zu bringen?

■ Und nicht zuletzt: Wie lässt sich vor dem Hintergrund der derzeitigen Krisenerscheinungen, die ja auch die Aporien der überlieferten ökonomischen Handlungsorientierungen aufweisen, der Übergang zu einer an Gesichtspunkten Nachhaltiger Entwicklung orientierten Wirtschaftsweise in die Köpfe der verantwortlichen Akteure bringen?

Mehr Fragen als Antworten! Wenn sozialwissenschaftliche IE-Forschung eingestehen muss, dass sie über den Goetheschen Faust noch nicht wesentlich hinausgekommen ist, ist sie aus unserer Sicht aber damit zumindest aus höheren Sphären der Wünschbarkeit auf den festen Boden des Wissens zurückgekehrt. Und wir als Forscher haben noch lohnende Aufgaben vor uns.

Literatur

Argyris, C./Schön, D. (1978): Organizational Learning – A Theory of Action Perspective, Reading.

Bilharz, M. (2008): Key Points nachhaltigen Konsums. Ein strukturpolitisch fundierter Strategieansatz für die Nachhaltigkeitskommunikation im Kontext aktivierender Verbraucherpolitik, Marburg.

Billmann, N. (2010): Ökologisches Benchmarking. Eine Analyse des Instruments und seiner Anwendung am Beispiel der Finanzdienstleistungsbrache, Kassel.

Blume, T./Freimann, J./Mauritz, C./Walther, M. (2008): Auto, Motor und Schrott. Über die Schließung globaler Stoffkreisläufe am Lebensende, in: Ökologisches Wirtschaften 2008, Vol 4, S. 43-46.

Chisholm, R.F. (1998): Developing Network Organization. Learning from Practice and Theory, Reading.

Cohen, W./Levinthal M. (1990): Absorptive capacity: a new perspective on learning and innovation, Administrative Science Quarterly, Vol. 35, S. 128-152.

Cohen-Rosenthal, E. (2000): A Walk on the Human Side of Industrial Ecology, American Behavioral Scientist, Vol. 44, 2, S. 245-264.

Cyert, R./ March, J. (1963): A Behavioral Theory of the Firm, Englewood Cliffs u.a.

Crozier, M./Friedberg, E. (1979): Macht und Organisation – Die Zwänge kollektiven Handelns, Königstein.

Desrochers, P. (2001): Eco-Industrial Parks. The Case for Private Planning, The Independent Review: A Journal of Political Economy, Vol. 5, 3, S. 345-371.

DiMaggio P./Powell W. (1991): Introduction in: Powell W./DiMaggio P. (Hrsg.), The New Institutionalism in Organizational Analysis, Chicago/London, S. 1-38.

Duschek, S./Mölling, G./Rometsch, M./Sydow, J. (2003): Kompetenzentwicklung in Netzwerken. Eine typologische Studie.

Dyllick, T. (2003): Konzeptionelle Grundlagen unternehmerischer Nachhaltigkeit, in: Linne, G./Schwarz, M. (Hrsg.): Handbuch nachhaltige Entwicklung: Wie ist nachhaltiges Wirtschaften machbar?, Opladen, S. 235-244.

Ehrenfeld, J.R./Chertow, M.R. (2001): Industrial Symbiosis: the legacy of Kalundborg, in: Ayres, R.U./Ayres, L.W. (Hrsg.), A Handbook of Industrial Ecology, Cheltenham, S. 334-348.

Freimann, J. (2006): Nachhaltig wirtschaften! Wider die Orientierung des praktischen wirtschaftlichen Handelns am Vorbild der Homunkuli, in: Göllinger, T. (Hrsg.). Bausteine einer nachhaltigkeitsorientierten Betriebswirtschaftslehre, Festschrift für Eberhard Seidel, Marburg, S. 35-56.

Freimann, J. (2007): The same procedure as every year? Zum Umgang von Unternehmen mit umweltpolitischen Anforderungen in: Altner, G./Leitschuh, H. et al. (Hrsg.), Jahrbuch Ökologie 2008, München, S. 154-162 .

Friedberg, E. (2003): Mikropolitik und Organisationelles Lernen, in: Brentel, H./Klemisch, H./Rohn, H. (Hrsg.), Lernendes Unternehmen, Konzepte und Instrumente für eine zukunftsfähige Unternehmungs- und Organsiationsentwicklung, Westdeutscher Verlag, S.97-108.

Gereffi, G./Humphrey, J./Sturgeon, T. (2005): The governance of global value chains, Review of International Political Economy, Vol. 12, 1, S. 78-104.

Giddens, A. (1984): The Constitution of Society: Outline of the Theory of Structuration, Cambridge.

Hofmann, W. (1971): Wert- und Preislehre – Sozioökonomische Studientexte, Band 1, Berlin.

Huber, J. (2000): Industrielle Ökologie. Über Konsistenz, Effizienz und Suffizienz, in: Kreibich, R./ Simonis U.E. (Hrsg.), Global Change – Globaler Wandel, Berlin, S. 107-124.

Kincaid, J. (1999): Industrial Ecosystem Development Project Report. Research Triangle Park, N.C.: Triangle J Council of Government.

Kirschten, U. (2003): Unternehmensnetzwerke für nachhaltiges Wirtschaften, in: Linne, G./Schwarz, M. (Hrsg.), Handbuch nachhaltige Entwicklung: Wie ist nachhaltiges Wirtschaften machbar?, Opladen, S. 171-182 .

Klimecki, R./ Laßleben, H. (1998): Was veranlasst Organisationen zu lernen?, in: Geißler, H. et al. (Hrsg.), Organisationslernen im interdisziplinären Dialog, Weinheim, S. 65-89.

Lifset, R./ Graedel, T.E. (2002): Industrial Ecology – Goals and Definitions, in: Ayres, R.U./Ayres, L.W. (Hrsg.), A Handbook of Industrial Ecology, Cheltenham, S. 3-15.

Lowe, E. A./ Moran, S.R./ Holmes, D. B. (1996): Fieldbook for the Development of Eco-Industrial Parks: Final Report Research Triangle Park, N. C.

Müller-Christ, G. (2007): Organisatorische und soziale Innovationen und das Konzept der Industrial Ecology, VHB Herbsttagung 2007, „Umweltwirtschaft – international, interdisziplinär und innovativ", Schriftenreihe des Research Institute for Managing Sustainability der Wirtschaftsuniversität Wien 2007, Vol. 3.

Ortmann, G. (1995): Formen der Produktion – Organisation und Rekursivität, Opladen.

Paech, N. (2005): Nachhaltiges Wirtschaften jenseits von Innovationsorientierung und Wachstum. Eine unternehmensbezogene Transformationstheorie, Marburg.

Posch, A. (2006): Zwischenbetriebliche Rückstandverwertung. Kooperationen für eine nachhaltige Entwicklung am Beispiel industrieller Verwertungsnetze, Wiesbaden.

Sackmann, S. (2000): Unternehmenskultur – Konstruktivistische Betrachtungen und deren Implikationen für die Unternehmenspraxis, in: Hejl, Peter/ Stahl, Heinz (Hrsg.), Management und Wirklichkeit. Das Konstruieren von Unternehmen, Märkten und Zukünften, Heidelberg, S. 141-158.

Schmidt-Bleek, F. (1994): Wieviel Umwelt braucht der Mensch? MIPS – das Maß für ökologisches Wirtschaften, Berlin u.a.O.

Schneidewind, U. (1994): Mit COSY (Company Oriented Sustainability) Unternehmen zur Nachhaltigkeit führen (Institut für Wirtschaft und Ökologie, Diskussionsbeitrag Nr. 15) St. Gallen.

Schneidewind, U. (1995): Ökologisch orientierte Kooperationen aus betriebswirtschaftlicher Sicht, Umweltwirtschaftsforum Jhg. 3/ Heft 4, S. 16-21.

Seuring, S. (2007): Nachhaltiges Supply Chain Management: Konzept und Fallbeispiel Textilindustrie, in: Isenmann, R./von Hauff, M. (Hrsg.), Industrial Ecology: Mit Ökologie zukunftsorientiert wirtschaften, München, S. 143-152.

Siebenhüner, B. (2006): Organisationales Lernen und Nachhaltigkeit, Marburg.

Sterr, T. (2003): Industrielle Stoffkreislaufwirtschaft im regionalen Kontext. Betriebswirtschaftlichökologische und geographische Betrachtungen in Theorie und Praxis, Berlin u.a.O.

Strebel, H./Schwarz, E.J. (1998): Kreislauforientierte Unternehmenskooperationen. Stoffstrommanagement durch innovative Verwertungsnetze, München.

Sydow, J. (1992): Strategische Netzwerke – Evolution und Organisation, Wiesbaden (5. Nachdruck 2001).

Sydow, J. et al. (2003): Kompetenzentwicklung in Netzwerken, Wiesbaden.

Teece, D.J./Pisano, G./Shuen, A. (1997): Dynamic capabilities and strategic management, Journal of Strategic Management, S. 509-533.

Ulrich, P./ Thielemann, U. (1992): Ethik und Erfolg. Unternehmensethische Denkmuster von Führungskräften – Eine empirische Studie, Bern/Stuttgart.

Walther, M. (2004): Umweltmanagementsysteme und Unternehmenskultur, München/Mering.

Walther, M./Schenkel, M. (2010): Consumption culture and CSR, Proceedings of the Cosmic Conference, Exploring the link between Competitiveness and Corporate Social Responsibility, Pisa.

Weizsäcker, E.-U. (1997): Erdpolitik: Ökologische Realpolitik als Antwort auf die Globalisierung, 5. vollst. überarb. Aufl., Primus Verlag, Darmstadt.

White, R. (1994): Preface. The Greening of Industrial Ecosystems. In: Allenby, B.R./Richards D.J. (Hrsg.), Washington, DC.

13 Zwischenbetriebliche Recyclingnetzwerke aus entscheidungstheoretischer Perspektive

Alfred Posch

13.1 Einführung

Die dauerhafte Existenz, Erneuerung und Weiterentwicklung von Leben in einem geschlossenen System mit begrenzter Ressourcenverfügbarkeit ist nur durch Kreislaufwirtschaft möglich, d.h. durch eine Wirtschaftsweise, bei der eingesetzte Stoffe und Energie nicht als Rückstand oder Abfall aus dem Wirtschaftsprozess ausgeschieden, sondern wieder in den Produktions- oder Konsumprozess zurückgeführt werden. Überträgt man diesen für den Wissenschaftsbereich ‚Industrial Ecology' so zentralen Gedanken auf unser Wirtschaftssystem, so wird offensichtlich, dass sich dabei das Recycling nicht ausschließlich auf die innerbetriebliche Rückstandsverwertung beschränkt, vielmehr kann das Recyclingpotential der Industrie oft erst durch überbetriebliche Kooperationen voll ausgeschöpft werden. Analog zu den Vorgängen in natürlichen Ökosystemen (Isenmann 2007) wird der unerwünschte Rückstand eines Unternehmens zum wertvollen Einsatzstoff eines anderen Unternehmens. Betrachtet man eine Mehrzahl an solchen überbetrieblichen Recyclingbeziehungen, erkennt man, dass in der Praxis richtige Netzwerke an überbetrieblichen Transaktionen zur Rückstandsverwertung, d.h. industrielle Recyclingnetzwerke, entstanden sind.

Ziel dieses Beitrags ist es, das Phänomen industrieller Recyclingnetzwerke aus einer entscheidungstheoretischen Perspektive zu betrachten und zu analysieren. In Anlehnung an Cohen-Rosenthal (2000, 245) lautet die zentrale Prämisse des Beitrags: „Recyclingorientierte Rückstandsströme zwischen Netzwerkunternehmungen entstehen nicht selbsttätig. Vielmehr sind sie stets Ergebnisse menschlichen Handelns und Entscheidens von Akteuren, die ihrerseits wiederum in Organisationen eingebunden sind." Die zentrale Frage lautet folglich, inwieweit entscheidungstheoretische Ansätze geeignet sind, das Phänomen industrieller Recyclingnetzwerke oder einzelne Teilaspekte davon zu erklären und zu begründen.

Diese Arbeit soll damit einerseits eine Grundlage für ein verbessertes Verständnis industrieller Recyclingnetzwerke und deren Potential für nachhaltige Zukunftsstrategien bilden. Dem wissenschaftstheoretischen Grundverständnis einer anwendungsorientierten Betriebswirtschaftslehre nach Ulrich (1981, 11) folgend geht es um die zentrale Fragestellung, „wie ein sinnvolles Handeln von Einzelnen im Rahmen eines weitläufigen komplexen Systems geartet sein sollte, wenn es zur Verbesserung dieses Systems, zumindest nicht zu dessen Verschlechterung beitragen soll". Andererseits wird mit dieser Arbeit aber auch angestrebt, Anstöße für weitergehende Forschungsaktivitäten zur wissenschaftlichen Analyse interorganisationaler Kooperationen für eine nachhaltige Entwicklung zu geben.

Hierzu wird in Kapitel 2 auf das Recycling generell eingegangen, bevor in Kapitel 3 industrielle Recyclingnetzwerke aus Sicht der normativen Entscheidungstheorie als Resultate rationaler Entscheidungen und aus Sicht der deskriptiven Entscheidungstheorie als Resultate begrenzt rationaler Entscheidungen bzw. sogar als „organisierte Anarchien" dargestellt und analysiert werden. Dabei geht es nicht um eine generelle Kritik an den verschiedenen Theoriezweigen, der Fokus liegt vielmehr darauf, relevante Erkenntnisse in Bezug auf industrielle Recyclingnetzwerke zu generieren. Auch werden verschiedene Generationen des Wissens nicht a priori aufgrund ihrer chronologischen Einordnung bewertet. In Kapitel 4 werden die Ergebnisse zusammengefasst und Schlussfolgerungen in Hinblick auf Entwicklungspotenziale für weitergehende nachhaltigkeitsorientierte Unternehmenskooperationen gezogen.

13.2 Recycling als charakterisierendes Merkmal der Kreislaufwirtschaft

Die Beschreibung der industriellen Produktion als Input-Throughput-Output-System zur Umwandlung der in das System eingebrachten Produktionsfaktoren in erwünschte Güter und in Kauf genommene, unerwünschte oder indifferente Rückstände hebt den Durchfluss von Materie und Energie als kennzeichnendes Merkmal der industriellen Produktion hervor. Erst durch das Recycling, der Rückführung von Rückständen in Produktions- oder Konsumprozesse, kann der Paradigmenwechsel von einer Durchflusswirtschaft zur Kreislaufwirtschaft vollzogen werden, wobei der Recyclingbegriff nach einer Vielzahl von Kriterien kategorisiert wird. So wird nach der Herkunft der Rückstände zwischen Produktions- und Konsumrückstandsrecycling unterschieden, während nach der Art der Rückstände eine Einteilung zwischen Material- und Energierecycling vorgenommen werden kann. Materialrecycling kann ferner nach der Art der Rückführung der Rückstände in stoffliches und thermisches Recycling eingeteilt werden. Hierbei ist zwischen den Begriffen der Wieder- oder Weiterverwendung und der Wieder- oder Weiterverwertung zu unterschieden. Der Terminus Verwendung bedeutet, dass der Rückstand beim Recycling seine Produktform beibehält, während er sie bei der Verwertung verliert. Der Terminus „Wieder-" weist darauf hin, dass der Rückstand in einen gleichartigen Prozess zurückgeführt wird, während „Weiter-" anzeigt, dass der Rückstand in einem anderen Prozess eingesetzt wird. Ein Beispiel für eine Wiederverwendung ist die Mehrfachbefüllung von Pfandflaschen, für eine Weiterverwendung die Nutzung von Einkaufstragtaschen als Müllsäcke. Wiederverwertung findet hingegen statt, wenn beispielsweise Kunststoffe, wie etwa Polypropylen, gesammelt und zur erneuten Produktion von Kunststoff herangezogen werden. Die thermische Verwertung von Kunststoffen (z.B. Verpackungsmaterialen) zur Energieerzeugung ist hingegen ein typischer Fall von Weiterverwertung. Bey (2007, 84) betont hierzu, dass für ein „wirkliches Kreislaufsystem" Abfallprodukten so viel Energie zugeführt werden muss („Entropy Cycling"), dass diese wieder zu wertvollen Ressourcen werden und in den ursprünglichen Nutzungsprozess zurückgeführt werden können.

Im Allgemeinen wird davon ausgegangen, dass die Wieder- oder Weiterverwendung von Produkten in der ursprünglichen Produktform gegenüber der stofflichen oder thermischen Verwertung des Materials zu bevorzugen ist, da hierbei „die entropische Distanz zwischen unerwünschtem Output und neuem Input in den Produktionsprozess" geringer ist (Sterr 2003, 388), bzw. der Produktwert weitgehend erhalten bleibt (Dreher/Schirrmeister/ Wengel 2003). Dennoch ist festzustellen, dass Aussagen über die ökonomische Vorteilhaftigkeit bestimmter Recyclingverfahren nicht generell, sondern nur situativ in Abhängigkeit von der Summe der jeweiligen Kosten für die Informationsbeschaffung und -auswertung, die Sammlung und den Transport der Rückstände, deren Aufbereitung und den Wiedereinsatz der Handlungsalternativen getroffen werden können. Dies gilt analog auch für die Beurteilung der ökologischen Wirkungen verschiedener Recyclingalternativen (Abb. 13.1).

Abbildung 13.1   Kategorisierung des Recyclings

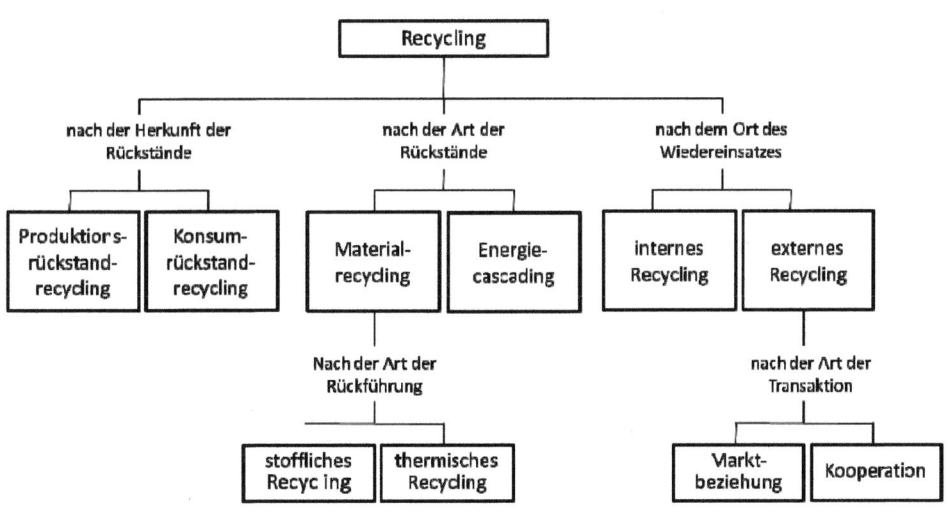

Hinsichtlich des Energierecyclings ist zu beachten, dass hierbei aufgrund der Gültigkeit des ersten thermodynamischen Hauptsatzes nur ein „Downcycling durch Kaskadennutzung" möglich ist. Energie wird durch jeden Umwandlungsprozess auf ein niedrigeres Niveau gebracht, d.h. der Anteil an Exergie sinkt, während der Anteil an Anergie bzw. Entropie steigt. Beispielsweise entsteht bei der Umwandlung von elektrischer in kinetische Energie in einem Elektromotor auch Abwärme, die für Heizzwecke genutzt werden kann.

Die Unterscheidung zwischen unternehmensinternem und -externem Recycling betrifft die Frage, ob der Rückstand in einen Prozess innerhalb des Unternehmens, in dem er anfällt, rückgeführt werden kann, oder ob der Rückstand zum Recycling an ein anderes Unternehmen weitergegeben wird. Unternehmensinternes Recycling kann ferner unterteilt werden in prozessinternes Recycling, bei dem der als Output entstehende Rückstand dem selben Prozess unmittelbar wieder als Input zugeführt wird, und produktionsinternes Recycling, bei dem der Rückstand zwar im Betrieb bleibt, aber nicht mehr im ursprünglichen, sondern in einem anderen Prozess als Input eingesetzt wird. Beim externen Recycling kann hinsichtlich der Weitergabe von Rückständen zwischen marktlichen Beziehungen, wie beispielsweise die Abgabe der Rückstände an Altstoffhändler, und direkten Beziehungen zwischen Rückstandsabgeber und verwertenden Unternehmen unterschieden werden. „Wie in der Natur Rückstände eines Prozesses der Stoffverarbeitung von einem anderen Verwender genutzt werden, können Rückstände eines Unternehmens oft bei einem anderen Betrieb als Sekundärstoffe verwertet werden" (Strebel 1998, 3). Bestehen mehrere Recyclingtransaktionen zwischen Unternehmungen einer Region, so können diese als Netzwerk abgebildet werden. In solchen Fällen wird von industriellen Recyclingnetzwerken oder Industriesymbiosen gesprochen. Rückstandsabgebende Unternehmen werden als Quellen, rückstandsannehmende als Senken bezeichnet. Dabei ist es selbstverständlich möglich, dass ein Unternehmen hinsichtlich einer Rückstandsart als Quelle und gleichzeitig hinsichtlich einer anderen als Senke fungiert.

Das international bekannteste Beispiel eines derartigen Netzwerkes ist die industrielle Symbiose Kalundborg in Dänemark, der seit ihrer Präsentation bei der UN-Konferenz über Umwelt und Entwicklung in Rio de Janeiro im Jahr 1992 große wissenschaftliche Aufmerksamkeit gewidmet und die in unzähligen Publikationen zitiert wird. In Kalundborg arbeiten im Wesentlichen sechs produzierende Unternehmen, ein Abfallsverwerter und die Stadt Kalundborg im Bereich der Rückstandsverwertung eng zusammen. Es sind mittlerweile international eine Vielzahl ähnlicher Projekte bekannt und auch wissenschaftlich dokumentiert, wie etwa in Österreich das Recyclingnetzwerk Obersteiermark sowie der öko-industrielle Cluster Mödling (Perl-Vorbach und Vorbach, in diesem Band) oder in Deutschland das Ridrom-Projekt im Oldenburger Münsterland (Strebel und Hasler 2004) und das Unternehmensnetzwerk Pfaffengrund (Sterr 2003).

13.3   Entscheidungstheoretische Erklärungsansätze

Das Konzept der industriellen Recyclingnetzwerke stellt die Unternehmen vor völlig neue Herausforderungen. Die gesetzten Ziele der Unternehmen im Bereich der Rückstandswirtschaft werden nicht mehr ausschließlich durch innerbetriebliche Maßnahmen erreicht, das Interesse richtet sich vielmehr auf die zwischenbetriebliche Zusammenarbeit zur Rückstandsverwertung. Neuartige Problemfelder, etwa in Bezug auf die Kommunikation zwischen den Netzwerkpartnern, auf logistische Herausforderungen oder auf das Management eines Recyclingnetzwerkes, entstehen und bedürfen einer gründlichen wissenschaftlichen Bearbeitung. In diesem Kapitel wird versucht, das Phänomen industrieller Recyclingnetzwerke entscheidungstheoretisch zu erklären und begründen, wobei innerhalb der Entscheidungstheorie noch zwischen einem normativ-analytischen und einem verhaltenswissenschaftlich-deskriptiven Zweig unterschieden wird. Hierbei sind zwei Fragen von besonderem Interesse: Erstens, ist es vor dem Hintergrund der präskriptiven und/oder deskriptiven Entscheidungstheorie möglich, industrielle Recyclingnetzwerke als Resultat rückstandsbezogener Entscheidungen zu interpretieren, und zweitens, welche Schlussfolgerungen lassen sich daraus hinsichtlich deren Potenziale für weitergehende nachhaltigkeitsorientierte Unternehmenskooperationen ziehen?

13.3.1   Recyclingnetzwerke als Resultate rationaler Entscheidungen

Die grundlegende Frage, warum einzelne Unternehmungen an einem Recyclingnetzwerk teilnehmen und zwischenbetriebliche Recyclingaktivitäten setzen beantwortet die normative Entscheidungstheorie auf Mikroebene, indem sie feststellt, dass ein Individuum generell nur dann an einer Organisation teilnimmt, wenn der erwartete Nettonutzen seiner Teilnahme größer als jener der besten Alternative ist. Träger der Entscheidungen sind also stets Individuen. Organisationen bilden einerseits den Entscheidungskontext und werden andererseits durch die Ergebnisse der Entscheidungen beeinflusst. Ob industrielle Recyclingnetzwerke zustande kommen und ob einzelne Unternehmen daran teilnehmen, ist also stets Ergebnis der Entscheidungen von befugten Personen innerhalb von Organisationen. Die präskriptive Entscheidungstheorie liefert ein allgemeines normatives Modell, wie derartige Entscheidungen zu treffen sind, um die optimale Organisationsalternative in Hinblick auf das gegebene Zielsystem auszuwählen.

Die Grundannahme lautet, dass sich schwierige Entscheidungsprobleme besser lösen lassen, wenn sie in ihre einzelnen Komponenten, d.h. in ihre Teilaspekte wie Handlungsalternativen, Umwelteinflüsse, Wirkungen der Aktionen sowie Ziele und Präferenzen, zerlegt werden. Unter Handlungsalternativen werden mögliche, einander ausschließende Aktionen bzw. Strategien verstanden, zwischen denen der Entscheidungsträger wählen kann, wie etwa zwischen verschiedenen Möglichkeiten der Rückstandsentsorgung oder -verwertung. Die Kenntnis der rückstandswirtschaftlichen Ziele des jeweiligen Unternehmens ist Grundvoraussetzung für rationale Entscheidungen über zwischenbetriebliche Recyclingaktivitäten. Die Wirkungen der einzelnen Verwertungs- bzw. Entsorgungsalternativen in Hinblick auf das rückstandswirtschaftliche Zielsystem werden anhand von quantifizierbaren Zielvariablen (Attributen) gemessen. Wird beispielsweise in Unternehmungen hinsichtlich der Rückstandsbewältigung aufgrund ökonomischer Kriterien entschieden, so werden Entscheidungen ausschließlich auf Basis von Kosten- und Erlösgrößen, wie den Material- und Fertigungskosten bei Sekundär- oder Primärstoffeinsatz, den Entsorgungskosten sowie den Kosten der externen Rückstandsverwertung getroffen. Das impliziert, dass über die unmittelbaren Kosten- und Erlöswirkungen hinausgehende Kriterien, wie beispielsweise Auswirkungen auf die Ver- und Entsorgungssicherheit oder auch unterschiedliche ökologische Effekte, nicht entscheidungsrelevant sind. Auch finden mögliche Probleme, die sich durch die Umstellung der Rückstandsbewältigung, etwa in Form von erforderlichen Anpassungen des Produktionsprozesses, ergeben können, keine explizite Berücksichtigung.

Werden neben den Kosten- und Erlöswirkungen noch weitere Kriterien zur Entscheidung über die betriebliche Rückstandsbewältigung herangezogen, nimmt die Komplexität der nunmehr mehrdimensionalen Entscheidungssituation erheblich zu. Sobald mehrere dieser Ziele für die Entscheidung relevant sind, liegt eine multiattributive Wertfunktion vor, bei der sich der Gesamtwert einer Entsorgungs- oder Verwertungsalternative aus den gewichteten Einzelwerten pro Attribut ergibt. In diesem Fall ist es erforderlich, die einzelnen Attribute zu gewichten. Nach dem am häufigsten angewandten additiven Modell werden die Einzelwerte v pro Attribut r mit den zwischen null und eins normierten Gewichtungsfaktoren w multipliziert und schließlich durch Addition zum Gesamtwert der Alternative zusammengefasst. Der Wert der Alternative a ergibt sich demnach folgendermaßen: (etwa Eisenführ/Weber 2003, 117):

$$v(a) = \sum_{r=1}^{m} w_r v_r(a_r), \text{ wobei gilt}: \ w_r > 0, \ \sum_{r=1}^{m} w_r = 1$$

Bei der Entscheidung zwischen mehreren Alternativen gilt schließlich jene als vorteilhaft, die den höchsten Gesamtwert aufweist.

Die normative Entscheidungstheorie bietet somit zwar einen Ansatz, wie Kriterien gewichtet und die partiellen Nutzen zu einem Gesamtnutzwert je Handlungsalternative aggregiert werden können (Dehghanian/Mansour 2009). Dabei wird jedoch vorausgesetzt, dass die Entscheidungselemente geordnet vorliegen: Es muss eindeutig feststehen, welche Art von rückstandsbezogenen Problemen bei welchen Entscheidungsgelegenheiten gelöst werden, welche Lösungsalternativen dabei in Frage kommen und auch welche Entscheidungsträger dafür zuständig sind. Diese idealtypische Entscheidungssituation, in der die möglichen Alternativen bekannt sind, in Hinblick auf eindeutige und klare Entscheidungskriterien verglichen werden und schließlich jene Lösungsmöglichkeit ausgewählt wird, die den höchsten Zielerreichungsbeitrag liefert, erfordert das Vorhandensein eines einheitlichen rückstandswirtschaftlichen Zielsystems und einer zuständigen, in Hinblick auf diese Ziele rational agierenden Entscheidungsinstanz. Wie diese Entscheidungselemente in der betrieblichen Praxis in Zusammenhang gebracht werden, vor allem wie das Zielsystem zustande kommt und welche Entscheidungskriterien in der Rückstandswirtschaft letztlich ausschlaggebend sind, bleibt in der allgemeinen präskriptiven Entscheidungstheorie jedoch offen.

13.3.2 Recyclingnetzwerke als Resultate begrenzt rationaler Entscheidungen

Im Gegensatz zum normativ-analytischen betont der verhaltenswissenschaftlich-deskriptive Zweig der Entscheidungstheorie den Umstand, dass aufgrund der beschränkten kognitiven Kapazitäten der Menschen die Rationalität der Entscheidungen stets begrenzt ist. Es wird davon ausgegangen, dass Menschen zwar grundsätzlich beabsichtigen, rational zu handeln, deren Informationskapazitäten als auch deren Bereitschaft, sich in Organisationen, wie industriellen Recyclingnetzwerken, zu engagieren, jedoch begrenzt sind (French/Geldermann 2005).

Die grundlegende These lautet also, dass jene Personen, die über die Teilnahme an einem Recyclingnetzwerk entscheiden, nur über ein fragmentarisches Wissen verfügen. Nach Simon (1981) sind vor allem die unvollständige Kenntnis der Ergebnisse einer Entscheidung, die Schwierigkeit der Bewertung zukünftiger Ereignisse und die Antizipation zukünftiger Werte sowie die Begrenztheit der Anzahl der Alternativen, die vom Entscheider betrachtet werden können, für die begrenzte Rationalität der Entscheider verantwortlich. Zur Verringerung der Komplexität der Entscheidung werden also nicht alle Aspekte der Situation betrachtet, der Entscheidungsträger selektiert diese vielmehr entsprechend seiner subjektiven Wahrnehmungs- und Deutungsmuster, Erfahrungen und Wertvorstellungen in einem sequentiellen Suchprozess.

So ist es naheliegend, dass die für die Rückstandswirtschaft zuständigen Entscheidungsträger nur eine begrenzte Anzahl von Alternativen zur Rückstandsbewältigung kennen. Auch ist davon auszugehen, dass in der betrieblichen Praxis für die betriebliche Rückstandswirtschaft kaum klare und operationale Ziele, die über kurzfristige Kosten- und Erlöswirkungen hinausgehen, definiert sind. Darüber hinaus sind die zukünftigen Konsequenzen der einzelnen Alternativen schwer abzuschätzen, zum Beispiel wenn sich durch den Einsatz von Sekundärrohstoffen die Produktqualität verändert oder Produktionsprozesse angepasst werden müssen bzw. die technischen Anforderungen an die Kreislaufprozesse nicht vollständig bekannt sind (Müller-Christ 2007).

Folglich wird keine optimale, sondern nur eine befriedigende Lösung gesucht, ein vollständiger Vergleich aller Entsorgungs- bzw. Verwertungsalternativen wird nach den Erkenntnissen der deskriptiven Entscheidungstheorie nicht durchgeführt. „Because of the limits of human intellective capacities in comparison with the complexities of the problems that individuals and organizations face, rational behavior calls for simplified models that capture the main features of a problem without capturing all its complexities" (March/ Simon 1994, 190). Ob ein Unternehmen an einem industriellen Recyclingnetzwerke teilnimmt, hängt also nicht nur davon ab, ob die zuständigen Entscheidungsträger im jeweiligen Unternehmen überhaupt von der Möglichkeit der zwischenbetrieblichen Rückstandswirtschaft wissen, sondern auch davon, ob das Anspruchsniveau einen Anreiz bietet, nach besseren als der gegenwärtigen Lösung der Rückstandsentsorgung oder Rohstoffversorgung zu suchen. Das Anspruchsniveau wiederum ist nicht statisch, sondern variiert mit den Erfahrungen des jeweiligen Individuums, wodurch es zu einer Anpassung des Anspruchsniveaus an den wahrgenommenen Ist-Zustand kommen kann. In jenen Fällen, in denen die betriebliche Rückstandswirtschaft in der industriellen Praxis nicht als wichtiger strategischer Erfolgsfaktor angesehen wird, ist es daher naheliegend, dass tendenziell die erste brauchbare Alternative der Rückstandsbewältigung, wie etwa die Deponierung oder die Abgabe an Rückstandshändler, gewählt wird. Diese Alternative beeinflusst wiederum das Anspruchsniveau, bzw. wird in Anlehnung an die Prospect-Theorie (Kahneman/

Tversky 1979) als Referenzpunkt für weitere rückstandsbezogene Entscheidungen herangezogen.

Schließlich können rückstandswirtschaftliche Routineentscheidungen noch durch habituelles Verhalten, bei dem ein bestimmter Stimulus eine bestimmte Reaktionsweise des Individuums auslöst, getroffen werden. March spricht in diesem Zusammenhang von Entscheidungen als regelbasierte Aktionen (March 1997, Zhou 1997). Hierbei werden nicht die zur Verfügung stehenden Entsorgungs- bzw. Verwertungsalternativen hinsichtlich ihrer Konsequenzen auf bestimmte rückstandswirtschaftliche Ziele bewertet, es wird vielmehr routinemäßig entsprechend bestimmter Traditionen, Regeln und Normen entschieden. Der für die Rückstandswirtschaft zuständige Entscheidungsträger reagiert in Abhängigkeit von der jeweiligen Situation (Stimulus) und seiner Identität bzw. Rolle, etwa als Abfallbeauftragter. Die Regeln, die zur Anwendung kommen, entstehen und verändern sich im Laufe der Zeit; es wird von einem adaptiven Verhalten gesprochen. Erfahrungen, Rückmeldungen der Umwelt, aber auch Imitation können zu einer kontinuierlichen Verbesserung der Entscheidungsregeln, zur Evolution neuer Generationen von Entscheidungsregeln und damit zu individuellen oder organisationalen Lernprozessen führen.

Zudem darf nicht übersehen werden, dass die Organisationen bzw. Unternehmungen für das individuelle oder kollektive Entscheidungsverhalten eine wesentliche Rolle spielen, indem sie die Komplexität, Veränderlichkeit und Unsicherheit der Umwelt reduzieren und damit vereinfachte Entscheidungssituationen schaffen. Nach Simon (1981) sind Organisationen Systeme kooperativen Verhaltens, da von den Organisationsmitgliedern erwartet wird, dass sie ihr Verhalten nach gewissen Zielen ausrichten, die als „Organisationsziele" angesehen werden. Den Entscheidungsträgern wird ein Teil der Prämissen vorgegeben; dies betrifft sowohl das Wissen über Kausalzusammenhänge, etwa der Produktions- und Rückstandswirtschaft, (Sachprämissen) als auch die Informationen über wünschenswerte Zustände, d.h. Ziele und Bewertungskriterien, etwa in Form von Kostenvorgaben, anzustrebenden Verwertungsquoten oder sonstigen Kennzahlen (Wertprämissen). Die Arbeitsteilung in Organisationen zwischen einzelnen Abteilungen und Stellen reduziert die Komplexität für die Individuen durch die Eingrenzung ihres Horizontes. Beispielsweise muss sich der Umwelt- bzw. Abfallbeauftragte nur noch mit seinem jeweiligen entscheidungsrelevanten Wirklichkeitsausschnitt, d.h. mit den Folgen seines Handelns auf die ihm zugewiesenen Subziele beschäftigen. Folglich ist es bei industriellen Recyclingnetzwerken von großer Bedeutung, welche Personen in welcher Abteilung bzw. auf welcher Hierarchieebene für zwischenbetriebliche Recyclingaktivitäten zuständig sind. So ist es durchaus möglich, dass in einem Unternehmen für die Abgabe eigener Rückstände andere Personen zuständig sind als für die Annahme von Sekundärrohstoffen.

Die Einbeziehung derartiger Phänomene in den Versuch einer entscheidungstheoretischen Erklärung und Begründung industrieller Recyclingnetzwerke hat gravierende Konsequenzen. So hängt die Entscheidung über eine Teilnahme an einem industriellen Recyclingnetzwerke von den Bedürfnissen der entscheidenden Akteure und den von ihnen wahrgenommenen Alternativen ab, wobei Letztere die Ersteren beeinflussen. Aus dieser Annahme der mangelnden Optimierung der rückstandsbezogenen Materialwirtschaft in den Unternehmungen kann geschlossen werden, dass unter bestimmten Voraussetzungen Impulse von außen, etwa von Beratungs- oder Forschungseinrichtungen, zur Entstehung zwischenbetrieblicher Recyclingaktivitäten erforderlich sind. Dabei ist es wichtig, dass es nicht nur auf das Wissen über industrielle Recyclingnetzwerke in den Unternehmen ankommt (Sachprämissen), sondern dass auch die grundsätzliche Wünschbarkeit der Teilnahme an einem Recyclingnetzwerk thematisiert wird (Wertprämissen).

13.3.3   Recyclingnetzwerke als ‚organisierte Anarchien'

Cohen, March und Olsen (1990) haben sich insbesondere mit sich im Laufe eines Entscheidungsprozesses in unvorhersehbarer Weise ändern können, sowie durch wechselnde Teilnehmer und deren fluktuierende Aufmerksamkeit am Entscheidungsprozess gekennzeichnet sind. Für diese Bedingungen, die sie als ‚organisierte Anarchie' bezeichnen haben sie das sogenannte Garbage-can-Modell der Entscheidung entwickelt, dessen Kernhypothese lautet, dass Entscheidungen kontext- und zeitabhängig sind und die Entscheidungsprozesse und -ergebnisse unter veränderten Bedingungen variieren. Entscheidungen werden nicht mehr als Ergebnis sukzessiver Schritte eines fixen Schemas, sondern als Ergebnis mehrerer, voneinander relativ unabhängiger Strömungen innerhalb einer Organisation verstanden, deren Verlauf und Zusammentreffen kaum voraussagbar sind (Waguespack 2006). Zur Veranschaulichung werden Entscheidungsgelegenheiten mit Mülleimern bzw. Papierkörben verglichen, in die verschiedene Teilnehmer sowohl Probleme als auch Lösungsansätze hineinwerfen können. In diesen Mülleimern kommt es zu einem vergleichsweise zufälligen Zusammentreffen der Elemente eines Entscheidungsprozesses (Abb. 13.2).

Entscheidungssituationen im Bereich des zwischenbetrieblichen Recyclings können dann als mehrdeutig eingestuft werden, wenn die rückstandswirtschaftlichen Ziele inkonsistent und instabil sind bzw. nicht eindeutig vorliegen, das Wissen über Möglichkeiten der Rückstandsverwertung bzw. -entsorgung, die entscheidungsrelevanten Kausalbeziehungen und die technologischen Prozesse der eigenen Organisation und allfälliger Reyclingpartner beschränkt ist und die Teilnehmer sich in einem unterschiedlichen, im Zeitablauf veränderlichen Ausmaß den rückstandsbezogenen Entscheidungen widmen. Das industrielle Recyclingnetzwerk kann in diesem Modell als Ansammlung einer begrenzten Menge an Mülleimern verstanden werden, wobei jeder Mülleimer eine Entscheidungsgelegenheit über eine zwischenbetriebliche Recyclingaktivität symbolisiert. Die Entscheidungselemente sind nicht geordnet, die rückstandsbezogenen Probleme, allfällige Lösungsmöglichkeiten und die beteiligten Entscheidungsträger in den Netzwerkunternehmen treffen vielmehr zufällig in diesen Mülleimern aufeinander. Es erfolgt also keine zentrale Steuerung und Koordination durch eine legitimierte, rational entscheidende Instanz, die Entscheidungselemente werden „unkoordiniert" von den Teilnehmern eingebracht und sammeln sich an den Entscheidungsgelegenheiten an. Ähnlich einer Rückstandsbörse werden Informationen über Rückstände, für die noch eine Verwertungsmöglichkeit gesucht wird, oder über potentielle Einsatzmöglichkeiten von Sekundärrohstoffen gesammelt. Es gibt aber kein zentrales Entscheidungsgremium, die Teilnehmer am Recyclingnetzwerke bringen unterschiedlich viel Zeit und Aufmerksamkeit in die Entscheidungsprozesse ein. Eine Entscheidungsgelegenheit wird immer nur dann von den Netzwerkunternehmen wahrgenommen, wenn die jeweilige rückstandsbezogene Entscheidung für sie im Vergleich zu den anderen, gleichzeitig stattfindenden Entscheidungen als wichtig erachtet wird.

Als Konsequenz werden in Recyclingnetzwerken primär jene Rückstände einer zwischenbetrieblichen Verwertung zugeführt, deren Entledigung für die Rückstandsquellen von großer Bedeutung ist oder die für bestimmte Teilnehmer einen wertvollen Ersatz für Primärrohstoffe darstellen. Manche rückstandsbezogenen Probleme können innerhalb dieser ,organisierten Anarchien' auch ungelöst bleiben, d.h. auf keine passende Entscheidungsgelegenheit oder Verwertungslösung stoßen oder kein kompetentes Netzwerkunternehmen finden, das sich ihrer annimmt. Andererseits können aber auch für die Recyclingpartner vergleichsweise unwichtige Verwertungsbeziehungen zustande kommen, weil sich die Probleme und Lösungen zufällig in einem Mülleimer treffen und die Teilnehmer zum Zeitpunkt der Entscheidung gerade mit keinen schwierigeren Problemen belastet sind oder die Entscheidung gemeinsam mit einer wichtigeren Angelegenheit getroffen wird. Beispielsweise kann sich eine Papierfabrik bereit erklären, das Altpapier eines holzverarbeitenden Betriebes zu übernehmen, da ohnedies vereinbart wird, regelmäßig das Sägerestholz abzuholen.

Abbildung 13.2   Das Garbage-can-Modell (Eigene Darstellung in Anlehnung an Berger/Bernhard-Mehlich 2001, 150)

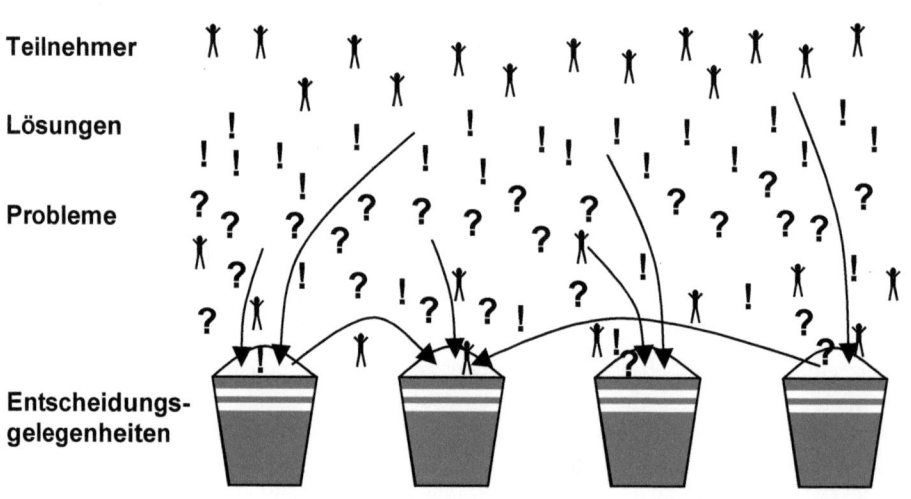

Sollten diese Eigenschaften der organisierten Anarchie auf ein industrielles Recycling-netzwerk zutreffen, stellt sich die Frage, wie mit solchen Garbage-can-Prozessen umge-gangen werden kann. Das Garbage-can-Modell an sich ist deskriptiv, d.h., es werden keine normativen Handlungsempfehlungen getroffen. Da die Entscheidungsprozesse innerhalb dieser organisierten Anarchie zumindest auf den ersten Blick unübersichtlich, vielleicht sogar chaotisch erscheinen, könnte es ausgehend von den Rationalmodellen der präskrip-tiven Entscheidungstheorie empfehlenswert sein, solche Prozesse weitgehend zu vermei-den.

Für industrielle Recyclingnetzwerke ist zu klären, inwieweit die organisierte Anarchie des unkoordinierten Zusammentreffens von Problemen, Lösungen und Teilnehmern in Ent-scheidungssituationen als nachteilig oder als vorteilhaft betrachtet wird. Folgt man der ers-ten Sichtweise, so ist eine zentrale Steuerung und Koordination der Rückstandsbeziehun-gen, etwa durch eine Verwertungsagentur, anzustreben. Diese Institution kann potentielle Verwertungspartner gezielt vermitteln, technologisches Wissen über Recyclingmöglichkei-ten aufbauen sowie identitätsstiftende Maßnahmen durchführen und eine zentrale Vision des Recyclingnetzwerkes entwickeln. Unkoordinierte Garbage-can-Prozesse werden damit weitgehend vermieden.

Vertraut man eher den kreativen Problemlösungsprozessen innerhalb der organisierten Anarchie, so ergeben sich völlig andere Schlussfolgerungen für die Gestaltung industriel-ler Recyclingnetzwerke. Der scheinbar unkoordinierte Fluss von verwertungsbezogenen Informationen in dieser ‚organisierten Anarchie' eines industriellen Recyclingnetzwerkes ist nicht mehr Ausdruck von unerwünschter Konfusion, sondern Ausdruck einer besonde-ren Art organisatorischer Intelligenz, bei der Verwertungslösungen durch marktähnliche Mechanismen zu den passenden Problemen finden und vice versa. Diese Sichtweise eines industriellen Recyclingnetzwerkes ist nicht mit einem deterministischen Konzept in Ein-klang zu bringen, bei dem eine zentrale Agentur alle Informationen sammelt und die Ent-scheidungen über die Recyclingaktivitäten koordiniert. Die Konsequenz für die Gestaltung eines Recyclingnetzwerkes muss folglich lauten, nicht in die Eigendynamik der Entschei-dungsprozesse direkt einzugreifen, sondern das Recyclingnetzwerke primär mit indirek-ten Mitteln, wie etwa Leitbildern, Visionen, Geschichten und Mythen, zu lenken. Eine be-sondere Rolle können hierbei Metaphern, wie jene der Analogie zwischen natürlichen und technischen Ökosystemen spielen. Dadurch kann die Aufmerksamkeit der Teilnehmer auf bestimmte Problem- und Lösungsbereiche gelenkt und ein Prozess der Selbstorganisation initiiert werden.

13.4   Fazit

Es stellt sich die Frage, welche praktischen Schlussfolgerungen für die Gestaltung und das Management industrieller Recyclingnetzwerke aus den entscheidungstheoretischen An-sätzen gezogen werden können. Dabei ist zu berücksichtigen, dass Gestaltungs- und Ma-nagementempfehlungen für industrielle Recyclingnetzwerke wohl nicht pauschal, sondern nur für konkrete Netzwerke ausgesprochen werden können. „Indeed the assumption that there is a single right way to engineer an industrial eco-system is a fiction – yet an attractive one" (Côté/Cohen-Rosenthal 1998, 185). Es muss jedenfalls darauf Bedacht genommen werden, wie der status quo des jeweiligen Recyclingnetzwerkes aussieht und welcher zukünftige Zustand angestrebt wird. So kann im Sinne des Gedankens der Kreislaufwirtschaft eine verbesserte, umfassende Rückstandsverwertung im Recyclingnetzwerk angestrebt werden. Damit könnte erreicht werden, dass der produzierende Sektor der Industrie seine Produktionsrückstände weitgehend ohne Inanspruchnahme öffentlicher Entsorgungseinrichtungen systemintern verwertet und u.U. sogar die öffentliche Hand bei der Verwertung von Konsumrückständen unterstützt. Zur Erreichung dieses Zieles stehen grundsätzlich zwei konträre Strategien zur Verfügung: die Installation einer zentralen Koordinationseinrichtung des jeweiligen Recyclingnetzwerkes oder die indirekte Steuerung und Förderung zwischenbetrieblicher Recyclingaktivitäten.

Eine zentrale Einrichtung, etwa in Form einer Verwertungs- bzw. Recyclingagentur könnte alle recyclingrelevanten Informationen sammeln und diese, etwa durch die Installation und Wartung eines überbetrieblichen recyclingbezogenen EDV-Verbundsystems, gezielt an die einzelnen Unternehmen weitergeben, beratende Unterstützung bei technischen, juristischen oder finanziellen Fragestellungen bieten, potentielle Recyclingpartner zusammenführen, verschiedene Projekte untereinander abstimmen, begleitende Öffentlichkeitsarbeit leisten etc. Diese Verwertungsagentur würde demnach wesentliche Managementaufgaben zur Koordination und Steuerung der zwischenbetrieblichen Recyclingaktivitäten innerhalb des Recyclingnetzwerkes übernehmen.

Empirische Erhebungen in der österreichischen Industrie haben gezeigt, dass die zwischenbetriebliche Verwertung von Produktionsrückständen bereits eine weit verbreitete Praxis in der produzierenden Industrie darstellt und sich keinesfalls auf die Unternehmen einzelner Recyclingnetzwerke beschränkt, und dass die Unternehmungen ihre Recyclingbeziehungen nicht als Kooperationen sondern eher wie herkömmliche Kunden-Lieferanten-Beziehungen einstufen (Posch 2010). Es taucht somit das Problem auf, dass derartige Verwertungsagenturen eigentlich „flächendeckend" errichtet werden müssten, wodurch sich die Frage der Abgrenzung zwischen den einzelnen Recyclingnetzwerken ergeben würde. Es hat sich gezeigt, dass die Unternehmen zumeist gleichzeitig mehrere Verwertungsbeziehungen unterhalten, sodass eine eindeutige Zuordnung zu einzelnen Recyclingnetzwerken nicht möglich wäre.

Abgesehen von dieser organisatorischen Frage und dem sehr wahrscheinlichen Problem der Finanzierung bzw. Finanzierbarkeit derartiger Einrichtungen ergeben sich auch Hinweise darauf, dass eine zentrale Planung und Steuerung der zwischenbetrieblichen Recyclingaktivitäten sehr schnell an ihre Grenzen stoßen könnte. Recyclingnetzwerke entstehen üblicherweise selbstorganisierend auf Basis einzelwirtschaftlichen Kalküls. Den Aussagen des Selbstorganisationsansatzes folgend kann davon ausgegangen werden, dass nur einfache Systeme zentral geplant werden können, während es zur Entwicklung wirksamerer, komplexerer Ordnungen selbstorganisierende Prozesse der Ordnungsbildung bedarf. Derartige Prozesse können primär durch die Schaffung entsprechender Regeln und Rahmenbedingungen gesteuert werden.

Ein wichtiges Instrument der indirekten Steuerung der zwischenbetrieblichen Rückstandsverwertung ist die Gestaltung von rechtlichen Bestimmungen (Regeln), sodass allfällige gesetzliche Hindernisse für Recyclingaktivitäten möglichst aus den Weg geräumt und die Unternehmen – gegebenenfalls auch durch monetäre Anreize – motiviert werden, unvermeidbare Rückstände möglichst umweltschonend zu verwerten. Selbstverständlich kommt auch der Bereitstellung der notwendigen Informationen, insbesondere über die Möglichkeiten und Technologien der zwischenbetrieblichen Rückstandsverwertung, eine besondere Rolle zu. Da die in den Unternehmen für die betriebliche Rückstandswirtschaft zuständigen Personen zumeist nur einen Teil ihrer Arbeitszeit diesen Belangen widmen können und darüber hinaus vielfach nur in Anlassfällen nach befriedigenden Lösungen in der Rückstandwirtschaft suchen („Satisficing"), kann davon ausgegangen werden, dass durch einen gezielten Wissensaufbau in vielen Fällen auch das jeweilige Anspruchsniveau in der rückstandsbezogenen Materialwirtschaft erhöht werden kann. Hierbei dürfte den Unternehmensberatern im Umweltbereich, aber auch den öffentlichen, mit der abfallwirtschaftlichen Planung befassten Institutionen sowie einschlägigen Universitätsinstituten und anderen Forschungseinrichtungen eine besondere Rolle zukommen.

Dies trifft auch für die Frage zu, inwieweit industrielle Recyclingnetzwerke Ausgangspunkt für weitergehende nachhaltigkeitsorientierte Unternehmenskooperationen sein können. Für diese Weiterentwicklung hin zu Nachhaltigkeitsnetzwerken, bei denen verschiedene Organisationen und Stakeholdergruppen kooperieren um zur nachhaltigen Entwicklung der Region bzw. der gesamten Gesellschaft beizutragen, bedarf es jedenfalls der Entwicklung eines ausgeprägten Netzwerkbewusstseins der teilnehmenden Organisationen bzw. Akteure. Nur unter dieser Voraussetzung ist es möglich, dass sie eine gemeinsame Vision der nachhaltigen Entwicklung teilen und bewusste kooperative Maßnahmen setzen – sei es zur Verbesserung und Integration der Prozesse, zur nachhaltigkeitsorientierten Produktentwicklung, zur gemeinsamen Wahrnehmung sozialer Verantwortung oder zum interorganisatorischen Lernen und Wissensaufbau. Unabhängig davon, ob dieses Potenzial auch tatsächlich genutzt wird, kann aber festgestellt werden, dass zwischenbetriebliche Recyclingmaßnahmen jedenfalls zur Schließung der anthropogenen Stoffkreisläufe und damit in der Regel einen wertvollen Beitrag zur nachhaltigen Entwicklung leisten.

Literatur

Berger, U./Bernhard-Mehlich, I. (2001): Die Verhaltenswissenschaftliche Entscheidungstheorie, in Kieser, A. (Hrsg.), Organisationstheorien, 4. unveränderte Auflage, Kohlhammer, Stuttgart u.a, S. 133-168.

Bey, C. (2007): Grenzen der Kreislaufwirtschaft, in: Isenmann, R./von Hauff, M. (Hrsg.), Industrial Ecology: Mit Ökologie zukunftsorientiert wirtschaften, Elsevier, München, S. 75-87.

Cohen-Rosenthal, E. (2000): A Walk on the Human Side of Industrial Ecology, American Behavioral Scientist, Vol. 44, 2, S. 245-264.

Côté, R.P./Cohen-Rosenthal, E. (1998): Designing Eco-Industrial Parks: A Synthesis of Some Experience. Journal of Cleaner Production 1998, Vol. 6, S. 181-188.

Coté, R.P./Smolenaars, T. (1997): Supporting pillars for industrial ecosystems. Journal of Cleaner Production 1997, Vol. 5, S. 67-74.

Dehghanian, F./Mansour, S. (2009): Designing sustainable recovery network of end-of-life products using genetic algorithm, in: Resources, Conservation and Recycling, Vol. 53, S. 559-570.

Dreher, C./Schirrmeister, E./Wengel, J. (2003): Nachhaltige Arbeitsgestaltung und industrielle Kreislaufwirtschaft auf hoher Wertschöpfungsstufe, in: Linne G./Schwarz, M. (Hrsg.), Handbuch Nachhaltige Entwicklung: Wie ist nachhaltiges Wirtschaften machbar?, Opladen, S. 433-445.

Eisenführ, F./Weber, M. (2003): Rationales Entscheiden, 4. Auflage, Springer, Berlin/Heidelberg/New York.

French, S./Geldermann, J. (2005): The varied contexts of environmental decision problems and their implications for decision support, in: Environmental Science & Policy, Vol. 8, S. 378-391.

Isenmann, R. (2007): Natur als Vorbild: Identitätsstiftendes Merkmal der Industrial Ecology, in: Isenmann, R.; Von Hauff, M. (Hrsg.), Industrial Ecology: Mit Ökologie zukunftsorientiert wirtschaften, Elsevier, München, S. 61-74.

Kahneman, D./Tversky, A. (1979): Prospect theory: An analysis of decision under risk, Econometrica, Vol. 47, 2, S. 263-291.

March, J.G. (1997): Understanding how decisions happen in organizations, in: Shapira, Z. (Hrsg.), Organizational decision making, Cambridge University Press, Cambridge u.a., S. 9-32.

March, J.G./Olsen, J. P. (1994): Organizational choice under ambiguity, in: March/Olsen (Hrsg.), Ambiguity and Choice in Organizations, 2. Auflage, 4. Druck, Scandinavian University Press, Oslo et al., S. 10-23.

March, J.G./Simon, H.A. (1994): Organizations, 2. Auflage, Blackwell, Cambrigde, Oxford.

Müller-Christ, G. (2007): Industrial Ecolog in Unternehmen: Widersprüche, Grenzen und Vertrauen, in: Isenmann, R.; Von Hauff, M. (Hrsg.), Industrial Ecology: Mit Ökologie zukunftsorientiert wirtschaften, Elsevier, München, S. 131-141.

Posch, A. (2010): Industrial Recycling Networks as starting-points for broader sustainability oriented co-operation?. Journal of Industrial Ecology, Vol. 14, 2, S. 242-257.

Simon, H.A. (1981): Entscheidungsverhalten in Organisationen, Eine Untersuchung von Entscheidungsprozessen in Management und Verwaltung, Übers. d. 3., stark erw. u. mit e. Einf. vers. amerikan. Aufl., Verlag Moderne Industrie, Landsberg am Lech.

Sterr, T. (2003a): Akteursübergreifender Stoff- und Informationstransfer zur Förderung nachhaltigkeitsorientierter Stoffkreislaufwirtschaft, in: Leisten, R./Krcal, H.-C. (Hrsg.), Nachhaltige Unternehmensführung, Systemperspektiven, Gabler, Wiesbaden, S. 383-404.

Sterr, T. (2003b): Industrielle Stoffkreislaufwirtschaft im regionalen Kontext: Betriebswirt schaftlich-ökologische und geographische Betrachtungen in Theorie und Praxis, Springer, Berlin, Heidelberg.

Strebel, H. (1998): Das Konzept des regionalen Recyclingnetzwerkes, in: Strebel, H.; Schwarz, E. (Hrsg.), Kreislauforientierte Unternehmenskooperationen, Innovative Recyclingnetzwerke, Oldenburg/München/Wien, S. 1-10.

Strebel, H./Hasler, A. (2004): Recycling Networks in Europe: Reasons, Principles, Opportunities, and Recommendations, in: Proceedings of the International Seminar on Environmental Science and Technology Park in Southern Taiwan, 10 May 2004, I-Shou University, Kaohsiung, Taiwan.

Ulrich, H. (1981): Die Betriebswirtschaft als anwendungsorientierte Sozialwissenschaft, in: Geist, M./Köhler R. (Hrsg.), Die Führung des Betriebes, Poeschel, Stuttgart, S. 1-26.

Waguespack, D. M. (2006): Reconciling garbage cans and rational actors: explaining organizational decisions about environmental hazard management, Social Science Research, Vol. 35, S. 40-59.

Zhou, X. (1997): Organizational decision making as rule following, in: Shapira, Z. (Hrsg.), Organizational decision making, Cambridge University Press, Cambridge u.a., S. 257-281.

14 Interindustrielle Energieverbünde

Thomas Göllinger

14.1 Einführung

Ursache für die ökologische und ressourcenökonomische Problematik der Energienutzung ist die dysfunktionale Organisation des anthropogenen Energiesystems. Dort besteht eine beträchtliche Fehlanpassung zwischen dem Angebot aus hochwertigen Energieträgern, insbesondere fossile Brennstoffe mit den bekannten Problemen, und dem tatsächlichen Energiebedarf in den Anwendungsbereichen. Diese Fehlanpassung ist weitgehend auf die Herausbildung der konkreten Energieversorgungsstruktur mit ihren überwiegend isolierten Einzellösungen für die unterschiedlichen Nachfragebereiche als Ergebnis eines pfadabhängigen Prozesses zurückzuführen. Mit Effizienz- und Konsistenzlösungen lässt sich sowohl der Energiebedarf vermindern als auch mit einer besseren ökologischen und strukturellen Passung versehen.

Von zentraler Bedeutung ist hierbei die Realisierung von dezentralen Verbund- und Kaskadenlösungen, die insbesondere die Nutzung von Abwärme aus den diversen Energieumwandlungs- und -nutzungsbereichen ermöglicht. Hinsichtlich der Vernetzung von Industrie- und Gewerbebetrieben geht es um die Realisierung eines überbetrieblichen Energieverbunds bzw. eines lokalen und regionalen Energienetzwerkes. Im Sinne eines regionalen Systemmanagement sind in diese Überlegungen alle bedeutsamen Energienutzer mit ihren jeweils spezifischen Anforderungen und Vorstellungen einzubeziehen.

Trotz vielfältiger technologischer Möglichkeiten und weitgehend gegebener ökonomischer Vorteilhaftigkeit gibt es eine Reihe von Hemmnissen für die Umsetzung solcher Energieverbünde. So bedarf es der für Netzwerke typischen Vertrauenskultur sowie einer moderierten Anbahnung der Zusammenarbeit sowie einer Unterstützung durch einen Prozess-Promotor. Vielfach behindern auch Pfadabhängigkeiten im Bereich der Technologien (sunk-costs) und der mentalen Modelle der Akteure (Festlegung auf bestimmte Lösungen) die Etablierung neuer Lösungen.

Die Stabilität und Vorteilhaftigkeit einer Verbundlösung wird auch entscheidend von der vorherigen Umsetzung betriebsinterner Effizienzmaßnahmen bestimmt. Auch hierfür gibt es zahlreiche Hemmnisse, insbesondere hinsichtlich der Informations- und Erfahrungsdefizite. Über energetische Betriebsberatungen und die Einrichtung von begleitenden moderierten Energie-Tischen lassen sich diese Defizite weitgehend abbauen. Auf diese Weise entstehen mit der Zeit lokale und regionale Kompetenznetzwerke. Im Zusammenspiel von Betriebsberatungen, Energie-Tischen und Energie-Verbundprojekten ist ein innovatives Synergieprojekt im Bereich der industriellen, gewerblichen und kommunalen Energieversorgung zu sehen.

14.2 Pfadwechsel beim Energiesystem

14.2.1 Effizienz- und Konsistenzstrategien im Energiesektor

Ein Blick auf das Qualitätsprofil des Energieeinsatzes eines typischen Industrielandes wie Deutschland offenbart gravierende Unterschiede zwischen der tatsächlich benötigten Energiequalität in den Anwendungsbereichen und der angebotenen Primärenergie. So entfallen beträchtliche Teile des Nutzenergiebedarfs auf Niedertemperaturwärme (NT-Wärme) mit einem nur geringen Qualitätsniveau; weitere bedeutende Anteile entfallen auf Hochtemperaturwärme (HT-Wärme) mit einem mittleren Qualitätsniveau. Nur hochexergetische Anwendungen (z.B. mechanische Antriebsenergie, stromspezifische Anwendungen wie Beleuchtung und Telekommunikation) erfordern den Einsatz hochqualitativer Energieträger. Dagegen zeigt das Angebotsprofil der eingesetzten Primärenergie einen wesentlich höheren Anteil qualitätsreicher Energieträger (fossile und nukleare Brennstoffe) als für die Deckung des Nachfrageprofils erforderlich (Abb. 14.1, oben). Es liegt eine Fehlanpassung zwischen Angebots- und Nachfrageprofil vor, die für eine Vergeudung von Energieressourcen verantwortlich ist. In der Beseitigung dieser Fehlanpassung der Qualitätsprofile von Angebot und Bedarf liegt einer der wesentlichen Schlüssel zur quantitativen und qualitativen Veränderung des Primärenergieeinsatzes.[1]

Abbildung 14.1 Heutige und zukünftige Qualitätsprofile von Energieangebot und -bedarf im Vergleich

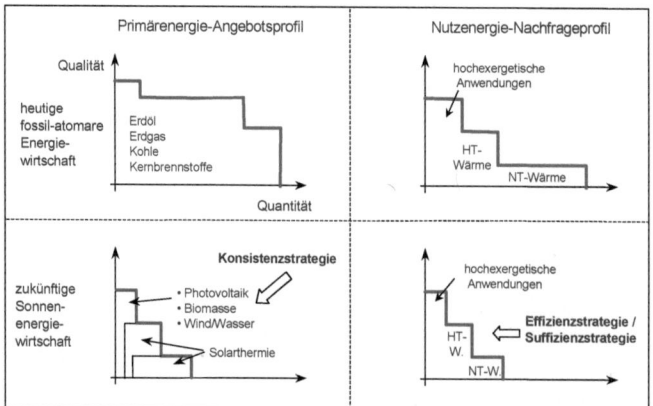

---

[1] Siehe ausführlich Göllinger (2008).

Durch Steigerungen der Energieeffizienz (Effizienzstrategie) im Bereich der Energieanwendung sowie im Bereich der Energieumwandlung (Effizienz- und Einspartechnologien, Kopplungslösungen und Verwertungskaskaden), aber auch durch bewusste Einsparungen auf Grund einer verminderten Inanspruchnahme von Energiedienstleistungen (Suffizienzstrategie), lässt sich die Quantität der Energienachfrage über die unterschiedlichen Qualitätsniveaus hinweg vermindern. Auf Grund der hohen Einsparpotentiale beim Heizwärmebedarf von Gebäuden ist die größte Verminderung des Energiebedarfs im Bereich der Niedertemperatur-Wärme möglich; auch bei der Hochtemperatur-Wärme und den hochexergetischen Anwendungen sind beträchtliche Einsparpotentiale vorhanden. Insgesamt wird das Nachfrageprofil gestaucht, daraus resultiert eine Verminderung des notwendigen Primärenergieeinsatzes. Dieser verminderte Primärenergiebedarf lässt sich dann auf der Basis regenerativer Energien decken, die auf dem jeweils erforderlichen Qualitätsniveau zur Verfügung gestellt werden (Konsistenzstrategie; Abb. 14.1, unten).

Während bei der heutigen Energiewirtschaft nahezu ausschließlich hochqualitative Energieträger für überwiegend niederexergetische Anwendungen zum Einsatz kommen, stellt eine zukünftige Energiewirtschaft Energieträger unterschiedlicher Qualität für eine insgesamt reduzierte Nutzenergie-Nachfrage bereit. Dadurch kann gleichzeitig der Bedarf an Primärenergie reduziert und der Anteil regenerativer Energieträger erhöht werden. Ein zukunftsfähige Transformation des anthropogenen Energiesystems setzt somit sowohl auf die Effizienz- als auch auf die Konsistenz-Strategie.

14.2.2 Ineffizientes Energiesystem als Resultat von Pfadabhängigkeit

Die angesprochene Fehlanpassung des Energieträgerangebotes äußert sich insbesondere durch die historisch gewachsene Energieinfrastruktur für die drei Bereiche Stromerzeugung, Wärmeerzeugung und motorisierter Verkehr. Überwiegend kommen in allen drei Anwendungen fossile Brennstoffe zum Einsatz, die auf Grund der jeweils getrennten Infrastruktur nur unzureichend genutzt werden. Sowohl bei der Stromerzeugung als auch bei der Verbrennung von Kraftstoffen in Fahrzeugmotoren fallen jeweils große Mengen Abwärme an, die bei der gegenwärtigen Energie-Infrastruktur nicht für die Wärmeversorgung von Gebäuden genutzt werden können. Bei der Strom-erzeugung in fossilen Großkraftwerken steht die Notwendigkeit zum großräumigen und teuren Wärmetransport vielfach einer Abwärmenutzung entgegen; beim herkömmlichen Auto der nichtstationäre Anfall der Abwärme. Daher erfolgt die Wärmeversorgung von Gebäuden i.d.R. durch eine separate Verbrennung von Brennstoffen in Heizkesseln. Historisch hat sich so ein Energieversorgungssystem herausgebildet, das durch ineffiziente Einzellösungen charakterisiert werden kann.

Wegen vielfältiger Pfadabhängigkeiten (kapitalintensive Infrastrukturen, verbreitete Technologien, institutionelle und organisatorische Routinen) lässt sich diese Situation nicht ein-

fach ändern.[2] So eignen sich z.B. Nahwärmekonzepte zur energieeffizienten Wärmeversorgung von Gebäuden. Für die Umsetzung von Nahwärmekonzepten gibt es jedoch eine
Reihe von Hemmnissen auf Grund der Pfadabhängigkeiten. Ein typisches Problem der
Pfadabhängigkeit im Energiebereich sind vorhandene (gewachsene) Infrastrukturen, z.B.
Gasnetze, dezentrale Gebäudeheizungen etc. Hierzu konkurrierende neue Wärmenetze
entwerten die vorhandene Infrastruktur (versunkene Kosten). Zudem gibt es in gewachsenen Stadtstrukturen häufig zahlreiche technische Restriktionen für Wärmenetze. All dies
kann zu prohibitiv hohen Kosten für Wärmenetze führen. Auf Grund fehlender Wärmenetze lässt sich dann auch Abwärme aus industriellen Prozessen oder solarthermische
Wärme kaum zu wettbewerbsfähigen Kosten nutzen.

Ein Pfadwechsel bzw. eine Transformation des Energiesystems muss über vielfältige An-
satzhebel vorangebracht werden. Evident ist das Zusammenwachsen und die integrierte
Abstimmung der Energieinfrastrukturen für die drei Anwendungsbereiche (Abb. 14.2).
Dies läuft zum einen auf die gekoppelte dezentrale Erzeugung im Bereich der Stromerzeugung sowie die Abwärmenutzung im Gebäudebereich hinaus und zum anderen auf die
Substitution des direkten Kraftstoffeinsatzes in Fahrzeugen durch die gekoppelte oder regenerative Stromerzeugung für Elektromobile.

Abbildung 14.2   Die Transformation des Energiesystems

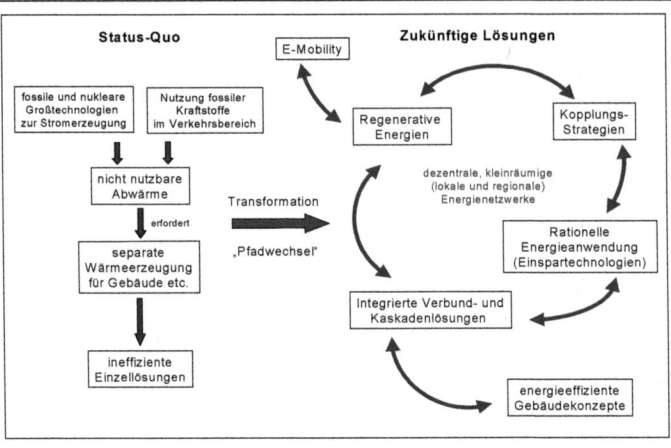

Erst die Nutzung von Kopplungsprozessen ermöglicht die effiziente Verwertung von
Energieressourcen. Solche Kopplungsprozesse erfordern wiederum kleinräumige und dezentrale Versorgungsstrukturen. Diese kleinräumige Vernetzung in Verbindung mit einem
qualitätsgerechten Energieträgereinsatz ist eine Voraussetzung für eine ökologisch ange-

---

[2] Vgl. zur Pfadabhängigkeit im Energiesektor z.B. Göllinger (2006), für den Automobilbereich
Göllinger (2007).

passte Energiewirtschaft. In der Kombination verschiedener Energietechnologien liegt der Schlüssel zu einer erheblichen Effizienzsteigerung des Energiesystems. Voraussetzung hierfür ist eine Dezentralisierung der Energiegewinnung; nur so lassen sich Kombinations- und Verbundlösungen auch wirtschaftlich realisieren. Eine solche Dezentralisierung ist zugleich mit einem verstärkten Einsatz von Energietechnologien auf kleintechnologischer Basis verbunden. Sowohl die Effizienz- als auch die Konsistenzstrategie im Bereich der Energienutzung lassen sich im Rahmen eines lokalen und regionalen System- und Ressourcenmanagements voranbringen, das zwischen- und überbetriebliche Energieverbünde umfasst.

14.3   Interindustrielles Energiesystem-Management

14.3.1   Betrieblicher Energieverbund

In Industriebetrieben fällt häufig Abwärme aus industriellen Prozessen an, die noch für andere (betriebsinterne und -externe) Zwecke genutzt werden könnte. Es liegt nahe, diese Abwärmeströme als interne Energiequellen zu betrachten, die es zu erschließen gilt. Auch bei dieser Möglichkeit zur Effizienzsteigerung bei der Energieanwendung verschieben sich mit fortlaufender zeitlicher Entwicklung die Preis- und Kostenrelationen zu Gunsten der Anwendung dieser Technologien. Der Primärenergieeinsatz wird zunehmend teurer, während die Anwendung der Technologien durch Senkung der Transaktions-, Planungs- und Technologiekosten zunehmend kostengünstiger wird.

a. Klassische Optimierungsverfahren und ihre Grenzen

Zahlreiche Produktionsprozesse, wie z.B. chemische Reaktionen, finden bei hohen Temperaturen statt. Die dabei entstehenden gasförmigen und flüssigen Erzeugnisse verlassen den Produktionsprozess häufig mit hoher Temperatur und enthalten daher noch große Wärmemengen, die für weitere Zwecke genutzt werden können. Ebenso ist es vielfach vorteilhaft, die zu verarbeitenden Ausgangsstoffe vorzuwärmen, bevor sie dem Produktionsprozess zugeführt werden. Hierzu dienen die Verfahren der Wärmerückgewinnung (WRG) und Abwärmenutzung (AWN). Die in den Erzeugnissen enthaltene Wärme wird am zweckmäßigsten ausgenutzt, indem man sie in Wärmeaustauschern auf die Ausgangsstoffe überträgt.[3]

Ziel ist es in der Regel, durch Ausnutzung der in den Endstoffen enthaltenen Wärme mittels Wärmeaustausch den energetischen Wirkungsgrad und damit die Wirtschaftlichkeit des jeweiligen Verfahrens zu erhöhen. Neben diesen ökonomischen Gründen können auch originär technische Gründe für die Anwendung von Wärmeaustauschern verantwortlich sein. So ist bei einigen Anwendungen, insbesondere bei chemischen Umsetzungen, techno-

---

[3] Vgl. zu den Grundlagen der Wärmerückgewinnung z.B. Dittmann/Zschernig (1998, S. 312 ff.).

logiebedingt ein Wärmeaustausch häufig sogar zur Aufrechterhaltung der benötigten hohen Temperaturen erforderlich.

Mit Hilfe eines Wärmeaustauschers bzw. Wärmeübertragers kann die Wärme oder Kälte eines strömenden Stoffes auf einen anderen strömenden Stoff tieferer oder höherer Ausgangstemperatur übertragen werden. Die am Wärmeaustausch beteiligten Stoffe sind meist gasförmig oder flüssig. Eines der ältesten und bekanntesten Verfahren dieser Art ist die Vorwärmung der Verbrennungsluft und des Heizgases in Industrie-Öfen, z.B. bei der Stahlerzeugung, durch die Wärme, die in den Verbrennungsabgasen enthalten ist. Daneben ist der Wärmeaustausch auch in der Tieftemperaturtechnik von besonderer Bedeutung.

Die ökonomische Optimierung von Energiesystemen unter Minimierung der Exergieverluste ist Gegenstand der Exergo-Ökonomie. Dabei handelt es sich um eine Verknüpfung von thermodynamischen mit ökonomischen Aspekten. Grundidee ist es, Exergie nicht nur als Maß für die (energetische) Wertigkeit eines Energieträgers, sondern auch als Maß für dessen ökonomischen Wert zu interpretieren. Die exergo-ökonomische Analyse leistet eine Integration von exergetischer Analyse und Kostenanalyse indem sie die in einem Prozessschritt auftretenden Kosten dem korrespondierenden Exergieverlust zuordnet. (Tsatsaronis 1985, Tsatsaronis/Lin/Pisa 1993).

Ein spezielles exergo-ökonomisches Verfahren ist die „Pinch-Analyse",[4] auch als „Wärmeintegrationsanalyse" bezeichnet. Bei der Pinch-Analyse handelt es sich um ein Verfahren zur Optimierung der Energienutzung in Wärmerückgewinnungssystemen. Der originäre Ansatz besteht in der Anwendung von heuristisch-graphischen oder analytischen Methoden zur Ermittlung des minimal notwendigen Energieeinsatzes zur Realisierung der erforderlichen energetischen Prozessschritte in einem Produktionsnetzwerk. Dieses Verfahren strebt eine prozessübergreifende Netzwerkoptimierung von Wärmeprozessen an (Wärmeintegration) und damit eine Minimierung von Wärmeenergieverlusten durch das Schließen von Wärmekreisläufen; insofern ist es im weiteren Sinn auch ein Ansatz des integrierten Prozessdesigns. Gegenüber reinen Stoff- und Energieflussanalysen berücksichtigt die Pinch-Analyse auch thermodynamische und chemische Gesetzmäßigkeiten. Das Energieeinsparpotential durch die systematische und integrative Betrachtung aller beteiligten Prozesse ist gegenüber einer Optimierung isolierter Einzelprozesse bedeutsam, zum Teil sogar beträchtlich.[5]

---

[4] Die Bezeichnung „Pinch-Analyse" leitet sich von der speziellen Vorgehensweise des Verfahrens ab. Bei einer graphischen Darstellung von Temperatur-Kurven in einem Diagramm läuft die Optimierung auf die Suche nach dem Punkt minimaler Temperaturdifferenz hinaus, was sich in der Graphik als Stelle des kleinsten Abstands zwischen den Kurven äußert. Diese „Engstelle" oder „Einschnürung" markiert den „Pinch-Point".

[5] So wird in einschlägigen Fallstudien von Energieeinsparpotentialen für einzelne Prozesse, z.B. im Bereich der Fahrzeuglackierung, von über 90 % berichtet. Vgl. Geldermann (2006, S. 211).

Für die optimierte Konzipierung von Wärmerückgewinnungssystemen ist die Pinch-Analyse traditionellerweise insbesondere in der Chemieindustrie Stand des Wissens und setzt sich zunehmend auch in anderen Branchen durch.[6] Darüber hinaus erfährt die Pinch-Methodik eine zunehmende Ausweitung auf andere (nichtenergetische) Anwendungsbereiche, so z.B. auf die Wassereinsatzoptimierung[7] und Lösemittelwiedergewinnung.[8] Ebenso lassen sich durch die Berücksichtigung verschiedener Kostenelemente ökonomische Aspekte auch direkt in die Analyse integrieren.[9] Mittels modifizierter Operations-Research-Methoden lassen sich dann entsprechende Lösungsalgorithmen formulieren und lösen.

Neben der graphischen Methode lässt sich die Pinch-Analyse auch als Transportproblem formulieren und damit mit dem OR-Ansatz der linearen Programmierung behandeln. Potentielle Zielgrößen wären bei diesem Ansatz dann die Minimierung des Energieeinsatzes oder die Minimierung der Kosten. Ein Teil der bei praktischen Anwendungen vorhandenen Restriktionen für konkrete Wärmerückgewinnungssysteme kann in den Nebenbedingungen des Optimierungsproblems berücksichtigt werden.[10]

In der praktischen Anwendung läuft die Pinch-Analyse auf die Konzipierung eines Wärmerückgewinnungssystems hinaus. Die prinzipielle Struktur eines solchen Systems ist in Abb. 14.3 dargestellt. Dabei sind die heißen, abzukühlenden Stoffströme (H_1 ... H_m) aus dem Produktionsprozess in Form einer Matrix mit den kalten, aufzuheizenden Stoffströmen (K_1 ... K_n) verknüpft, die dem Produktionsprozess zugeführt werden sollen. Prinzipiell lassen sich auch die Stoffströme von mehreren unterschiedlichen Produktionsprozessen miteinander verknüpfen; wir sprechen deshalb von der Gesamtheit der beteiligten Produktionsprozesse als Produktionssystem. Jeder Kreuzungspunkt der Matrix repräsentiert eine Möglichkeit zum Wärmeaustausch. Bei realen Problemstellungen wird sich allerdings aus technischen oder ökonomischen Gründen nicht jede Möglichkeit zum Wärmeaustausch realisieren lassen. Häufig gibt es sogar nur sehr eingeschränkte Möglichkeiten das Potential auch tatsächlich zu nutzen. Ebenso sprechen auch Kostengründe dafür, nur die ertragreichsten Möglichkeiten zu realisieren. Daher wird eine reale Matrix mehr oder weniger viele Leerstellen enthalten.

---

[6] Die Grundidee stammt von deutschen Verfahrenstechnikern und wurde von Linnhoff in Großbritannien aufgegriffen, weiterentwickelt und dort zunächst in der Chemieindustrie zur Anwendung gebracht.

[7] Vgl. z.B. Henßen (2004) sowie die Beispiele im Leitfaden der Landesanstalt für Umweltschutz Baden-Württemberg (2003).

[8] Siehe hierzu das Beispiel bei Geldermann (2006, S. 204 ff.).

[9] Vgl. hierzu Linnhoff (2004).

[10] Siehe zur Anwendung der linearen Programmierung auf die Pinch-Analyse z.B. Geldermann (2006, S. 206).

Abbildung 14.3   Einbindung des Wärmerückgewinnungs-Systems

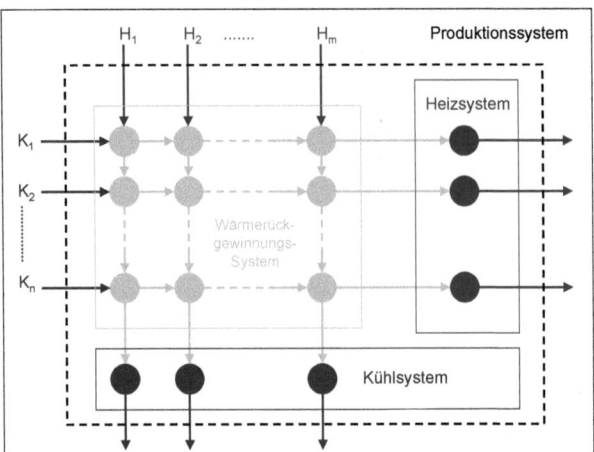

Die Grundidee des Wärmerückgewinnungssystems besteht darin, zuerst alle überschüssigen Wärme- und Kältepotentiale aus dem Produktionsprozess weitgehend zu nutzen, bevor aktive Heiz- und Kühlsysteme zum Einsatz kommen, die die dann noch erforderliche Restwärmezu- bzw. -abführung übernehmen.

In der Regel läuft die Konzipierung eines realen Wärmerückgewinnungssystems auf ein ökonomisches Optimierungsproblem hinaus. Bei dieser Betrachtung wird üblicherweise ein statisches System zugrunde gelegt: das Produktionssystem gilt als gegeben; damit sind auch die Stoffströme qualitativ und quantitativ determiniert. „Deshalb ist es notwendig bei gegebener Energiebedarfssituation und gegebenem Zustand des Energieversorgungssystems diejenigen Maßnahmen... ausfindig zu machen die diesen Gegebenheiten am besten angepasst sind."[11]

Das Wärmerückgewinnungssystem mit dem Wärmeübertragersystem als Kern wird als inneres System aufgefasst, die aktiven Heiz- und Kühlsysteme als äußeres System. Die Optimierung beschränkt sich auf diese beiden Teilsysteme. Auf der einen Seite stehen die Kosteneinsparungen. Dabei stehen den erzielbaren Energiekosteneinsparungen aufgrund des reduzierten Energiebedarfs der aktiven Heiz- und Kühlsysteme sowie geringeren Kapital- und Betriebskosten aufgrund der kleineren Dimensionierung dieser Systeme bzw. des Wegfalls einzelner Systemelemente die höheren Kosten des Wärmerückgewinnungssystems (insb. Kapital- und Betriebskosten) gegenüber.

---

[11] Bruckner (1996, S. 8; Hervorhebung T.G.)

b. Notwendigkeit einer Erweiterung – innovationsorientierte Optimierung

Schon im Falle der engeren Betrachtung bzw. Beschränkung auf die Optimierung der beiden im Zentrum der Methodik stehenden Teilsysteme wird sich die mathematische Optimierungsmethode nur bedingt in ihrer Reinform anwenden lassen. In praktischen Fällen existieren i.d.R. einige Restriktionen, die die Anwendung solcher Optimierungsmethoden erschweren. Neben den technologischen, ökonomischen und sonstigen klar formulierbaren Restriktionen gibt es darüber hinaus noch eine Reihe organisatorischer und institutioneller Restriktionen, die sich einer klaren mathematischen Formulierung entziehen. Deshalb gibt es zum einen auch mehr oder weniger enge Grenzen für die konkrete Anwendung der Methodik und zum anderen weitere Aspekte, die im Sinne einer innovationsorientierten Systemgestaltung zu beachten sind. Letztlich geht es um die Übertragung des theoretisch minimalen Energieeinsatzes in ein auch ökonomisch vorteilhaftes, technisch realisierbares und organisatorisch gestaltbares Prozessdesign.

Ein in unserem Kontext relevanter Nachteil der vorgestellten Optimierungsansätze sehen wir in der Beschränkung auf gegebene Energiebedarfs- und Versorgungssituationen. Im Gegensatz hierzu ist ein innovationsorientiertes Energiemanagement geradezu bestrebt, sowohl die Energiebedarfs- als auch die Versorgungssituation zu verändern. Wir halten es daher für erforderlich die beiden engeren Teilsysteme zum einen um das Nutzungssystem und zum anderen um das betriebliche Endenergiesystem zu ergänzen. Wir unterscheiden somit vier Teilsysteme der betrieblichen Energienutzung (Abb. 14.4).

Abbildung 14.4   Unterscheidung von vier Teilsystemen der betrieblichen Energienutzung

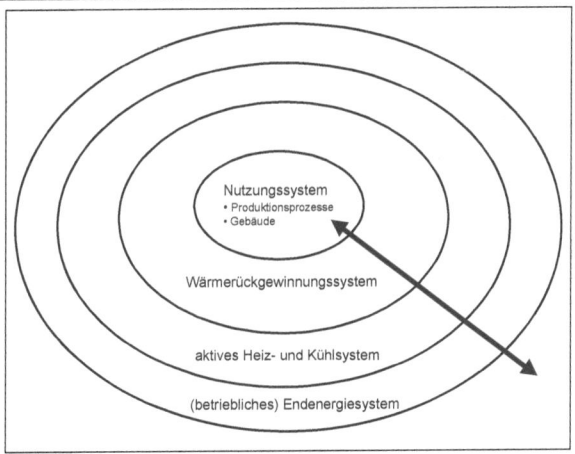

Der Energiebedarf resultiert aus dem Bedarf an Energiedienstleistungen, die im Nutzungssystem (Produktionsprozesse, Gebäude) benötigt werden. Ein wesentlicher Ansatz des Energiemanagements ist darauf gerichtet, den zur Produktion einer bestimmten Energiedienstleistung erforderlichen Nutzenergiebedarf durch Effizienzsteigerungen zu reduzieren. Dies kann auch die Veränderung von Produktionsprozessen betreffen. Insofern ist auch das Produktionssystem bzw. Nutzungssystem in die Optimierungsüberlegungen mit einzubeziehen. So kann etwa der Nutzenergiebedarf für einen Produktionsprozess, der Prozesswärme benötigt u.U. stark verringert werden, wenn es durch Verfahrensinnovationen gelingt das erforderliche Temperaturniveau des Prozesses zu senken (z.B. durch Katalysatoren). Zur Beurteilung der ökonomischen Vorteilhaftigkeit sind die evtl. Mehrkosten der Verfahrensänderung den eingesparten Nutzenergiekosten gegenüber zu stellen. Durch eine solche Erweiterung der Betrachtung wird das Optimierungsverfahren zumindest schon deutlich komplizierter. Das Konzept der vier Teilsysteme ist universell anwendbar für alle Anwendungs-Systeme bei denen die Energieform Wärme beteiligt ist.

14.3.2   Der überbetriebliche Energieverbund

Im Kontext eines lokalen oder gar regionalen Energiemanagements wird die Komplexität der Optimierungsaufgabe noch wesentlich komplexer und entzieht sich den gängigen Optimierungsmethoden. Regionale Netzwerke zum Stoffstrom- und Energieaustausch wurden bereits in den 1970er Jahren von Vester verstärkt diskutiert. Im Zuge der verstärkten Beschäftigung mit solchen Netzwerken, insbesondere im Rahmen der Industrial Ecology, wurde auch in der Wirtschaftswissenschaften das Thema zunehmend unter einem systemtheoretischen Fokus diskutiert. Als Beispiel sei hier das von Malinsky propagierte „regionale Systemmanagement (RSM)" angeführt.[12] Dieses basiert insofern auf systemtheoretischen Überlegungen, als die betrachtete Region als Ganzes oder jeweils Teile davon als System aufgefasst werden, in dem vergleichsweise intensive Austauschbeziehungen stattfinden; diese Betrachtung gilt etwa für ein lokales Industrie- oder Gewerbegebiet. Zur Umgebung eines solchen Systems ist dieses Beziehungsgefüge deutlich geringer. Aus der Dichte der Austauschbeziehungen ergeben sich somit die Systemgrenzen der Wirtschaftsregion.[13] Die in einer solchen Region angesiedelten Betriebe sowie die vorhandene Siedlungs- und Infrastruktur stellen miteinander vernetzte Subsysteme dar, wie dies beispielhaft in Abb 14.5 dargestellt ist.

Bis hierher wäre die systemische Sicht auf die Region lediglich die einer Abgrenzung der Systemelemente von ihrer Umgebung; der hieraus resultierende Erkenntnisgewinn bleibt eher bescheiden. Interessanter und aufschlussreicher ist die Erweiterung der systemischen Sichtweise auf die Ordnungs- und Strukturelemente des regionalen Systems.

---

[12] Siehe z.B. Malinsky (2002) und Malinsky/Lutz (2006).

[13] Vgl. Sterr (2002, S. 190 ff.).

Abbildung 14.5   Prinzipielle Struktur eines regionalen Energiesystems

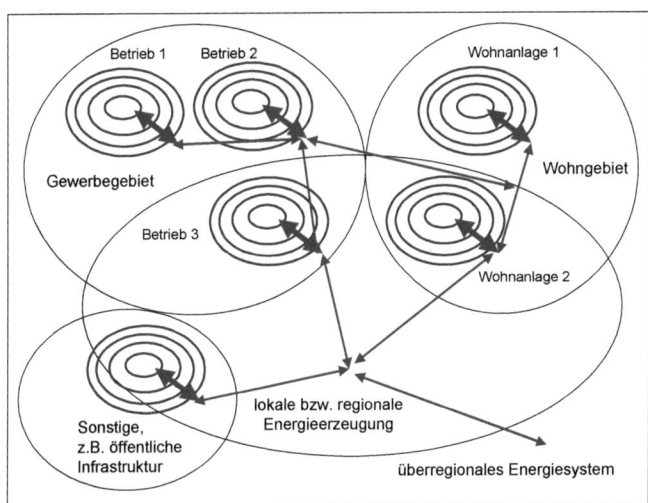

„Konfiguration und Austauschbeziehungen dieser Systemelemente lassen sich aus system-theoretischer Sicht als Ordnungsmuster bezeichnen. RSM kommt die Aufgabe zu, solche Ordnungsmuster zu erkennen, zu interpretieren und schließlich in ihren Strukturen und Prozessen so zu gestalten bzw. zu ergänzen, dass je nach Aufgabenstellung eine stoff-und/oder informationsflussorientierte Optimierung des (rudimentär) vorhandenen oder zu errichtenden Ordnungsgefüges im Sinne eines oder mehrerer Netzwerke herbeigeführt wird.“[14]

Allerdings lässt auch eine solche Definition Interpretationsspielraum hinsichtlich Tiefe und Reichweite einer systemischen Sichtweise zu. Für uns gehört zur systemischen Analyse der Akteurs- und Netzwerkstrukturen jedenfalls auch die Offenlegung der jeweiligen Interessenskonstellationen, spezifischen Sichtweisen sowie Handlungslogiken der Beteiligten. Eine systemische Erweiterung ist notwendig, um der hohen Komplexität gerecht zu werden, die sich aus den heterogenen Akteurskonstellationen ergibt. Unter der vereinfachenden und unrealistischen Annahme, dass die am System beteiligten Systemelemente unter einheitlicher Verfügungsgewalt stehen und somit von einer einheitlichen Planungshoheit ausgegangen werden kann, lässt sich die Komplexität des Systems radikal vereinfachen. In einem solchen Falle würde die Konzipierung eines realen Netzwerkes auf ein bloßes ökonomisches Optimierungsproblem hinaus laufen, das eine Optimierung des Gesamtsystems unter Beachtung technischer und betriebswirtschaftlicher Kriterien anstrebt. Bei dieser Betrachtung wird i.d.R. ein statisches System zugrunde gelegt: das Netzwerk gilt als gegeben; damit sind die Stoffströme qualitativ und quantitativ determiniert.

---

[14] Malinsky/Lutz (2006, S. 398).

Unter dem Gesichtspunkt der Beteiligung möglichst aller Akteure an der Kreation einer tragfähigen Netzwerklösung, ist es keineswegs eindeutig klar, dass als Erstentwurf ein lediglich nach ökonomisch-technischen Kriterien optimierter Vorschlag präsentiert werden sollte. Dies kann in bestimmten Fällen vorteilhaft sein; allerdings lassen sich auch Situationen und Konstellationen vorstellen, in denen eine solche Vorgehensweise eher kontraproduktiv sein könnte.

Trägt man der Tatsache Rechnung, dass i.d.R. zahlreiche Akteure mit jeweils eigenen Interessen und eigenen mentalen Modellen an der Entscheidungsfindung hinsichtlich der Veränderung von Produktionssystemen beteiligt sind, wird der Optimierungsprozess deutlich komplexer und entzieht sich den gängigen Optimierungsmethoden.[15] Durch die Berücksichtigung von zahlreichen Einzelinteressen resultiert eine Vielzahl von Abstimmungsprozessen, die in einem Wechselspiel von top-down-Vorlagen und bottom-up-Korrekturen durch die Vertreter der am Prozess beteiligten Betriebe sowie jenen der Siedlungs- und der Infrastruktur erfolgen.[16] Es stellt sich die Aufgabe zu einem integrierten Energiesystem zu kommen, das alle Energieverbraucher und alle Erzeugungsmöglichkeiten einbezieht.[17]

Hinsichtlich der Optimierung der betrieblichen und überbetrieblichen Energienutzung ergeben sich mehrere Ansatzpunkte (Abb 14.6). Im Hinblick auf Kooperations- und Verbundmöglichkeiten bei der betrieblichen Energienutzung gerät zunächst auf der Input-Seite der gemeinsame Energieeinkauf bzw. die gemeinsame Energieerzeugung gemäß den vorhandenen Bedarfs- bzw. Lastprofilen ins Blickfeld; ebenso auf der Outputseite die Möglichkeit zur Nutzung von Überschusswärme als Nahwärme in einem Wärmeverbund. Bei dieser Vorgehensweise wird der Gesamtbetrieb hinsichtlich seiner internen energetischen Prozesse als black-box betrachtet, bei der nur die Input- und Outputbeziehungen interessieren.

Eine solche Sichtweise ist aus mehreren Gründen von Nachteil:

■ Vor dem Hintergrund, dass es sich bei der Vernetzung der Input- und Output-Energieströme mit den Energieströmen anderer Akteure um Kooperationsbeziehungen handelt, die zumindest mittelfristig auf relativ konstanten bzw. verlässlichen Lastprofilen von betrieblicher Energienachfrage bzw. Energieangebot basieren sollten, besteht neben dem normalen Risiko der zeitlichen Schwankung der Anlagenauslastung zusätzlich das „Risiko" der Verminderung des betrieblichen Energiedurchsatzes auf Grund betrieblicher Energieoptimierungen.

■ Das Innovationspotential, das in der Optimierung der internen energetischen Prozesse steckt, wird nicht ausgeschöpft.

---

[15] Zu den besonderen Herausforderungen und Schwierigkeiten einer solchen Kooperation im Verbund siehe Müller-Christ 2007.

[16] Siehe hierzu z.B. die Vorschläge bei Malinsky 2002, S. 413 ff.

[17] Ein Beispiel für die Konzipierung eines integrierten Energiesystems liefert Müller 2003.

Abbildung 14.6   Ansatzpunkte zur betrieblichen Energieoptimierung

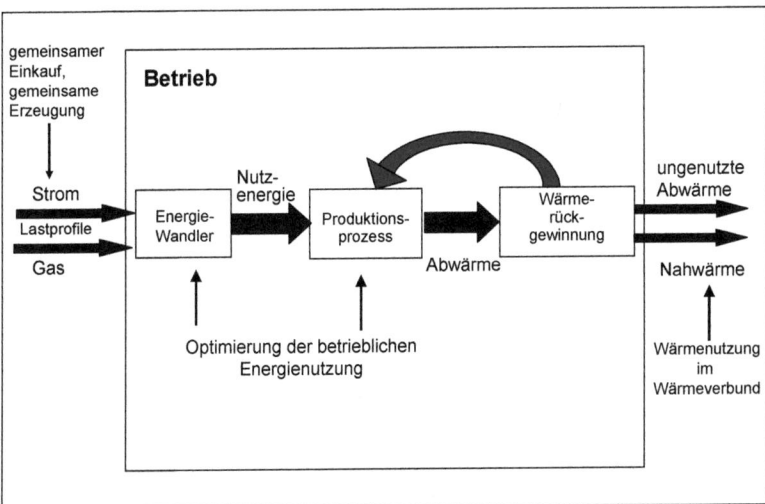

Der Energiebedarf resultiert aus dem Bedarf an Energiedienstleistungen, die im Nutzungssystem (Produktionsprozesse, Gebäude) benötigt werden. Ein wesentlicher Ansatz des Energiemanagements ist darauf gerichtet, den zur Produktion einer bestimmten Energiedienstleistung erforderlichen Nutzenergiebedarf durch Effizienzsteigerungen zu reduzieren. Dies kann auch die Veränderung von Produktionsprozessen betreffen. Insofern ist auch das Produktionssystem bzw. Nutzungssystem in die Optimierungsüberlegungen mit einzubeziehen. So kann etwa der Nutzenergiebedarf für einen Produktionsprozess, der Prozesswärme benötigt u.U. stark verringert werden, wenn es durch Verfahrensinnovationen gelingt das erforderliche Temperaturniveau des Prozesses zu senken (z.B. durch Katalysatoren). Zur Beurteilung der ökonomischen Vorteilhaftigkeit sind die evtl. Mehrkosten der Verfahrensänderung den eingesparten Nutzenergiekosten gegenüber zu stellen. Durch eine solche Erweiterung der Betrachtung wird das Optimierungsverfahren zumindest schon deutlich komplizierter.

Beispiel Druckluft: Eine der häufigsten, energieintensivsten und ineffizientesten Energieanwendungen im Industriebetrieb ist die Drucklufterzeugung und -nutzung. Schon bei der Drucklufterzeugung wird der größte Teil der eingesetzten elektrischen Energie in Abwärme umgewandelt. Daher ist es i.d.R. zweckmäßig und energetisch wie ökonomisch vorteilhaft diese Abwärme zu erfassen und einer Nutzung zuzuführen. Im Hinblick auf eine Optimierung des gesamten Druckluftsystems könnte sich jedoch ein deutlich geringeres Abwärmepotential ergeben als bei einem nicht-optimierten System. Durch Verbesserung der Druckluftanwendungen (Druckluftwerkzeuge, Düsensysteme etc.), der Druckluftverteilung (Leckagebeseitigung, Netzoptimierung) sowie der Drucklufterzeugung (Kompressoren, Steuerung etc.) lässt sich bei einer Gesamtoptimierung des Druckluftsystems eine beträchtliche Verringerung des erforderlichen Energieeinsatzes (20-70 %) zur Erzeugung der gleichen Energiedienstleistung erzielen.[18]

Ähnlich verhält es sich mit anderen energetischen Prozessen im Rahmen der betrieblichen Produktion. I.d.R. sollte der Optimierung der betrieblichen Energienutzung im Bereich der Energiewandler und der Produktionsprozesse eine hohe Priorität zukommen; die Nutzung der unvermeidlich anfallenden Abwärme ist dann in einem zweiten Schritt auf den verminderten Energiedurchsatz abzustimmen. In Erweiterung dieser Betrachtung ist zu prüfen, ob für die zurückgewonnene Abwärme zunächst im eigenen Betrieb eine vorteilhafte Verwendungsmöglichkeit besteht, bevor die Abwärme als Nahwärme in einem überbetrieblichen Wärmeverbund genutzt wird.

14.3.3   Energieverbund durch dezentrale Strom- und Wärmenetze

Analog zum Stromnetz als Transportmedium für elektrische Energie geht es um den Aufbau von Wärmenetzen zur Einspeisung und Nutzung von zentral und dezentral erzeugter Wärme. Hierzu gibt es sehr unterschiedliche Möglichkeiten, die zudem noch miteinander kombiniert werden können. Diese Möglichkeiten reichen von einfachen Wärmeinseln unter Einschluss nur weniger Objekte bis hin zu einem komplexen Verbund von Wärmenetzen unterschiedlicher Temperaturniveaus, die jeweils eine Vielzahl von Wärmequellen und Wärmesenken miteinander vernetzen (adaptive Wärmenetze). Die Bandbreite der Möglichkeiten ist in Abb. 14.7 dargestellt.

Bindeglied zwischen Strom- und Wärmenetzen ist die gekoppelte Erzeugung zum einen und die gekoppelte Nutzung zum anderen. Soweit Brennstoffe zur Stromerzeugung in Anlagen der Kraft-Wärme-Kopplung eingesetzt werden, fällt mit der Stromproduktion auch Abwärme an, die in ein Wärmenetz eingespeist werden kann. Analoges gilt für die Nutzung der Tiefen-Geothermie; auch hier kann gleichzeitig Strom und Wärme erzeugt werden.

Weitere potentielle Wärmequellen, die für eine Netzeinspeisung geeignet sein könnten, stellen die Solarthermie und die industrielle Abwärme dar. Steht diese industrielle Abwärme auf einem deutlich höheren Temperaturniveau als die (KWK-)Abwärme der Stromerzeugung zur Verfügung kann sie zusammen mit Wärme aus der Hochtemperatur-Solarthermie in ein eigenes Netz bzw. einen eigenen Netzzweig eingespeist werden.

---

[18] Siehe z.B. die Beispiele aus der Kampagne „Druckluft Effizient": http://www.druckluft-effizient.de/

Abbildung 14.7 Potentielle Struktur eines lokalen Energieverbundes

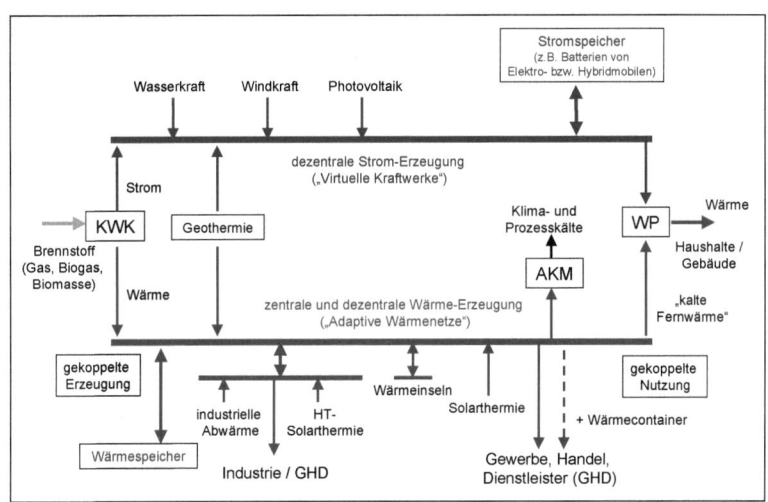

Als Wärmesenken kommen im Bereich des höheren Temperaturniveaus insbesondere industrielle Abnehmer, aber auch solche aus dem Bereich Gewerbe, Handel und Dienstleistungen (GHD) in Frage. Dieser Bereich wäre auch potentieller Abnehmer für Wärme auf einem mittleren Temperaturniveau. Neben der direkten Nutzung zu Heizzwecken in Gebäuden, kann Wärme auf einem geringen Temperaturniveau („kalte Fernwärme") auch indirekt über die Kopplung mit einer elektrisch betriebenen Wärmepumpe (WP) zur Gebäudeheizung eingesetzt werden. Diese Möglichkeit stellt eine Form der gekoppelten Energienutzung dar. Ein solches Wärmeverbundsystem kann darüber hinaus durch zentrale und dezentrale Wärmespeicher zur tageszeitlichen und saisonalen Speicherung von Überschusswärme ergänzt werden. Als Alternative zu den relativ kapitalintensiven Wärmenetzen ist in Teilbereichen zukünftig auch der Wärmetransport über mobile Wärmecontainer denkbar.

14.4 Organisatorische Innovation - der Synergie-Ansatz

Im Rahmen eines regionalen oder lokalen Netzwerkes von Akteuren im Bereich der betrieblichen Energiewirtschaft geht es um einen Synergieansatz, der drei Komponenten bzw. Teilprojekte miteinander kombiniert und zur gegenseitigen Verstärkung beiträgt: energetische Betriebsberatung, Energietisch und Energieverbund (Abb. 14.8).

Abbildung 14.8 Komponenten des Synergie-Ansatzes

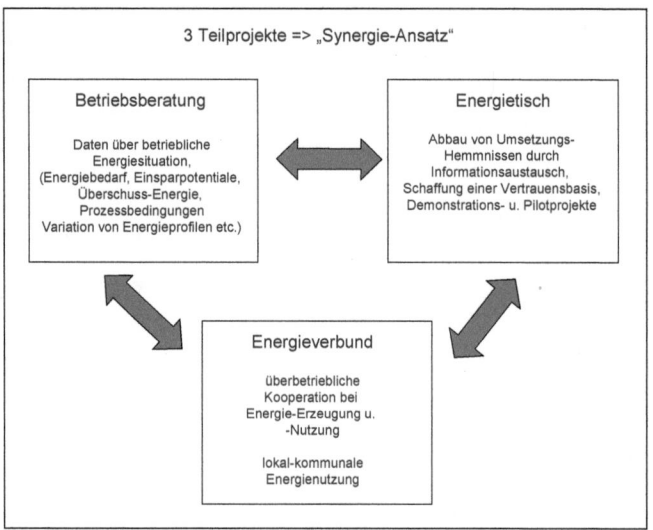

Die betriebliche Energieberatung soll zum einen die Grunddaten über die aktuelle betriebliche Energiesituation zur Verfügung stellen. Hierbei geht es darum, den Energiebedarf der Unternehmen sowie die evtl. Überschuss-Potentiale für einen Energieverbund zu klären. Hinsichtlich des Energieverbundes geht es insbesondere auch um die Erfassung der spezifischen Prozessbedingungen und der Möglichkeiten zur Variation von Energieprofilen. Darüber hinaus sollen die jeweiligen Einsparpotentiale durch Energieeffizienz-Maßnahmen aufgezeigt werden. Energieeffizienz-Beratung von Industriebetrieben bedarf eines interdisziplinären Teams mit einschlägigen Kenntnissen hinsichtlich geeigneter Branchen- und Querschnittstechnologien (z.B. Druckluftoptimierung, Wärmerückgewinnung, Antriebssysteme, Beleuchtung, galvanische Prozesse, Abluftreinigung, Lackiersysteme, Schmelz- und Gießprozesse, Energie-Controlling u. -Managementsysteme etc.). Diese Betriebsberatungen können durch spezialisierte unabhängige Dienstleister (z.B. Ingenieurbüros, Energieagenturen) durchgeführt werden, auch unter Einbeziehung verschiedener Fachberater aus dem Umfeld der beratenen Unternehmen oder von deren betriebseigenen Fachkräften.

Das Teilprojekt Energietisch zielt auf den Abbau von Umsetzungs-Hemmnissen durch Informationsaustausch, die Schaffung einer Vertrauensbasis sowie die Besichtigung von Demonstrations- und Pilotprojekten. Ein Energietisch ist eine auf Zeit oder auf Dauer angelegte Einrichtung, bei der sich die Teilnehmer bzw. Mitglieder in bestimmten zeitlichen Abständen unter fachlicher Anleitung und Moderation zur Behandlung einschlägiger Themen aus dem weiten Feld der Betrieblichen Energiewirtschaft treffen. Auf diese Weise entsteht ein lokales bzw. regionales Kompetenznetzwerk von betrieblichen Energiefachkräften im engeren Sinne.[19] Folgende potentielle Themen für Energietisch-Veranstaltungen bieten sich an:

Querschnittstechnologien:

■ Drucklufterzeugung und -nutzung

■ Kälteerzeugung und -nutzung

■ Motoren, Antriebs- und Pumpensysteme

■ Wärmeerzeugung, Wärmerückgewinnung u. Abwärmenutzung

■ Beleuchtung

■ Eigene Energieerzeugung (z.B. BHKW)

■ Hallen- und Bürogebäudeheizung

■ Sanierung der Gebäudehülle

Energie-Controlling und -Management:

■ Energiebuchhaltung und Energiekennzahlen

■ Energiekostenerfassung und -verrechnung

■ Organisation des betrieblichen Energiemanagement

■ Energiemanagement-Software

■ Optimierung der Bezugs-Verträge und Einkauf-Kooperationen

■ energiebezogenes Innovationsmanagement

Synergiewirkungen

Bei isolierten Energieberatungen ohne weitere Begleitung besteht die Gefahr, dass die von den Beratern erarbeiteten und vorgeschlagenen Effizienzmaßnahmen nur zu einem geringen Grad auch realisiert werden. Die Umsetzungshemmnisse sind sehr hoch; zu ihrer Senkung bzw. Beseitigung bedarf es flankierender Maßnahmen. Die Begleitung durch bzw. Einbettung der Energieberatungen in ein lokales/regionales Kompetenznetzwerk („Energietisch") hat eine Reihe von Vorteilen:

■ Das Thema Energieeffizienz bleibt bei den beteiligten Unternehmen auf der Tagesordnung

■ Zu Arbeitskreissitzungen und Betriebsbesichtigungen können sich die betrieblichen Akteure zeitlich eher freimachen als zur isolierten Beschäftigung mit der Thematik

---

[19] Siehe hierzu z.B. Jochem/Ott/Weissenbach (2007).

■ Durch Erfahrungsaustausch und Besichtigung von „Best-Practice-Beispielen" steigt die Energie-Kompetenz der Akteure in den Unternehmen

■ Aufbau einer lokalen/regionalen Vertrauensbasis

■ Senkung der Hemmschwelle für die Umsetzung konkreter Maßnahmen

■ Steigerung der Bereitschaft zu gemeinsamen Projekten

Eine weitere Aufwertung der Energieberatung erfolgt durch den potentiellen Energieverbund. Im Teilprojekt Energieverbund steht die überbetriebliche Kooperation bei der Energie-Erzeugung und -Nutzung im Vordergrund. Sowohl die Möglichkeiten der Abwärmeverwertung als auch der gemeinsamen Energieerzeugung erfordern häufig Änderungen in der betrieblichen Energienutzung. Motiviert durch die ökonomischen Vorteile von Verbundlösungen lassen sich Unternehmen daher eher auch auf effizienzsteigernde Ersatzinvestitionen ein.

Abbildung 14.9   Beispiel für die Organisation eines Energieeffizienz-Netzwerkes

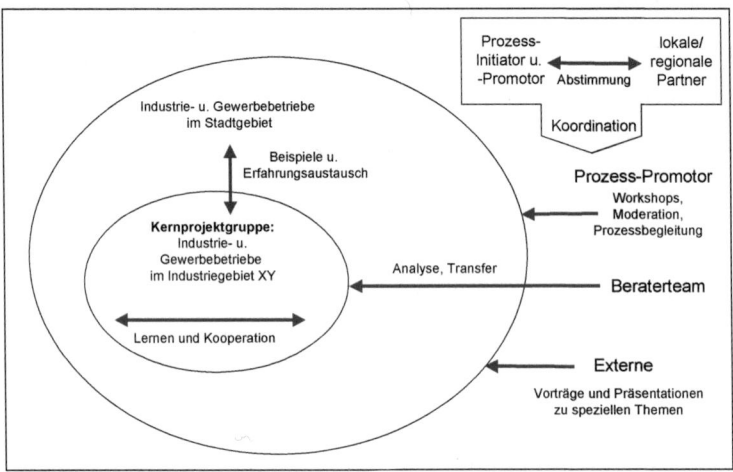

Ein Energieeffizienz-Netzwerk muss durch einen Akteur initiiert und in mehreren Phasen begleitet werden (Prozess-Initiator und Prozess-Promotor).[20] Hierfür gibt es ebenso mehrere Möglichkeiten wie für die konkrete Projektorganisation. Eine mögliche Variante ist in Abb. 14.9 dargestellt. Geeigneter Partner für die Ansprache der potentiellen Mitglieder ei-

---

[20] Unter Prozess-Promotor verstehen wir hier in Abwandlung bzw. Erweiterung des Promotorenmodells von Hauschildt und Witte (z.B. Hauschildt/Gemünden 1998) die Erweiterung der fachlich-inhaltlichen Kompetenzen des Fach-Promotors um die Kompetenzen des Beziehungs- bzw. Kooperations-Promotors sowie die der Prozessbegleitung und Moderation.

nes Netzwerkes wären z.B. die lokalen und regionalen Kammern und Verbände der Wirtschaft, die Wirtschaftsförderungs-Gesellschaften oder die öffentlichen Verwaltungen. Diese Partner koordinieren zusammen mit dem Prozess-Promotor die Aktivitäten des Netzwerkes.

Bei der dargestellten Variante erfolgt eine zweistufige Projektorganisation, indem die für die Projektteilnahme in Frage kommenden Industrie- und Gewerbebetriebe in zwei Gruppen eingeteilt werden, zum einen die Kernprojektgruppe und zum anderen die Gesamtheit der Industrie- und Gewerbebetriebe im Stadtgebiet bzw. in der Region. Die Kernprojektgruppe erstreckt sich dabei über alle Betriebe, die innerhalb eines bestimmten Industrie- bzw. Gewerbegebietes angesiedelt sind oder sich zumindest in unmittelbarer Nähe zu einem solchen Gebiet befinden. Während sich die Kernprojektgruppe auf Grund der räumlichen Nähe der Betriebe untereinander für die Beteiligung an allen drei Teilprojekten des Synergie-Ansatzes eignet, kommt für die Gesamtheit der Betriebe insbesondere die Beteiligung an den Energietisch-Aktivitäten in Betracht. Dies schließt nicht aus, dass sich in einer späteren Phase die Aktivitäten für die Gesamtgruppe noch ausweiten lassen.

Von Seiten der Fachberater und der Prozessbegleitung erfolgt für die Kernprojektgruppe die Analyse der betrieblichen Energiesituation sowie der Know-how-Transfer durch die Bearbeitung von und die Unterstützung bei konkreten Problemstellungen im Bereich der betrieblichen Energienutzung. Dagegen sind die Workshops im Rahmen des Energietisches sowie die Moderation der Veranstaltungen bzw. des gesamten Prozesses für die Gesamtheit der Betriebe offen. Diese Aktivitäten werden durch externe Akteure ergänzt, die zu speziellen Themen vortragen und präsentieren.

Generell stehen bei der Realisierung eines Energie-Synergie-Projektes folgende Ziele im Vordergrund:

- Beseitigung der Hemmnisse für eine rationale Energienutzung durch Information und neutrale Beratung
- Senkung der betrieblichen Energiekosten
- Reduzierung der Umweltbelastung durch Erhöhung der Energie-Effizienz (Ressourcen- und Klimaschutz)
- Stärkung des Wirtschaftsstandortes und Sicherung von Arbeitsplätzen (Vermeidung der Abwanderung energieintensiver Betriebe ins Ausland)
- Dauerhafte Stärkung der betrieblichen Energiekompetenz

Die Realisierung von Energieeffizienzpotentialen geht i.d.R. mit einer Substitution von Energie durch Sach- und Humankapital einher. Durch diese Substitution werden auch die Finanzströme, die mit dem Faktoreinsatz zur Produktion von Energiedienstleistungen verbunden sind verändert. Während Energieträger bisher weitgehend importiert werden müssen, und damit ein entsprechend hoher Zahlungsstrom an die Energieexportländer verbunden ist, stehen Sach- und Humankapital insbesondere auch in Deutschland zur Verfügung. Dies bedeutet, dass durch die Erschließung von Energieeffizienzpotentialen ein höherer Anteil der energiewirtschaftlichen Wertschöpfung im eigenen Land bzw. sogar in der Region verbleibt und damit zumindest die direkten Substitutionseffekte eine Stärkung der heimischen Wirtschaft sowie der Beschäftigung mit sich bringen. Ähnliche Effekte resultieren aus der zunehmenden Nutzung regionaler Energien in Form regenerativer Energieträger.[21]

Aus der Perspektive regionaler Entscheidungsträger ist dies ein zusätzliches Argument für Energieeffizienz-Netzwerke. Vor diesem Hintergrund wird auch deutlich, dass die für die Energieberatung erforderlichen Kompetenzen in der eigenen Region entwickelt und gefördert werden sollten. Zur Identifikation, Quantifizierung und Erschließung von Effizienzpotentialen bedarf es der Kompetenz von einschlägigen Ingenieur- und Planungsbüros. Bei der konkreten Erschließung kommen neben den Lieferanten der Einspartechnologien auch die regionalen Handwerksunternehmen zum Zuge. Eine Stärkung der einschlägigen regionalen Kompetenzen hat zugleich den Vorteil der kurzen Wege und der direkten Ankopplung an die Effizienznetzwerke, was wiederum die Vertrauensbasis stärkt und zum Abbau von Hemmnissen beiträgt.

Literatur

Göllinger, T. (2008): Syntropie-Nutzungsmanagement als Basis einer zukunftsfähigen Ressourcenwirtschaft, in: Riesner, W./Seidel, E. (Hrsg.), Zukunftsfähige Ressourcenwirtschaft, S. 313-337.

Göllinger, Th. (Hrsg.) (2006): Bausteine einer nachhaltigkeitsorientierten Betriebswirtschaftslehre. Festschrift für Eberhard Seidel, Marburg.

Göllinger, T. (2001): Strategien für eine nachhaltige Energiewirtschaft. Ein Beitrag zur Ökologischen Ökonomie, Aachen.

Hauschildt, J./Gemünden, H.G. (Hrsg.) (1998): Promotoren. Champions der Innovation. Wiesbaden.

Isenmann, R./Hauff, M. v. (Hrsg.) (2007): Industrial Ecology. Mit Ökologie zukunftsorientiert wirtschaften, München.

Jochem, E./Ott, V./Weissenbach, K. (2007): Lernende Netzwerke – einer der Schlüssel zur schnellen Energiekostensenkung. In: Energiewirtschaftliche Tagesfragen, Vol. 3, S. 8-11.

Kaltschmitt, M./Streicher, W./Wiese, A. (Hrsg.) (2006): Erneuerbare Energien. Systemtechnik, Wirtschaftlichkeit. Umweltaspekte, 4. Aufl., Heidelberg.

Malinsky, A.H./Lutz (2006): Regionales Systemmanagement, in: Göllinger (Hrsg.), S. 397-414.

Malinsky, A.H. (2002): Regionales Systemmanagement. Grundzüge und Probleme der Netzwerksimplementierung, in: Zabel (Hrsg.), Betriebliches Umweltmanagement – nachhaltig und interdisziplinär, Initiativen zum Umweltschutz, Vol. 46, S. 411-420.

Müller-Christ, G. (2007): Industrial Ecology in Unternehmen: Widersprüche, Grenzen und Vertrauen, in: Isenmann, R./Hauff, M.v. (Hrsg.), Industrial Ecology: Mit Ökologie zukunftsorientiert wirtschaften, Heidelberg et al., S. 131-141.

Riesner, W./Seidel, E. (Hrsg.) (2008): Zukunftsfähige Ressourcenwirtschaft. Festschrift für Eberhard Garbe, Marburg.

---

[21] Zur Bestimmung der indirekten Effekte, die auch die deutschen Warenimporte der energieexportierenden Länder berücksichtigen, und damit auch der Netto-Effekte für Deutschland bzw. für eine bestimmte Region müssten aufwändige Input-Output-Analysen erstellt werden.

Seidel, E. (Hrsg.) (1999): Betriebliches Umweltmanagement im 21. Jahrhundert. Aspekte, Aufgaben, Perspektiven, Berlin.

Sterr, T. (2002): Industrielle Stoffkreislaufwirtschaft im regionalen Kontext. Betriebswirtschaftlich-ökologische und geographische Betrachtung in Theorie und Praxis, Berlin u.a.

Zabel, H.-U. (Hrsg.) (2002): Betriebliches Umweltmanagement nachhaltig und interdisziplinär, Berlin.

15 Material Flow Cost Accounting in der produzierenden Industrie

Mario Schmidt

15.1 Einführung

Auf der betrieblichen Ebene, d.h. in der Produktion von Unternehmen, ist der sparsame Umgang mit energetischen und stofflichen Ressourcen nicht nur ökologisch geboten. Er ist vor allem ein ökonomisches Gebot, denn es müssen Kosten verringert und so die Wettbewerbsfähigkeit des Unternehmens gesichert werden. „Ressourceneffizienz" ist in Zeiten, in denen Rohstoffe knapp und teuer sind, für Betriebe sogar selbstverständlich. Doch wo soll gespart werden? Ressourceneffizienz lässt sich nur realisieren, wenn ausreichend Informationen über den Ressourceneinsatz vorliegen. Der Weg, Euros zu sparen, führt über Kilogramm und Kilowattstunden. An diesen Angaben fehlt es heutzutage in vielen Unternehmen. Der Bedarf eines Unternehmens an Energie und Material kann nur unzureichend beziffert werden, geschweige denn nach Produkten oder Prozessen differenziert werden.

Dabei forderte der Ingenieur Karl Daeves bereits 1922 für Betriebe der Eisenindustrie die Einrichtung von Stoffbilanzstelle und Energiebilanzstelle gleichberechtigt neben Materialprüfung und der Apparateprüfstelle: „Die Stoffbilanzstelle hat die vollständigen Unterlagen über die eingehenden Rohstoffmengen, Art und Menge des Auftretens von Abfall und Abbrand, von Ausschuß und den das Werk verlassenden Mengen an Halb- und Fertigerzeugnissen in der gleichen Weise zu bearbeiten, wie dies bisher durch die kaufmännische Bilanz geschieht. Nur sind alle Zahlenwerte nicht in Mark, sondern in kg bzw. t einzusetzen. Abfallverwertung und -verringerung und Ausschußverminderung gehören ebenfalls zu den Aufgaben dieser Stelle. Die Energiebilanzstelle hat in ähnlichem Sinne über die Energie- bzw. Wärmemengen Buch zu führen."

70 Jahre später wurden wieder stoffliche Input-Output-Bilanzen für Unternehmen erstellt, freilich aus ökologischen Gründen, und sie wurden betriebliche Umweltbilanzen oder Ökobilanzen für Unternehmungen genannt (Brauschweig u. Müller-Wenk 1993). Wesentlich war auch hier die Bilanzierung in physikalischen Einheiten, denn es ging um die ökologische Relevanz des betrieblichen Stoffmetabolismus und diese lässt sich nicht in Dollar oder Euro messen.

Die buchhalterische Erfassung der stofflichen Mengen forderte einst auch Kurt Rummel, der ebenfalls in der Stahlindustrie der 1920er und 1930er Jahre arbeitete. Er verwendete den Begriff des „Stoffhaushalts" – ein Begriff, der Jahrzehnte später wieder populär wurde (Baccini u. Bader 1996) – und stellte einen großen Bedarf an „Stoffwirtschaftern" fest (Rummel 1936, 222). In der Stahlindustrie sei das verständlich, da sie stoffbedingt sei und die Roh- und Hilfsstoffe – außer dem Brennstoff – 35 bis 45 % der Selbstkosten umfassen: „Die rein mengenmäßige Betrachtung ist heute besonders wichtig bei der Knappheit der Rohstoffe" (Rummel 1936, 224).

Rummel ging noch einen Schritt weiter in die Richtung der wertmäßigen Analyse: „...die mengenmäßige Ersparnis, die durch alle diese Maßnahmen erzielt werden kann, [ist] nur gering... Wertmäßig ist freilich, wie in jeder Bilanz, das einzelne ersparte Prozent von ausschlaggebender Bedeutung für die Erfolgsrechnung; das tritt erst in der Gewinn- und Verlustrechnung hervor" (Rummel 1936, S. 226). Die physikalische Bilanz stellte also das Mengengerüst dar, auf dem die technischen und die ökonomischen Analysen basierten. Die wertmäßige Analyse entschied dann, welche Maßnahmen für das Unternehmen ökonomisch relevant waren. Heute, so könnte man sagen, kommt noch die ökologische Bewertung hinzu, und auch sie setzt auf dem physikalischen Mengengerüst auf.

So ist es nicht verwunderlich, dass das Wissen um das Mengengerüst, den Energie- und Stoffmetabolismus eines Unternehmens, heute hauptsächlich von ökologischer Seite kommt. Um im Life Cycle Assessment dieUmweltwirkungskategorien wie Treibhauswirksamkeit, Versauerung, stratosphärischer Ozonabbau usw. beziffern zu können, sind Mengenangaben erforderlich. Doch auch die Kosten für den Einkauf von Energie und Materialien oder für die Entsorgung von Reststoffen und die Vermeidung von Emissionen skalieren in der Regel mit den Materialmengen. Manchmal ist es wünschenswert, Energie- und Materialströme nur aus ökologischen oder nur aus ökonomischen Gründen zu optimieren, immer öfter aber aus beiden Gründen gleichermaßen. Dann sind mit den Kosteneinsparungen auf unternehmerischer Ebene auch ökologisch sinnvolle Wirkungen verbunden. Das liegt der Idee des Material Flow Cost Accountings wesentlich zugrunde.

Doch die realen Rohstoffpreise an den Weltmärkten folgten im vergangenen Jahrhundert – vom Erdöl abgesehen – eher einem Abwärtstrend (Abb. 15.1). Die Gründe dafür waren hauptsächlich die technische Innovation in der Produktion und die Exploration neuer Lagerstätten. Die ökonomische Bedeutung von Ressourceneffizienz für Unternehmen, wie noch vor knapp 100 Jahren betont, ließ deshalb nach. Stattdessen fokussierte sich die Rationalisierung in den Unternehmen immer stärker auf den Kostenanteil der Arbeit (siehe auch Schmidt u. Görlach 2010).

Abbildung 15.1   Die Entwicklung der realen Preisindices zwischen 1900 und 1999. Nach World Bank (2000)

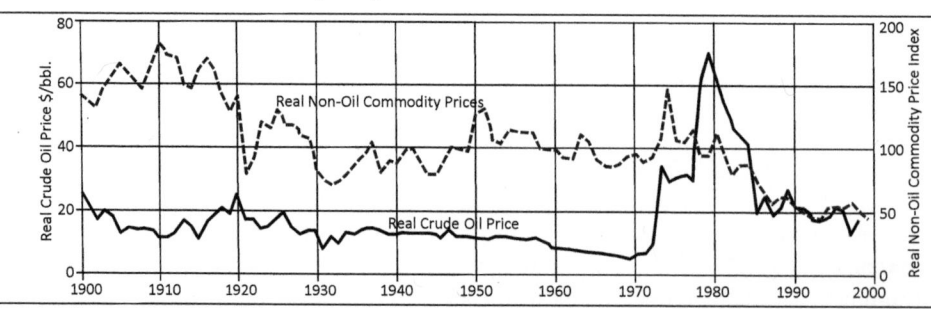

Erst durch die wachsende Nachfrage solcher Länder wie China und Indien hat sich seit der Jahrtausendwende die Entwicklung an den Rohstoffmärkten grundlegend gewandelt. Warnungen, dass sich Rohstoffe verknappen und die Preise stark ansteigen können, gab es seit den frühen 1970er Jahren (NAS 1969, Meadows et al. 1972), widersprachen aber offenkundig – mit Ausnahme des Erdöls – dem tatsächlichen Marktgeschehen und wurden in der Praxis kaum ernst genommen. In den vergangenen 10 Jahren sind die Rohstoffpreise stark angestiegen und selbst die Finanzkrise 2008 schaffte nur einen kurzzeitigen Einbruch, aber keine Umkehr der Entwicklung (Abb. 15.2). Dies schlägt nun auch auf die betriebliche Kostensituation durch. In den Jahren 2007 und 2008 kam es sogar zu Lieferengpässen bei Rohstoffen. So wundert es nicht, dass selbst der Bundesverband der Industrie (BDI) sich dieses Themas der Rohstoffverfügbarkeit annahm (BDI 2006).

Abbildung 15.2   Entwicklung der monatlichen Preisindices für Rohstoffe auf US-$-Basis. Jahr 2010 = 100. Nach HWWI (2011)

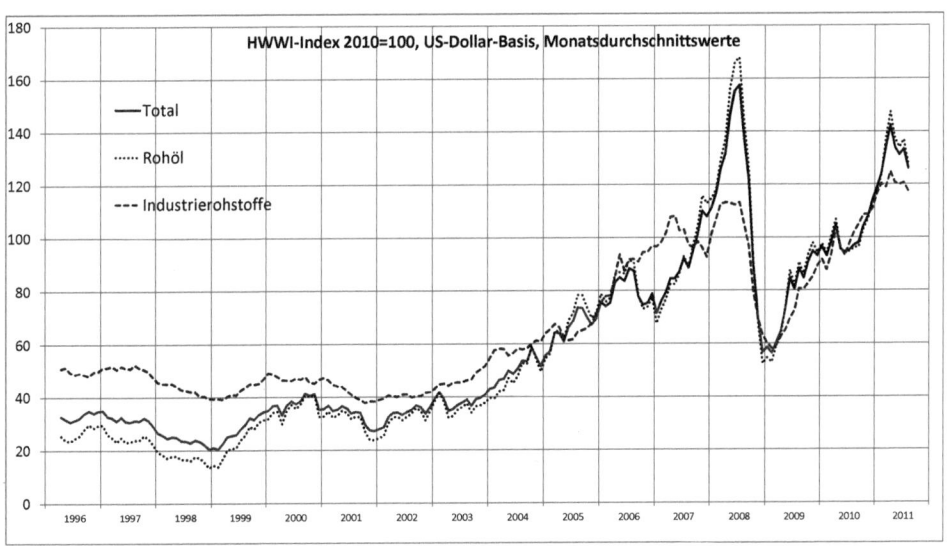

Für die betriebliche Kostensituation kommt noch ein Strukturwandel hinzu. Durch die Senkung der Fertigungstiefe wird die Wertschöpfung auf immer mehr Akteure verteilt. Für Unternehmen am Ende der Wertschöpfungskette bedeutet dies, dass sie nicht mehr wie vor 100 Jahren einfache und billige Rohstoffe einkaufen, sondern hochkomplexe Zwischenprodukte und Halbfertigwaren – von der physikalischen Menge her möglicherweise weniger, vom ökonomischen Wert her aber deutlich teurer als früher. Diese Entwicklung ist im produzierenden Gewerbe in Deutschland sehr gut nachvollziehbar (Abb. 15.3).

Abbildung 15.3 Entwicklung der Kostenanteile an dem Bruttoproduktionswert in der
produzierenden Industrie in Deutschland. Nach Statistisches Bundes-
amt aus Schmidt (2010)

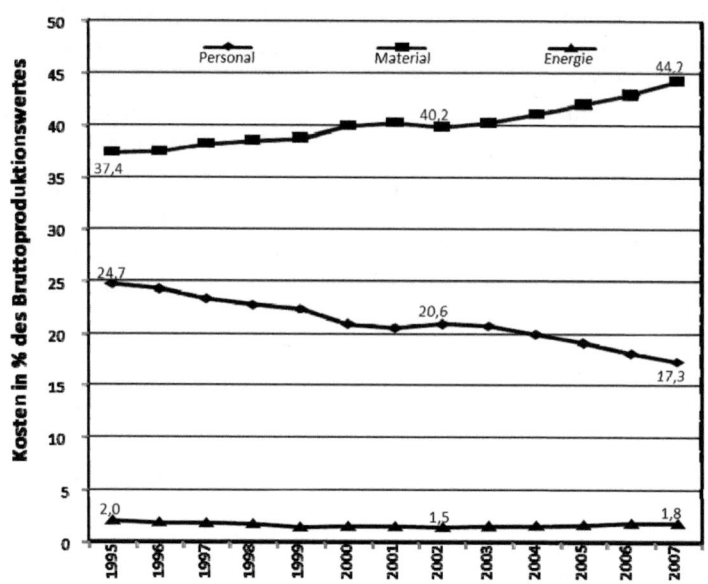

Ineffizienzen, die am Ende der Wertschöpfungskette auftreten, bedeuten zwangsläufig
auch eine Ineffizienz des Gesamtsystems. D.h. arbeitet ein Unternehmen am Ende der Ket-
te mit Materialverlusten, so können diese zwar mengenmäßig gering sein, wertmäßig haben sie dagegen eine große Bedeutung, da sie hohe Wertschöpfungsanteile enthalten. Dies
gilt auch für eine umweltseitige Bewertung der Verluste. Die ökologischen Wirkungen
dieser Ineffizienz treten u. a. am Anfang der Wertschöpfungskette auf, dort wo die Rohstoffe gewonnen und verarbeitet werden und nun in größerer Menge bereitgestellt werden
müssen, als dies im effizienten Fall notwendig wäre. Neben der verschwendeten Wertschöpfung ist noch ein ökologischer Rucksack zu berücksichtigen, der für veredelte Produkte natürlich größer ist.

Um diese Ineffizienzen ökologisch zu quantifizieren, müsste das produzierende Unternehmen entweder eine ökologische Analyse der gesamten Wertschöpfungskette, also einschließlich seiner Lieferanten und Vorlieferanten, vornehmen. Dies entspräche teilweise
einem Life Cycle Assessment-Ansatz. Oder es kann – stellvertretend – den Energie- und
Materialeinsatz seiner Produktion ökonomisch bewerten. Der wertmäßige Ansatz hat den
Vorteil, dass das Unternehmen sowieso mit ökonomischen Größen gesteuert wird, die
Zahlen meistens vorliegen und entsprechende Analysen quasi system- und zielkonform
sind.

So haben zahlreiche Untersuchungen und Praxisbeispiele in den vergangenen Jahren gezeigt, dass in den Betrieben tatsächlich ein beträchtliches Einsparpotenzial vorhanden ist. Die Deutsche Materialeffizienzagentur (DEMEA) hat auf der Basis von ca. 707 Potenzialanalysen in kleinen und mittleren Unternehmen ein ökonomisches Einsparpotenzial in Höhe von 1,8 % des Umsatzes allein für den Materialbereich ermittelt (DEMEA 2011). Gemessen an den üblichen Gewinnmargen der Unternehmen ist dieser Wert ungewöhnlich hoch, d.h. mit Materialeffizienz-Maßnahmen kann man den Gewinn eines Unternehmens oft um ein Drittel oder mehr erhöhen.

Abbildung 15.4 Einsparpotenziale durch Materialeffizienz in deutschen Betrieben auf der Basis von 707 betrieblichen Analysen (Quelle: DEMEA 2011)

Alle Branchen:	Mittelwerte	Median
Einsparpotenziale (€)	~ 209.000	~ 109.000
Potenzial/Mitarbeiter	~ 2.700	~ 1.500
Potenzial/Jahresumsatz	~ 1,8 %	~ 1,1 %
Branche:	Anzahl Analysen	Potenzial
Metallverarbeitung	269	2,01 %
Kunststoffverarbeitung	66	1,87 %
andere Branchen	372	1,64 %
Fokus:		
Prozessverbesserung	642	1,77 %
Produktverbesserung	65	2,15 %

15.2 Reststoffkostenrechnung, Flusskostenrechnung und andere

Anfang der 1990er Jahre kam innerhalb des Umweltcontrollings eine Berechnungsmethode auf, die beide Mengengerüste – das physische und das monetäre – wieder bewusst im betrieblichen Kontext einsetzte, um Ineffizienzen im Umgang mit Ressourcen aufzudecken. Eine besondere Bedeutung hatte ein Modellprojekt zur Umweltkostenrechung bei der Firma Kunert zusammen mit der Kienbaum Unternehmensberatung und dem Institut für Management und Umwelt (IMU) in Augsburg. Als Umweltkosten – später als Reststoffkosten (Fischer et al. 1997, 16) – wurden all jene Ausgaben bezeichnet, die wegfallen würden, wenn das Unternehmen keine Reststoffe mehr hätte. Fischer und Blasius (1995, 439) bezeichneten mit Reststoffen summarisch alle unerwünschten Outputs der Produktionsprozesse, also Ausschuss, Abfall, Abluft und Abwasser. Wesentliche Idee war, dass Reststoffe mindestens zweimal bezahlt werden müssen: bei ihrer Entsorgung, aber auch bei ihrer Produktion. Letzteres umfasst den Einkauf der Rohstoffe, den Transport, die Lagerung und die Verarbeitung. Dieser „unproduktive" Aufwand wird aber in den Unternehmen in der Regel nicht ausgewiesen.

Fichter et al. (1997, 74) sahen in diesem Ansatz wesentliche Vorteile, da die Rechnung u.a. entscheidungsorientiert angelegt ist, Synergien zwischen ökonomischen und ökologischen Zielen freisetzt, von einem produktionsintegrierten Umweltschutz ausgeht und praxistauglich ist. Strobel und Wagner (1999) vom IMU Augsburg verfolgten einen erweiterten Ansatz unter dem Begriff der Flusskostenrechnung. Sie bilden die betrieblichen Produktionsprozesse mittels eines detaillierten Flussmodells ab, in dem die wesentlichen Stoff- und Energieflüsse, auch die Reststoffe, enthalten sind. Mit einer darauf aufbauenden Kostenanalyse wird eine umfassende Flusskostenrechnung durchgeführt.

In Abb. 15.5 ist die wesentliche Idee dargestellt. Die Materialkosten werden zwischen dem Produkt und den Reststoffen entsprechend dem Verbleib der Materialien aufgeteilt. Die Bewertung erfolgt mit den ursprünglichen Materialpreisen (Details siehe LfU 1999 oder IMU 2003). Dazu kommen die Systemkosten, die im Unternehmen durch Lagerung, Bearbeitung oder Transport anfallen können. Diese werden nach einem geeigneten Schlüssel ebenfalls zwischen Produkt und Reststoffen aufgeteilt. Diese Zurechnung kann – muss aber nicht – nach der physikalischen Menge erfolgen. In der klassischen Kostenrechnung hätte man dagegen alle Kosten nur dem Produkt als Kostenträger zugeordnet. Die Reststoffkosten können nun Hinweise für Maßnahmen geben. Kostensenkungspotenziale bestehen insbesondere in der Vermeidung von Materialverlusten. Die monetären Einsparungen fallen deutlich größer aus als man vermuten würde, wenn für die Reststoffe nur die unmittelbaren Entsorgungskosten oder Materialkosten angesetzt werden. Das bedeutet z.B., dass die Amortisationszeiten für Investitionen zur Reduktion der Reststoffmengen kürzer ausfallen und einen größeren Handlungsspielraum für Maßnahmen im Qualitäts- oder Umweltmanagement eröffnen.

Abbildung 15.5   Aufteilung der verschiedenen Kosten auf die Flüsse an Produkten und Reststoffen. Nach Strobel u. Redmann (2000)

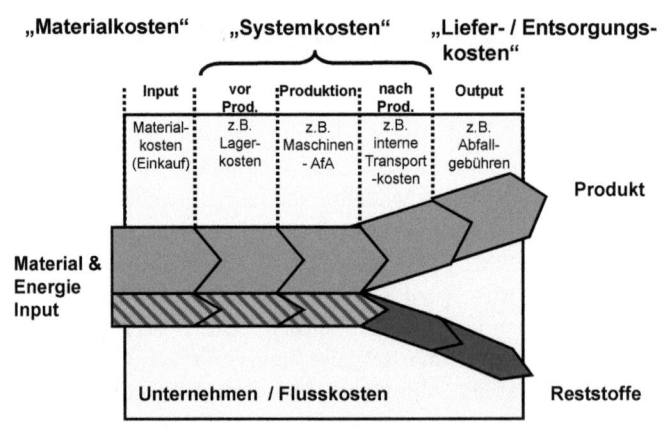

Eine ähnliche, im Detail aber andere Methode, hat die Effizienzagentur EFA in Nordrhein-Westfalen zu dem Instrument „Ressourcenkostenrechnung" ausgebaut, mit dem standardmäßig Unternehmen beraten werden (Kunsleben u. Tschesche 2010). Auch hier werden sowohl die Materialmengen als auch die Kosten bilanziert. In Abb. 15.6 ist der wesentliche Unterschied zur klassischen Kostenrechnung dargestellt: Danach werden die Einzelkosten nicht direkt den Kostenträgern, sondern den Kostenstellen zugeordnet und dann entsprechend ausgewertet. Letmathe et al. (2002) sehen in diesem Ansatz sogar die einstige Forderung von Paul Riebel (1979) nach einer zweckneutralen Grundrechnung für unterschiedliche Auswertungszwecke realisiert. Riebel lag besonders viel an der getrennten Erfassung von Mengen-und Wertgerüst, außerdem an der Gliederung der Kosten nach Verhalten gegenüber verschiedenen Einflussgrößen, an der Erfassung aller Kosten als Einzelkosten und an dem weitgehenden Verzicht auf eine Schlüsselung von Gemeinkosten. Im Ergebnis stellt die Ressourcenkostenrechnung die Kosten anders als in der klassischen Kostenrechnung zusammen (Abb. 15.7). Die Materialkosten werden danach unterschieden, was von den Materialien in das Produkt eingeht und was als Verluste auftritt. Ähnliche Unterscheidungen werden bei Personal- und Maschinenkosten getroffen. Die ökonomischen Verluste sind damit beträchtlich höher als die reinen Entsorgungskosten der Reststoffe.

Abbildung 15.6 Kostenverteilung in der klassischen Kostenrechnung (oben) und Ressourcenkostenrechnung (unten). Nach Kunsleben u. Tschesche (2010)

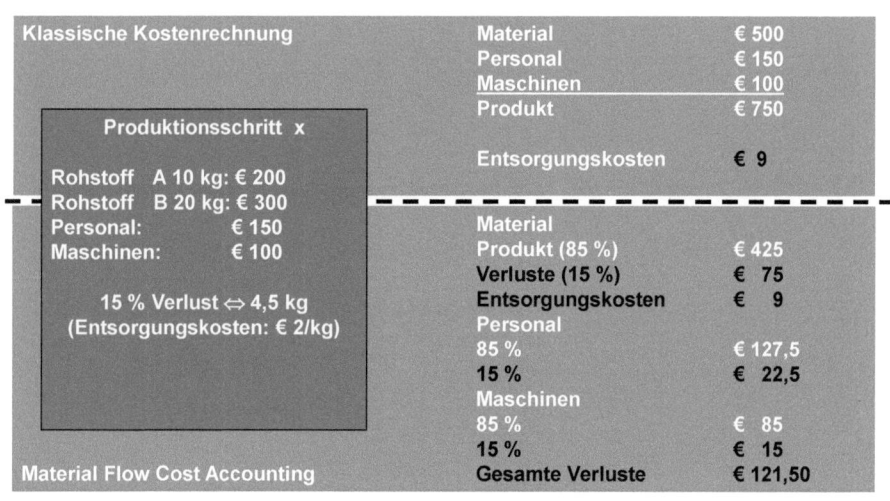

Die Fixierung auf die Materialverluste stellt gleichzeitig auch das Problem dieser Methoden dar. So mag beim Zuschneiden von Blechen der entstehende Verschnitt noch als Verlust empfunden werden, den es zu optimieren gilt, z.B. durch andere Zuschnittalgorithmen, eine andere Produktionsplanung oder Produktentwicklung. In diesem Fall ist auch offensichtlich, wohin das ursprüngliche Material „verschwindet", wenn es nicht voll im Produkt aufgeht. Doch dieser Ansatz ist z.B. in der chemischen Industrie schwierig umzusetzen: Aus verschiedenen Edukten entstehen Produkt und Bei- oder Abprodukte. Diese stehen aber oft in einem fest definierten, nämlich stöchiometrischen Verhältnis zueinander. Die Verteilung der Materialkosten der Edukte ebenso wie die weiteren Herstellkosten auf Produkte und Abprodukte nach Massenanteil erscheint hier willkürlich.

Die Fixierung auf die Materialverluste stellt gleichzeitig auch das Problem dieser Methoden dar. So mag beim Zuschneiden von Blechen der entstehende Verschnitt noch als Verlust empfunden werden, den es zu optimieren gilt, z.B. durch andere Zuschnittalgorithmen, eine andere Produktionsplanung oder Produktentwicklung. In diesem Fall ist auch offensichtlich, wohin das ursprüngliche Material „verschwindet", wenn es nicht voll im Produkt aufgeht. Doch dieser Ansatz ist z.B. in der chemischen Industrie schwierig umzusetzen: Aus verschiedenen Edukten entstehen Produkt und Bei- oder Abprodukte. Diese stehen aber oft in einem fest definierten, nämlich stöchiometrischen Verhältnis zueinander. Die Verteilung der Materialkosten der Edukte ebenso wie die weiteren Herstellkosten auf Produkte und Abprodukte nach Massenanteil erscheint hier willkürlich.

Abbildung 15.7   Vergleich zwischen klassischer Kostenrechnung (oben) und Ressourcen-kostenrechnung (unten). Nach Kunsleben u. Tschesche (2010)

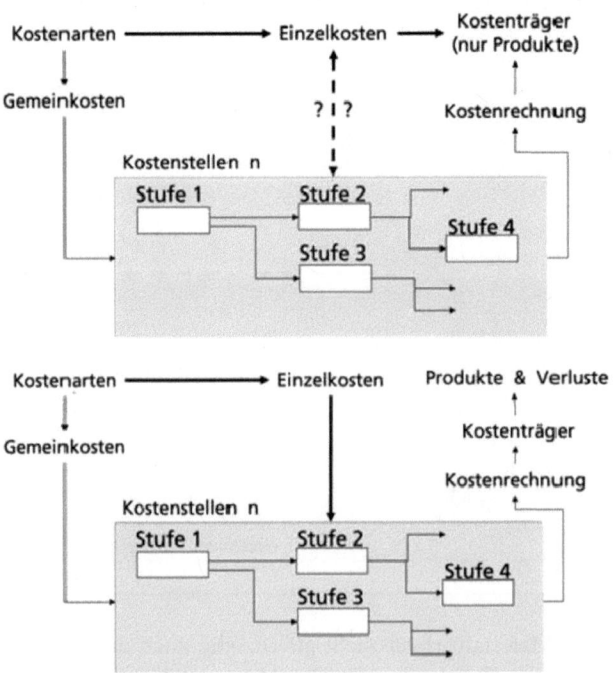

In diesem Zusammenhang könnte auch kritisch hinterfragt werden, ob die Ausweisung von Kostenbestandteilen als Reststoffkosten (bei der Flusskostenrechnung) oder als Verluste (bei der Ressourcenkostenrechnung) wirklich in Riebels Sinn war (vgl. auch Strebel 2003, 158). Die Zuordnung dieser Kosten zu tatsächlichen Kostenträgern (Produkten) einerseits und scheinbaren Kostenträgern (Reststoffe) andererseits widerspricht dem Identitätsprinzip, wonach die Kosten dem entsprechenden Entscheidungsobjekt zuzuordnen sind (Riebel 1994, 76). Die Menge der Reststoffe unterliegt aber in den seltensten Fällen einer freien Entscheidung, sondern ist das Ergebnis einer bestimmten Technik, die gewählt wurde, oder eines spezifischen Produktionsprogramms. Produkt und Reststoffe sind oft miteinander verbunden, so wie auch der Verschnitt von Blechen an gewisse untere Grenzen stößt, wenn von einer speziellen Technik oder von konkreten Produkten ausgegangen wird. Die Kostenverteilung zwischen Produkt und Reststoff nach dem Mengenverhältnis ist hier eine mehr oder weniger willkürliche Zurechnung oder Allokation. Nur im Fall von Fehlerkosten, also beim echten Produktausschuss aufgrund minderwertiger Qualität, geben die Reststoffkosten einen halbwegs verlässlichen Eindruck, welche Kosten gespart werden können, wenn die Fehlerquote verringert wird. Aber selbst diese unterliegt meistens Restriktionen im technischen und sozialen System.

Das heißt: Mit den vorgestellten Rechenansätzen kann aufzeigt werden, welche Kosten man einsparen könnte, wenn die Reststoffmengen verringert werden oder sogar ganz verschwinden. Aber man kann daraus nicht ohne weiteres ableiten, WIE diese Reststoffmengen zu verringern sind. Dies ist meistens eine technische Frage mit vielen praktischen Restriktionen. Die genannten Rechenmethoden sind in den seltensten Fällen in der Lage, die funktionalen Zusammenhänge zwischen Prozess und Reststoffmengen wie z.B. in einer flexiblen Kuppelproduktion, abzubilden. Eine konsequente Alternative wäre deshalb die szenarienhafte Berechnung verschiedener technischer Optionen in Produktionsverfahren oder Produktgestaltung mit ihren Auswirkungen auf die Reststoffmenge und Kosten. Eine bessere Option wäre dann jene Produktionstechnik, jenes Produktionsprogramm oder jener Produktentwurf, die insgesamt die geringsten Kosten verursacht.

Trotzdem liegt der Vorteil der Reststoffkostenrechnung und ihrer Varianten in der Möglichkeit, den Entscheidungsträgern in Unternehmen Kostenaspekte zur Ressourceneffizienz einfach zu vermitteln. Dies kann Ausgangspunkt für Diskussionsprozesse zur Verbesserung der betrieblichen Systeme sein. Hier sind Parallelen zu Lean-Production-Ansätzen zu erkennen, wo es inzwischen üblich ist, zwischen wertschöpfenden und nicht-wertschöpfenden Prozessen oder Bearbeitungszeiten zu unterscheiden. Umrüstvorgänge an Produktionsmaschinen werden beispielsweise als nicht-wertschöpfend angesehen, es gilt sie deshalb zu verkürzen oder ganz zu vermeiden. Das sind dann typische Ansatzpunkte für Verbesserungsprozesse innerhalb des Lean Managements.

Allerdings gilt auch hier: Umrüstvorgänge sind bei vielen Prozessen technisch unverzichtbar. Sie mögen vielleicht technisch optimierbar, d.h. zu verkürzen sein. Sie deshalb aber als nicht-wertschöpfend zu bezeichnen, ist problematisch. Genauso könnte man die Erzeugung von CO_2 bei der Verbrennung von Kohle zwecks Stromerzeugung als nicht-wertschöpfend bezeichnen. Das CO_2 ist aber zwangsläufiges Kuppelprodukt des gewählten Prozesses, in diesem Fall sogar stöchiometrisch festgelegt. Und nur der Prozess insgesamt kann als wertschöpfend bezeichnet werden, nicht die einzelnen erwünschten oder unerwünschten Teilkomponenten. Zwar gibt es Prozesse, z.B. flexible Kuppelprozesse, bei denen eine gewisse Einflussnahme auf die Mengenverhältnisse der Kuppelprodukte besteht. Oder man kann ganz andere Prozesse wählen, bei denen gar kein CO_2 auftritt, z.B. Windkraft oder Photovoltaik. Dann würde man aber technologische Varianten miteinander vergleichen. Diese müssten wieder auf einem Mengengerüst basieren und benötigten zur ökonomischen Beurteilung ein Wertgerüst. Die getrennte Erfassung von Mengen und Werten ist also unverzichtbar und allen vorgestellten Ansätzen gemein.

15.3   Von Material Flow Cost Accounting in Japan zur ISO-Norm 14051

Die Reststoff- oder Flusskostenrechnung wurde besonders in Japan sehr interessiert aufgegriffen (Kokubu u. Nakajima 2004). Das mächtige japanische Ministerium für Wirtschaft, Handel und Industrie METI hatte bereits ab 1999 entsprechende Forschungsprojekte und Fallstudien vorangetrieben. Im „Environmental Management Accounting Workbook" des METIvon 2002 wurde Material Flow Cost Accounting (MFCA) bereits als wichtige Umweltkostenrechnungsmethode im Produktionsbereich aufgeführt.Im Jahr 2007 wurde vom METI ein eigener "Guide for Material Flow Cost Accounting" veröffentlicht. 2010 erschien ein englischsprachiger Bericht mit Fallbeispielen aus Japan (METI 2010). Inzwischen wurde MFCA in über 300 japanischen Unternehmen eingesetzt.

Abbildung 15.8   Von Japan ursprünglich vorgeschlagenes Schema zum Material Flow Cost Accounting. Nach Kokubu et al. (2009)

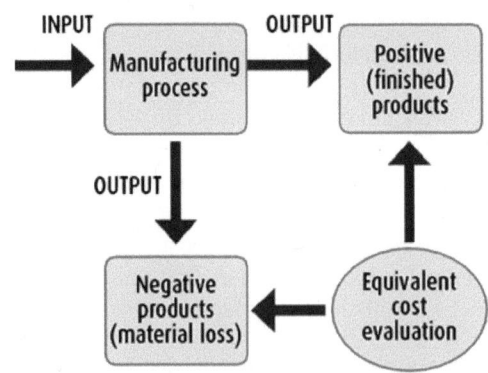

Interessanterweise wurde in Japan die Methode begrifflich weiter zugespitzt, um sie in der Praxis, gerade auch in kleinen und mittleren Unternehmen, verfügbar zu machen. Dies gipfelte in dem japanischen Vorschlag, zwischen positiven und negativen Produkten zu unterscheiden (Abb 15.8). Hier bestehen interessante Berührungspunkte zu dem Ansatz aus der deutschen Produktionstheorie, bei dem ein Material als „Gut" oder als „Übel" angesehen werden kann (Dyckhoff 1994).

Abbildung 15.9 Materialflussmodel für eine einfache zweistufige Produktion (oben) und die dazugehörige Flusskostenmatrix (unten). Quelle: ISO 14051

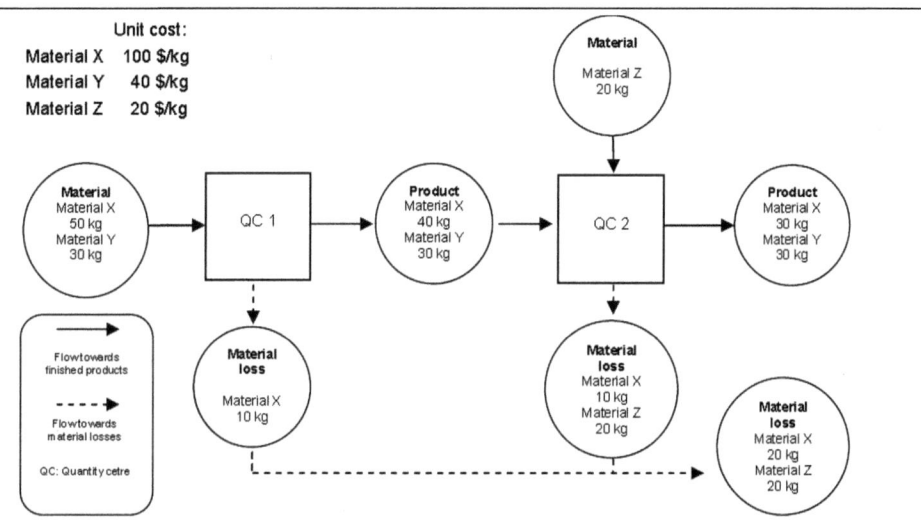

	QC 1					QC 2				
	Material costs	Energy costs	System costs	Waste management costs	Total	Material costs	Energy costs	System costs	Waste management costs	Total
Inputs from previous QC						$ 5 200[a]	$ 350[b]	$ 700[c]		$ 6 250[d]
New inputs in QC	$ 6 200	$ 400	$ 800	$ 300	$ 7 700	$ 400	$ 300	$ 1 200	$ 400	$ 6 200
Total in each QC	$ 6 200	$ 400	$ 800	$ 300	$ 7 700	$ 5 600	$ 650	$ 1 900	$ 400	$ 8 550
Products	$ 5 200[a]	$ 350[b]	$ 700[c]		$ 6 250[d]	$ 4 200	$ 433	$ 1 267	$ 400	$ 5 900
Material losses	$ 1 000	$ 50	$ 100	$ 300	$ 1 450	$ 1 400	$ 217	$ 633	$ 400	$ 2 650
Total costs of material losses in this process						$ 2 400	$ 267	$ 733	$ 700	$ 4 100
Total costs in this process						$ 6 600	$ 700	$ 2 000	$ 700	$ 10 000

Vor allem hat Japan aber die Entwicklung einer eigenen ISO-Norm zu MFCA angestoßen. Im Rahmen der Arbeiten des technischen KommitteesISO/TC 207 wurde 2009 beschlossen, einen eigenen internationalen Standard ISO 14051 mit den Grundsätzen und Rahmensetzungen von MFCA zu entwickeln. Mit zahlreichen Experten aus verschiedenen Ländern wurde die Norm in den folgenden zwei Jahren erarbeitet, im Sommer 2011 von den ISO-Gremien beschlossen und im Oktober 2011 veröffentlicht.

Im Mittelpunkt der Norm steht der Kern der Flusskostenrechnungsmethode, wie sie in Deutschland ursprünglich entwickelt wurde. Besonders die so genannte Flusskostenmatrix spielt hier eine wichtige Rolle. In Abb. 15.9 ist ein einfaches Materialflussmodel dargestellt. Die Preise für die Materialien X, Y und Z betragen 100, 40 bzw. 20 $/kg. Die Materialflüsse werden mittels QuantityCentres (QC1) mit ihren materiellen Inputs und Outputs dargestellt. Darauf baut die Verteilung der Materialkosten auf. In der Flusskostenmatrix sind beispielsweise die Materialkosten von QC1 mit 6200 $ angegeben (50 kg * 100 $/kg + 30 kg * 40 $). Diese werden auf das Produkt und auf den Materialverlust entsprechend der Flussmengen verteilt, also 5200 $ auf das Produkt und 1000 $ auf dem Materialverlust. In einer mehrstufigen Produktion werden die Kosten dann an das nächste QC weitergereicht. Ebenso wird mit den anderen Kosten verfahren, wobei die Entsorgungskosten aber nur dem Materialverlust zugerechnet werden.

Im Ergebnis können die kompletten Kosten des Materialverlustes angegeben werden. Sie liegen in diesem Beispiel bei 4100 $, davon sind 1000 $ die anteiligen Energie- und Systemkosten im Unternehmen. Diese Kosten könnten eingespart werden, wenn der Materialverlust vermieden wird. Demgegenüber werden in der Praxis meistens nur die 700 $ Entsorgungskosten als Kosten des Materialverlust wahrgenommen. Mit den kompletten Kosten ergeben sich jedoch ganz andere ökonomische Spielräume für technische Maßnahmen, um den Materialverlust zu vermeiden. Das ist der Vorteil der MFCA-Analyse.

Eine methodische Herausforderung ist noch die Behandlung von Ineffizienzen, die nicht mit Reststoffen, die das Unternehmen verlassen, verbunden sind, sondern mit betriebsinternem Recycling. Grundsätzlich ist aus ökologischer Sicht die Vermeidung von Reststoffen im Unternehmen sinnvoll. Dazu werden häufig auch betriebsinterne Verwertungswege eingeschlagen. Beispiele sind in Papierfabriken der Einsatz von Verschnitt wieder im Pulp, in der Metallverarbeitung das Einschmelzen von Metallschrott oder in der Kunststoffindustrie das Wiedereinschmelzen von sortenreinen Kunststoffabfällen.

Diese betriebsinternen Verwertungswege sind zwar in vielen Fällen sinnvoller als eine externe Entsorgung der Reststoffe, sie stellen aber nicht zwangsläufig eine effiziente Verarbeitung der Materialien dar (Viere et al. 2010). Denn durch die innere Kreislaufführung von Rohstoffen, die eigentlich in das Produkt eingehen sollen, durchlaufen diese Materialien den Wertschöpfungsprozess im Unternehmen mehrmals – mit den entsprechenden Mehrkosten für Energie, Betriebsstoffen, Arbeit und Maschineneinsatz. Statt auf Recycling müsste der Fokus deshalb auf einer Verringerung des Produktausschusses liegen. Dies kann sowohl ökologisch als auch ökonomisch von großer Bedeutung sein.

Abbildung 15.10 Beispiel für ein Kreislaufsystem mit internem Materialrecycling

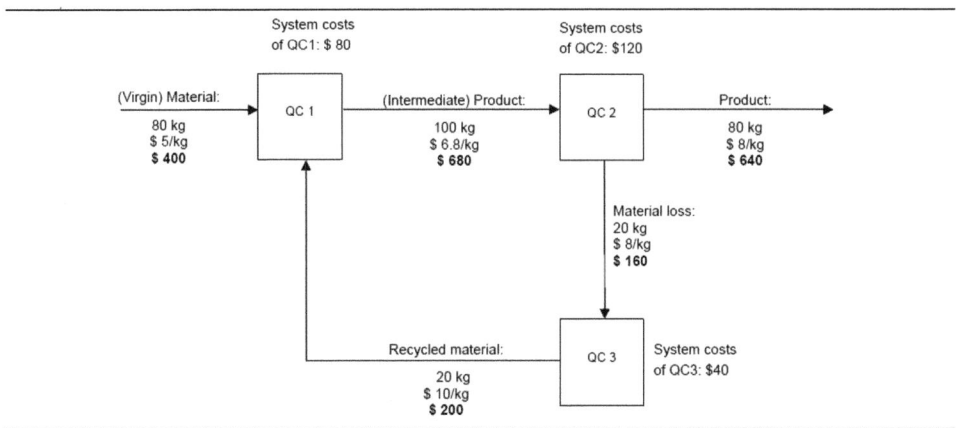

In Abb. 15.10 ist ein solches Beispiel dargestellt. Der Reststoff wird über QC3 aufbereitet und QC1 als Sekundärrohstoff wieder zugeführt. Dadurch werden 20 kg Primärmaterial eingespart. Aber der Sekundärrohstoff trägt nun einen Teil der Systemkosten von QC1 und QC2. Dies wird an seinem internen Verrechnungspreis (10 $/kg) deutlich: Dieser besteht nicht nur aus den reinen Materialkosten (5 $/kg), sondern auch aus anteiligen Systemkosten von QC1 und QC2 sowie den Aufarbeitungskosten von QC3. Die Berechnung der internen Preise eines solchen zyklischen Systems erfolgt über ein lineares Gleichungssystem (siehe auch Schmidt 2011). Immerhin ist der Recyclingfall kostengünstiger als der Fall, dass nur Primärmaterial eingesetzt und der Reststoff entsorgt würde. Würde man aber die Reststoffmenge, die im Kreislauf fährt, von 20 kg auf 10 kg verringern und die Systemkosten von QC1-3 auf die verringerten Durchflussmengen anpassen, so läge der Produktpreis nur noch bei 7,5 $/kg und wäre somit um über 6 % reduziert.

15.4   Fazit

Mit den steigenden Ressourcenpreisen und der Einführung der neuen ISO-Norm 14051 wird in den Unternehmen weltweit das Bewusstsein für Materialeffizienz steigen und zwar primär aus einzelwirtschaftlichen Erwägungen. Die mit der Norm vorgeschlagene Kostenrechnungsmethode ist eine betriebliche Sonderauswertung, und sie liefert Anhaltspunkte für Einsparpotenziale und für mögliche Spielräume bei der Investition in Maßnahmen. Technische Lösung selbst bietet sie nicht an, aber sie kann ein wertvolles Hilfsmittel für die Bewertung verschiedener Optionen sein. Vor allem fördert sie aber die gleichzeitige Betrachtung von Mengen- und Wertgerüst in den Unternehmen. Genau das ist die Voraussetzung für alle weiteren Analysen. Schließlich hängt auch die ökologische Bewertung von dem Mengengerüst ab. Hierin besteht der große Vorteil von MFCA und den verwandten Methoden.

Literatur

Baccini, H./Bader, H.-P. (1996): Regionaler Stoffhaushalt. Erfassung, Bewertung und Steuerung. Heidelberg.

BDI Bundesverband der Deutschen Industrie (2007): Rohstoffsicherheit – Anforderungen an Industrie und Politik. Ergebnisbericht der BDI-Präsidialgruppe »Internationale Rohstofffragen«. BDI-Drucksache Nr. 391. Berlin.

Braunschweig, A./Müller-Wenk, R. (1993): Ökobilanzen für Unternehmungen. Verlag Paul Haupt Bern.

Daeves, K. (1922): Organisation der technischen Betriebsüberwachung in der Eisenindustrie. Stahl und Eisen Vol. 42, 221-224.

DEMEA Deutsche Materialeffizienzagentur (2011): Persönliche Mitteilung von Dr. Rasch vom 13.9.2011

Dyckhoff, H. (1994): Betriebliche Produktion, Theoretische Grundlagen einer umweltorientierten Produktionswirtschaft, Berlin/Heidelberg.

Fischer, H./Blasius, R. (1995): Umweltkostenrechnung, in: Bundesumweltministerium/Umweltbundesamt (Hrsg.): Handbuch Umweltcontrolling, München. S. 439-457.

Fischer, H./Wucherer, C./Wagner, B./Burschel, C. (1997): Umweltkostenmanagement, Hanser-Verlag München.

HWWI Hamburgisches WeltWirtschaftsInstitut (2011): Persönliche Mitteilung von Dr. Leschus vom 14.9.2011

IMU Institut für Management und Umwelt (2003): Flussmanagement für Produktionsunternehmen.Material- und Informationsflüsse nachhaltig gestalten. Augsburg.

ISO 14051 (2011): Environmental management – Material flow cost accounting – General framework. Geneva.

Kokubu, K./Campos, M./Furukawa, K. S./ Tachikawa, H. (2009): Material flow cost accounting with ISO 14051. ISO Management Systems – January-February 2009, S. 15-18.

Kokubu, K./Nakajima, M. (2004): Material Flow Cost Accounting in Japan: A New Trend of Environmental Management Accounting Practices, Fourth Asia Pacific Interdisciplinary Research in Accounting Conference, 4 to 6 July 2004, Singapore.

Kunsleben, A./Tschesche, J. (2010): Resource Cost Accounting (RKR) – A Synthesis of Business Management and Technology. Chem. Eng. Technol. Vol. 33, No. 4, 589-592.

Letmathe, P./Stürznickel, B./Tschesche, J. (2002): Ressourcenkostenrechnung, Umweltwirtschaftsforum. Vol. 10, S. 52 – 57.

LfU Landesanstalt für Umweltschutz Baden-Württemberg (1999): Betriebliches Material- und Energieflussmanagement. Öko-Effizienz durch nachhaltige Reorganisation. Karlsruhe.

Meadows, D.H./Meadows, D.L./Randers, J./Behrens, W.W. (1972): The limits to growth. Potomac Associates, New York.

METI Ministry of Economy, Trade and Industry of Japan (2002): Environmental Management Accounting (EMA) Workbook, Tokyo.

METI Ministry of Economy, Trade and Industry of Japan (2007): Guide for Material Flow Cost Accounting (Ver.1), Tokyo.

METI Ministry of Economy, Trade, and Industry (2010): Environmental Management Accounting: MFCA Case Examples, Tokyo.

NAS National Academy of Sciences – National Research Council (1969): Resources and Man, National Academy of Sciences, San Francisco.

Riebel, P. (1979): Zum Konzept einer zweckneutralen Grundrechnung, in: Zeitschrift für betriebswirtschaftliche Forschung, Vol. 31, S. 785 - 798.

Riebel, P. (1994): Einzelkosten- und Deckungsbeitragsrechnung – Grundfragen einer markt- und entscheidungsorientierten Unternehmensrechnung, 7. Aufl., Wiesbaden.

Rummel, K. (1936): Der Einfluß betriebswirtschaftlicher Gedankengänge auf die Stoffwirtschaft. Stahl und Eisen, Vol. 56, 8, S. 221-228.

Schmidt, M. (2010): Approaches towards the Efficient Use of Resources in the Industry. Chem. Eng. Technol. Vol. 33, 4, S. 552-558.

Schmidt, M. (2011):Von der Material- und Energieflussanalysezum Carbon Footprint – Anleihen aus der Kostenrechnung. Chemie Ingenieur Technik, Vol. 83, 10.

Schmidt, M./Görlach, S. (2010): Zurück in die Zukunft – Zum Umgang mit Material- und Energieressourcen in der Zwischenkriegszeit des 20. Jahrhunderts. Umweltwirtschaftsforum, Vol. 18, 3-4, 217-227.

Strebel, H. (2003): Kritische Würdigung der Umweltkosten- und Stoffflussrechnungen, in: Kramer, M., Eifler, P. (Hrsg.), Umwelt- und kostenorientierte Unternehmensführung, Gabler Wiesbaden, S. 155-166.

Strobel, M./Redmann, C. (2000): Flusskostenrechnung, Systematische Kostensenkung und Umweltentlastung durch eine Flussorientierung in der Kostenrechnung, in: Workshop des AK Ökologische Unternehmensführung FH Pforzheim, Umweltkostenrechnung für Betriebe – Zwischen Anspruch und Praxis, Pforzheim.

Strobel, M., Wagner, B. (1999): Strukturierung und Entwicklung der betrieblichen Stoff- und Energieflüsse. in: Fischer et al. (1997), S. 28-57.

Viere, T./Möller, A./Schmidt, M. (2010): Methodische Behandlung interner Materialkreisläufe in der Materialflusskostenrechnung. Umweltwirtschaftsforum, Vol. 18, S. 203–208.

World Bank (2000): Global commodity markets, Vol. 8, 1, Washington D.C.

16 Visualisierung von Energie- und Stoffströmen

Mario Schmidt

16.1 Einführung

Viele Wissenschaftsdisziplinen haben ihre eigene Fachsprache, Nomenklaturen oder Darstellungen, mit denen sie ihre Inhalte effektiv kommunizieren. Besonders die semiotische, also zeichenbezogene Darstellung spielt in vielen Bereichen eine zentrale Rolle. In der wissenschaftstheoretischen Diskussion wird die Gegenüberstellung von Forschung und Darstellung gar als „Entdeckungszusammenhang" aufgegriffen (Mittelstraß 1995, 427). Wichtig ist die transsubjektive Verwendbarkeit der Darstellung, wie das z.B. bei der chemischen Kekulé-Strukturformel offensichtlich ist: Sie wird sogar in verschiedenen Sprach- und Kulturkreisen einheitlich verstanden. In anderen Fällen dienen Darstellungen der Veranschaulichung komplexer Zusammenhänge, z.B. die Graphen in der Mathematik verdeutlichen Zusammenhänge, die sich auch mit einer Formalsprache beschreiben ließen, aber nur wenigen zugänglich ist. So stellt sich also die Frage, ob es auch für die Industrial Ecology eine eigene Darstellungsform gibt, die vielleicht nicht nur der Kommunikation und Veranschaulichung, sondern auch der Entdeckung neuer Zusammenhänge und dem Erkenntnisgewinn dient.

„One Look is Worth a Thousand Words", hießeseinmalin der Werbebranche.Aber die gezielte Verwendung von Bildern zur visuellen Kommunikation reicht bis in die Antike zurück. Aristoteles setzte in der Medizin anatomische Illustrationen ein. Aus späterer Zeit sind z.B. die Zeichnungen Leonardo da Vincis bekannt. Das philosophische Denken der Renaissance führte zu einer Aufwertung von Bildern im Kontext von Wissen und Lehren (Pettersson 1994, 216). William Playfair (1801/2005) hat schließlich in seinem „Commercial and Political Atlas" die abstrakten Diagramme verwendet, wie wir sie heute noch kennen: das Balkendiagramm oder das Tortendiagramm. Die Informationsgrafik wurde schließlich durch den Franzosen Charles Joseph Minard Mitte des 19. Jahrhunderts geprägt. Zu Minards berühmter Darstellung des Napoleonischen Russlandfeldzuges von 1861 (Abb. 16.1), die die Stärke der Armee auf dem Hin- und Rückmarsch zeigt, sagte der bekannte Designer und Informationswissenschaftler Edward Tufte (2001, 40): „It may well be the best statistical graphic ever drawn." Auf wortwörtlich einen Blick wird mit dem Strom an Soldaten die ganze Dramatik dieses wahnsinnigen Unternehmens deutlich.

Allerdings herrscht bis heute – zumindest in den Geisteswissenschaften – eine gewisse Zurückhaltung gegenüber der visuellen Darstellung. „Geht man davon aus, dass nicht die Wirklichkeit über Geltung (z.B. Wahrheit) von Darstellungen, sondern deren Geltung (z.B. Wahrheit) darüber entscheiden, was wirklich ist, so werden Ausdrücke wie realistische Darstellung verständlich" (Mittelstraß 1995, 427). Bilder wirken sehr stark auf die Betrachter und können damit auch leicht manipulieren (MPI 2005, 71). In den letzten Jahren hat beispielsweise Edward Tufte (2003 und 2006) seine Stimme erhoben und den massiven und unzweckmäßigen Einsatz von PowerPoint kritisiert. Denn PowerPoint kanalisiert die Darstellung von Ergebnissen in wenige Typen von Charts und Templates, schränkt die Denkmuster ein und verhindert oft komplexere Darstellungen.

Aber es gibt Gegenbeispiele, bei denen hochkomplexe Sachverhalte sehr intelligent dargestellt werden. Sehr viel Aufsehen erregte Lothar Krempel mit seiner Analyse und visuellen Darstellung der Entflechtung der „Deutschland AG" in den vergangenen 15 Jahren (Krempel 2005; http://www.mpi-fg-koeln.mpg.de/aktuelles/themen/D-AG_grafiken.html). Krempels Darstellung der Handelsströme in der OECD schaffte es sogar in die New Yorker Hall of Science. Krempel machte damit vor, wie anspruchsvolle Wissenschaftsgrafiken aussehen sollten. Aber sie waren Ergebnis intensiver Forschungsarbeiten am Max-Planck-Institut für Gesellschaftsforschung in Köln und sind methodisch fundiert.

Abbildung 16.1   Die Stärke der Napoleonischen Armee auf dem Russlandfeldzug 1812/1813 hin und zurück. (Minard 1861)

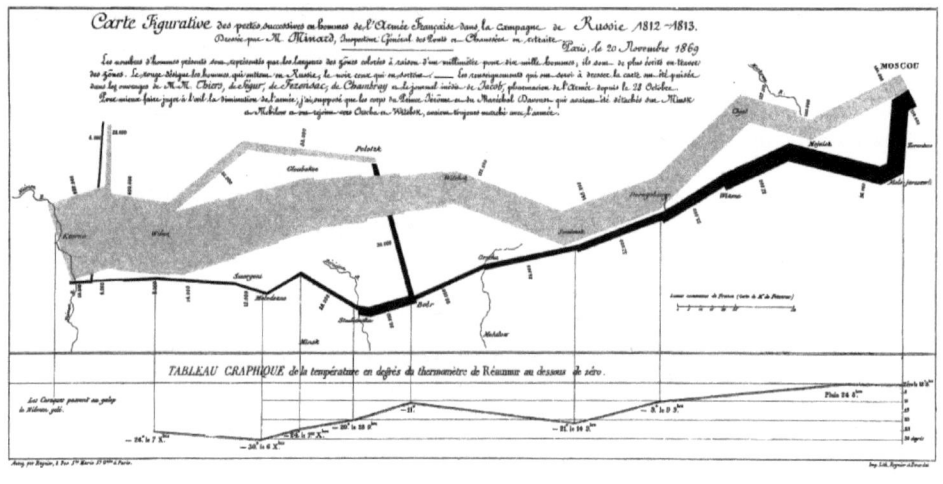

16.2   Erste Darstellungen in der Industrial Ecology

Geht man von der alten Definition von Robert M. White (1994) aus, so fokussiert sich Industrial Ecology auf die Energie- und Stoffströme in der Anthroposphäre, auf deren Wirkung in der Ökosphäre und auf deren Beeinflussung durch die politischen, wirtschaftlichen und sozialen Systeme. Energie- und Stoffströme lassen sich sehr gut grafisch veranschaulichen, wie dies bereits in einigen Schlüsselpublikationen der Industrial Ecology genutzt wurde. Kneese et al. (1970) stellten beispielsweise in ihrem „Materials Balance Approach" den US-amerikanischen Produktstrom aus der Photosynthese mittels eines Flussdiagramms dar. Die Grafik in Abb.16.2 hat einen beschreibenden Charakter. Sie veranschaulicht die komplexen Zusammenhänge in einem System, das aus vielen Elementen besteht und eine Vielzahl an quantitativen Informationen enthält.

Abbildung 16.2   Produktion und Entsorgung von Produkten der Photosynthese in den USA (Kneese, Ayres, D`Arge 1970)

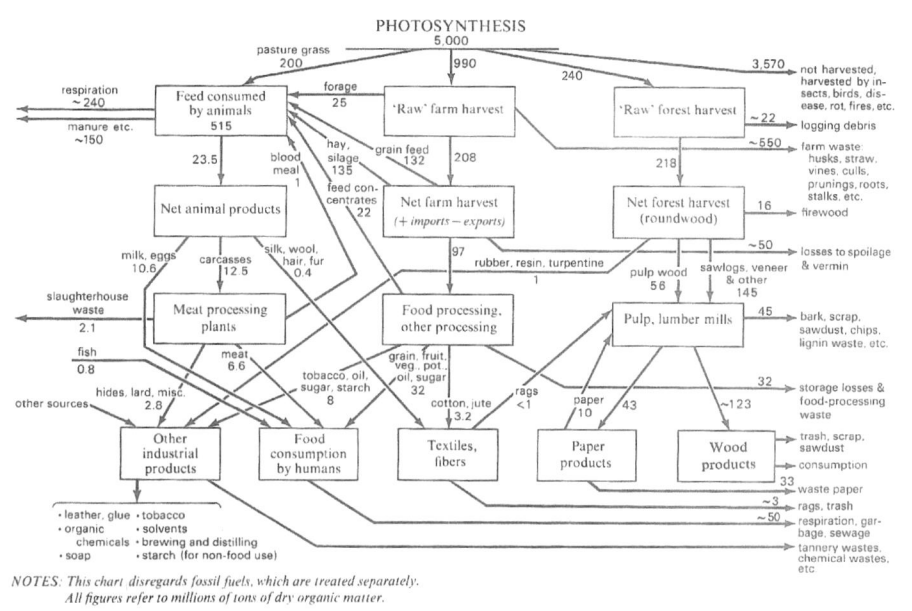

In der gleichen Publikation verwendeten Kneese et al. (1970) noch eine weitere Darstellungsform, die weniger eine quantitative Analyse repräsentiert, als vielmehr die möglichen Handlungsoptionen aufzeigen soll (Abb. 16.3). Sie handelt von den grundsätzlichen Strömen der Haushaltsabfälle und ihren Entsorgungs- oder Verwertungsmöglichkeiten.

Auch das Team um Dennis L. Meadows im Rahmen der Studie des Club of Rome wählte immer wieder grafische Darstellungen (Meadows et al. 1974). In Abb.16.4 wurde eine Flussdarstellung verwendet um zu erläutern, wohin Güter und Dienstleistungen aus dem Wirtschaftsprozess fließen und wofür sie wieder eingesetzt werden. Bei diesem Schema ist bemerkenswert, dass von ökonomischen Größen als Flussgrößen ausgegangen wird und neben den Flüssen offensichtlich auch Bestandsgrößen eine Rolle spielen. Eine ähnliche Flussdarstellung eines ökonomischen Systems präsentierte später der Nobelpreisträger Wassily Leontief (1985) an prominenter Stelle.

Abbildung 16.3   Materialströme durch Haushaltsabfälle in den USA (pro Einwohner)
(Kneese, Ayres, D`Arge 1970)

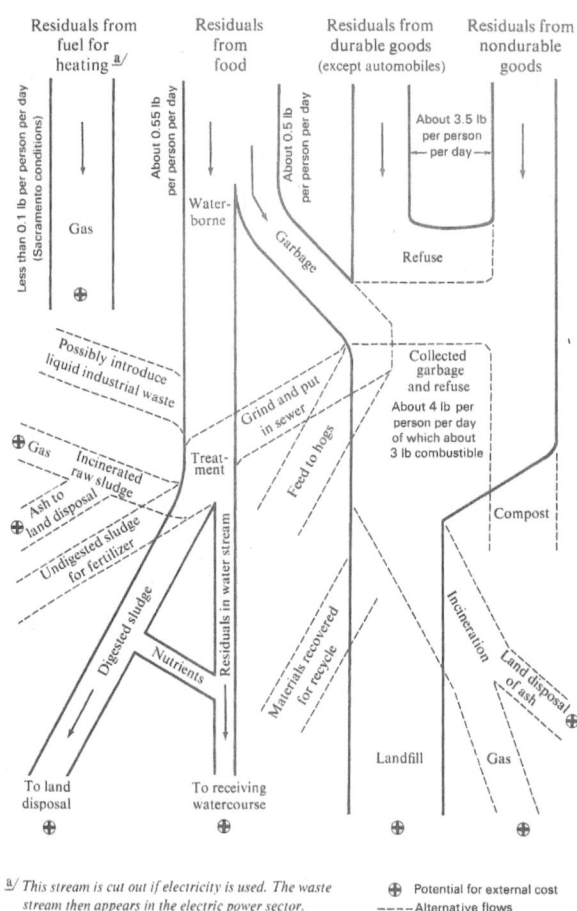

Aber das Team von Meadows verwendete noch eine andere Darstellungsform, die weniger die Materialströme oder Wertströme betraf, als vielmehr die Struktur von Feedback-Loops in einem komplexen System der Wechselwirkungen. In Abb. 16.5 sind die kausalen Zusammenhänge für die Bodenerosion durch hohe Ernteerträge im landwirtschaftlichen Sektor dargestellt. Es ist ein Ergebnis der DYNAMO-Rechnungen des Modells World3, einem Simulationsmodell aus dem Bereich der System Dynamics.

Abbildung 16.4 Kapitalbestände und Outputflüsse in der Weltwirtschaft (Meadows et al. 1974, 206)

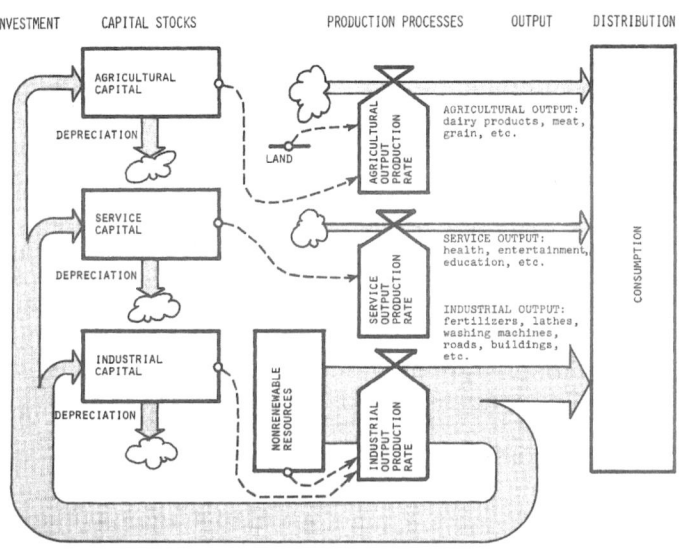

Abbildung 16.5 Die Struktur der Feedback-Loops in der Landwirtschaft am Beispiel der Landerosion durch hohe Ernteerträge (Meadows et al. 1974, 273)

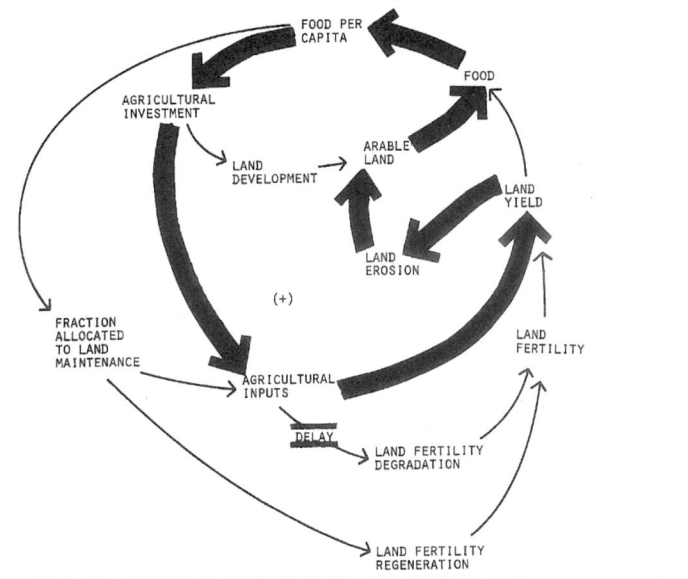

Während Abb. 16.2 quasi die grafische Umsetzung eines reinen Beschreibungsmodells ist, ist Abb. 16.5 die grafische Repräsentation eines Kausalmodells. Beides hat innerhalb der Industrial Ecology eine große Bedeutung: die quantitative Analyse und rein deskriptive Darstellung von Zuständen und Wechselwirkungen, z.B. Energie- und Stoffströmen zwischen verschiedenen Kompartimenten, sowie die Darstellung von kausalen Zusammenhängen, deren Kenntnis für das Beeinflussen der Systeme unerlässlich ist. An dieser Stelle muss betont werden, dass es sich in beiden Fällen „nur" um Modelle – deskriptiv oder kausal – handelt. Die Abbildungen sind wiederum nur Repräsentationen der Modelle und stellen ggf. Vereinfachungen dar. Sie haben aber eine wichtige Aufgabe bei der Vermittlung komplexer Sachverhalte, die sich in der originären Modellwelt nicht jedem Adressaten erschließen.

Bei diesen ersten grafischen Darstellungen wird bereits deutlich, dass sie unmittelbar und ideal an die typischen Methoden und Instrumente der Industrial Ecology anknüpfen: an die Energie- und Stoffstromanalyse und die Lebenszyklusanalyse – beides materielle Stromanalysen – und an die dynamische Systemmodellierung des System Dynamics. Hinzu kommen noch ökonomische Analysen als eine Art monetäre Stromanalyse.

Frosch und Gallopoulos (1989) zeigten schließlich in ihrem berühmten Beitrag im Scientific American den Materialstrom von Platinmetallen in einem sehr anschaulichen Fließdiagramm (Abb. 16.6). Es werden die materiellen Verknüpfungen zwischen den verschiedenen Kompartimenten des anthropogenen Systems und damit die Komplexität verdeutlicht, und es werden auch die quantitativen Größen grafisch umgesetzt – durch unterschiedlich dicke Pfeilstärken. Die wesentlichen Aspekte des Systems sind damit auf einen Blick erfassbar. Sie werden intuitiv verstanden, unabhängig von der Sprache der Legende und bedürfen nur weniger Erklärungen.

Abbildung 16.6 Materialflussbild von Platinmetallen. Die Erzmenge (oben rechts) ist nicht maßstäblich angegeben (nach Frosch und Gallopoulos1989)

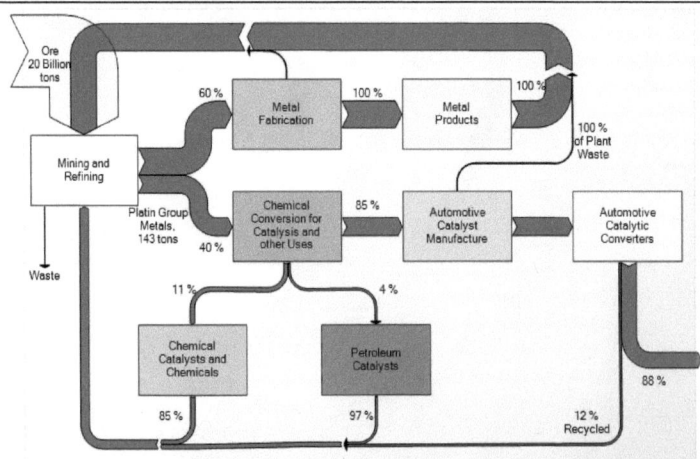

16.3   Das Sankey-Diagramm – historischer Exkurs

Die Darstellungsform in Abb. 16.7 entspricht einem so genannten Sankey-Diagramm, das sich speziell für die Abbildung von Energie- und Materialströmen eignet. Es ist nach dem irischen Ingenieur Captain Matthew Henry Phineas Riall Sankey (1853-1926) benannt (Schmidt 2006).

Im ausgehenden 19. Jahrhundert war es in den Ingenieurwissenschaften ein wichtiges Thema, wie groß der Wirkungsgrad von Dampfmaschinen ist und wie man ihn messen und verbessern kann (Cardwell, 1995, 360). Auch Sankey beschäftigte sich mit der Frage, wie man eine ideale „praktische" Dampfmaschine definieren kann, wie der Wirkungsgrad oder die Effizienz gemessen wird. In diesem Zuge nutzte er für Beratungen der Institution of Civil Engineers erstmals das nach ihm benannte Diagramm, 1898 wurde es veröffentlicht, eher beiläufig als Illustration, denn die thermodynamisch wichtigere Darstellung war das Entropie-Temperatur-Diagramm.

Abbildung 16.7   Der irische Ingenieur Captain Riall Sankey (1853-1926) mit seinem ersten und einzigen „Sankey"-Diagramm von 1898

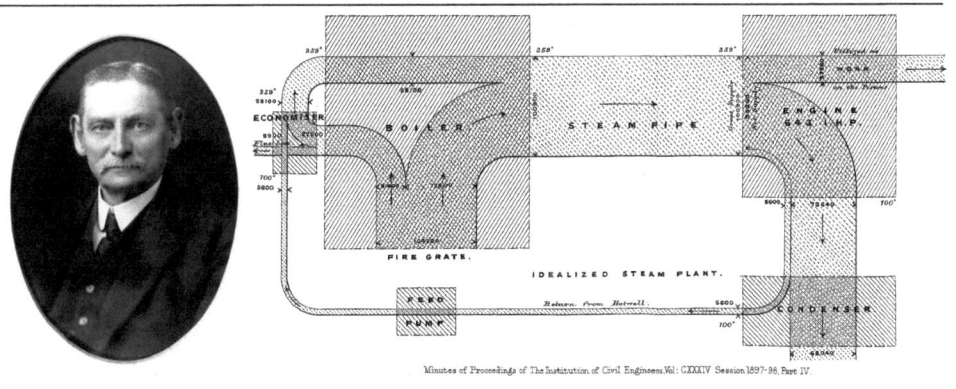

In den folgenden Jahrzehnten erfuhr das Sankey-Diagramm eine ungeahnte Verbreitung. Besonders in Deutschland wurde dieses Diagramm von den aufstrebenden Ingenieurwissenschaften eingesetzt. Auch heute noch interessant sind die Messergebnisse von Professor Alois Riedler von der Technischen Hochschule in Berlin aus dem Jahr 1911 (Abb. 16.8). Er hatte erstmals einen Pkw-Rollenprüfstand aufgebaut und Messungen zum Wirkungsgrad von Pkw vorgenommen. Bei seiner Testreihe waren u.a. ein 30 PS-Renault-, ein 100 PS-Benz- und ein 75 PS-Adler-Wagen vertreten (Riedler 1911).

Die Ergebnisse wurden u.a. als Sankey-Diagramme dargestellt. Sie ermöglichten erstmals die Verdeutlichung der verschiedenen Energieverluste bei Kraftfahrzeugen und waren die Voraussetzung für gezielte Verbesserungsmaßnahmen, die in der Folgezeit bei den Kraftfahrzeugen ergriffen wurden (Abb. 16.9).

Abbildung 16.8   Prof. Alois Riedler (1850-1936) mit seinem ersten Pkw-Rollenprüfstand an der Technischen Hochschule Berlin (heute TU Berlin) im Jahr 1911. Zu sehen ist ein 100-PS-Benz-Fahrzeug

Abbildung 16.9   Verschiedene Energiediagramme eines 100-PS-Benz-Rennwagens (links) und eines 20/30 PS-Renault-Wagens für 60 km/h Fahrgeschwindigkeit (rechts) (Riedler 1911)

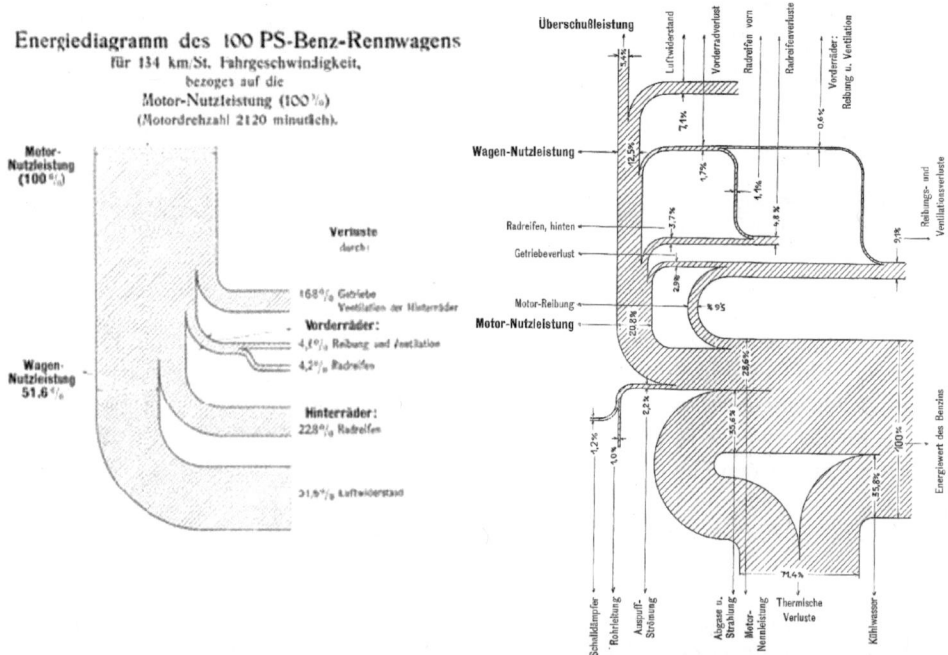

Diese Diagrammart wurde im frühen 20. Jahrhundert intensiv in den Ingenieurwissen-schaften eingesetzt. Es war eine Standarddarstellung in der chemischen Industrie oder in der Verfahrenstechnik und wurde auch in vielen Lehrbüchern beschrieben (Ost-Rassow 1952, Ministry of Fuel and Power 1944). Im ausgehenden 20. Jahrhundert war diese Dar-stellungsform allerdings aus der Lehre wieder weitgehend verschwunden. Der einfache Grund: Während früher die Grafiken manuell durch Grafiker erstellt wurden, ist man im-mer mehr zu computergestützten Darstellungen übergegangen. Hier herrschen aber bis heute simple Balken- und Tortendiagramme vor. Erst mit dem Life Cycle Assessment und den Stoffstromanalysen wurden Sankey-Diagramme wieder intensiver genutzt, da die Komplexität der Systeme und die Energie- und Stoffströme eine grafische Darstellung na-he legten. Software-Pakete wie AUDIT, GABI oder UMBERTO hatten Ende der 90er Jahre die Sankey-Darstellung wieder populär gemacht. Inzwischen gibt es auch Software-Tools eigens nur für Sankey-Diagramme und sogar Internet-Communities, in denen Erfahrungen hierzu ausgetauscht werden (www.sankey-diagrams.com).

16.4   Anforderungen an Sankey-Diagramme

Sankey hatte das nach ihm benannte Diagramm eher beiläufig eingeführt. Viele Ingenieure haben sich von dieser Darstellung inspirieren lassen und ähnliche Diagramme eingesetzt, oft für populäre Veröffentlichungen. Es gibt bis in die heutige Zeit viele Varianten. Anfor-derungen für die Erstellung gibt es jedoch keine, außer vielleicht die der Anschauung und Intuition. Aber geht man von den Prinzipen eines „Materials Balance Approach" – wie einst schon Kneese, Ayres und D`Arge (1970) – aus, so lassen sich einige implizite Regeln fürsinnvolle Sankey-Diagrammenangeben:

- ■ Es handelt sich um Mengengrößen, die im gesamten Diagramm auf eine einheitliche Bezugsgröße – eine Zeiteinheit oder eine Objektmenge – bezogensind.

- ■ Die Mengengrößen sind extensive Größen.

- ■ Die Mengenskala mittels der Pfeilbreite ist proportional, d.h. die doppelte Menge wird durch einen doppelt so breiten Pfeil dargestellt.

- ■ Es werden keine Bestandsgrößen berücksichtigt, d.h. es gibt keine Lagerbildung.

- ■ Es wird von einer Energie- oder Massenerhaltung ausgegangen.

Der erste Punkt ergibt sich aus der notwendigen Vergleichbarkeit aller Objekte in dem Di-agramm. Schon die Darstellung mehrerer Flussobjekte mit unterschiedlichen Basiseinhei-ten (Energie in MJ und Masse in kg) erschwert die Vergleichbarkeit, denn wie sollen Ener-gie und Massen zueinander gewichtet werden? Von extensiven Größen wird typischerwei-se in der Thermodynamik gesprochen: Sie sind proportional zur Stoffmenge – im Gegen-satz zu intensiven Größen wie etwa der Temperatur. Infolgedessen können diese Größen addiert werden, was bei Sankey-Diagrammen unerlässlich ist. Die Annahme der fehlenden Lagerbildung ist bei Energiegrößen (Dampf, elektrischer Strom etc.) nachvollziehbar, da hier i.d.R. nur mit Flussgrößen und nicht mit Beständen gearbeitet wird. Bei massebehafteten Flüssen können jedoch Lager auftreten – insbesondere in ökonomischen und ökologischen Anwendungen. Dies führt zu Problemen in der Darstellung. Denn ein wesentliches Prinzip der Sankey-Diagramme ist die implizite Erfüllung von Bilanzgleichungen. Die Summe aller Inputs muss die Summe aller Outputs ergeben. Zusammen mit der proportionalen Mengenskala können Unstimmigkeiten in der Bilanz, etwa durch Verluste und Ineffizienzen, intuitiv durch die graphische Darstellung aufgedeckt werden. Hier liegt die Stärke des Sankey-Diagramms. Aber dies setzt eine exakte grafische Umsetzung voraus und – das Vermeiden von Beständen.

16.5   Varianten des Sankey-Diagramms

Bereits in Abb. 16.9 wurden verschiedene Varianten des Sankey-Diagramms gezeigt. Während in der linken Darstellung nur die Zusammensetzung eines Stroms zu sehen ist, werden im rechten Bild eine komplexe Gliederung der Verluste und die Zusammenhänge zwischen verschiedenen Prozessen verdeutlicht. Auch in Abb. 16.6 geht es sowohl um die Darstellung der Mengenverhältnisse als auch um die Verknüpfung verschiedener Prozesse miteinander, also die Veranschaulichung der Komplexität des Systems.

In Abb. 16.10 ist eine Darstellungsform gewählt, die besonders im ökologischen Zusammenhang von Bedeutung ist. Hier spielt nicht nur die Energie- oder Massenbilanz der Input- und Outputströme eine Rolle, sondern auch mögliche Eigenschaften der Ströme, z.B. Aggregatzustände, die Giftigkeit oder die stoffliche Zusammensetzung. Farbe und Textur der Pfeile können dazu genutzt werden, die Zusammensetzung von Strömen zu verdeutlichen. Damit wird es möglich, Stoffumwandlungen durch Prozesse sowohl in der Anthroposphäre als auch in der Ökosphäre sehr anschaulich darzustellen.

Abbildung 16.10 Input/Output-Darstellung einer Müllverbrennungsanlage (MVA), allerdings nur mit den wichtigsten Stoffflüssen. Die Inputmenge an Luft fehlt, da sie keine relevante Information darstellt

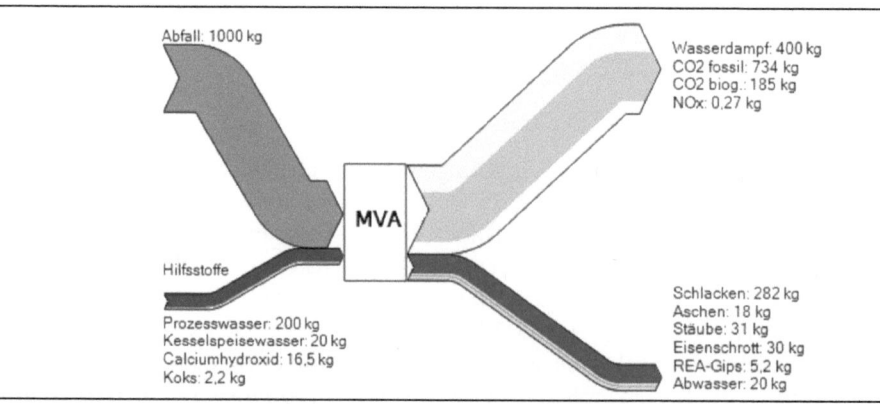

Abfall: 1000 kg

Wasserdampf: 400 kg
CO2 fossil: 734 kg
CO2 biog.: 185 kg
NOx: 0,27 kg

MVA

Hilfsstoffe

Prozesswasser: 200 kg
Kesselspeisewasser: 20 kg
Calciumhydroxid: 16,5 kg
Koks: 2,2 kg

Schlacken: 282 kg
Aschen: 18 kg
Stäube: 31 kg
Eisenschrott: 30 kg
REA-Gips: 5,2 kg
Abwasser: 20 kg

Allerdings fällt in Abb. 16.10 auf, dass die Massenerhaltung offensichtlich nicht erfüllt ist: Die Outputmenge der Müllverbrennungsanlage ist größer als die Inputmenge. Dies ist in diesem Fall weniger ein Fehler der Darstellungsform, als vielmehr typisch für bestimmte Analysen, z.B. im Life Cycle Assessment. Ökologisch unwichtige Stoffflüsse werden einfach weggelassen; in diesem Fall ist es der Luftsauerstoff, der für den Verbrennungsprozess benötigt wird, aber inputseitig keine relevante Information für die Ökobilanz darstellt. Trotzdem kann es in bestimmten Fällen notwendig sein, auch solche Flüsse darzustellen und damit zu überprüfen, ob Stoffe „vergessen" wurden.

In Abb. 16.11 wurde dagegen die Einhaltung der Massenerhaltung zum obersten Gebot erhoben. Nun werden sogar Bestände mit dargestellt, die innerhalb eines System auftreten können. Die Anfangs- und Endbestände müssen beim Ausgleich der Input- und Outputströme mit berücksichtigt werden. Abb. 16.11 zeigt eine Möglichkeit, wie dies grafisch umgesetzt werden kann. Allerdings muss beachtet werden, dass hierbei weitreichende implizite Annahmen getroffen werden. Denn eine Berücksichtigung von Anfangs- und Endbeständen setzt voraus, dass eine Mengenbilanzierung mit zeitlichem Periodenbezug erfolgt – es gibt quasi ein Vorher und ein Nachher.

Abbildung 16.11 Mögliche Einbeziehung von Beständen in ein Sankey-Diagramm mit dem Anfangs- und Endbestand einer Periode

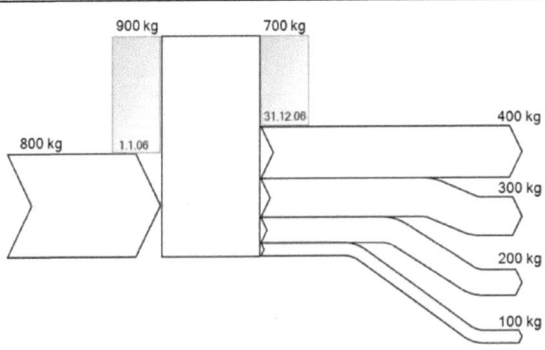

Solche Bilanzen mit Bestandsveränderungen spielen in betrieblichen oder auch in vielen ökologischen Fragestellungen eine zentrale Rolle. Im Life Cycle Assessment hingegen, wo es um die Energie- und Stoffströme in Verbindung mit einem Produkt oder einer Dienstleistung geht, sind Bestände i.d.R. eher vernachlässigbar. Hier werden alle Flüsse auf eine funktionelle Einheit normiert. Es interessiert nur der Nettoaufwand für die Erstellung des Produktes oder der Dienstleistung.

Eine besondere Herausforderung stellt die grafische Abbildung von monetär bewerteten Flussgrößen dar. Bereits in Abb. 16.4 wurden Kapitalbestände und Wertströme dargestellt. Auch im betrieblichen Kontext spielen solche Darstellungen eine große Rolle – neben der physischen Flussdarstellung der Energien und Materialien in Kilo-Joule bzw. Kilogramm, die z.B. bei einer Produktion auftreten, interessiert noch der ökonomische Wert der Flüsse. Doch während in der realen Welt keine negativen Massen oder Energien auftreten können, kann der ökonomische Wert eines Flussobjektes durchaus negativ sein, nämlich wenn mit seiner Veräußerung Kosten für den bisherigen Besitzer verbunden sind. Mathematische Graphen mit negativen Bewertungen kann man darstellen, indem sich die Flussrichtung der Pfeile umdreht. Daraus folgt letztendlich eine andere Darstellungsform.

Ein monetär bewertetes Sankey-Diagramms sollte deshalb nicht nach den physischen Inputs auf der einen Seite und den physischen Outputs auf der anderen Seite gegliedert werden. Das Bilanzprinzip ließe sich nicht anwenden. Vielmehr macht es Sinn, die Ströme nach Aufwand und Ertrag zu sortieren. Möller (2000) hat im Zusammenhang mit der Kosten- und Leistungsverrechnung von Stoffstromsystemen den Übergang von den Input-Output-Graphen zu den Aufwands- und Ertragsgraphen vorgeschlagen (Schmidt 2005). In Abb. 16.12 ist eine solche Darstellung konsequent gewählt. Links von jedem Prozess werden die Kostenbestandteile dargestellt, rechts werden diese Kosten vollständig von einem Kostenträger übernommen und ggf. an den nächsten Prozess weitergereicht. Nun können Bilanzregeln angewendet werden, wobei auch nicht-materielle Kostenbestandteile, z.B. Abschreibungen oder Personalkosten, berücksichtigt werden können. In Abb. 16.12 wird zudem deutlich, dass Reststoffe aus Produktionsprozessen, die physisch eigentlich auf der Outputseite auftreten, nun kostenseitig, d.h. „links", verbucht werden.

Abbildung 16.12 Ein Kosten-Sankey-Diagramm, bei dem auch nicht-materialbezogene Kostenkomponenten einbezogen werden (Schmidt 2008)

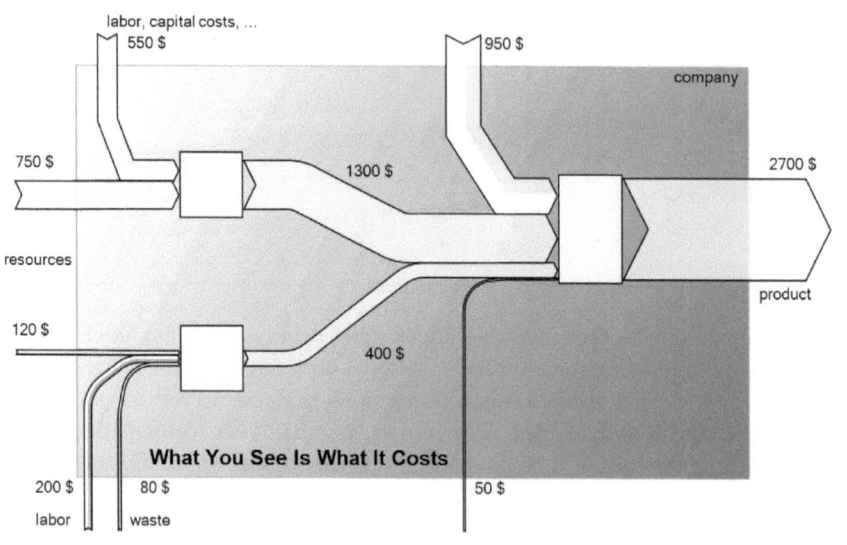

Gerade die Möglichkeit, sowohl das physische als auch das wertbezogene Mengengerüst grafisch anschaulich darzustellen, bietet in der betrieblichen Praxis viele Hilfestellungen. So interessiert ein Unternehmen vorrangig die Wertebene. Um die Produktionsprozesse im Sinne einer Energie- oder Materialeffizienz zu verbessern, müssen zwangsläufig die technische Ebene und damit die physischen Mengenströme analysiert werden. Beide Analyseebenen können grafisch einheitlich dargestellt werden und dienen der Kommunikation im Unternehmen, sowohl auf Mitarbeiter- als auch auf Managementebene.

Abbildung 16.13 Beispiel für Sankey-Diagramme zu einem Produktionssystem. Das System ist mit seinen Materialströmen (oben) und mit den Kostenströmen (unten) dargestellt (Bode et al. 2006)

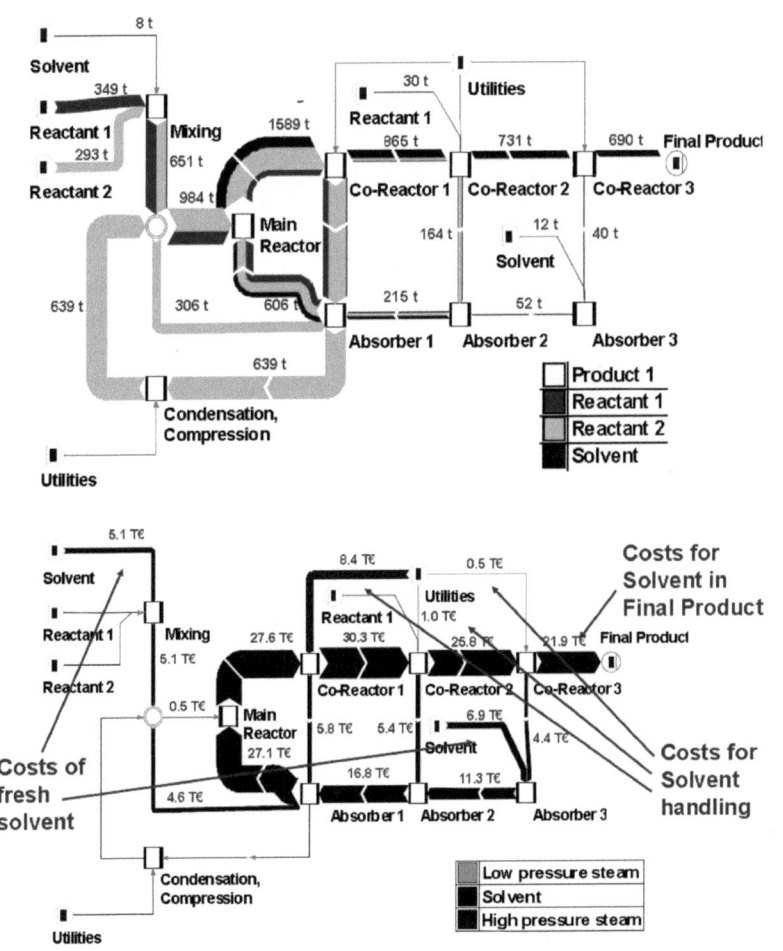

Die Abb. 16.13 stammt aus realen Produktionssystemen der chemischen Industrie (Bode et al. 2006). Hierbei ist bereits eine gewisse Komplexität durch verschiedene Verfahrensstufen und durch Kreislaufführungen gegeben. Das obere Bild gibt Auskunft über die Material- und Energiemengen, die im System fließen. Grundlage zu ihrer Erstellung sind die technischen Vorgaben, Rezepturen, Stücklisten, Messungen usw. aus der Produktion. Durch Kombination mit den Preisen der Rohstoffe und der weiteren Kostenbestandteile (Abschreibung der Anlagen, Arbeitskosten etc.) der Prozesse kann zu den Materialströmen jeweils der Wertfluss angegeben werden. Die Berechnung der Kosten erfolgt dabei mit einer Kosten- und Leistungsverrechnung, wie sie aus der Betriebswirtschaftslehre bekannt ist. Gerade die Kostendarstellung ist eine wertvolle Hilfe bei der Analyse von Systemen und der Identifikation von Effizienzpotentialen.

16.6   Fazit

Die Visualisierung von Energie- und Stoffströmen ist für die Industrial Ecology aus verschiedenen Gründen von großer Bedeutung. Sie verdeutlicht damit den wesentlichen Fokus dieser Wissenschaftsdisziplin, nämlich den stofflichen Metabolismus in Anthroposphäre und Ökosphäre. Sie schafft damit auch – im wahrsten Sinne des Wortes – ein Bild, mit dem dieser Ansatz nach außen hin vermittelt werden kann, z.B. gegenüber Entscheidungsträgern in Politik und Wirtschaft. In der grafischen Repräsentation mittels Sankey-Diagrammen geht es nicht allein um dieses Materielle der Untersuchungsobjekte, sondern es fließen auch methodische Ansätze ein, wie z.B. die Erfüllung der Erhaltungssätze. Dazu kommt die visuelle Unterstützung bei der Erfassung von komplexen Systemen. Aus diesen Gründen werden heute immer wieder entsprechende Flussdiagramme oder Sankey-Diagramme in Stoffstromanalysen oder im Life Cycle Assessment eingesetzt.

Mit der grafischen Darstellung wertbezogener Größen erschließen sich weitere Anwendungsfelder, die auf eine Entscheidungsunterstützung im ökonomischen Kontext hinweisen. Sie spielen eine große Rolle bei der Suche nach Ineffizienzen in Produktionssystemen, die sowohl aus ökonomischer als auch aus ökologischer Sicht zu beseitigen sind. In der Praxis gibt es inzwischen viele Beispiele für solche Analysen (z.B. Thißen 2010, Viere et al. 2010). Es gibt auch Ansätze, mit der Visualisierung der physischen und der wertbezogenen Ströme in Produktionssystemen an Methoden im Lean Manufacturing anzuknüpfen, z.B. an die Methode des Value Stream Mapping von Rother und Shook (1999). Dadurch könnte die weit verbreitete Lean Management-Idee in der Industrie mit Aspekten aus der Industrial Ecology angereichert werden (Schmidt et al. 2007).

Vor allem kann mit diesen Darstellungen aber an die Erfahrungen der Vergangenheit angeknüpft werden. Denn bereits vor 100 Jahren gab es in den industrialisierten Ländern in Europa und in den USA eine erste große Effizienzbewegung. Was damals unter Rationalisierung verstanden wurde, umfasste auch und vor allem den sparsamen Umgang mit den knappen Energie- und Materialressourcen. Erst sehr viel später reduzierte sich die Rationalisierungsbewegung allein auf den Faktoreneinsatz der Arbeit. Mit den neuen ökologischen Herausforderungen, den Verknappungen auf den Rohstoffmärkten und vor allem der Preisvolatilität von Rohstoffen, wie sie real in den vergangenen Jahren zu beobachten war, ergibt sich heute erneut die Notwendigkeit einer „Effizienzbewegung", die die physischen Ressourcen wieder mit einbezieht. Dazu sind alte und neue Methoden und Instrumente erforderlich, die helfen, die Effizienzpotentiale aufzudecken. Captain Riall Sankey kommt so erneut zu Ehren.

Literatur

Bode, A./Uerdingen, E./Wisniewski, T. (2006): Systemverfahrenstechnik in der Praxis: Wirtschaftliche Potentiale erkennen und realisieren. REFA-Branchenorganisation Chemie. Kostendruck meistern – Erfolgreiche Lösungen aus der Industrie, verfügbar unter: http://www.refahemie.de/media/32.pdf.

Cardwell, D. (1995): Wheels, Clocks, and Rockets. A History of Technology. New York.

Frosch, R.A./Gallopoulos, N.E. (1989): Strategien für die Industrieproduktion. Spektrum der Wissenschaft 1989, Vol. 11, S. 126-135.

Kneese, A.V./Ayres, R.U./D`Arge, R.C. (1970): Economics andthe Environment. A Materials Balance Approach, RfF, Washington D.C.

Krempel. L. (2005): Visualisierung komplexer Strukturen, Frankfurt.

Leontief, W. (1985): Technologie-Wahl und Ökonomie. Spektrum der Wissenschaft 1985, Vol. 8, S. 32-47.

Meadows, D.L./Behrens III, W.W./Meadows, D.H./Naill, R.F./Randers, J./Zahn, E.K.O. (1974): Dynamics of Growth in Finite World. Cambridge MA.

Ministry of Fuel and Power (1944): The efficient use of fuel. A text-book on fuels and their efficientulitisation for the use of students and technical men in industry.London.

Mittelstraß, J. (1995): Enzyklopädie Philosophie und Wissenschaftstheorie, Bd. 1., Korr. Nachdruck. Stuttgart.

Möller, A. (2000): Grundlagen stoffstrombasierter Betrieblicher Umweltinformationssysteme. Bochum.

MPI. (2005): Mit den Augen denken. MaxPlanckForschung 2005, Vol. 1, S. 66-72.

Ost, H., Rassow, B. (1952): Lehrbuch der chemischen Technologie,24. Aufl., Leipzig.

Pettersson, R. (1994): Visual Literacy and Infologie, in: Weidenmann, B. (Hrsg.), Wissenserwerb mit Bildern, S. 215-235.

Playfair, W. (1801/2005): The Commercial and Political Atlas and Statistical Breviary, Nachdruck der 3. Auflage von 1801. Cambridge.

Riedler, A. (1911): Wissenschaftliche Automobil-Wertung. Berichte I-V des Laboratoriums für Kraftfahrzeuge an der Königlichen Technischen Hochschule zu Berlin. Berlin/München.

Rother, M./Shook, J. (1999): Learning to See: Value-Stream Mapping. Lean Enterprise Institute.

Sankey, H.R. (1898): Introductory Note on the Thermal Efficiency of Steam-Engines. Report of the Committee appointed on the 31st March, 1896, to Consider and Report to the Council upon the Subject of the Definition of a Standard or Standards of Thermal Efficiency for Steam-Engines: with an Introductory Note. Minutes of Proceedings of the Institution of Civil Engineers, Vol. 134, S 278-283. incl. Plate 5.

Schmidt, M. (2005): A production-theory-based framework for analysing recycling systems in the e-waste sector, Environmental Impact Assessment Review, Vol. 25, 5, S. 505-524.

Schmidt, M. (2006): Der Einsatz von Sankey-Diagrammen im Stoffstrommanagement. Beiträge der Hochschule Pforzheim, Vol. 124.

Schmidt, M. (2008): The Sankey diagram in energy and material flow management, Part II: Methodology and current applications, Journal of Industrial Ecology, Vol. 12, 2, S. 173-185.

Schmidt, M./Raible, C./Gräber, M. (2007): Energy and Material Stream Mapping, in: Hilty, L.M./ Edelmann, X./Ruf, A. (Hrsg.), R'07 World Congress – Recovery of Materials and Energy for Resource Efficiency, Davos/St.Gallen.

Thißen, N. (2010): Mass and Energy Flow Analysis Supports Process Improvement. Chem. Eng. Technol,Vol. 33, 4, S. 573-581.

Tufte, E.R. (2001): The Visual Display of Quantitative Information, Cheshire.

Tufte, E.R. (2003): PowerPoint is evil, Wired, Vol. 11, 9, ISSN 1059-1028.

Tufte, E.R. (2006): The Cognitive Style of PowerPoint: Pitching Out Corrupts Within, Cheshire.

Viere, T./Brünner, H./Hedemann, J. (2010): Verbund-Simulation – Strategic Planning and Optimization of Integrated Production Networks. Chem. Eng. Technolog.,Vol. 33, 4, S. 582-588.

Teil III:

Beispiele eines praktischen Industrial Ecology Managements

17 Zero-Emission-Strategien für Kommunen – Praxisbeispiel Zero-Emission-Village Weilerbach

Klaus Helling

17.1 Einführung

Die Menschheit steht vor großen Herausforderungen: Die Weltbevölkerung wird sich verdoppeln, gleichzeitig werden die globalen Ressourcen merklich knapper. Dem stetig steigenden Bedarf an Energie und Rohstoffen steht nur eine begrenzte Menge an Ressourcen gegenüber. Neben der Ressourcenknappheit kommen weitere, durch menschliche Einflüsse geschaffene, Probleme hinzu. Eine grundlegende Umgestaltung unserer Wirtschaftsweise, weg von der Durchlaufwirtschaft hin zur Kreislaufwirtschaft, ist aus ökologischen aber insbesondere auch aus ökonomischen und sozialen Gesichtspunkten zwingend notwendig. Es muss dabei gelingen, die Bedürfnisse einer wachsenden Weltbevölkerung zu erfüllen, ohne gleichzeitig den Ressourcenverbrauch und die Belastung der Ökosysteme mit Emissionen zu steigern. Die Notwendigkeit einer radikalen Umsteuerung wird deutlich, wenn man sich vor Augen führt, dass Modelle wie Faktor 10 in diesem Zusammenhang darauf verweisen, dass die Ressourcenproduktivität in den Industriestaaten im Durchschnitt um den Faktor 10 verbessert werden müsste, um bei konstanter Weltbevölkerung eine weltweite Ressourcensicherheit zu gewährleisten (Schmidt-Bleek 1998).

Das Zero-Emission-Konzept, also die totale Vermeidung von schädlichen Emissionen, erscheint auf den ersten Blick eine nicht zu verwirklichende Utopie. Produktion und Konsumption ohne Emissionen sind in der heutigen technisierten Welt ein schwer vorstellbarer Zustand. Doch eben diese Vision eines Idealzustands vermag Kräfte zu mobilisieren und Entscheidungsträger in einer Weise zu beeinflussen, die sonst nicht möglich wären. Dass dies funktionieren kann, beweisen nicht minder visionäre Ziele wie z.B. die Null-Fehler-Konzepte in industriellen Fertigungsabläufen. Ähnlich wie das Qualitätsmanagement für Null-Fehler-Konzepte stellt das Konzept der „Zero-Emission" ein Werkzeug zur Realisierung einer Vision dar. Zero-Emission wird im Rahmen der Industrial Ecology zumeist als Konzept für Industrieunternehmen oder industrielle Wertschöpfungsketten verstanden. Mit der Betrachtung einer Region wird in diesem Beitrag das zu optimierende System verändert.

Mit Hilfe des Praxisbeispiels der Verbandsgemeinde Weilerbach im Landkreis Kaiserslautern wird aufgezeigt, wie sich kommunale Systeme in Richtung Zero-Emission entwickeln können. Dazu werden zunächst die konzeptionellen Grundlagen dargelegt. Aufbauend auf einer Erläuterung des zugrundeliegenden Verständnisses von Zero-Emission wird das regionale Stoffstrommanagement als Werkzeug für eine nachhaltige, emissionsfreie Regionalentwicklung vorgestellt. Bevor im Hauptteil des Beitrags Vorgehensweise und Erfahrungen des Zero-Emission-Projekts Weilerbach detailliert erläutert werden, erfolgt ein kurzer Überblick über Zero-Emission-Ansätze in deutschen Kommunen und Regionen. Die Vision ist hier eine Zukunft, in der Regionen in der Lage sind, wichtige Bedürfnisse wie die Energieversorgung aus eigenen umweltschonenden Ressourcen zu decken, Wirtschaftskreisläufe zu schließen und einen regionalen Mehrwert zum Nutzen aller zu schaffen. Die Ausarbeitung schließt mit einem Ausblick auf die Potenziale, die die Vision Zero-Emission für eine nachhaltige Entwicklung von Kommunen leisten kann.

17.2   Konzeptionelle Grundlagen

17.2.1   Zero-Emission

Der Zero-Emission-Ansatz hat seine konzeptionellen Wurzeln in der Industrial Ecology. Der industrielle Metabolismus ist verbunden mit der Idee, dass der Output eines Systems immer zugleich Input eines anderen Systems ist. Lifset und Graedel postulieren in diesem Zusammenhang, dass die Industrial Ecology sich vorrangig auf die sogenannten Typ III Ökosysteme fokussieren sollte, welche weder stofflichen noch energetischen Abfall produzieren (Lifset, Graedel 2002). Kernsätze wie „Die Natur kennt keinen Abfall." wurden von vielen Autoren und Initiativen in diesem Zusammenhang aufgegriffen.

Im deutschen Sprachraum hat sich der Begriff „Zero-Emission" als „Null-Emission" etabliert. Korrekter wäre eigentlich die englische Form „Zero-Emissions". Trotzdem wird im vorliegenden Beitrag die in Deutschland etablierte Variante „Zero-Emission" verwendet.

Dass Zero-Emission die totale Vermeidung von Emissionen bedeutet, erscheint durch die Verwendung des Zahlworts „Zero" eindeutig. Zu klären ist jedoch, welche Emissionen auf null reduziert werden sollen. Mit Blick auf die Klimadebatte werden die betrachteten Emissionen häufig auf die im Kyoto-Protokoll aufgeführten Treibhausgase reduziert. Damit würden nur CO_2 und die CO_2-äquivalenten Gase betrachtet. Grundsätzlich sind in einem Zero-Emission-Konzept aber alle Emissionen zu vermeiden, die gefährlich für Mensch oder Umwelt sind. Dies schließt gefährliche Abfälle, giftiges Abwasser, toxische Abluft aller Art, radioaktive Strahlung und auch Abwärme ein. Die Einschränkung auf gefährliche Emissionen macht aber auch deutlich, dass nicht für alle Emissionen der absolute Wert null erreicht werden muss. Am Beispiel CO_2 wird deutlich, dass ein bestimmtes Emissionsniveau erforderlich ist, damit das Leben auf der Erde funktionieren kann. Erst die Überschreitung dieses Niveaus führt zu den bekannten negativen Auswirkungen des Klimawandels. Zero-Emission steht demnach für eine normative und qualitative Zielsetzung, die sämtliche Emissionen eines Systems auf ein Niveau reduziert, das weder für den Menschen noch für die Umwelt gefährlich ist.

Ein kurzer Abriss zeigt die Entwicklung des Zero-Emission-Ansatzes auf. 1994 wurde an der Universität der Vereinten Nationen (UNU) in Tokio die Zero Emissions Research Initiative (ZERI) gegründet, welche die Idee einer Wirtschaft der geschlossenen Produktionskreisläufe, ähnlich der natürlichen Stoffkreisläufe in unserem Ökosystem, weiter entwickelte. Gunter Pauli griff diese Idee einer emissionsfreien Wirtschaft auf. Er beschreibt den ZERI-Ansatz auf unternehmerischer Ebene als Fortsetzung des erfolgreichen Qualitätsmanagements (Zero Defects), der absoluten Kundenorientierung (Zero Defections) und der lagerfreien (Zero Inventory) „Just-in-time"-Produktion (Pauli 1998). McDonough und Braungart unterstreichen die Vorzüge einer Wirtschaft, die „von der Wiege bis zur Wiege" organisiert ist (McDonough, Braungart 2002). Alles wird weiterverwertet, fehlgeleitete Ressourcen werden in neue Kreisläufe integriert. Aus der ZERI-Initiative bildete sich das Zero Emissions Forum (ZEF) der UNU mit dem Ziel diesen Ansatz fortzuführen. In diesem Forum verfolgen Vertreter aus Industrie, Wissenschaft, Regierung und Nichtregierungsorganisationen das Ziel einer Kreislaufwirtschaft durch die Umstrukturierung industrieller Prozesse. Das Gesamtsystem soll hierbei durch kontinuierliche Verbesserungsprozesse „emissionsfrei" gestaltet werden. Die als Green-Innovations vorgestellten ZERI-Projekte sind auch Gegenstand des 2010 erschienenen neuen Berichts an den Club of Rome und werden von Pauli in seinem Buch „Blue Economy" detailliert beschrieben (Pauli 2010 sowie www.zeri.org). Im Ergebnis ist festzustellen, dass fast alle von Pauli angeführten Beispiele Produkte, Unternehmen und/oder industrielle Wertschöpfungsketten betrachten. Im folgenden Kapitel dieses Beitrags wird dargestellt, dass sich der Zero-Emission-Ansatz mit Hilfe des regionalen Stoffstrommanagements auch sehr gut auf Kommunen und Regionen anwenden lässt.

In der Praxis wird der Begriff Zero-Emission häufig für Projekte oder Technologien genutzt, die nicht die konzeptionellen Anforderungen an ein Null-Emissions-System erfüllen. Beispielsweise werden Elektroautos als Zero-Emission-Fahrzeuge bezeichnet, da sie keine gefährlichen Emissionen im direkten Betrieb ausstoßen. Bezieht man allerdings die Produktion des zur Aufladung der Batterien erforderlichen Stroms mit ein, wird deutlich, dass den Elektrofahrzeugen i.d.R. doch Emissionen zugerechnet werden müssen (Helmers 2009). Gabriel skizziert ein idealtypisches Zero-Emission-System und nennt sechs Merkmale, die für ein solches System gelten sollten (Gabriel 2010):

- ■ Suffizienz

- ■ Kein Abfall (Kreislaufführung von Materialien und Stoffen)

- ■ Keine Energieverschwendung (energieeffiziente Systeme, Nutzung von Abwärme)

- ■ Systeminterner Austausch steht vor systemübergreifenden Austauschbeziehungen

- ■ Kein negativer Einfluss auf Mensch und Umwelt

- ■ Selbstorganisation und Selbststeuerung des Systems (langfristig)

17.2.2   Regionales Stoffstrommanagement

Das Stoffstrommanagement entwickelte sich aus dem Nachhaltigkeitsprinzip. Mit der 1992 durchgeführten Konferenz von Rio de Janeiro wurde aus dem Begriff der Nachhaltigkeit endgültig ein normatives und internationales Leitprinzip, welches auf dem Drei-Säulen-

Prinzip (Ökologie, Ökonomie und soziale Gerechtigkeit) basiert. In Deutschland hat die Enquête-Kommission „Schutz des Menschen und der Umwelt" des 12. Deutschen Bundestages das Stoffstrommanagement im Jahr 1994 allgemeingültig definiert: „Unter dem Management von Stoffströmen der beteiligten Akteure wird das zielorientierte, verantwortliche, ganzheitliche und effiziente Beeinflussen von Stoffsystemen verstanden, wobei die Zielvorgaben aus dem ökologischen und dem ökonomischen Bereich kommen, unter Berücksichtigung sozialer Aspekte." (Enquête-Kommission 1994)

Dies bedeutet, Stoffstrommanagement beschränkt sich nicht auf die Umsetzung mehr oder weniger zusammenhangloser Einzelmaßnahmen, sondern berücksichtigt vielmehr die Zusammenhänge und Wechselwirkungen innerhalb der Stoffflusssysteme und die Auswirkung von Änderungen innerhalb des Systems (Friege 1998). Als Stoffe gelten alle chemischen Elemente und Verbindungen, aber auch Güter höherer Aggregationsebenen in ihren unterschiedlichen Bearbeitungsstufen (Schmidt, Schorb 1995). Energieströme werden entsprechend den Stoffströmen dargestellt und behandelt. Zur Vereinfachung werden daher im Folgenden unter Stoffströmen immer Stoff- und Energieflüsse verstanden.

Abgeleitet von seinen betrieblichen Ursprüngen kann ein Stoffstrommanagement auf verschiedene Systeme übertragen und z.B. zwischenbetrieblich, regional oder auch national Anwendung finden. Die Einführung und Umsetzung eines regionalen Stoffstrommanagements (SSM) reicht von der Stoffstromanalyse bis hin zum eigentlichen Stoffstrommanagement. Basis ist die hinreichende Erfassung und Bewertung der Ausgangssituation (Stoff-, Energie- und Finanzströme, Akteure etc.) im Rahmen einer Ist-Analyse und der Entwicklung eines Soll-Konzeptes mit Handlungsempfehlungen/Maßnahmen zur vernetzten Optimierung der Stoffströme und -systeme (Heck 2002).

Die Ziele und Ausprägungen des Stoffstrommanagements können durchaus unterschiedlicher Natur sein. Der Fokus beim klassischen, innerbetrieblichen Stoffstrommanagement liegt oftmals auf der Vermeidung oder Verringerung bestimmter, innerbetrieblicher Stoffströme aufgrund ökonomischer oder ökologischer Gesichtspunkte. Erweitert auf zwischenbetriebliches Stoffstrommanagement können bei gleicher Zielrichtung jedoch auch die betrieblichen Grenzen überschritten und Stoffströme innerhalb der Wertschöpfungskette optimiert werden (Helling 2002). Regionales Stoffstrommanagement mit dem Ziel „Zero Emission" betrachtet und optimiert hingegen Stoffströme über unterschiedlichste Wertschöpfungsketten hinweg, mit dem Ziel der Vermeidung schädlicher Emissionen und Abfälle bei gleichzeitiger Vergrößerung der Wertschöpfung. Regionales Stoffstrommangement erweitert hierdurch die üblicherweise rein quantitativen Sichtweisen der technisch-ökonomischen Input-Output-Optimierung, um die qualitativen Aspekte normativer Wertvorstellungen im Bereich nachhaltiger Entwicklung (Brickwedde 1999).

Stoffstrommanagement erfordert eine strategische Kooperation von Akteuren entlang der Wertschöpfungskette in Betrieben und Regionen. Dabei werden vorhandene Ansätze der Ver- und Entsorgung, des Umweltmanagements und der Wirtschaftsförderung miteinander verknüpft. Ein weiterer sehr wichtiger Aspekt des Stoffstrommanagements ist das Bilden von regionalen Kooperationen und Netzwerken, welche einen erheblichen Anteil an einer nachhaltigen Perspektive bilden. So soll es beispielsweise auch Ziel sein, die globalen Stofftransporte zu reduzieren und regionale Potenziale zu nutzen, um somit eine konkrete regionale Wertschöpfung zu fördern.

Betriebliche Managementkonzepte lassen sich nicht ohne weiteres auf Strukturen wie Regionen oder Gesellschaften übertragen. Doch auch eine Region oder Gemeinde kann als die Summe einer Vielzahl von Prozessen und Organisationsstrukturen betrachtet werden. Die „unternehmerischen" Ziele einer solchen Region können so z.B. unter anderem die Schaffung von Wohlstand, die Steigerung der Lebensqualität und der Erhalt der Gesundheit sein. Die Bereichs- und Wertschöpfungsketten übergreifende Ausrichtung des regionalen Stoffstrommanagements bedingt eine enge Zusammenarbeit und Vernetzung unterschiedlicher Akteure. Die notwendige Interdisziplinarität und Vernetztheit der Akteure bedeutet einen höheren organisatorischen Aufwand, ermöglicht jedoch auch die Erschließung neuer Geschäftsfelder sowie die Ausweitung der Tätigkeiten durch die Bildung von Kooperationen und strategischen Netzwerken. Eine Schwierigkeit stellt hier das Auffinden und Vernetzen der sog. Schlüsselakteure dar. Ohne die Einbindung dieser Akteure kann das regionale Stoffstrommanagement nicht über die konzeptionelle Phase hinaus in die Umsetzung kommen (Heck 2002). Eine umfassende, auf die nachhaltige Regionalentwicklung mit Hilfe des regionalen Stoffstrommanagements bezogene Definition des Zero-Emission-Konzepts bietet Heck (IfaS 2010):

„Das Ziel Zero-Emission wird durch den Aufbau, die konsequente Umsetzung und kontinuierliche Optimierung eines regionalen Stoffstrommanagements verfolgt. Das regionale Stoffstrommanagement basiert auf der Analyse sowie der effizienten Gestaltung und Schließung der regionalen Energie-, Stoff- und Finanzströme. Kernthema hierbei ist der Erhalt sowie die Neuschaffung regionaler Werte. Hierzu gehören neben einem Schutz sowie der In-Wert-Setzung von Rohstoffquellen und Senken vor allem Erwerbstätigkeit, Kaufkraftsteigerung, technische Innovation und Teilhabe (z.B. von Bürgern). Durch die Steigerung der regionalen Wertschöpfung wird die Lebensqualität in einer Kommune verbessert und Impulse für eine dauerhafte nationale und internationale Wettbewerbsfähigkeit gegeben. Hierzu wird das ambitionierte Ziel Null-Emission mit ökologisch, ökonomisch und sozial sinnvollen Meilensteinen und Maßnahmen verfolgt

- zur Ausschöpfung vorhandener Potenziale zur Steigerung der Ressourcen- und Energieeffizienz sowie zur Entwicklung eines nachhaltigen Lebensstiles,

- zur Nutzung nachwachsender Rohstoffe und erneuerbarer Energien, insbesondere aus regionalen Quellen,

- zur Schließung von regionalen Stoffkreisläufen,

- zur Verbesserung der Biodiversität (von der Einfalt zur Vielfalt),

- und zur Generierung einer regionalen Wertschöpfung mit einhergehender Steigerung

- der Lebensqualität."

17.2.3   Nachhaltige Regionalentwicklung und Zero-Emission

Die folgenden Tabellen bieten einen Überblick über die Zero-Emission-Projekte auf regionaler Ebene in Deutschland. Die Informationen sind dabei gegliedert nach Aktivitäten einzelner Gemeinden, Projekten in Regionen und umfassenden Leitprojekten, die Aktivitäten in diversen Gemeinden und/oder Regionen bündeln. Alle Tabellen basieren auf einer Studie des Instituts für angewandtes Stoffstrommanagement (IfaS 2010), wobei die Auswahl der Projekte keinen Anspruch auf Vollständigkeit erhebt.

Tabelle 17.1   Übersicht von Zero-Emission-Ansätzen in deutschen Gemeinden

Gemeinde Ascha (Bayern)	Von der Dorferneuerung zur nachhaltigen Gemeindeentwicklung: Umfassende Aktivitäten im Bereich Klimaschutz, Naturschutz und Dorfentwicklung.	www.ascha.de
Bioenergiedorf Rai-Breitenbach eG (Hessen)	Energieversorgung im Breuberger Stadtteil Rai-Breitenbach zu 100 % aus erneuerbaren Quellen realisiert. Energieversorgung auf Basis der Biomassenutzung .	www.bioenergiedorf-odenwald.de
Verbandsgemeinde Enkenbach-Alsenborn (Rheinland-Pfalz)	Modellhafte Umsetzung im Bereich der Bio- und Solarenergie. Gemeindewerke Enkenbach als Betreiber mehrerer Biomasseanlagen und eines Freiflächen-Solarparks. Energieeffizienz durch großes Fernwärme-Verbundnetz.	www.enkenbach-alsenborn.de
Gemeinde Greußenheim (Bayern)	Realisierung von Vorhaben im Bereich der Erneuerbaren Energien, Energieeffizienz und Management. Integriertes Reststoff- und Ressourcenmanagement, z. B. Straßenunterhalt durch Einsatz nachwachsender Rohstoffe.	www.greussenheim.de
Bioenergiedorf Jühnde (Niedersachsen)	Bioenergiedorf; Deckung des Wärme- und Strombedarfes durch energetische nachwachsende Rohstoffe. Energieeffizienz durch Nahwärmeverbund.	www.bioenergiedorf.de

Bioenergiedorf Mauenheim (Baden-Württemberg)	Wärme- und stromseitige Vollversorgung mit heimischen erneuerbaren Energieträgern des Ortsteils von Immendingen.	www.bioenergiedorf-mauenheim.de
Ostritz-St. Marienthal (Sachsen)	Entwicklung zu einer energie-ökologischen Modellstadt. Energieversorgung durch Erneuerbare Energien.	www.modellstadt.ibz-marienthal.de
Zero-Emission-Village Weilerbach (Rheinland-Pfalz)	Langfristiges Klimaschutzprojekt zur Erreichung einer CO_2-Neutralität in der kommunalen Energieversorgung.	www.weilerbach.de
Null-Emissions-Gemeinde Nalbach (Saarland)	Entwicklung einer energieautarken Gemeinde auf Basis Erneuerbarer Energieträger. Reststoff- und Bioabfallmanagement.	www.nalbach.de

Tabelle 17.2 Übersicht von Zero-Emission-Ansätzen in deutschen Städten und Regionen

Null-Emissions-Landkreis Cochem-Zell (Rheinland-Pfalz)	Langfristiges Klimaschutzvorhaben „Etablierung einer CO_2-neutralen Tourismusregion". Derzeit 100 %-ige Strombereitstellung durch Erneuerbare Energien. Szenario in 2020 bis zu 50 %-ige Einsparung an Treibhausgasemissionen im Vgl. zu 1990. Umfangreiche Projektaktivitäten in den Handlungsbereichen Energieeffizienz und Energiemanagement.	www.cochem-zell.de
Freiburg im Breisgau (Baden-Württemberg)	Umsetzung zahlreicher Projekte hinsichtlich CO_2-Reduktion in langfristiger Klimakampagne. Auszüge aus Beispielen: Green City Freiburg, CO_2-Libri, Freiburger CO_2-Diät und zahlreiche Einzelmaßnahmen im Bereich der Solarenergie- und Biomassenutzung.	www.freiburg.de

Solarstadt Kaiserslautern (Rheinland-Pfalz)	Zielerreichung zur Steigerung des Anteils regenerativer Energien an der Stromproduktion um 20 % bis zum Jahr 2020. Öffentliche und private Einrichtungen, Privathaushalte und Firmen arbeiten Hand-in-Hand.	www.kaiserslautern.de
Morbacher Energielandschaft (Rheinland-Pfalz)	Modellregion des Landes Rheinland-Pfalz. Realisierung und Nutzung von Vorhaben im Bereich der Erneuerbaren Energien auf ehemaligen US-Konversionsflächen. Intensive Beteiligung von Partnern aus Wirtschaft und Wissenschaft.	www.energielandschaft.de
Bioenergie-Region Hohenlohe-Odenwald-Tauber (Baden-Württemberg)	Langfristige Entwicklung einer Null-Emissions-Region mit dem Schwerpunkt auf der Nutzung von biogenen Energieträgern. Diverse Pilotprojekte im Bereich Abfallnutzung, Ressourcenmanagement (Modell Bioenergietonne). Entwicklung neuartiger Kulturlandschaftssysteme.	www.bioenergie-region-hot.de
Insel Usedom (Mecklenburg-Vorpommern)	Entwicklung zur Umweltinsel. Ausgleich tourismusbedingter CO_2-Emissionen durch Aufforstungsprojekte. Usedomer Klimawald mit der Initiative Waldaktie.	www.waldaktie.de

Tabelle 17.3 Übersicht von Leitprojekten für regionale Zero-Emission-Ansätze in Deutschland

Bioenergie-Regionen (Deutschland)	Modellvorhaben (2009-2012) zur Steigerung der regionalen Wertschöpfung durch Vorhaben im Bereich der Bioenergie. Förderung durch das Bundesministerium für Ernährung, Landwirtschaft und Verbraucherschutz (BMELV).	www.bioenergie-regionen.de

500 Bioenergiedörfer (Mecklenburg-Vorpommern)	Entwicklung einer landesweiten Umsetzungsstrategie für 500 (Bio-)Energiedörfer innerhalb von 10 Jahren mit den Schwerpunkten Erneuerbare Energien, Energieeffizienz, Innovation, nachhaltige Landnutzungsstrategien und Teilhabe.	www.nachhaltigkeitsforum.de
Klimaschutzinitiative für Kommunen (Deutschland)	Förderung von Kommunen im Rahmen der Klimaschutzinitiative durch BMU. Unterstützung von Projekten und Programmen zur Einführung von Zukunftstechnologien. Insgesamt 39 Projekte und Programme mit unterschiedlichen Förderschwerpunkten.	www.bmu-klimaschutz initiative.de/de/kommunen
100 % EERegionen (Deutschland)	Unterstützung von Regionen und Kommunen im Rahmen des Forschungs- und Entwicklungsprojekts „100 % EERegionen" (BMU). Ziel: Erfolgsfaktoren und zentrale Herausforderungen auf dem Weg zu einer regionalen Vollversorgung aus Erneuerbaren Energien zu identifizieren.	www.100-ee.de

17.3   Zero-Emission-Village Weilerbach

17.3.1   Vorgehensweise im Initialprojekt ZEV Weilerbach

Die Verbandsgemeinde Weilerbach ist Teil des Landkreises Kaiserslautern und hat eine Gesamtfläche von 7.200 ha. Insgesamt leben ca. 14.700 Einwohner sowie ca. 4.000 amerikanische Bürger in den acht Ortsgemeinden Weilerbach, Rodenbach, Reichenbach-Steegen, Schwedelbach, Eulenbis, Erzenhausen, Mackenbach und Kollweiler. Im Rahmen einer vom Ministerium für Umwelt und Forsten des Landes Rheinland-Pfalz geförderten zweijährigen Projektstudie sammelte das Institut für angewandtes Stoffstrommanagement (IfaS) erste Erfahrungen bei der Umsetzung des Zero-Emission-Village-Konzepts in Weilerbach. Die wesentlichen Ziele der Projektstudie, die in den Jahren 2001 bis 2003 stattfand, waren (Heck, Helling 2003):

■ Darstellung der Möglichkeit einer CO_2-neutralen Energieversorgung der Verbandsgemeinde Weilerbach

■ die systemische Betrachtung und Optimierung der Region,

■ der Aufbau von Akteursnetzwerken und die Nutzung von Synergiepotenzialen für eine effizientere Nutzung der vorhandenen Potenziale,

■ die schnelle Realisierung von ersten Anlagen wie z.B. Windkraft, Photovoltaik auf Schulen und Maßnahmen zur Motivation von Akteuren sowie

■ die Darstellung der ökonomischen, ökologischen und sozialen Vorteile einer ZEV-Strategie.

Der Projektablauf orientierte sich an der in Abbildung 17.1 dargestellten Vorgehensweise (Heck, Helling 2003). Unterschieden wird zwischen den wesentlichen Bereichen Datenerhebung, Umsetzung und Öffentlichkeitsarbeit.

Im Rahmen einer ersten allgemeinen Datenaufnahme werden neben grundlegenden statistischen Daten die relevanten Akteure ermittelt. Dies sind in der Startphase insbesondere die Schlüsselpersonen des öffentlichen Lebens (Ortsbürgermeister, Unternehmer, Vereine, Landwirte,...) sowie die zur Ist-Analyse notwendigen Ansprechpartner. Die weiterführende Akteursanalyse findet im Rahmen der Ist-Analyse und der Potenzialanalyse statt. Aufgrund der Ausrichtung des Projekts auf die VG Weilerbach ist der Bilanzraum für eine Stoff- und Energieflussbilanzierung auf das politische Gebiet der Verbandsgemeinde festgelegt. Schwerpunkt der Erfassung des Ist-Zustands ist die Ermittlung der Energieverbräuche (Strom und Wärme) innerhalb der Verbandsgemeinde sowie deren Aufteilung auf die einzelnen Ortsgemeinden und die Verbrauchssektoren.

Abbildung 17.1   Vorgehensweise im Projekte ZEV Weilerbach

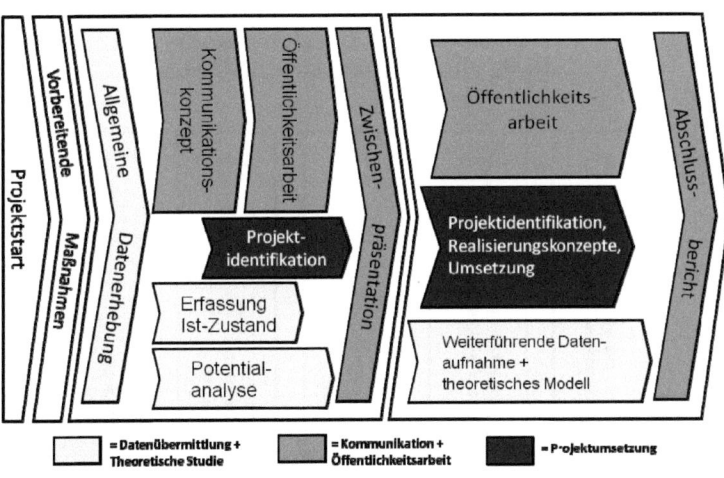

Anhand der Energieverbräuche werden beispielhaft die CO_2-Emissionen einzelner Verbraucher sowie die kumulierten CO_2-Emissionen der gesamten Verbandsgemeinde inklusive der Bereitstellungsketten visualisiert. Im Rahmen der Potenzialanalyse wird ermittelt, welche endogenen Potenziale die Verbandsgemeinde Weilerbach im Hinblick auf das Ziel einer CO_2-neutralen Energieversorgung hat. Dabei sind nicht die theoretischen Potenziale entscheidend, sondern die Potenziale, die technisch, ökologisch, sozial und wirtschaftlich umsetzbar sind (Heck 2002). Im Rahmen der Analyse werden hierbei für Weilerbach folgende Potenziale ermittelt: Energieeinsparung, Biomasse, Solarenergie, Windkraft, Wasserkraft und Geothermie. Parallel zur Ermittlung der Potenziale werden daher mögliche Standorte für Anlagen zur Nutzung der einzelnen Potenziale bestimmt. Während die Potenzialanalyse bis zur Stufe des technischen Potenzials ein „Top-Down"-Vorgehen darstellt, werden die konkreten Projekte „Bottom-Up" anhand der örtlichen Gegebenheiten entwickelt und mit den Potenzialen zusammengeführt. Im Rahmen der Projektidentifikation werden solche Analysen durchgeführt und erste Machbarkeitsabschätzungen erstellt. Diese sind Grundlage für die weiterführenden Realisierungskonzepte, die auf Basis regionaler Gegebenheiten die umsetzbaren Projekte priorisieren. Alle Schritte des Projekts werden auf Basis eines Kommunikationskonzepts durch eine umfassende Öffentlichkeitsarbeit begleitet. Eine erfolgreiche Öffentlichkeitsarbeit ist eng verbunden mit schnellen Umsetzungserfolgen. Daher sind eine kontinuierliche Information der Bürger sowie ein umsetzungsorientierter Dialog mit den Schlüsselakteuren für den Projekterfolg essentiell. Die Verbandsgemeinde kann dabei mit Investitionen in Schulen und gemeindeeigene Gebäude eine Vorreiterrolle übernehmen (Becker 2002).

Die Abbildung 17.2 zeigt die logische Abfolge von Effizienzmaßnahmen und des Einsatzes erneuerbarer Energien. Schritt für Schritt wird somit die Vision eines Zero-Emission-Village erreichbar.

Abbildung 17.2   Schritte zum Zero-Emission-Village Weilerbach

---

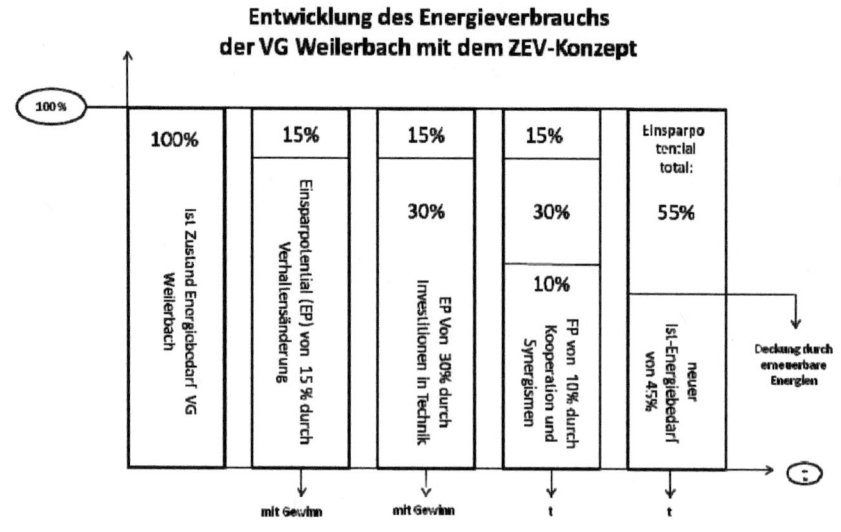

**Entwicklung des Energieverbrauchs
der VG Weilerbach mit dem ZEV-Konzept**

17.3.2   Ergebnisse des Initialprojekts ZEV Weilerbach

Nach zwei Jahren Arbeit in und für Weilerbach konnte gezeigt werden, dass das Ziel einer quantitativen CO_2-Neutralität technisch, sozial wie auch ökologisch einwandfrei darstellbar ist, wenn Energieeinsparpotenziale einbezogen werden. Unter ökonomischer Betrachtung lässt sich im Bereich elektrischer Energie eine CO_2-neutrale Versorgung aus eigenen Quellen darstellen, wobei hier insbesondere die Nutzung der Windpotenziale eine große Rolle spielt. Ein weiterer relevanter Beitrag kann durch den Einsatz von Kraft-Wärme-Kopplung erzielt werden. Im Bereich der Wärmeversorgung ließ sich noch keine vollständige Deckung des Wärmebedarfs aus erneuerbaren Ressourcen ökonomisch darstellen. In der Einzelfallbetrachtung zeigte sich jedoch, dass durch den Bau von Nahwärmenetzen oder durch den Einsatz von Holzpelletsheizungen, Wärmepumpentechnologie und Solarthermie in nahezu allen konkreten Einzelfällen eine CO_2-neutrale Wärmeversorgung möglich ist. Die Gesamtinvestition in eine quantitative CO_2-Neutralität bewegt sich im Bereich von ca. 180–200 Mio €. Die Auswirkungen einer strikten Umsetzung von ZEV im sozialen Bereich sind positiv zu bewerten. In der Region werden Arbeitsplätze in der Landwirtschaft, im Bereich der Lohnunternehmer, bei Handwerk und Dienstleistung erhalten bzw. geschaffen. Im Bereich der Ökologie sind in der Landwirtschaft Verbesserungen zu erwarten. Die Windkraftanlagen bedeuten selbstverständlich einen Eingriff in die Landschaft. Der Gesamteffekt mit der Einsparung von Kohlendioxid ist jedoch positiv zu bewerten. Die VG Weilerbach hat über das ZEV-Projekt eine Vorreiterrolle im Bereich der regionalen Wertschöpfung übernommen. In der Bevölkerung wächst ein Bewusstsein für eigene, nachhaltige Potenziale (Heck, Helling 2003).

Eine Übersicht der erreichten Ergebnisse der ZEV-Projekte in Weilerbach bis zum Jahr 2007 gegliedert nach ökonomischen, ökologischen und sozialen Aspekten bietet die folgende Auflistung (Hartard, Helling 2008).

Ökonomische Ergebnisse:

- seit 2001 über 25 Millionen € Investitionen in Anlagen zur Nutzung Erneuerbarer Energien und Effizienzmaßnahmen,

- durch die energetische Sanierung der Schulen pro Jahr ca. 17.000 € Einsparung für die Verbandsgemeinde,

- günstige Nahwärmeversorgung für drei Neubaugebiete,

- Einnahmen für die Kommune und Bürger durch die Einspeisevergütung der PV-Anlagen und des Windparks,

- Kosten- und Energieeinsparung durch die thermische Nutzung der Sonnenenergie zu Heizzwecken,

- Kosteneinsparung durch Regenwassernutzung,

- Steigerung der regionalen Wertschöpfung durch Nutzung regionaler Ressourcen,

- Sicherung und Schaffung von Arbeitsplätzen durch die Erschließung neuer Geschäftsfelder und Gründung neuer Unternehmen.

Ökologische Ergebnisse:

- CO_2-Einsparung durch die Nutzung Erneuerbarer Energien von rund 15.000 t/a,

- Nutzung nachwachsender Rohstoffe (Schonung fossiler Energieträger).

Soziale Ergebnisse:

- Sensibilisierung der Bevölkerung für die Nutzung Erneuerbarer Energien,

- Bewusstseinsbildung und steigende Akzeptanz neuer umweltverträglicher Technologien,

- wachsende Identifikation der Akteure mit der Region,

- positives, zukunftsorientiertes Image weit über die Gemeindegrenzen hinaus.

Nach Abschluss des Initialprojekts wurde deutlich, dass die Erreichung des Ziels Zero-Emission einen langfristigen Prozess darstellt. Die Bildung regionaler Netzwerke erfordert Zeit, Vertrauen und Begleitung. In Zusammenarbeit mit der Verbandsgemeinde Weilerbach konnten weitere Projekte eingeleitet werden, die im folgenden Abschnitt kurz dargestellt werden.

17.3.3   Weitere Projekte auf dem Weg zum ZEV Weilerbach

Die in der VG Weilerbach erzielten Ergebnisse sowohl im Bereich des Klimaschutzes als auch bei der Förderung der regionalen Wirtschaft schafften die Voraussetzungen zur Fortführung des Projekts. Einerseits konnte der ZEV-Ansatz mit Hilfe eines Projekts des Ministeriums für Umwelt und Forsten in 14 weiteren Gemeinden in Rheinland-Pfalz gestartet werden. Basierend auf diesen Erfahrungen wurde, gefördert durch die Deutsche Bundesstiftung Umwelt, ein Leitfaden für das regionale Stoffstrommanagement erarbeitet (Heck, Becker, Felten 2008). Andererseits konnte mit Hilfe der Landeszentrale für Umweltaufklärung das Projekt auf die Ebene des Landkreises Kaiserslautern übertragen werden. Die Betrachtung des Landkreises Kaiserslautern und seiner Verbandsgemeinden bot hier die Möglichkeit, Synergieeffekte des Stoffstrommanagements auf regionaler Ebene zu erweitern und auch verbandsgemeindeübergreifend Stoffströme analysieren und optimieren zu können. Der Projektablauf für das ZEV-Projekt im Landkreis Kaiserslautern orientierte sich an der für Weilerbach dargestellten Vorgehensweise. Im Rahmen der Datenerhebung konnte durch die Erfassung der Energie- und CO_2-Bilanz erstmalig für den gesamten Landkreis und seine Verbandsgemeinden eine Übersicht über die Gesamtenergieverbräuche und den Anteil der eingesetzten Energieträger, insbesondere im Hinblick auf den Anteil Erneuerbarer Energien zu Projektbeginn und zu Projektende, gegeben werden. Im Vergleich der Jahre 2004 und 2006 konnten somit die Projekterfolge gemessen werden. Für die Verbandsgemeinde Weilerbach ergab sich durch die Fortsetzung des ZEV-Projekts auf Ebene des Landkreises Kaiserslautern die Möglichkeit, das ZEV-Konzept auf Gemeindeebene kontinuierlich fortzuführen.

Darüber hinaus konnte sich die Verbandsgemeinde Weilerbach in der Folge an zwei EU-Projekten beteiligen, die die Weiterentwicklung des Zero-Emission-Konzepts unterstützen. Das EU-Projekt RECORA (Renewable Energy Cooperation of Rural Areas) führte Weilerbach mit Partnergemeinden aus Österreich, Griechenland, Tschechien und Ungarn zusammen. Ziel des im Programm Intereg IIIC geförderten Projektes war es, die Kooperation von ländlichen Gemeinden im Bereich der Nutzung von erneuerbaren Energieformen zu intensivieren. Im RECORA-Projekt übernahm Weilerbach die Leitung einer Arbeitsgruppe, deren strategischer Fokus auf den gesetzlichen, organisatorischen und finanziellen (inkl. finanzieller Förderungsmöglichkeiten) Rahmenbedingungen für erneuerbare Energieprojekte lag (Schönbauer 2007). Ein wesentlicher Nutzen des Projekts lag für Weilerbach im Erfahrungsaustausch mit anderen Kommunen im Hinblick auf die Nutzung erneuerbarer Energien und der daraus resultierenden Initiierung neuer Projekte auf dem Weg in Richtung Zero-Emission.

Im EU-Projekt SEMS (Sustainable Energy Management Systems) ist Weilerbach einer von 24 Partnern, wobei Weilerbach gemeinsam mit drei weiteren Gemeinden aus Österreich, Luxemburg und Polen im Zentrum des Projekts steht. Das SEMS-Projekt wird im 6. Forschungsrahmenprogramm der EU gefördert und läuft von 2007 bis 2012. SEMS verfolgt die folgenden, ambitionierten Ziele:

- Einsparung von fossilen Energieverbräuchen von 300 GWh pro Jahr,

- Reduktion der CO_2-Emissionen um 94.000 t pro Jahr,

- Einsparung von 22,9 Mio. € pro Jahr für Strom und Wärme.

Mit Hilfe der EU-Förderung von insgesamt 6,48 Mio. € sollen dabei in den vier beteiligten Gemeinden Investitionen in Höhe von 41,5 Mio. Euro ausgelöst werden. Die Ziele sollen durch eine Erhöhung der Energieeffizienz (z.B. Einsparmaßnahmen im Gebäudesektor) und den verstärkten Einsatz erneuerbarer Energien erreicht werden. Ein besonderer Fokus liegt dabei auf dem Aufbau eines dezentralen Energiemanagementsystems (Vernetzung von dezentralen Erzeugern und lokalen Verbrauchern) als Modell für ein „virtuelles Kraftwerk". Das langfristige Ziel besteht darin, die beteiligten Kommunen in die Lage zu versetzen, den Energieverbrauch so weit wie möglich zu reduzieren und die eigene Energieversorgung komplett auf Basis regional verfügbarer, erneuerbarer Energien sicher zu stellen. SEMS verfolgt somit für Weilerbach ebenfalls das Ziel Zero-Emission.

17.4 Fazit

Nicht nur das in diesem Beitrag ausführlich dargestellte Beispiel der Verbandsgemeinde Weilerbach, sondern auch viele der nur kurz aufgeführten weiteren regionalen Stoffstrommanagementprojekte zeigen, dass „CO₂-neutrale Kommunen" machbar sind. Der Zero-Emission-Ansatz kann auf regionaler Ebene Potenziale freisetzen und Akteure für ein gemeinsames Ziel aktivieren. Der direkte Kontakt und intensive Öffentlichkeitsarbeit sind die entscheidenden Erfolgsfaktoren zur Mobilisierung der privaten Haushalte und der Schlüsselakteure einer Region (Unternehmen, Verwaltung, Politik, Landwirtschaft, Forstwirtschaft, Energieversorger etc.), die gemeinsam für die Identifizierung und Umsetzung konkreter Klimaschutzprojekte in den untersuchten regionalen Systemen verantwortlich sind. Die Kommunen verstehen sich selbst als ein „Unternehmen", das die vorhandenen regionalen Ressourcen sowie ihre Stoff-, Energie- und Finanzströme aktiv zur Erhöhung der regionalen Wertschöpfung, zur Verbesserung der Lebensqualität und zum Schutz der natürlichen Lebensgrundlagen optimiert. Hierzu muss das Verwaltungshandeln hin zu einem systematischen Management weiterentwickelt werden (Ifas 2010). Damit kann der Klimaschutz zu einem Instrument der regionalen Wirtschaftsförderung werden. Nach dem Motto „Aus der Region für die Region" wird regionaler Mehrwert geschaffen. In vielen Projekten stehen heute noch der Klimaschutz und die Verbesserung der regionalen CO₂-Bilanz im Zentrum der regionalen Zero-Emission-Strategie. Hier muss die Betrachtung zukünftig um weitere Aspekte ergänzt werden. Neben der Fokussierung auf die energiebezogene Reduktion der CO₂-Emissionen sollten zukünftig verstärkt die folgenden Aspekte in einen kommunalen Zero-Emission-Ansatz integriert werden (Ifas 2010):

- Kostensenkung durch Energie- und Ressourceneffizienz in allen Gebäuden und Unternehmen einer Region,

- die Stärkung regionaler Produkte durch die Entwicklung von Regionalmarken,

■ der Wandel von der Abfall- zur Ressourcenwirtschaft und die damit verbundene Schließung von Wertschöpfungsketten,

■ die Optimierung der Wasser- und Abwasserwirtschaft durch eine Verbesserung der Energieeffizienz der Siedlungswasserwirtschaft und die Nutzung von Nährstoffen und Energieinhalten des Abwassers,

■ die Nutzung der Potenziale eines nachhaltigen Flächenmanagements z.B. durch die Revitalisierung von Ortskernen oder die Mehrfachnutzung von Naturflächen,

■ die Entwicklung und Etablierung innovativer Beteiligungs- und Finanzierungsmodelle zur Sicherung der Teilhabe regionaler Akteure.

Darüber hinaus ist eine frühzeitige Berücksichtigung möglicher Systemänderungen z.B. durch die Einflüsse des Klimawandels oder des demographischen Wandels in allen kommunalen Planungsprozessen zu berücksichtigen. Die Herausforderungen und Chancen kommunaler Zero-Emission-Strategien sind nur zu bewältigen, wenn die Kommunen erkennen, dass dazu ein umfassendes Management der Veränderungsprozesse erforderlich ist. Das regionale Stoffstrommanagement bietet die dazu notwendigen Instrumente und kann Kommunen helfen, die eigenen Potenziale zu erkennen und umzusetzen.

Literatur

Becker, B. (2002): Stoff- und Energieflussanalyse für eine Schule: Regionalschule Weilerbach, in: Heck, P./Bemmann, U. (Hrsg.): Praxishandbuch Stoffstrommanagement. Deutscher Wirtschaftsdienst, Köln, 286-293.

Brickwedde, F. (1999): Stoffstrommanagement – Herausforderung für eine nachhaltige Entwicklung. Tagungsband zur 4. Internationalen Sommerakademie St. Marienthal. Deutsche Bundesstiftung Umwelt, Osnabrück.

Enquete-Kommission „Schutz des Menschen und der Umwelt" (1994): Die Industriegesellschaft gestalten – Perspektiven für einen nachhaltigen Umgang mit Stoff- und Materialströmen. Economica, Bonn.

Friege, H. (1998): Stoffstrommanagement für Cadium, in: Friege, H./Engelhardt, C./Henseling, K.O. (Hrsg.), Das Management von Stoffströmen: geteilte Verantwortung – Nutzen für alle, Berlin/Heidelberg/New York.

Gabriel, C. (2010): A Critical Analysis of Existing Definitions and Approaches. Master-Thesis in International Material Flow Management, Birkenfeld.

Heck, P./Bemmann, U. (Hrsg.) (2002): Praxishandbuch Stoffstrommanagement. Deutscher Wirtschaftsdienst, Köln.

Heck, P./Helling, K. (2003): Abschlussbericht Zero Emission Village Weilerbach, Birkenfeld.

Heck, P./Becker, B./Felten, K. (2008): Abschlussbericht DBU-Forschungsprojekt zur Entwicklung eines Tool-Sets zur Umsetzung des regionalen Stoffstrommanagements auf regionaler Ebene. Birkenfeld.

Helmers, E. (2009): Bitte wenden Sie jetzt. Das Auto der Zukunft, Wiley-VCH, Weinheim.

Helling, K. (2002): Betriebliches Stoffstrommanagement, in: Heck, P.; Bemmann, U. (Hrsg.): Praxishandbuch Stoffstrommanagement. Deutscher Wirtschaftsdienst, Köln.

Helling, K./Hartard, S. (2008): Stoffstrommanagement und Industrial Ecology. Tagungsbeitrag „Nachhaltigkeitsmanagement und Industrial Ecology": Tagung der wissenschaftlichen Kommission „Nachhaltigkeitsmanagement" im Verband der Hochschullehrer für Betriebswirtschaft e.V. (VHB) Universität Bremen 2008, verfügbar unter: http://www.wiwi.uni-bremen.de/gmc/aktuelles/herbsttagung08.htm.

IfaS (2010): Grundlagenpapier zur Entwicklung einer Null-Emissions-Strategie zur Förderung von Umweltschutz, Innovation und Beschäftigung, Birkenfeld.

Lifset, R./Graedel, T.E. (2002): Industrial Ecology: Goals and Definitions; In: Ayres, R./Ayres, L. (Hrsg.): A Handbook of Industrial Ecology. Cheltenham, S. 3-15.

McDonough, W./Braungart, M. (2002): Cradle to Cradle: Remaking the Way We Make Things. North Point Press, New York.

Pauli, G. (1998): UpCycling – Wirtschaften nach dem Vorbild der Natur für mehr Arbeitsplätze und eine saubere Umwelt, München.

Pauli, G. (2010): Blue economy – 10 Years, 100 Innovations, 100 Million Jobs. Paradigm Publishers, o.O.

Schmidt, M./Schorb, A. (1995): Stoffstromanalysen in Ökobilanzen und Öko-Audits, Berlin/Heidelberg.

Schmidt-Bleek, F. (1998): Das MIPS Konzept. Weniger Naturverbrauch, mehr Lebensqualität durch Faktor 10, München.

Schönbauer, S. (2007): RECORA Project Documentation German, Tulln, verfügbar unter: www.zeri.org.

18 Ökoparks – Erfahrungen aus der Öffentlichkeitsarbeit im Umweltforum Münster

Peter Deininger

18.1 Zur Einrichtung und zur Arbeit des Umweltforum Münster e.V.

In Münster hat das Engagement von umweltinteressierten Bürgern seit Jahrzehnten Tradition. Im Umweltforum Münster e.V. als Dachverband der münsterschen Umweltverbände sind zur Zeit 16 Vereine zusammengeschlossen, die jeweils unterschiedliche Themenbereiche (vom Naturschutz bis zu Erneuerbaren Energien) bearbeiten. Das Umweltforum ist, zusammen mit einem Teil der (selbständigen) Vereine im Umwelthaus untergebracht. 2008 wurde eine Arbeitsstelle „RegioSolar" eingerichtet, die sich mit Perspektiven des Übergangs zur Energieversorgung mit Erneuerbaren Energien und insbesondere dezentralen Energiekonzepten befasst.

Die Formen der Öffentlichkeitsarbeit des Umweltforums sind vielfältig. Sie reichen von der Pressearbeit über Gespräche mit Parteien und Politikern bis zu diversen Veranstaltungsarten (Vorträge, Diskussionen, Workshops, Ausstellungen, Aktionen). Dies gilt auch für die Öffentlichkeitsarbeit der Arbeitsstelle RegioSolar wie das jüngste Programm 1-2010 zeigt. In den letzten Jahren konnte durch kontinuierliche Öffentlichkeitsarbeit ein Netzwerk von über 100 interessierten Bürgern, Unternehmen, Wissenschaftlern, Politikern und Mitarbeitern in öffentlichen Einrichtungen und Verwaltungen aufgebaut werden. Der Kreis von Interessenten aus Münster und aus der Region wächst kontinuierlich weiter.

18.2 Wandel der Themenschwerpunkte

Bereits im Jahre 2000 führte das Umweltforum zusammen mit vielen Beteiligten eine Ausstellung im Freilichtmuseum Mühlenhof zum Thema nachwachsende Rohstoffe („Hanf, Flachs, Holz & Co.") durch. Hier wurde anschaulich die Doppelrolle der Pflanzen als Energielieferanten und Produktrohstoff als Alternative zu fossilen Rohstoffen dargestellt. In den folgenden Jahren rückten Energiethemen (Energieeffizienz und Erneuerbare Energien) stärker in den Vordergrund. Behandelt wurden einzelne Energietechniken (Photovoltaik, Wind, Wärmepumpen, Solarthermie) und Gebäudekonzepte wie z.B. die Umstellung eines Hotels auf 100% Erneuerbare Energien oder eine Führung im Diözesanmuseum Kolumba, Köln, wo die intelligente Kombination von Energietechniken und nachhaltigen Baumaterialien demonstriert wurde.

In das Veranstaltungsprogramm 1-2009 haben wir das Thema „Ökopark" mit einer Vorstellung des Ökoparks Hartberg (Steiermark), vorgestellt vom Leiter der Stadtwerke, aufgenommen. Damit wurde vom Umweltforum in Münster erstmalig das Thema der geschlossenen Stoffkreisläufe am Beispiel eines Ökoparks öffentlich vorgestellt.

18.3   Verschiebung der energiepolitischen Diskussion — Von Klimaschutzkonzepten zu Energieparks

Es scheint, dass die beschriebene Themenverschiebung in unseren Veranstaltungsprogrammen nicht nur voluntaristischen Charakter hatte, sondern auch von Verlagerungen in der umweltpolitischen Diskussion beeinflusst wurde. In dieser hat sich in Deutschland in den letzten Jahren weitgehend die Einsicht durchgesetzt, dass der nationale Übergang zu einer Energieversorgung mit Erneuerbaren Energien unabdingbar und machbar ist (s. z.B. Energiekonzept 2050 des Forschungsverbunds Erneuerbare Energien vom Juni 2010) – gestritten wird vorwiegend über Zeiträume und Finanzierbarkeit. Die Befürwortung einer Umstellung des Energiesystems wird nicht mehr nur mit Klimaschutzargumenten begründet. Es treten heute zunehmend wirtschaftliche Argumente in den Vordergrund: Die in absehbarer Zeit zur Neige gehenden Energiequellen Erdöl, Erdgas, Uran und Kohle mit unabsehbaren Verwerfungsgefahren für die Weltwirtschaft bei schubartigen Preissteigerungen. Zusätzlich dämmert die Erkenntnis, dass eine nationale Wirtschaft im internationalen Wettbewerb zurückbleibt, wenn sie sich zu spät um den Erwerb der wissenschaftlich-technischen und wirtschaftlichen Kompetenz einer „solaren" Energieversorgung kümmert. Im politischen Raum wird dieses Problem zunehmend erkannt und diskutiert, von der EU-Ebene und der Bundesebene in Deutschland bis hin zu den Kommunen. Letzteren fällt hierbei eine besondere Rolle zu, da sich die reale Umstellung der Energieversorung immer auf kommunalem Territorium vollzieht und die Kommunen zunehmend die Chancen einer energetischen Umstellung für die wirtschaftliche Entwicklung ihres Territoriums erkennen. Die Durchführung von Bestands- und Potentialanalysen und die Entwicklung und Umsetzung von „Klimaschutzkonzepten" ist heute Alltag in kommunalpolitischen Diskussionen. Die Energieversorgung mit Erneuerbaren Energien spielt in diesem Zusamenhang eine immer größere Rolle. Die Umsetzung dieser Konzepte, z.B. beim Bau neuer Siedlungen oder der Sanierung alter Gebäudebestände oder Gewerbegebieten ist ein komplexer und eher langfristiger Prozess. Umsomehr geraten auch kurzfristiger zu realisierende Maßnahmen in den Blick. Viele kleine und mittlere Kommunen richten auf bislang brachliegenden Flächen (z.B. Konversionsflächen) „Energieparks" (bestückt mit Windrädern, Photovoltaik- und Biomasseanlagen) ein - oft mit der Option einer finanziellen Bürgerbeteiligung verbunden. Damit kann die Gemeinde meist ihren selbsterzeugten Anteil Erneuerbarer Energien am Energieverbrauch, insbesondere den Stromanteil kurzfristig sehr stark erhöhen. Auch in Münster und umliegenden Städten und Gemeinden werden Energieparks zunehmend diskutiert und umgesetzt.

18.4   Von energetischen zu stofflichen Kreisläufen — vom Energiepark zum Ökopark

Die Diskussion über die Umstellung auf Erneuerbare Energien und deren Realisierungsschritte führte in den letzten Jahren zu einer Ausweitung der Perspektive. Architekten und Bauplaner erkennen, dass die Energieverbräuche beim Betrieb von Gebäuden nur einen kleinen Teil der im Gebäude enthaltenen „grauen Energie" ausmachen. „Green Buildings" erfordern, die Baumaterialien (Herstellung, Lebensdauer, Arbeitsklima in den Räumen, Schadstoffe, Entsorgung/Recycling) genauer unter die Lupe zu nehmen und Alternativen auszuarbeiten. (Vgl. etwa die Richtlinien des Verbands für Baubiologie und das Gütesiegel der „Deutschen Gesellschaft für nachhaltiges Bauen"). Oder: Eine Senkung des Wärmeverbrauchs in Gebäuden wird vor allem durch Dämmung erreicht. Jedoch: sind die verwendeten Dämmstoffe schadstofffrei oder werden neue ökologische Zeitbomben eingebaut? Oder: Die massenhafte Einführung von Elektroautos benötigt effektive Stromspeicher: Lithium, das nur begrenzt weltweit verfügbar ist. An diesen beliebig vermehrbaren Beispielen wird deutlich, dass die Diskussion um den Einsatz Erneuerbarer Energien sich ausweitet auf die stofflichen Zusammenhänge, in die Energien eingebettet sind incl. der Nutzungsanforderungen.

Während das Konzept des Energieparks in erster Linie auf eine gewisse räumliche Konzentration und Bündelung der Erneuerbaren Energien (Energieqellen, Energietechniken) abzielt, ist die Zielstellung bei der Einrichtung von Ökoparks umfassender. Hier wird versucht, auch stoffliche Kreisläufe und einen Stoffaustausch zwischen Unternehmen zu verwirklichen. Mit den Worten von Dir. Reinhard Fink zum Konzept des Ökoparks Hartberg bei seinem Vortrag in Münster: „Es sollten Betriebe angesiedelt werden, die mit umweltrelevanten Dingen zu tun haben... Es sollten nach Möglichkeit auch Produktionskreisläufe, ökologisch sinnvolle Kreisläufe geschlossen werden.

Begonnen haben wir dann mit der ... Errichtung von drei Hallen, die – bis heute – von drei Betrieben genutzt werden: einem Abfallentsorger, der alte Zeitungen sammelt, einem Betrieb, der diese zu Dämmstoffen (Zelluloseflocken) verarbeitet und einer Baufirma, die diese Dämmstoffe in Holzhäuser einbaut."

Im Ökopark Hartberg ist es in einer zwanzigjährigen Entwicklungszeit gelungen, die gemeinsame Produktion und Nutzung von Erneuerbaren Energien (bilanzielle Energieautonomie), eine gemeinsame Wasserver- und Entsorgung (2009 wurde eine Kläranlage – „living machine" – im Gewächshaus in Betrieb genommen) und einige Stoffkreisläufe zwischen einem Teil der ca. 30 (kleineren) Betriebe zu realisieren.

18.5   Weltweites Wirtschaftswachstum und die Ressourcenknappheit – von der Ökoeffizienz zur Cradle-to-Cradle-Produktion

Der 1972 von Meadows im Auftrag des Club of Rome verfasste Bericht „Grenzen des Wachstums" hatte damals weltweit Aufmerksamkeit erregt und auf die Ökologiebewegung und Regierungen starken Einfluss genommen. Aber erst in letzter Zeit, also nach über 30 Jahren, beginnt das Thema durch das weltweite Wirtschaftswachstum , insbesondere den nachholenden Industrialisierungsprozessen in Ländern wie China, Indien und anderen virulent zu werden: Viele Rohstoffe (nicht nur das Öl) werden auf dem Weltmarkt knapp und teuer. Es entsteht eine „Wachstumszwickmühle" für die Industrieländer. Die Industrie antwortet darauf – wie bei der fossilen Energie – mit Maßnahmen und Techniken zur Steigerung der Ressourceneffizienz, also weniger Materialverbrauch pro Output-Einheit. Bei weiterem stürmischem Wachstum in den angesprochenen Ländern werden diese Maßnahmen der Öko-Effizienz jedoch nicht ausreichen. Das gilt auch für verstärkte Recyclingmaßnahmen als ergänzende Strategie, die meist als „Downcycling" nur eine zeitliche Verzögerung des Abfallaufkommens bewirken. Die Wachstumszwickmühle führt zu verschärftem Wettbewerb, Kampf um knappe Ressourcen (bis hin zu kriegerischen Auseinandersetzungen) und birgt die Gefahr des Kollapses ganzer Volkswirtschaften.

Seit 1987 arbeitet der Chemiker Michael Braungart systematisch an einem alternativen Konzept für eine schadstoff- und abfallfreie Produktionsweise, die eine neue industrielle Revolution einleiten könnte. Hier werden die Produkte teilweise neu erfunden und so produziert, dass sie entweder in biologischen oder technischen Kreisläufen geführt werden (biologischer und technischer Metabolismus) und keine Abfallstoffe mehr entstehen. Damit liegt der bisher weitestgehende Ansatz einer ökologischen Produktion vor, der neben den energetischen auch die stofflichen Aspekte in den Blick nimmt. Dieser Ansatz erfordert ein radikales Umdenken in der Unternehmensstrategie. Das Produkt-Design wird zum entscheidenden Faktor, da sich hier die Machbarkeit einer Cradle-to-Cradle-Produktion entscheidet. Inzwischen gibt es eine wachsende Zahl von Unternehmen, die nach der Cradle-to-Cradle-Philosophie zu arbeiten beginnen und erste zertifizierte Produkte auf den Markt bringen. Unternehmen in den Niederlanden spielen hier eine führende Rolle. Die Unternehmen können bei dem Zertifizierungsprozess auf das Know How und die Analysen des von Braungart geleiteten Forschungs-und Beratungsinstitutes EPEA mit Sitz in Hamburg zurückgreifen.

18.6   Fazit: Von Ökoparks zur Cradle-to-Cradle-Produktion?

In herkömmlichen Gewerbegebieten haben die dort produzierenden Unternehmen wenig miteinander zu tun. Die Rohstoffe und Produktteile werden von Zulieferern angefahren, die über die ganze Welt verteilt sein können. In Ökoparks arbeiten die ansässigen Unternehmen in Bereichen der Energie-versorgung, der Wasserver- und entsorgung und evtl. bei einigen stofflichen Kreisläufen (Kaskadennutzung) zusammen.

Auch wenn derzeit noch wenige Unternehmen nach Cradle-to-Cradle-Prinzipien arbeiten und eine Umstellung der Produktionsweise ein nur längerfristig zu realisierendes Ziel darstellt, so scheint dieser Ansatz der weitestgehende Versuch zu sein, konsequent ökologisch zu produzieren und der „Wachstumszwickmühle" zu entgehen.

Können Ökoparks mit gemeinsamer Nutzung von Stoffkreisläufen für die Umsetzung einer Cradle –to-Cradle-Produktionsweise von Unternehmen einen zentralen Stellenwert erlangen? Hier sind erhebliche Zweifel angebracht. Der enscheidende Einwandpunkt ist, dass auch eine vollständige Produktion ohne Abfälle in geschlossenen Kreisläufen eine arbeitsteilige Produktion sein wird, die viele Zulieferer von außerhalb und eine gute Abstimmung mit diesen benötigt. In einem Ökopark können nur sehr begrenzt, am einfachsten wahrscheinlich bei der Energieversorgung und Wasserver- bzw. entsorgung, gemeinsam genutzte Kreisläufe erreicht werden. Die entscheidende Triebkraft sind einzelne Unternehmen, die mit ihren Produkten am Markt operieren, ihre Produktionsweise schrittweise umstellen und hierfür konkrete Umsetzungspläne entwickeln. Von hier aus – und nur in dem Maße in dem es gelingt, die Kunden von solchen „sauberen" Produkten (die zunächst auch teurer sind) zu überzeugen – werden sich die hohen Anforderungen auch in die Zuliefererkette verbreiten. Die meisten Zulieferbetriebe werden, wie bisher, außerhalb des kommunalen Territoriums angesiedelt sein.

Ökoparks mit gemeinsamen Stoffkreisläufen werden eher solitären Leuchtturmcharakter in ambitionierten Kommunen oder Regionen besitzen. Auch solche ambitionierten Pläne wie die Einrichtung einer „Cradle-to-Cradle-Region" im Zusammenhang mit der Floriade 2012 in Venlo/Region Limburg (NL) wären hier einzuordnen.

Wir werden im Umweltforum Münster die weitere Entwicklung mit Interesse verfolgen und das Thema „Cradle-to-Cradle" mit einem Kolloquium im Haus der Niederlande in Münster in das Veranstaltungsprogramm 2010 aufnehmen.

Literatur

Böttger, G. (2010): Wachstumszwickmühle, Teil 1, ZS Sonnenenergie 2010, Vol. 2, S. 16 ff.
Braungart, M./McDonough, W. (Hrsg.) (2009): Hamburg 2009, 2. Aufl., S. 40 ff.
Dies stimmt mit den Aussagen eines Firmenverantwortlichen von Desso in Waalwijk (NL) überein, mit dem der Autor am 9.7.2010 ein Gespräch führen konnte. Desso ist ein führen der Teppichbodenhersteller, der seit 2008 begonnen hat, die Cradle-to-Cradle-Philosophie umzusetzen und der erste zertifizierte Teppichfließen in sein Produktprogramm aufge nommen hat.

19 Nachhaltigkeitsmanagement für KMU in Heidelberg – Nachhaltiges Wirtschaften

Hans-Wolf Zirkwitz, Raino Winkler und Holger Keller

19.1 Einführung in das Projekt „Nachhaltiges Wirtschaften"

Als sich die Stadt Heidelberg 1994 der Charta von Aarlborg verpflichtet hat, wurde die nachhaltige Stadtentwicklung zur zentralen Vorgabe für alle folgenden Maßnahmen. Die Stadt Heidelberg verfolgt dabei den Ansatz der „starken Nachhaltigkeit" im Sinne einer möglichst umfassenden Bewahrung der natürlichen Umwelt (von Hauff 2007).

Mit Maßnahmen im kommunalen Gebäudemanagement, Schulungen von Gebäudenutzern und Sanierungsmaßnahmen konnte beispielsweise der CO_2-Ausstoß der kommunalen Liegenschaften erheblich reduziert werden (Abb. 19.1). Jedoch erkannte man bei der stadtweiten Bilanzierung, dass die gesamtstädtischen CO_2-Emissionen nahezu gleich blieben. Daher wollte die Stadtverwaltung Werkzeuge entwickeln, um u.a. die Gewerbebetriebe beim Umlenken hin zu einer nachhaltigen Wirtschaftsweise zu unterstützen.

Abbildung 19.1 Verlauf CO_2-Emissionen städtischer Gebäude in Heidelberg seit 1993 (Stadt Heidelberg 2008)

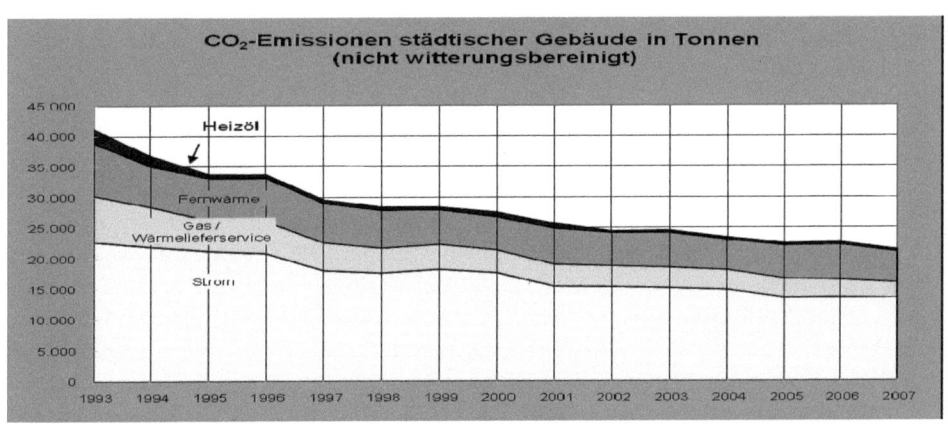

Seit 2001 werden in dem „Nachhaltiges Wirtschaften" (NaWi) kleine und mittlere Unternehmen (KMU) bei der Einführung eines Nachhaltigkeitsmanagementsystems unterstützt.

Dabei war die Zielvorgabe neben ökologischen und ökonomischen Maßnahmen des Drei-Säulen-Modells der Nachhaltigen Entwicklung auch soziale Belange zu thematisieren.

Der folgende Beitrag stellt „Nachhaltiges Wirtschaften" als ein übertragbares Werkzeug vor, mit dem man eine nachhaltige Wirtschaftsweise in Unternehmen und Einrichtungen aller Branchen und Größen implementieren kann. Dazu werden folgende Aspekte des Projektes erfasst:

■ Die Geschichte des Projektes mit den Grundlagen der Entscheidungen bis hin zu der Durchführung der einzelnen Projektgruppen.

■ Elemente des Projektes mit Erfassung der Ziele und des Ablaufs.

■ Bilanzierung der bisherigen Projektgruppen.

■ Resümee des Projektes und ein kurzer Ausblick auf geplante Entwicklungen.

19.2 Geschichte des Projektes „Nachhaltiges Wirtschaften"

Bereits im Jahr 1994 unterzeichnete die Stadt die Charta von Aalborg (Dänemark) und verpflichtete sich damit, das Prinzip der Nachhaltigkeit auf lokaler Ebene umzusetzen. Durch mehrere Grundsatzbeschlüsse und planungspolitische Entscheidungen wurde eine Entwicklung eingeleitet, die auf eine Erhöhung der Lebensqualität im Stadtgebiet und der Region durch behutsamen Umgang mit den vorhandenen Ressourcen zielt. Was die Umsetzung der nachhaltigen Entwicklung für die Stadt Heidelberg konkret bedeutet, wurde in dem 1997 verabschiedeten Stadtentwicklungsplan 2010 (STEP) festgeschrieben. Damit erfüllt der STEP alle Anforderungen von Kapitel 28 der Agenda 21 von Rio an ein zukunftsfähiges kommunales Handlungsprogramm – die so genannte Lokale Agenda 21. (Zirkwitz 2004)

In den 90er Jahren des vergangenen Jahrhunderts wurden durch das Amt für Umweltschutz der Stadt Heidelberg bereits verschiedene branchenspezifische Umweltprojekte durchgeführt (Tab. 19.1). Dabei handelte es sich um maßnahmenorientierte Beratungsprojekte. Das Projekt „Umweltfreundliches Gastgewerbe" startete 1992 und setzte mit 35 Betrieben Maßnahmen im Bereich Abfall und Energie um. 1994 wurde das Projekt „Frisör und Umwelt" initiiert, das neben den Umweltmaßnahmen dem Arbeitsschutz und somit der Gesundheitsförderung einen hohen Stellenwert gab. Um auch kleinen Unternehmen die Vorteile eines zwischenbetrieblichen Stoffstrommanagements zu erschließen, wurde 1995 das Projekt „Stoffstrommanagement in Heidelberg-Pfaffengrund" vom Institut für Wirtschaftsanalysen Heidelberg (IUWA) gemeinsam mit der Stadt Heidelberg initiiert. In Anlehnung an „Frisör und Umwelt" startete 1997 die Projektgruppe „Maler und Umwelt". Mit der „Umweltpartnerschaft Rhein-Neckar" wurde 1998 durch die IHK-Rhein-Neckar, die Stadt Heidelberg sowie die weiteren Stadt- und Landkreise des Kammerbezirks eine Kooperation aus Wirtschaft und Verwaltung ins Leben gerufen, deren vorrangiges Ziel es war, eine enge und vertrauensvolle Zusammenarbeit für den Umweltschutz voranzubringen. Mitte des Jahres 2000 wurde ein weiteres Beratungsprojekt ins Leben gerufen: Zielgruppe waren nun Bäckereien und Konditoreien.

Tabelle 19.1   Umweltprojekte der Stadt Heidelberg 1992-2000 mit Wirtschaftsunternehmen (Zirkwitz 2004)

Projekt/ Aktivität	Zielgruppe				Unterstützungsform					Themen		
	Branche	Branchenübergreifend	KMU	Großunternehmen	Einzelberatung	Gruppenschulung	Entwicklung Materialien	Kooperation in Netzwerk	sonstige Förderung	betrieblicher Umweltschutz	Produktbezog. Umweltschutz	Nachhaltigkeitsapekte
Heidelberger Projekte												
Umweltfreundliches Gastgewerbe	x		x	x	x					x	(x)	
Handwerk-Beratungsprojekte (Frisöre, Maler, Bäcker)	x		x		x	x				x	(x)	
Stoffstrommanagement Pfaffengrund	x		x	x	x			x		x		
Umweltpartnerschaft Rhein-Neckar	x		x	x					x	x		
Effiziente Stromanwendung im Gewerbe	x		x	x			x			x		

In diesen Projekten wurden bereits verschiedene Elemente des Projektes „NaWi" erprobt. Jedoch konnte keines der Projekte den Anspruch erheben ein Managementsystem zu implementieren.

Im Jahr 1998 wurde der Runde Tisch „Nachhaltiges Wirtschaften" ins Leben gerufen, um eine Nachhaltigkeitsstrategie für die Wirtschaft in der Region zu entwickeln. Mit dem Runden Tisch gelang es wichtige Partner aus der Stadt und der Region in das Vorhaben einzubinden. Über ein Jahr wurden verschiedene Möglichkeiten zur besseren Abstimmung und Vernetzung in den Bereichen Umwelt, Wirtschaft und Soziales zwischen den Partnern erörtert.

Die Mitglieder des Runden Tisches erkannten, dass die Transformation eines ökonomischen Systems nicht allein mit politischen Mitteln erreicht werden kann (vgl. Müller-Christ 2007). Es bestand Konsens, die Betriebe über Win-Win-Lösungen zur Mitarbeit zu motivieren, da ökologisch und sozial motivierte Impulse in den Unternehmen meist wirtschaftlicher Anreize bedürfen. Allerdings wollte der Runde Tisch nicht ausschließlich auf Effizienzstrategien setzen. Vielmehr sollte die Ausschöpfung von Einsparpotenzialen als eine Art „Türöffner" für strategischere Ansätze und damit für ein weitergehendes Nachhaltigkeitsmanagement dienen.

Die Zielgruppe für das Projekt sind KMU. Diese haben in der Regel weder ausreichende personelle noch finanzielle Ressourcen zur Einführung einer nachhaltigen Wirtschaftsweise, spielen andererseits durch ihr Angebot an Arbeits- und Ausbildungsplätzen eine tragende Rolle bei der wirtschaftlichen Entwicklung der Stadt (Zirkwitz 2004).

1999 wurde ein Projektantrag an die Deutsche Bundesstiftung Umwelt (DBU) eingereicht. Mit der Zusage zur ca. fünfzigprozentigen Förderung des Projektes „Nachhaltiges Wirtschaften Heidelberg" im Herbst 2000 war die finanzielle Grundlage gesichert, um das Projekt zu konkretisieren und umzusetzen. Das Institut für Energie- und Umweltforschung Heidelberg (IFEU) erstellte das Konzept für den Projektablauf sowie die Schulungsunterlagen der Workshops. Die Gesellschaft für Arbeitssicherheits-, Qualitäts- und Umweltmanagement mbH (Arqum) erhielt den Auftrag zur Durchführung der Betriebsbegehungen bezüglich des Umwelt- und Rechtschecks. Die Klimaschutz- und Energieberatungsagentur Heidelberg-Nachbargemeinden GmbH (KliBA) erhielt den Auftrag für den ergänzenden Energiecheck der teilnehmenden Firmen und Einrichtungen.

2001 fand der erste Workshop der ersten Projektgruppe statt. Die Förderung der DBU, die auf zwei Jahre begrenzt war, lief am 30.6.2003 aus. Seitdem finanziert die Stadt Heidelberg das Projekt aus eigenen Mitteln. Erfahrungen aus den ersten beiden Phasen wurden in den Projektablauf eingearbeitet.

Im Jahr 2005 begründete das Ministerium für Umwelt, Naturschutz und Verkehr das landesweite Förderprogramm „ECOfit", das auf den Unterlagen und Erfahrungen aus „NaWi" begründet ist. Damit wurde die Beratungslücke zwischen der eintägigen Umweltberatung „ECOplus" und dem Förderprogramm für EMAS-Konvois des Ministeriums geschlossen. Seither nimmt die Stadt Heidelberg die Förderungen „ECOfit" in Anspruch.

Seit 2005 besteht eine Kooperation mit der Nachbarstadt Eppelheim. Betriebe aus dieser Gemeinde können zu den gleichen finanziellen Konditionen wie Heidelberger Unternehmen an dem Projekt teilnehmen. Im Oktober 2010 hat der Gemeinderat der Stadt Schriesheim einer entsprechenden Kooperation mit Heidelberg zugestimmt.

19.3   Zielvorgaben des Projektes „Nachhaltiges Wirtschaften"

Die Zielvorgaben des Projektes sind:

- Verbesserung der Ressourceneffizienz

- Verringerung der Umweltbelastungen

- Netzwerk von Verwaltung und Betrieben

- Sicherung der Arbeitsplätze und des Wirtschaftsstandorts

- Bewusstwerdung der sozialen Verantwortung und Aufzeigen praktischer Umsetzungsmöglichkeiten

- Einhaltung der gesetzlichen Vorgaben

Mit der Aufnahme von sozialen Aspekten grenzt sich das Projekt klar von anderen Projektansätzen (z.B. Ökoprofit) ab. Für die Verwirklichung dieses Anspruches wurden verschiedene regionale aber auch internationale Kooperationsansätze entwickelt.

19.4   Konzeption des Projektes „Nachhaltiges Wirtschaften"

Durch praxisorientierte Schulungen und Beratungen wird KMU ein kostengünstiger Einstieg in ein Nachhaltigkeitsmanagement ermöglicht.

Die Leitung des Projektes „Nachhaltiges Wirtschaften" liegt beim Amt für Umweltschutz, Gewerbeaufsicht und Energie der Stadt Heidelberg. Zur Unterstützung der Projektarbeit wurden kompetente Partner eingebunden, die bereits über umfangreiche Erfahrungen mit Umweltmanagementsystemen und Nachhaltigkeitskonzepten verfügen.

Das Institut für Energie- und Umweltforschung Heidelberg (IFEU) begleitete die ersten beiden Phasen wissenschaftlich bei der Konkretisierung des Nachhaltigkeitsansatzes für KMU und der Entwicklung eines Konzeptes für die Unternehmensprüfungen.

Die Gesellschaft für Arbeitssicherheits- und Qualitätsmanagement (Arqum) moderiert die Workshops und führt den Umwelt- und Rechtscheck in den Unternehmen durch. Die Klimaschutz- und Energieberatungsagentur Heidelberg-Nachbargemeinden gGmbH (KliBA) nimmt den Energiecheck vor und gibt darüber hinaus Inputs für den Workshop zum Thema Energie. Bei diesen Betriebsbegehungen wird eine Stärken-Schwächen-Analyse durchgeführt, deren Ziel die Entwicklung von Maßnahmen zur Verbesserung der unternehmerischen Abläufe in Hinsicht auf die Nachhaltigkeit ist.

19.4.1 Zeitlicher Rahmen

Die Projektphase bis zur Zertifizierung erstreckt sich über ein Jahr. In der ersten Hälfte werden die Workshops und Betriebsbegehungen durchgeführt. Die zweite Hälfte des Projektjahres dient der Unterlagenprüfung sowie der Vorbereitung auf die Überprüfung der Prämierungswürdigkeit durch die Projektkommission (Abb. 19.2).

Abbildung 19.2 Beispielhafter Ablaufplan der aktiven Projektphase (Arqum 2006)

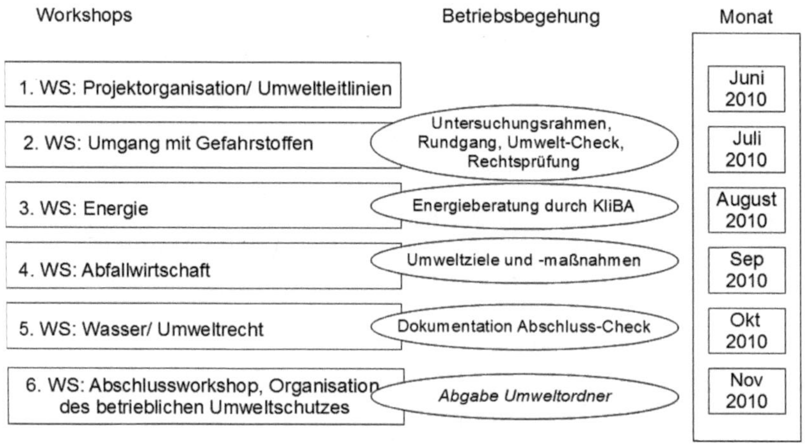

19.4.2 Workshops

Ein wesentliches Element des Projekts sind die insgesamt sechs Workshops, die abwechselnd in den teilnehmenden Betrieben durchgeführt werden. Es werden den Teilnehmer/innen Grundlagen (u.a. Einkauf und Umgang mit Gefahrstoffen, Klimaschutz, Abfallwirtschaft und Bodenschutz, Verkehr, Immissionsschutz und die umweltfreundliche Gestaltung der eigenen Produkte) zum Aufbau eines Umweltmanagementsystems vermittelt.

Neben diesen Themen zum „Ressourcenschonenden Wirtschaften" werden auch weitergehende Aspekte einer nachhaltigen Wirtschaftsweise thematisiert, wie Kommunikation und soziale Verantwortung. Den Betrieben werden Beispiele für gezieltes soziales Engagement gegeben und gezeigt wie sie ihre Leistungen im Bereich des „Nachhaltigen Wirtschaftens" in der Öffentlichkeit präsentieren können. Auch verschiedene Aspekte der Mitarbeitermotivation werden thematisiert.

19.4.3   Betriebsbegehungen

Die Firma Arqum führt die Betriebsbegehungen durch, mit denen die Optimierungspotentiale in den Betriebsabläufen aufgezeigt werden. Dabei werden betriebswirtschaftliche Aspekte genauso berücksichtigt wie der Arbeits- und Umweltschutz. Dies erschließt Möglichkeiten zur Kostensenkung und gibt den Betrieben eine größere Rechtssicherheit. Die Betriebsbegehungen gliedern sich inhaltlich folgendermaßen:

- Bestandsaufnahme: Ziele der ersten Begehung betreffen den Umwelt- und Rechtscheck sowie die Input-/ Outputanalyse.

- Umweltprogramm: Die Betriebsberater erstellen einen Stärken- und Schwächenbericht und entwickeln in Kooperation mit den Ansprechpartnern in den Betrieben konkrete Maßnahmen.

- Organisation: Während dieser Sitzung werden die Maßnahmen des Umweltprogramms festgelegt sowie die umweltbezogenen Aufgaben und Zuständigkeiten geklärt.

Die KliBA führt zum Thema Energieeinsparung eine Betriebsbegehung durch und ermittelt die Einsparpotentiale. Diese werden den Betrieben in einem umfassenden Bericht mitgeteilt, der mit den Energieberatern besprochen wird. Daraus resultierende Maßnahmen können auch nach Abschluss der aktiven Projektteilnahme durch die KliBA weiterhin begleitet werden.

19.4.4   Umweltordner

Jeder Teilnehmer erhält zum Projektbeginn einen „Umweltordner" mit einem Register, in die alle prüfungsrelevanten Unterlagen eingeordnet werden. Dies erleichtert den Betrieben das Einhalten der Systematik und die Pflege der Unterlagen.

19.4.5   Projektkommission

Zur fachlichen Begleitung des Projekts sowie zur Verankerung in der lokalen Fachöffentlichkeit wurde ein Fachbeirat, die Projektkommission „Nachhaltiges Wirtschaften", eingerichtet. Die Kommission setzt sich im Wesentlichen aus den Mitgliedern des „Runden Tisches – Nachhaltiges Wirtschaften" zusammen (Tab. 19.2). Das Gremium tagt zweimal im Jahr. Die Mitglieder geben Anregungen und nehmen Einfluss auf die inhaltliche Ausrichtung. Darüber hinaus fungiert die Projektkommission auch als Jury, die nach Abschluss des Schulungs- und Beratungsangebots über die Prämierungswürdigkeit der einzelnen Betriebe entscheidet. Grundlage für die Entscheidung ist die Bewertung der Umweltordner sowie der persönliche Prüfbericht eines Mitgliedes der Projektkommission, das die Betriebsbegehung begleitet (Zirkwitz 2006).

Tabelle 19.2   Mitglieder der Projektkommission

ABB-Stotz-Kontakt GmbH	Michael Förderer
BUND Heidelberg	Stephan Pucher
Heidelberger Stadtwerke GmbH	Dipl.-Ing. Richard Riden
Heidelberger Stadtwerke GmbH	Ellen Frings
Henkel AG & Co. KGaA – Standort Heidelberg –	Jochen Holz
IHK Rhein-Neckar	Klaus Peter Engel
IUWA Heidelberg	Dr. Thomas Sterr
Kreishandwerkerschaft	Tobias Menzerr
Rudolf Wild GmbH & Co. KG	Dirk Schweikert
UKOM e.V.	Prof. Dr. Liesegang

19.4.6   Prämierung

Voraussetzungen für eine erfolgreiche Projektteilnahme sind:

- Vorlage der Umwelt- und Nachhaltigkeitsleitlinien
- Durchführung der Schwachstellenanalyse
- Erstellen eines Umweltprogramms
- Vorlage der Organisationsstruktur des betrieblichen Umweltschutzes
- Nachweis über Einhaltung aller relevanten Umweltrechtsvorschriften

Wenn diese Anforderungen erfüllt sind, die sich an einer EMAS bzw. ISO 14.001 ff Zertifizierung bzw. Validierung orientieren, wird dem Teilnehmer im Rahmen einer Veranstaltung eine Urkunde mit einem eigens für das Projekt entwickelten Logo verliehen. Mit dieser Auszeichnung dürfen die Firmen und Einrichtungen werben und ihre besonderen Leistungen öffentlich darstellen. Der erfolgreiche Abschluss ist für die teilnehmenden Betriebe gleichzeitig eine hervorragende Basis für eine Zertifizierung bzw. Validierung nach EMAS oder ISO 14001ff.

19.4.7 Arbeitskreis „Nachhaltiges Wirtschaften"

Mit der Teilnahme am Projekt werden die Firmen Teil eines Netzwerkes, das sich zweimal jährlich auf Einladung von Herrn Oberbürgermeister Dr. Würzner trifft. Hier werden die prämierten Betriebe weiterhin beraten und unterstützt, um die im Umweltprogramm entwickelten Maßnahmen umzusetzen und einen kontinuierlichen Verbesserungsprozess zu begleiten. Im Rahmen der Netzwerktreffen werden aktuelle, für KMU relevante Themen durch externe Fachleute und Verwaltung präsentiert.

Darüber hinaus wird dem informellen branchenübergreifenden Austausch Raum gegeben.

19.4.8 Strukturelle Zusammensetzung des Teilnehmerkreises

Insgesamt haben innerhalb von neun Jahren 83 Betriebe mit 6.200 Arbeitsplätzen am Projekt „Nachhaltiges Wirtschaften" teilgenommen. Dies entspricht ca. 5,8 % der Beschäftigtenanzahl von ganz Heidelberg.

Bezüglich der Zahl der teilnehmenden Betriebe dominieren mit 33,7 % Dienstleistungsbetriebe. Handwerksbetriebe folgen dicht mit 26,5 %. Das produzierende Gewerbe ist mit 18 % stark vertreten. Soziale Einrichtungen, zu denen Schulen, Krankenhäuser sowie Pflegeeinrichtungen zählen, stellen 13,3 % der Projektbeteiligten. Der Rest verteilt sich untergeordnet auf städtische Einrichtungen wie beispielsweise Verwaltungsgebäude (3,6 %) oder sonstige Einrichtungen, zu der die U.S. Army Garrison Heidelberg, die Standortverwaltung der amerikanischen Militärgemeinde zählt (Abb. 19.3).

Bezüglich der Zahl ihrer Mitarbeiter/innen, zeigt sich, dass KMU mit 92,7 % den größten Anteil bilden. Darin überwiegen kleine Unternehmen mit bis zu 50 Mitarbeitern/innen mit 57,3 %, gefolgt von der Gruppe der Unternehmen mit bis zu 100 Mitarbeiter/innen, diese mit 17,1 % zweitgrößte Gruppe. Größere Unternehmen setzen Managementansätze im Umweltbereich meist selbstständig um. Trotzdem beträgt der Anteil größerer Unternehmen an den Projektteilnehmern 7,3 %. Von diesen Unternehmen wird die Projektteilnahme häufig zur Vorbereitung einer weiterreichenden Zertifizierung oder konzerninternen Validierung genutzt. Unternehmen bis 150 Mitarbeiter/innen stellen einen Anteil von 12,1 % (Abb. 19.4).

Abbildung 19.3   Verteilung der einzelnen Betriebe nach Branchen (in %)
                      (Petschner 2010)

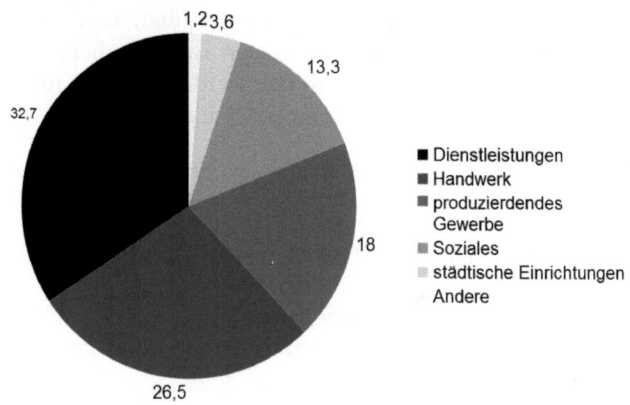

Abbildung 19.4   Verteilung der einzelnen Betriebe nach Unternehmensgröße (in %)
                      (Petschner 2010)

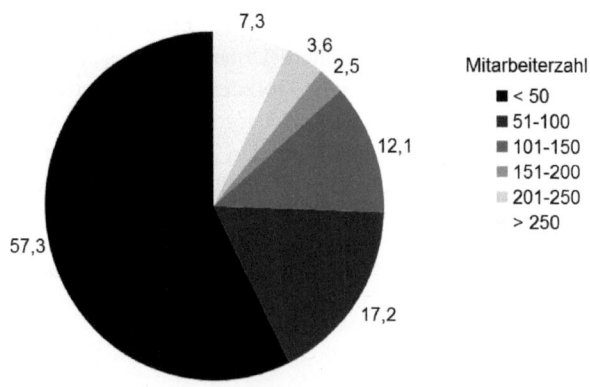

19.5   Bilanzierung der Projektergebnisse

Im September 2009 wurde im Rahmen einer Diplomarbeit am Geographischen Institut der Universität Heidelberg bei 64 Unternehmen aus den ersten sieben Jahren des Nachhaltigen Wirtschaftens eine Umfrage zu den Projektergebnissen durchgeführt.

Dabei war ein Untersuchungsschwerpunkt die Umsetzung der Umweltmaßnahmen. Zu diesen Maßnahmen zählen vor allem (Abb. 19.5):

- Energiesparmaßnahmen, wie der Einsatz von Energiesparlampen oder die Reduzierung vom Stand-By-Modus elektrischer Geräte

- Optimierung von Heizungsregelungen

- Wärmeisolierung von Gebäuden und die Beseitigung von Wärmebrücken

- Überprüfung der Druckluftnetze und Beseitigung von Leckagen

- Einsatz von wassersparenden Toilettenspülungen

- Beseitigung von Leckagen in Rohrleitungssystemen

- Konsequente Mülltrennung

- Fahrertraining für eine Kraftstoff sparende Fahrweise etc.

Aus der folgenden Abbildung geht hervor, dass besonders viele Maßnahmen in den Bereichen Strom, Heizung, Abfall und Wasser durchgeführt wurden.

Abbildung 19.5   Durchgeführte Maßnahmen in einzelnen Bereichen (in %)
(Petschner 2010)

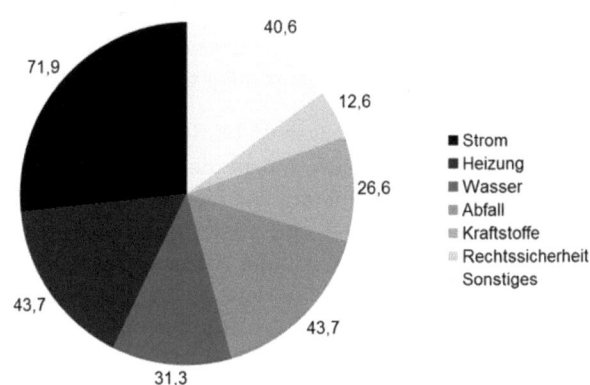

19.5.1   Energieverbrauch

Vor allem im Bereich der Energie- bzw. Stromeinsparungen waren die Unternehmen tätig. So wurden innerhalb eines Jahres 1,2 Mio. kWh Strom weniger verbraucht. Dies entspricht einer monetären Einsparung von 152.000 Euro oder 746 t CO_2.

Wie die Untersuchung gezeigt hat, ist ein wichtiger Aspekt bei der Einsparung von elektrischer Energie, die Mitarbeiterinnen und Mitarbeiter für stromsparende Maßnahmen zu sensibilisieren. Ein Unternehmen konnte dadurch den Stromverbrauch um 11,8 % senken, was einer Strommenge von 6.000 kWh entspricht. Dies verdeutlicht, dass die Einbeziehung der Angestellten beim Aufbau eines Umwelt- und Nachhaltigkeitsmanagementsystems für den erfolgreichen Verlauf eines solchen Projektes unbedingt notwendig ist.

In zwei anderen Fällen wurden durch die Optimierung der Lüftungsregelung der Stromverbrauch um jährlich 20.000 kWh und 64.000 kWh Strom reduziert. Für die Unternehmen bedeutet dies finanzielle Einsparungen von bis zu 10.000 Euro pro Jahr.

Im Bereich Kraftstoffe wurden insgesamt Einsparungen in Höhe von 86.000 Liter pro Jahr erreicht. Umgerechnet entspricht dies einer Verringerung von 105.000 Euro oder 223 t CO_2 jährlich.

Als ein Beispiel für wirksame Maßnahmen im Kraftstoffsektor sei das Fuhrpark-Management einer Firma genannt, die durch eine vorausschauende Organisation die Tourenplanung ihrer Außendienstmitarbeiter und -mitarbeiterinnen verbessern und so unnötige Fahrten bzw. Leerfahrten vermeiden konnten. Der Einsparerfolg lag hier bei 3.000 Liter Kraftstoff pro Jahr.

Nach der Durchführung einer Fahrerschulung hin zu einer umweltschonenden Fahrweise konnte der Dieselverbrauch eines anderen Unternehmens sogar um 33.600 Liter pro Jahr reduziert werden.

Weitere Einsparerfolge wurden durch die Anschaffung kleinerer und sparsamerer Firmenwagen erzielt, die sich in der Größenordnung von rund 3.000 Liter pro Jahr bewegen.

Die Einsparerfolge im Bereich von Erdgas und Erdöl wurden hauptsächlich durch die Optimierung von Heizungsanlagen erzielt, indem die Heizflächen auf den Wärmebedarf angepasst wurden und die Nachtabsenkung von Heizkesseln so eingestellt wurde, dass mit relativ geringem Heizmittelverbrauch eine ausreichende Tagestemperatur in den Unternehmensräumen hergestellt wird. So konnte beispielsweise ein Unternehmen den Verbrauch von Erdgas durch eine verbesserte Heizungssteuerung hinsichtlich der Nacht- und Wochenendabsenkung von 129.000 kWh pro Jahr auf rund 99.000 kWh pro Jahr vermindern. Dies bedeutet eine Reduzierung von 23 %.

Auch organisatorische Maßnahmen wie das bei Bedarf zeitnahe Öffnen und Schließen von Werkstatttoren oder das so genannte Stoßlüften von Büroräumen konnte zu einer Verringerung von Wärmeverlusten beitragen.

Die Einsparungen in den Bereichen Strom, Fern- und Nahwärme, Kraftstoffe sowie Erdgas und -öl haben neben den finanziellen Aspekten auch deutliche Auswirkungen auf verminderte CO_2-Emissionen und somit auch für den Klimaschutz (Abb. 19.6).

Abbildung 19.6 CO_2-Einsparungen in einzelnen Bereichen (in kg)
(Petschner 2010)

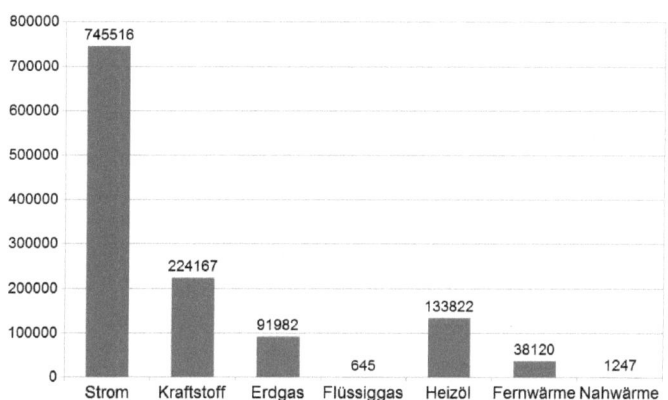

19.5.2   Wasserverbrauch

Geringere Einsparungen im Wasserverbrauch von knapp 33 m³ im Jahr werden hauptsächlich durch den Einsatz von Perlatoren und wassersparenden Toilettenspülungen in verschiedenen Betrieben erreicht. Zudem haben die meisten teilnehmenden Gärtnereibetriebe die Nutzung von Regenwasser zur Bewässerung der Pflanzen als einsparende Maßnahme angegeben. Größere Einsparungen gelangen durch das Aufdecken von Leckagen im Rohrleitungssystem. In einer Firma betrug die Einsparmenge knapp 1.300 m³ Wasser, die jährlich unbemerkt durch einen Rohrbruch verloren gingen. Große Einsparungen von 2.000 m³ im Jahr konnten durch die Aufdeckung eines Defekts am Überlauf einer Löschwasseranlage erzielt werden (Abb. 19.7).

19.5.3   Müllaufkommen

Das Restmüllaufkommen konnte um insgesamt 480 m³ pro Jahr reduziert werden. Durch die Abfalltrennung konnten zudem Erlöse beispielsweise für Weißfolien erzielt werden und Papier kostenlos entsorgt werden. All diese Maßnahmen ergaben eine jährliche Einsparung von 75.000 Euro.

Abbildung 19.7   Einsparungen im Bereich Wasser (Petschner 2010)

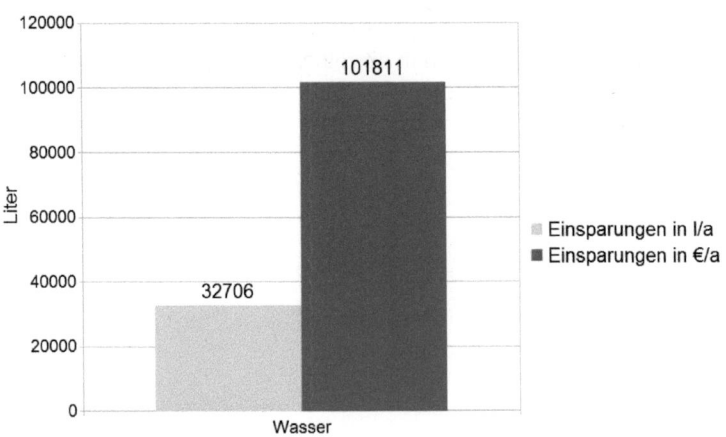

19.6   Weitere Projekterfolge

„Nachhaltiges Wirtschaften" diente als Vorbild für das landesweite Förderprogramm „ECOfit" des Ministeriums für Umwelt, Naturschutz und Verkehr Baden-Württemberg. Dadurch wurde landesweit in über 25 „ECOfit" Gruppen in mehr als 200 Firmen ein Nachhaltigkeitsmanagementsystem etabliert (Schneider 2010).

Der erste EMAS-Konvoi in Heidelberg hat sich im Jahre 2007 aus dem Teilnehmerkreis von „NaWi" gebildet. Zwei Unternehmen und eine Schule hatten mit dem Projekt die Vorstufe zur EMAS-Zertifizierung erreicht. Im Jahre 2008 beendeten eine Druckerei und eine Schule das Projekt erfolgreich. Im Rahmen der Prämierungsveranstaltung konnte diesen die EMAS-Auszeichnung überreicht werden.

Ein weiterer wichtiger Aspekt ist die Verbesserung der Kommunikation zwischen den Unternehmen und der Verwaltung. An den Workshops nehmen die städtischen Experten der relevanten Fachämter teil, wodurch ein intensiver Austausch entsteht. Die Stadtverwaltung sieht sich als Service-Einheit und ist den Betrieben bei Problemlösungen behilflich. Darüber hinaus ergeben sich durch diese Kooperation weitere Projekte. So organisiert beispielsweise die „Heidelberger Kundendienstgemeinschaft", ein Zusammenschluss lokaler Autohändler, gemeinsam mit dem Amt für Umweltschutz, Gewerbeaufsicht und Energie unter dem Motto „Umweltfreundlich mobil" Ausstellungen von umweltfreundlichen Fahrzeugen. Des weiteren engagieren sich zahlreiche Teilnehmer in der lokalen Klimaschutzkampagne „Klima sucht Schutz in Heidelberg – auch bei Dir".

19.7 Soziale Aspekte einer nachhaltigen Wirtschaftsweise

Soziales Engagement vor Ort ist für KMU traditionell meist selbstverständlich. Das Engagement der Betriebe in der Sportförderung, lokaler sozialer Einrichtungen oder auch die Ausbildung von Jugendlichen wird teilweise als selbstverständlich betrachtet und nicht für die Außendarstellung verwendet. Darüber hinaus konnte mit dem Orthos e.V. eine Ausbildungsinitiative ins Leben gerufen werden. Hier erhalten sozial benachteiligte Jugendliche die Chance auf Praktika und Ausbildungsplätze in teilnehmenden Betrieben. Für das Konzept der betreuten Ausbildung wird in den Workshops um Beteiligung geworben.

Ein weiteres Projekt ist die Unterstützung eines Heidelberger Rollstuhlbasketballvereins, der einmal im Jahr ein deutschlandweites Turnier veranstaltet. Dafür werden die Teilnehmer des Projektes angesprochen sich mittels Geldspenden aber auch mit Dienstleistungen, wie beispielsweise Sachspenden in die Veranstaltung einzubringen.

19.8 Fazit

Ausgehend von der beschriebenen Zielsetzung einer nachhaltige Wirtschaftsweise und der Realisierung von Win-Win-Situationen ist das Projekt insgesamt als erfolgreich zu bewerten.

Durch die Übertragbarkeit auf verschiedene Branchen, unterschiedliche Betriebsgrößen und auch als überregionales Förderprogramm „ECOfit" hat sich gezeigt, dass das Projekt durch den modularen Aufbau allen Ansprüchen gerecht werden konnte.

Die Zufriedenheit der Teilnehmer ist hoch. Bei Umfragen aus den Jahren 2002, 2003, 2005 und 2010 lag diese konstant in einer Bandbreite von 1,79 bis 1,89[1].

Das Umweltkompetenzzentrum Rhein-Neckar e.V. hat sich mit der Idee der Energieeffizienz in KMU erfolgreich an dem Clusterwettbewerb des baden-württembergischen Wirtschaftsministeriums beworben. Mit diesen finanziellen Fördermitteln wird unter anderem das „ECOfit"-Programm in verschiedenen Kommunen in der Metropolregion Rhein-Neckar angeboten mit dem Ziel regionale Projektgruppen zu bilden.

Um einen jährlichen Rhythmus des Projektes aufrecht zu erhalten müssen weitere Branchen, wie beispielsweise Hotels und Gaststätten oder auch Einzelhändler erschlossen werden. Diese Branchen besitzen in Heidelberg eine relevante Größe, sind aber bisher nur untergeordnet im Projekt vertreten.

---

[1] Beurteilung nach einer Orientierung am Schulnotensystem.

Literatur

Arqum (2006): PowerPoint-Präsentation vor Projektkommission am 8.12.2006.

Hauff, V. (1987): Unsere Gemeinsame Zukunft. Der Brundtlandbericht der Weltkommission für Umwelt und Entwicklung (WCED), Greven.

von Hauff, M. (2007): Industrial Ecology und nachhaltige Entwicklung, in: Isenmann, R./von Hauff, M. (Hrsg.): Industrial Ecology, S. 49-61.

Müller-Christ, G. (2007): Industrial Ecology in Unternehmen: Widersprüche, Grenzen und Vertrauen, in: Isenmann, R./von Hauff, M. (Hrsg.), Industrial Ecology, S. 131-141.

Petschner, A. (2010): Klimaschutz auf Kommunaler Ebene – Gesamtbilanz der Phasen I bis VII des Projektes „Nachhaltiges Wirtschaften für kleine und mittlere Unternehmen" der Stadt Heidelberg, Diplomarbeit an dem Geographischen Institut der Ruprecht-Karls-Universität vorgelegt bei Prof. Dr. Alexander Siegmund.

Schneider, P. (2010): Ministerium für Umwelt, Naturschutz und Verkehr, Referat 21, Telefonische Auskunft 1.6.2010.

Stadt Heidelberg (2008): Energiebericht der Stadt Heidelberg.

Zirkwitz, H.-W. et al. (2004): Nachhaltiges Wirtschaften – Ein Konzept für kleinere und mittlere Unternehmen in Heidelberg, .

Zirkwitz, H.-W. et al. (2006): Steigerung der Ressourceneffizienz in KMU durch Einführung eines Umweltmanagementsystems, in: Umweltwirtschaftsforum, Vol. 14, 4, S.47-51.

20 Ökoinformationssystem Mödling: Analyse einer industriellen Symbiose

Elke Perl-Vorbach und Stefan Vorbach

20.1 Einführung

Seit Jahren ist unbestritten, dass sich unser Handeln wesentlich ändern muss, um eine nachhaltige Entwicklung zu erreichen. Die Industrial Ecology (IE) diskutiert seit Beginn der 1990er Jahre hierzu mögliche Beiträge der Industrie (Erkmann 2007, S. 31). Das Ziel wird darin gesehen „… to develop a more closed industrial ecosystem, one that is more sustainable" (Frosch und Gallopoulos 1989, S. 94). Dieser allgemein gehaltene Anspruch wurde näher spezifiziert, indem die Optimierung der Materialkreisläufe von den Rohstoffen über die Produkte hin zum Abfall betont wird (Graedel und Allenby 1995, S. 9) und dieser Ansatz sowohl auf Ressourcen, Energie als auch auf Kapital ausgedehnt wird (McManus und Gibbs 2008, S. 527).

Allgemein wird betont, dass sich das Konzept der IE die Natur als Modell und Vorbild für Aktivitäten auf ökonomischer Ebene nehmen soll (siehe dazu etwa Isenmann 2007). Etwa führt Isenmann (2003) dazu aus: „…nature is employed as model explicitly or at least implicitly, often phrased in terms of a natural ecosystem metaphor and frequently based on a proclaimed persuasive analogy between industrial systems and natural ecosystems." (Isenmann 2003, S. 148). Allerdings muss davor gewarnt werden, in einer bloßen Imitation der Natur den Erfolg für eine nachhaltige Entwicklung zu sehen, da viele Mechanismen in der Natur noch unklar sind bzw. nicht auf wirtschaftliche Prozesse umgelegt werden können (Ayres 2004; Isenmann 2003, S. 148; weitere kritische Anmerkungen finden sich etwa bei Gibbs, Deutz und Proctor 2005; Chertow, Ashton und Espinosa 2008 oder Ashton 2009).

Die Aggregation von Stoffströmen und Energie auf lokaler, regionaler und globaler Ebene sowie der Aufbau von Kreisläufen bzw. die Kreislaufwirtschaft werden als wichtige Mechanismen für die Zielerreichung gesehen (Nielsen 2007). Recycling führt in diesem Zusammenhang nicht nur zu ökologisch nachhaltigen Vorteilen, sondern auch zu ökonomischen. Betont werden einerseits das erhebliche Potenzial, das im Aufbau solcher Kreisläufen noch steckt (Nielsen 2007), andererseits aber die hohen Anforderungen an die Koordination von Initiativen, an das Produktdesign, an Prozessoptimierungen und an logistische Lösungen.

Der vorliegende Beitrag geht deshalb eingangs der Fragestellung nach, wie sich die Ökoinformationssysteme in das Konzept der IE einordnen lassen. Hierzu erfolgt eine kurze begriffliche Diskussion der häufig verwendeten Begriffe Industrial Symbiosis (IS), Eco Industrial Park (EIP) und des Ökoinformationssystems. Da häufig zwar das theoretische Konzept in der einschlägigen Literatur diskutiert wird, von einer praktischen Umsetzung aber vergleichsweise selten berichtet wird (Gibbs, Deutz, und Proctor 2005, S. 173), geht der vorliegende Beitrag der Frage nach, welche Strategien und Konzepte für den Aufbau und den Betrieb von IS und EIP empfehlenswert und zielführend sind. Dazu wird einerseits ein mögliches Vorgehensmodell beim Aufbau beleuchtet und andererseits werden Barrieren und Hemmnisse aufgezeigt, die mit der Implementierung des Konzeptes verbunden sind. Schließlich wird in einem zweiten Schwerpunkt des Beitrags von den praktischen Erfahrungen berichtet, die mit der Analyse und dem Aufbau des Ökoinformationssystems Mödling, einer industriellen Symbiose südlich von Wien (Österreich), verbunden sind, berichtet. Dieses Ökoinformationssystem Mödling wurde im Rahmen eines geförderten Verbundprojektes in den Jahren 2007 bis 2009 näher untersucht und ausgewählte Austauschbeziehungen zwischen Unternehmen aufgezeigt. Der vorliegende Beitrag geht hier auf einige alternative Verwertungsmöglichkeiten für materielle Rückstände ein und zeigt Schwierigkeiten und Hemmnisse bei der Umsetzung der Alternativen auf.

20.2   Abgrenzung des Untersuchungsgegenstandes

Um nun das abstrakte Konstrukt der IE zu operationalisieren, kann man drei verschiedene Ebenen der Ausprägung unterscheiden (Tudor, Adam und Bates 2007). Einerseits ist damit die unternehmensinterne Perspektive gemeint, bei der es um Vermeidung von Abfällen, Vermeidung von Verschmutzung, Ökoeffizienz, um nur wenige Entwicklungsfelder zu nennen, geht (McManus und Gibbs 2008, S. 526). Auf zwischenbetrieblicher Ebene werden Aktivitäten und Konzepte wie Industriesymbiosen, Verwertungsnetze, Lebenszyklusanalysen etc. angesprochen. Darüber hinaus existiert noch die regionale bzw. globale Ebene, die auch überregionale Stoff- und Energieströme sowie Dematerialisierung und Decarbonization mit einschließen (McManus und Gibbs 2008). Im Rahmen des vorliegenden Beitrags wollen wir die zweite Ebene, also die zwischenbetriebliche Zusammenarbeit adressieren, wobei hier wiederum drei verschiedene Richtungen identifiziert werden können. Diese betreffen erstens gemeinsame Umweltziele innerhalb von Branchen, zweitens den Ansatz der Lebenszyklusanalysen entlang von Wertschöpfungsketten und drittens das Konzept der überbetrieblichen Zusammenarbeit (Leeuwen van, Vermeulen und Glasbergen 2003).

Auf dieser zweiten Ebene haben sich die Begriffe Industrial Symbiosis (IS) und Eco Industrial Park (EIP) für die praktische Umsetzung des Kreislauf- und Kooperationsgedankens etabliert. IS und EIP werden somit als realweltliche Ausprägungen des normativen Konzepts der IE in einer spezifischen Region angesehen, zumeist durch politische Intervention angestoßen und vom privaten Sektor als auch dem öffentlichen Sektor umgesetzt (McManus und Gibbs 2008, S. 529; Murata und Emtairah 2005, S. 995; Chertow, Ashton und Espinosa 2008, S. 1300; Nielsen 2007, S. 7).

Der Begriff des Ökoinformationssystems hingegen ist zwar in der Literatur nicht geläufig, ist aber an die Bezeichnung des zugrunde liegenden Förderprojektes angelehnt. Hervorgehoben wird durch die Begriffswahl der Informationsfluss, der im betrachteten System notwendige Voraussetzung für die Etablierung von materiellen Austauschbeziehungen ist (Windsperger et al. 2009). Darüber hinaus wird in Ökoinformationssystemen der Gedanken der Beurteilung der Materialflüsse stärker beachtet. So kann etwa die ökologische Vorteilhaftigkeit von Verwertungslösungen besser beurteilt werden.

20.2.1   Industrial Symbiosis (IS)

Bei einer IS handelt es sich nach Chertow (2000) um „traditionally separate industries in a collective approach to competitive advantage involving physical exchange of materials, energy, water and/or by-products. The keys to industrial symbiosis are collaboration and the synergistic possibilities offered by geographic proximity." Durch diese Industriesymbiosen werden somit neue Wege eingeschlagen, um den Gedanken der Nachhaltigkeit auf lokaler und regionaler Ebene zu verankern. „Their aim is to make use of spatial proximity of industrial activities to respond to environmental concerns." (Murata und Emtairah 2005). Bei Partnerschaften im Rahmen der Industriesymbiose geht man von langjährigen, symbiotischen Beziehungen zwischen mehr oder weniger regionalen Partnern aus, wobei der Austausch von physischem Material und Energie, aber auch der Austausch von Wissen, Humankapital und technischen Ressourcen einen wesentlichen Bestandteil darstellt (Murata und Emtairah 2005).

Historisch betrachtet findet man schon früh industrielle Symbiosen (vgl. Desrochers 2001 und die dort angeführte Literatur). So ist etwa der Austausch von Rückständen in der chemischen Industrie von jeher üblich (Leeuwen van, Vermeulen und Glasbergen 2003, S. 148). Erklärt wird nur die Entstehung von IS häufig mit regionalen und systemwissenschaftlichen Ansätzen. Im Bereich der Wirtschaftsgeografie führen z.B. regional bzw. firmen- und branchenspezifisch unterschiedlich anfallende Sekundärrohstoffe oder die gemeinsame Nutzung von Infrastruktur, Ressourcen und Dienstleistungen zur Ausprägung unterschiedlicher IS (Chertow, Ashton und Espinosa 2008, S. 1301; Ashton 2009). Aus den Systemwissenschaften ist u.a. der Eco-Cluster Approach erwähnenswert, der Netzwerktheorien und Theorien komplexer Systeme vereint, um die Beziehungen zwischen den Unternehmen der IS besser erklären zu können.

20.2.2   Eco-Industrial Parks (EIP)

In engem Zusammenhang mit IS werden auch EIP genannt, die gemäß PCSD 1997 (S. 5) wie folgt definiert werden: „a community of businesses that cooperate with each other and with the local community to efficiently share resources (information, materials, energy, infrastructure and natural habitat), leading to economic gains, improvements in environmental quality and equitable enhancement of human resources for businesses and the local community" (PCSD 1997).

Diese EIP sind also von ihrer Ausrichtung her den IS ähnlich. Allerdings geht man bei den EIP von einem geografisch eher eng abgegrenzten Bereich aus (Leeuwen van, Vermeulen und Glasbergen 2003, S. 148). Auch wird argumentiert, dass EIP auf den drei Konzepten industrial ecology, biological economy und landscape ecology (bzw. Wirtschaftsgeografie) basieren (Tudor, Adam und Bates 2008, S. 200). Die Prinzipien solcher EIPs sind die Minimierung des Energieverbrauchs, die Reduzierung von Abfällen und die Entwicklung eines „diverse and resilient system" (Frosch und Gallopoulos 1989). Durch die Kooperationen zwischen Unternehmen sollen so Vorteile, wie eine bessere Ressourceneffizienz, ein geringerer Einsatz von nicht nachwachsenden Rohstoffen, ökonomische Effizienz, verbesserte Beziehungen, auch zu öffentlichen Einrichtungen, und soziale Verbesserungen durch die Schaffung von Arbeitsplätzen erreicht werden (Murata und Emtairah 2005).

Ausprägungen dieser EIPs gibt es sehr unterschiedliche. Sie reichen von ökologisch motivierten Industrieparks ohne zwischenbetriebliche Beziehungen, integrierte Eco-Industrie Parks, in denen Synergien der geografisch konzentrierten Unternehmen stattfinden, bis hin zu Netzwerken, die sich über größere Regionen spannen (Schwarz und Steininger 1997) und in denen Synergien zur nachhaltigen Entwicklung geschaffen werden (McManus und Gibbs 2008; Peck 2002). Neben den klassischen EIPs ist es auch möglich, sog. virtuelle EIPs zu installieren, in denen der Austausch von Stoffen stattfindet, ohne dass Unternehmen umgesiedelt werden müssen (Desrochers 2001; Nielsen 2007, S. 7).

20.2.3   Weitere Begrifflichkeiten

Neben den weit verbreiteten Begriffen IS und EIP existieren noch zahlreiche andere Termini, wie etwa eco-industrial network und industrial ecosystems (Tudor 2008, S. 200); und im Deutschen die Begriffe Verwertungsnetze, Nachhaltigkeitsnetzwerke (umfassen auch soziale Aspekte, Posch und Perl 2007), sowie Ökocluster bzw. Ökoinformationssysteme. Sie alle umfassen mehr oder weniger den zwischenbetrieblichen Austausch von Stoffen und Energie mit dem Ziel einer nachhaltigen Entwicklung. Allerdings kann man etwa bei den Verwertungsnetzen beobachten, dass hier Kooperationen nicht zwangsweise in geografisch eng abgegrenzten Räumen stattfinden müssen, wie man an den Beispielen des Verwertungsnetzes Steiermark (Strebel 1998; Schwarz und Steininger 1997; Wallner 1999) bzw. Industriegebiet Heidelberg (Sterr und Ott 2004) ersehen kann. Boons und Baas 1997 weisen schließlich darauf hin, dass sich industrielle Ökosysteme bzw. Industriesymbiosen häufig entlang von Produkt- oder Material-Supply Chains etablieren bzw. sich in geografisch eingegrenzten Gebieten befinden.

20.3   Entwicklung von Ökoinformationssystemen

Beispiele für IS und EIP werden seit geraumer Zeit publiziert, zumindest aber seit der Entdeckung der IS in Kalundborg (Christensen 1998). Strebel etwa publizierte bereits 1998 über das Verwertungsnetz Steiermark (Strebel 1998). Cote untersucht 1998 unterschiedliche Ausprägungen in den Niederlanden, Schweden und Österreich (Cote 1998). 2002 gab es Untersuchungen, wie in Asien (Chiu 2002) bzw. in den USA und Kanada (Peck 2002) das Konzept der IS und EIPs umgesetzt wird. McManus und Gibbs 2008 (S. 529) erwähnen mehrere Fallbeispiele zu EIP, die auch in die Literatur Eingang gefunden haben, z.b. bei Eilering und Vermeulen (2004), Heeres, Vermeulen und Walle (2004), Lowe (2003) oder Murata (2004).

20.3.1 Evolutionäre oder geplante Entstehung

Es stellt sich nun die Frage, warum, wenn IS bzw. EIP Vorteile besitzen, es nicht schon mehr davon gibt bzw. die bestehenden nicht erfolgreicher sind. Eine weitere Frage ist, wie man selbst-organisierende Netzwerke entdeckt bzw. wie sie entstehen.

Diesbezüglich gibt es beispielsweise von Chertow Studien, in denen sie 15 EIP in den USA untersuchte und nur bei zwei davon Erfolg identifizierte. Zum Teil kam es vor, dass die Unternehmen zwar zwischenbetrieblich Abfälle austauschten, sich aber nicht als Netzwerk sahen (Chertow 2007). Ähnliche Ergebnisse zu EIPs liegen auch in Europa vor (Gibbs, Deutz und Proctor 2005; Posch 2006). Aus diesem Grund ist es bedeutsam, abzuklären, wie die Entstehung und der Fortbestand solcher Kooperationen und Netzwerke unterstützt werden kann, da z.b. die IS Kalundborg ungeplant und organisch entstand, es aber ebenso Beispiele gibt, wie durch die Initiative von politischen Organisationen, vor allem in Westeuropa und in Nordamerika, Teile dem Vorbild Kalundborg künstlich nachempfunden wurden (Gibbs, Deutz und Proctor 2005, S. 174).

Analysiert man die dazu bestehende Literatur, kann man zwei unterschiedliche Strömungen (Hewes und Lyons 2008) bzw. einen Konflikt zwischen Anhängern von selbstorganisierenden, evolutionär entstandenen Netzwerken auf der einen Seite (z.B. Cohen-Rosenthal 1996, 2000; Cote und Cohen-Rosenthal 1998), und geplanten Kooperationen innerhalb von EIPs auf der anderen Seite (z.B. Lowe und Evans 1995; die Proponenten von geplanten EIPs werden auch in Desrochers 2001 aufgeführt, Lowe 1997, Van der Ryn und Cowan 1996) identifizieren.

20.3.1.1 Geplante Entstehung

Die Verfechter von geplanten IS und EIP argumentieren, dass durch das Design von solchen Kooperationen ein noch höheres Potenzial für eine nachhaltigere Entwicklung erschlossen werden kann (Lowe 1997; Desrochers 2001; Murata und Emtairah 2005, S. 995). Ashton (2009, S. 244) etwa kommt in ihren Untersuchungen zum Schluss, dass komplexe Systeme wie Industriesymbiosen durchaus auch von Personen geplant und beeinflusst werden können und dass das System in gewisser Hinsicht auch gemanagt werden kann. In Bezug auf die Planung von EIPs muss jedoch beachtet werden, dass die Ansiedelung von Unternehmen zum Teil mit erheblichen Kosten verbunden ist und die öffentliche Hand hier zum Teil mit Förderungen intensiv eingreifen muss (Sterr und Ott 2004). Da im Gegensatz zu natürlichen Ökosystemen bei IS der Markt und die Preise zumeist die bestimmenden Faktoren sind muss die Politik hier als lenkendes Medium sowie zur Unterstützung von zentralen Koordinations- und Planungsprozessen eingreifen (Ayres 1997, S. 434; Leeuwen van, Vermeulen und Glasbergen 2003) Koordination kann dabei neben der Politik von öffentlichen Institutionen, Vereinen, Universitäten ausgehen (Chertow 2007, S.

24). Darüber hinaus benötigen diese Netzwerke zum Teil auch Hilfe bei der Identifizierung der Potenziale, bei der Sammlung von relevanten Daten sowie bei der Errichtung von zentralen Koordinationsstellen (Murata und Emtairah 2005, S. 995). Als Unterstützung der öffentlichen Hand für Industriesymbiosen können nach Chertow (2007) drei Punkte wichtig sein: 1) bestehende Kooperationen ans Licht bringen, z.B. durch so genannte „maps of flows" (Chertow, Ashton und Espinosa 2008, S. 24); 2) beim Aufbau dieser Kooperationen unterstützend wirken; 3) Anreize für neue Kooperationen bieten.

20.3.1.2 Ungeplante Entstehung

Auf der anderen Seite vertreten Experten die Meinung, dass diese Systeme, wie am Beispiel Kalundborg ersichtlich, ohnehin die Tendenz aufweisen, natürlich und evolutionär zu entstehen anstatt geplant zu werden (Korhonen, Niemelainen und Pullianinen 2002). Bei solch langsam und sich evolutionär entwickelnden IS ist oft nicht auf den ersten Blick ersichtlich, dass es sich um ein System handelt. Ein ungeplantes und meist auch zufälliges Wachstum (Nielsen 2007, S. 7) kann man auch in der Natur beobachten, da die Beziehungen im Ökosystem organisch und langsam wachsen (Desrochers 2001). Bei ungeplanter Entstehung werden die Vorteile, die jeder Netzwerkteilnehmer aus der Kooperation generiert, immer größer bzw. sie werden immer gleichmäßiger auf die Teilnehmer verteilt. Dadurch profitiert jeder vom Aufbau des Netzwerkes in ungefähr gleichen Teilen (Nielsen 2007). In organisch gewachsenen IS liegt die Entscheidung, die Ressourcen auszutauschen, bei den Unternehmen selbst und es stehen daher von Anfang an die Interessen der Unternehmen, zu Beginn meist finanzielle (Tudor, Adam und Bates 2007, S. 205), im Vordergrund (Chertow 2007, S. 20 nennt das die „invisible hand of the market"). Darüber hinaus wird beispielsweise argumentiert, dass bei einer zentralen Planung von EIPs zu starker Fokus auf einige wenige Aspekte der Nachhaltigkeit gelegt wird, zum Beispiel nur auf Austausch von Sekundärrohstoffen (Desrochers 2004).

Chertow hat diesbezüglich 12 selbst-organisierende und 15 geplante EIPs untersucht und kommt zum Schluss, dass die organisch gewachsenen und selbst-organisierenden Industriesymbiosen weit erfolgreicher sind bzw. dass geplante Netzwerke selten Erfolge aufweisen können (Chertow 2007, S. 20; Chertow, Ashton und Espinosa 2008). Aus diesem Grund wird argumentiert, dass eher existierende Symbiosen aufgedeckt und weiter vorangetrieben werden sollen anstatt EIPs neu zu planen und „auf der grünen Wiese" zu konfigurieren (Chertow 2007).[1]

---

[1] Dies gilt zumindest für Europa und Amerika. In Asien hingegen haben sich geplante EIPs durchaus auch als erfolgreich erwiesen, was vor allem daran lag, dass vermutlich Betriebsansiedelungen in diesen Gebieten leichter durchzuführen sind.

20.3.2 Schritte zur Implementierung von Ökoinformationssystemen

In der Literatur werden verschiedene Möglichkeiten, wie man die Entstehung einer IS oder eines EIP unterstützen kann, dargestellt.

Unabhängig davon, ob IS in einer Region mit den dort ansässigen Unternehmen geplant oder bestehende Kooperationen unterstützt werden sollen, ist es zu Beginn wichtig, dass ein Grundverständnis sowie ein entsprechendes Commitment aller möglichen Beteiligten zu einer nachhaltigen Entwicklung vorhanden ist und diese auch entsprechend greifbar und begreiflich ist (Leeuwen van, Vermeulen und Glasbergen 2003; Baas 2001). Dies kann man auch daran erkennen, dass die Unternehmen innerbetrieblich Aktivitäten zu einer nachhaltigen Entwicklung forcieren, zum Beispiel ein Umweltmanagement etablieren, Konzepte der Cleaner Production umsetzen, etc. (Baas 2008). Neben dem Bewusstsein, nachhaltiger zu wirtschaften, muss aber auch ein entsprechender Mix und die Struktur an Unternehmen in der Region vorhanden sein (Tudor, Adam und Bates 2007, S. 205; Schwarz und Steininger 1997; Desrochers 2004; Chertow 2000; Chertow 2007).

Sind diese Voraussetzungen erfüllt, ist es als nächstes wichtig, dass in der Region erhoben wird, welche Abfallströme, Infrastruktur, Einstellung der Unternehmen und der öffentlichen Hand, Verwertungslösungen etc. vorliegen (Murata und Emtairah 2005, S. 998; Roberts 2004; Chertow, Ashton und Espinosa 2008, S. 24; Nielsen 2007, S. 7). Vor allem die Kenntnisse der Materialflüsse sind bedeutend zum Schließen von Stoffkreisläufen durch Recycling sowie zur Erhöhung der Ökoeffizienz (Gibbs, Deutz und Proctor 2005). Wichtig in diesem Zusammenhang ist es auch, dass wirklich alle Material- und Energieflüsse erfasst werden anstatt sich auf einige wenige zu beschränken, um versteckte Potenziale aufdecken zu können (Cohen-Rosenthal 2004).

Die Ergebnisse dieser Analyse werden danach herangezogen, um Synergien aufzudecken bzw. Potenziale für eine nachhaltige Entwicklung zu identifizieren (Murata und Emtairah 2005, S. 998; Baas 2001; Chertow 2007). Chertow, Ashton und Espinosa (2008) räumen hier aber ein, dass bei hochpreisigen Gütern, die ein geringes Volumen aufweisen, es auch sinnvoll sein kann, wenn Recycling nicht in der Region, sondern anderswo stattfindet. Hierbei sieht man auch, dass die Unterstützung beim Aufbau von Symbiosen durch Planungsteam durchaus sinnvoll und notwendig sein kann, da es für die einzelnen Unternehmen oft nicht möglich ist, einen Überblick über die Stoffströme sowie über die Potenziale, Sekundärrohstoffe zwischenbetrieblich zu verwerten, zu haben. (Schwarz und Steininger 1997, S. 55). Man muss allerdings bedenken, dass ein Planungsteam sehr umfassende Kenntnisse über die Situation in der Region haben muss, um erfolgreich sein zu können.

Als letzter Schritt erfolgt die Unterstützung bei der Implementierung der Beziehungen im Netzwerk (Murata und Emtairah 2005, S. 998). Seitens der Politik könnten dies beispielsweise Anreize für neue Kooperationen in Richtung IS sein (Chertow 2007). Darüber hinaus müssen in diesem Stadium operationale, finanzielle und organisatorische Fragen geklärt werden (Chertow 2007, S. 15 und die dort zitierte, Literatur, z.B. Chertow 2000, Murata

2004, Gibbs 2003). Ferner sind auch die Einbindung von Stakeholdern sowie finanzielle Risikomanagementstrategien von Bedeutung. Berücksichtigt sollte darüber hinaus die Beziehung der Unternehmen in der IS zur Umwelt werden und welche gegenseitigen Einflüsse davon ausgehen (Roberts 2004). Wichtig wäre zudem, die Möglichkeiten für weitere Maßnahmen innerhalb des Netzwerkes abzuschätzen. Baas schlägt hier vor allem die Integration von sozialen Aspekten und CSR im Netzwerk sowie regionale Lernprozesse vor, da die IE weiter gehen muss als nur die bloße Austauschbeziehung darzustellen (Baas 2001; Baas 2008; auch Baas und Boons 2004).

20.3.3 Barrieren beim Aufbau von Ökoinformationssystemen

Um die eingangs gestellte Frage zu beantworten, warum es trotz der offensichtlichen Vorteile erst so wenig erfolgreiche IS gibt, muss man einen Blick auf mögliche Barrieren und Hemmnisse bei der Entstehung solcher Netzwerke werfen. Diese können grob unterteilt werden in technische, ökonomische, organisatorische, soziale und rechtliche Barrieren (Gibbs 2003).

20.3.3.1 Technische Barrieren

Ein wesentliches Problem bei der Entstehung von IS und EIP ist sicherlich, dass viele Abfallströme, die zwar in großen Mengen vorliegen, nur mit großem technischen Aufwand und deshalb ökonomisch nicht mehr rentabel recycelt werden können (Ayres 2004, S. 428). Darüber muss eigentlich auch die Frage aufgeworfen werden, ob Recycling die beste Lösung im Sinne einer nachhaltigen Entwicklung darstellt. In vielen Fällen wäre beispielsweise Reparieren bzw. auch das Remanufacturing ökologisch sinnvoller, auch in Hinblick auf das Image von Produkten, Gewährleistung, den Aspekt der Wertschöpfung, Produktperformance etc (King et al. 2006). Aus diesem Grund müssen auch diese Möglichkeiten im Rahmen einer IS abgewogen werden. Oft ist auch zu bedenken, ob in der Region Möglichkeiten des Wiedereinsatzes von Sekundärrohstoffen gegeben sind, denn um wirklich Kreisläufe auszubilden müssen oft große Entfernungen überwunden werden. Hierbei muss allerdings auch der Transport und der damit verbundene Energieverbrauch bzw. die Belastungen für die Umwelt berücksichtigt werden (Nielsen 2007, S. 7).

20.3.3.2 Ökonomische Barrieren

Bei der Entwicklung von IS ist zu bedenken, dass die teilnehmenden Unternehmen meist finanzielle Interessen in den Vordergrund stellen (Strebel 1998; Posch 2006; Tudor, Adam und Bates 2007). Wichtig hierbei ist, dass die Unternehmen finanzielle Vorteile erkennen können, was vor allem zu Beginn von Verwertungsbeziehungen oft nicht klar ersichtlich ist. Darüber hinaus ist es schwierig, langfristige Beziehungen in IS aufzubauen, da Preise und der Markt einen großen Einfluss auf die Beständigkeit des Netzwerkes und die Verwertungsbeziehungen haben und somit IS im Zeitablauf instabil werden können (Desrochers 2004; Sterr und Ott 2004).

20.3.3.3   Organisatorische Barrieren

Ein Hindernis bei der Entstehung von IS ist oft, dass das Verständnis fehlt, was das Ziel dieser Kooperationsbeziehungen überhaupt ist und welche Vorteile daraus entstehen können (Perl 2006). Aus diesem Grund ist als erster Schritt, wie oben erwähnt, die Bewusstseinsbildung von großer Bedeutung. Darüber hinaus sind unterschiedliche Ziele und Vorstellungen der einzelnen Teilnehmer für die Implementierung von IS ein großes Hindernis. Die daraus resultierende fehlende Motivation ist wohl einer der Hauptgründe, warum die Umsetzung von IS eher schleppend vonstatten geht, obwohl die Vorzüge eigentlich offensichtlich sind (McManus und Gibbs 2008, S. 536; Baas 2001). Auch die Tatsache, dass die Entwicklung von IS als sehr zeitintensiv und komplex angesehen wird, kann sich hinderlich auswirken (Baas 2008).

Zu beachten ist auch, dass IS als sehr fragil angesehen werden können. Verlässt beispielsweise ein Unternehmen das Netzwerk, können erhebliche Probleme damit verbunden sein (vgl. dazu etwa die Phänomene in einem Netzwerk in China bei Zhu und Cote 2004; Gibbs, Deutz und Procter 2005). Um dieses Problem zu umgehen, sollte das Netzwerk eher sehr breit aufgestellt sein, allerdings mit dem weiteren Problem, dass dann wiederum unterschiedliche Interessen und Vorstellungen aufeinander treffen und gemeinsame Ziele nur mehr schwer zu finden sein können.

Ein organisatorisches Problem könnte auch sein, dass insbesondere bei der Entstehung von EIP in einer Region der geografische Fokus zu eng gesetzt wird, was nicht zu den sowohl ökologisch als auch ökonomisch sinnvollsten Lösungen für eine Kreislaufwirtschaft führt, weil dann oft große Entfernungen überwunden werden müssen (Desrochers 2001). Jedoch muss dann auch der Transport und der damit verbundene Energieverbrauch bzw. die Belastungen für die Umwelt berücksichtigt werden (Nielsen 2007, S. 7).

Ein weiteres organisatorisches Hindernis stellt die Informationsstruktur für das Netzwerk dar, die notwendig für ein effektives und effizientes Agieren ist. Die Kommunikation wird umso schwieriger, je größer und unterschiedlicher das Netzwerk ist (Zhu und Cote 2004). Insbesondere in selbst organisierenden Netzwerken ist die Kommunikation zwischen den Teilnehmern oft mangelhaft, was ein gemeinsames geschlossenes Auftreten nach außen schwierig macht (Posch 2006). Hilfreich kann hier sein, wenn auf eine bereits bestehende Informationsinfrastruktur zurückgegriffen werden kann (Baas 2001).

20.3.3.4   Soziale Barrieren

McManus und Gibbs (2008) gehen davon aus, dass eine der Haupterkenntnisse der letzten Jahre der sozialwissenschaftlichen Forschung zu IE und EIPs der Bedeutung dem Vertrauen gilt, das wesentlich für den Aufbau und den Bestand ist (siehe auch Gibbs, Deutz und Procter 2005; Hewes und Lyons 2008). Problematisch ist dieser Faktor vor allem dann, wenn Unternehmen, die früher relativ anonym nebeneinander operiert hatten, nun mühsam Beziehungen und vor allem Vertrauen untereinander aufbauen müssen (Leeuwen van, Vermeulen und Glasbergen 2003, S. 148). Mitunter nimmt der Faktor Vertrauen in IS sogar einen höheren Stellenwert ein als beispielsweise in Supply Chains (Ashton 2008), da die Zusammenarbeit hier noch stärker auf Freiwilligkeit beruht.

Dies kann auch durch das Beispiel der IS Kalundborg untermauert werden, die auch deshalb als so erfolgreich und beständig gilt, da es in dieser Region eine so genannte „culture of cooperation" bzw. „short mental distances" gibt, die sowohl die Kommunikation als auch das Vertrauen zwischen den Partnern positiv beeinflussen (Ehrenfeld und Chertow 2002, S. 432; Baas 2001). Hewes und Lyons (2008) und Ashton (2008) betonen darüber hinaus die Bedeutung von persönlichen Beziehungen (Hewes und Lyon 2008; Ashton 2008, S. 36). In ihren Studien fanden sie heraus, wie wichtig Promotoren für das Entstehen solcher Netzwerke sind. Wichtig sind hierbei das persönliche Engagement sowie die persönliche Verankerung der Promotoren in der Region (Hewes und Lyon 2008; Chertow 2007, S. 25).

Betrachtet man IS aus einer sozialwissenschaftlichen Perspektive, kann man erkennen, dass auch hier Veränderungen, sowohl in der Kommunikation als auch in der Wahrnehmung, was Abfall, Rohstoffe und insbesondere Sekundärrohstoffe betrifft, stattfinden (Ashton 2008). Aus diesem Grund wird der Aufbau von Beziehungen innerhalb von IS auch unter dem Aspekt des organisationalen Lernens verstanden mit all seinen Vorteilen und Problemen (Baas 2001). Ferner sind Gründe, warum keine vermehrte Umsetzung des Konzepts vorliegt, die generelle Skepsis, Intoleranz, Ignoranz und die Angst vor Veränderungen (Baas 2008, S. 331).

20.3.3.5   Rechtliche Barrieren

Nach Desrochers (2001) konnte sich die IS Kalundborg auch deshalb so gut und effizient entwickeln, da die gesetzlichen Rahmenbedingungen entsprechend flexibel waren. Im Laufe der Jahre mit den verschärften Abfall- und Umweltgesetzgebungen wurde allerdings eine Entwicklung insbesondere von Verwertungsbeziehungen immer schwieriger. Vor allem die Definition des Begriffs Abfall kann sehr hinderlich für den zwischenbetrieblichen Austausch von Sekundärrohstoffen sein. Insbesondere die Diskussion, was als Abfall und was als Produkt gilt, hat großen Einfluss darauf, wie der Stoffstrom behandelt werden muss bzw. darauf, ob Unternehmen die Stoffe überhaupt zu einer weiteren Verwendung annehmen dürfen. Zum Beispiel müssten einige Firmen als Verwerter eingetragen sein, um gewisse Sekundärrohstoffe annehmen und verwerten zu dürfen (Malcom und Clift 2002). Auch in Hinblick auf geplante Zusammenführungen von Betrieben, auch wenn Betriebsansiedelungen nötig sind, können gesetzliche Barrieren oft hinderlich wirken (Nielsen 2007).

20.4   Das Ökoinformationssystem Mödling

Im praktischen Teil dieser Arbeit wird nun vorgestellt, wie im Rahmen eines Projektes versucht wird, auf bestehenden Strukturen und Symbiosen in einer Region eine Industriesymbiose zu initiieren und unterstützen.

20.4.1   Eckpunkte des Ökoinformationssystems

Im Rahmen des 18-monatigen Projekts ICLU Ökoinformationscluster Mödling wurde für den Aufbau einer Industriesymbiose nach dem Vorbild Kalundborg der Bezirk Mödling im Süden von Wien gewählt. Wissenschaftliche Projektpartner waren das Institut für Industrielle Ökologie in Niederösterreich (Projektleitung), das Institut für Innovations- und Umweltmanagement der Karl-Franzens-Universität Graz, das Alfred Weber-Institut (AWI) der Universität Heidelberg sowie das Institut für Umweltwirtschaftsanalysen (IUWA) in Heidelberg. Darüber hinaus waren die Wirtschaftskammer sowie die Landesregierung Niederösterreich und das Beratungsunternehmen Umwelt Management Austria in das Projekt eingebunden.

Abbildung 20.1   Betriebe im Bezirk Mödling (Windsperger et al. 2009, S. 40)

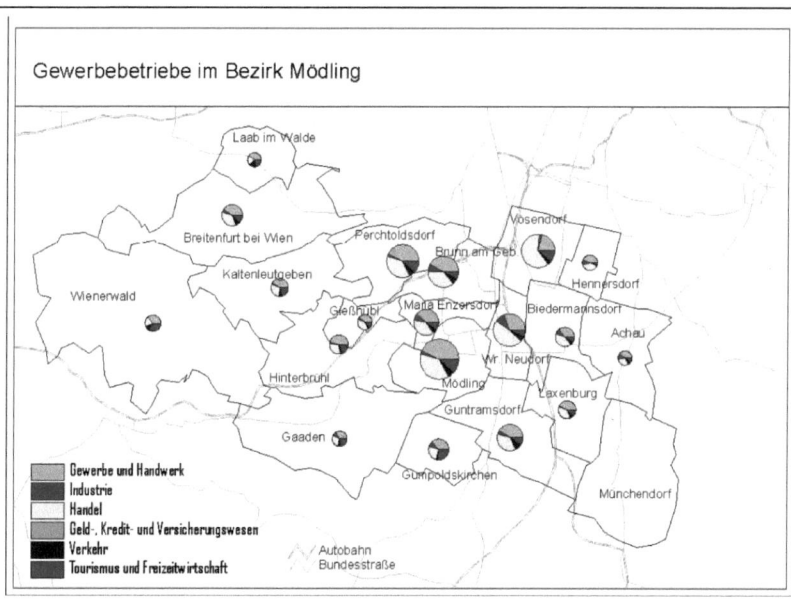

Um die prinzipielle Eignung der Region Mödling für den Aufbau und die Forcierung eines Ökoinformationssystems zu analysieren, ist es notwendig, einige wesentliche Wirtschafts- und Strukturdaten der Region näher zu betrachten. Der Bezirk ist zwar flächenmäßig mit 277,02 km² klein, jedoch mit 384 Einwohnern je km² relativ dicht besiedelt. Der Bezirk ist mit dem höchsten Steueraufkommen wirtschaftlich einer der stärksten Österreichs. Der Großteil der Betriebe ist dem Bereich Handel (Einzel- und Großhandel) zuzuordnen. Dieser Bereich ist zwar für den Stofffluss weniger relevant, da jedoch die Headquarters vieler österreichischer Einzelhandelsunternehmen in der Region liegen, kann dies auch für ein Ökoinformationssystem von Interesse sein. Im produzierenden Bereich hebt sich die Baubranche deutlich ab, gefolgt von den Branchen Maschinenbau und Kunststoffverarbeitung.

Darüber hinaus gibt es zahlreiche Unternehmen in den Bereichen Metallwarenherstellung, Nahrungsmittelindustrie, Druckereien und Energieversorgung. Zusammenfassend werden die Industrie- und Gewerbebetriebe in Mödling in Abbildung 20.1 dargestellt

20.4.2 Vorgehen bei der Initiierung von zwischenbetrieblichen Beziehungen im Rahmen des Ökoinformationssystems Mödling

20.4.2.1 Erhebung der Modellregion

Zu Beginn wurde neben wichtigen Daten wie Umsatz, Wertschöpfung, Arbeitsplätzen etc., die für die Wirtschaft in der Region natürlich große Bedeutung haben, erhoben, welche Branchen den Schwerpunkt in der Region bilden, um daraus bereits ein Verwertungspotenzial erkennen zu können. Darüber hinaus wurden bestehende Verwertungsbeziehungen in der Region analysiert. Als ein Beispiel kann hier genannt werden, dass gebrauchte, beladene und mechanisch nicht mehr nutzbare Aktivkohlen bei einem Chemieunternehmen als Rohstoff bei der Karbidproduktion in einem anderen Unternehmen der Region eingesetzt werden. Ausgehend von diesen bestehenden Kooperationen wurde deshalb versucht, weitere zwischenbetriebliche Kooperationen mit dem Ziel der nachhaltigen Entwicklung zu etablieren.

20.4.2.2 Bewusstseinsbildung und Motivation zur Teilnahme, Startworkshop

Als erster Schritt beim Aufbau und der Unterstützung von zwischenbetrieblichen nachhaltigen Kooperationen war es wichtig, bei den Unternehmen, aber auch bei den Behörden, politischen Einrichtungen und Institutionen einen Wandel im Bewusstsein hin zum nachhaltigen Wirtschaften zu initiieren. Wichtig hierbei war vor allem, die lokalen Institutionen so gut wie möglich einzubinden, im konkreten Fall die Wirtschaftskammer sowie auch die Landesregierung. Bekannt gemacht wurde das Konzept des Ökoinformationssystems durch eine Informationsveranstaltung, bei der auch bereits vorhandene best-practise Beispiele der Region vorgestellt wurden, durch Presseaussendungen, Zeitungsberichte sowie durch die Wirtschaftskammer, die ihre Mitglieder in einer Aussendung informierte. Im Rahmen dieser Initiativen wurde auch auf die bevorstehende Erhebung der Daten aufmerksam gemacht und die Unternehmen um Unterstützung gebeten.

Darüber hinaus war die Einbeziehung von Abfallentsorgungsunternehmen in der Region ein zentraler Aspekt in dieser Startphase, da die Entsorgung von Abfällen in Österreich schon weit entwickelt (siehe Klampfl-Pernold und Gelbmann 2006) und der Markt daher entsprechend stark umkämpft ist.

20.4.2.3 Erhebung der Abfallströme und Auswertung der Daten

Für eine Material- und Energieflussdarstellung im Bezirk Mödling war zunächst die Ermittlung der Mengen an Einsatzstoffen, Rückständen bzw. der Energiedaten erforderlich.

Die Erhebung der Abfallströme erfolgte mit Hilfe eines Fragebogens auf Excel-Basis, der den Unternehmen zugesandt wurde. Darüber hinaus wurde den Unternehmen die Möglichkeit geboten, die spezielle Software „Abfallmanager", entwickelt und adaptiert an die österreichische Rahmenbedingungen vom wissenschaftlichen Projektpartner IUWA, kostenlos im Unternehmen zu installieren und so unternehmensintern die relevanten abfallwirtschaftsrechtlichen Daten zu erheben.

Für den Bezirk Mödling wurde eine Gesamtzahl von insgesamt 5680 Betrieben identifiziert (großteils Handwerk, Gewerbe und Handel), wobei von 3814 Betrieben keine wirtschaftlichen Angaben über Branchenzugehörigkeit, Beschäftigte und Umsatz vorlagen. Somit wurde vorerst von einem Sample von 1866 Betrieben (etwa 33 %) ausgegangen.

Der Fragebogen wurde nach einem kleinen Pretest durch 3 Unternehmen ausgesandt. Trotz mehrmaliger telefonischer Rückfragen an rund ein Fünftel der Betriebe, bei denen erhöhte Material- und Energieintensität vermutet wurde, lagen schlussendlich nur von 36 Unternehmen die Energie- und Stoffflussdaten vor. Die Übernahme sowie die zur Verfügung Stellung der Daten mittels der Software „Abfallmanager" erfolgte von keinem einzigen Unternehmen.

Bei diesen 36 ausgefüllten Fragebögen stammen 19 Betriebe aus dem Produktionsbereich, 9 aus der Handelsbranche, 3 aus dem Bauwesen und 5 von Dienstleistungsbetrieben. Trotz der geringen Rücklaufquote konnten einige interessante Bereiche für zwischenbetriebliche Verwertungslösungen identifiziert werden.

20.4.2.4 Initiierung von zwischenbetrieblichen Verwertungslösungen

Wegen des enttäuschenden Rücklaufs wurde nunmehr die Strategie der Datenerfassung geändert. Neben der Identifizierung von Potenzialen und der Initiierung zwischenbetrieblicher Verwertungslösungen auf Basis der vorhandenen Daten wurde nun von Seiten der wissenschaftlichen Projektpartner erfolgreiche Beispiele aus der Literatur und Praxis herangezogen und auf die Region Mödling umgelegt. Durch die Konfrontation der Unternehmen mit erfolgreichen Beispielen aus anderen Regionen erhoffte man sich Hilfe und Ansporn. In überbetrieblichen Workshops wurden für unterschiedliche Abfallfraktionen Lösungswege dargestellt bzw. mögliche Verwertungspartner eingeladen, sich mit den Unternehmen über Wege der zwischenbetrieblichen Verwertung auszutauschen.

20.4.2.5 Ausarbeitung von Lösungsvorschlägen für den Fortbestand des Netzwerkes, Koordinationsaspekte

Neben der Darstellung und Initiierung von Lösungsansätzen für die Verwertung war es auch bedeutend, Rahmenbedingungen für den weiteren Fortbestand der Kooperationen in der Region sowie auch für die Forcierung weiterer nachhaltiger Lösungsansätze zu schaffen. Als dafür wesentliche Punkte wurden seitens der Wissenschaft, aber auch in der Erhebung bei den Unternehmen die Faktoren Koordination des Netzwerkes, Aufbau einer Informationsstruktur, Initiierung eines Erfahrungsaustauschs zwischen den Unternehmen, die weitere Suche nach Verwertungslösungen, die Vertretung des Netzwerkes nach außen und eine zentrale Steuerung des Netzwerkes angesehen. Diese Aufgaben sollen nach Meinung der Unternehmen von einer zentralen Institution, beispielsweise der Wirtschaftskammer, übernommen werden.

20.4.3 Ausgewählte Lösungsansätze für zwischenbetriebliche Kooperationen

Aus der Erhebung wurden folgende Fraktionen aufgrund der Mengen, der Kosten oder der Bedeutung für das Unternehmen als wichtig für eine weitere Verwertung angesehen: Bauabfälle (zum Teil Altholz), Kunststofffolien und Kunststoffverpackungen, Altreifen und Gummiabfälle, Jutesäcke, Pulverlackreste, Strahlsande/Gießereisande, Faserschlämme/Spuckstoffe und Abfälle aus Kfz-Werkstätten. Ausgewählte Lösungsansätze im Bereich zwischenbetriebliches Recycling, zum Teil in der Region, zum Teil auch weiter entfernt, werden im Folgenden exemplarisch dargestellt.

Für Holzabfälle konnten Verwertungslösungen in der Produktion von Span- und Faserplatten gefunden werden. Aber auch die Ziegelindustrie, die durch ein Unternehmen in der Region vertreten ist, kann Sägemehl und Sägespäne als Porosierungsmittel bei Ziegeln einsetzen. Weiters kann ein Unternehmen in der Verpackungsindustrie unbehandeltes Holz weiter verwerten. Für Altreifen konnten ebenfalls einige Verwertungslösungen identifiziert werden. Neben der energetischen Verwertung in einem Zementwerk können die Altreifen derzeit in einer Pilotanlage stofflich nach einer Aufbereitung wieder zu Reifen verarbeitet werden. Ferner besteht die Möglichkeit, Altreifen zu Gummigranulat und -mehl weiterzuverarbeiten und für Sportstätten, Dämmplatten, Kunststoffmatten, aber auch für einen gummimodifizierten Asphalt einzusetzen. Abfälle aus Kfz-Werkstätten können ebenfalls zwischenbetrieblich verwertet werden. Gebrauchte Bremsflüssigkeiten können in Zementwerken thermisch verwertet werden. Darüber hinaus konnte eine Lösung zur Gewinnung des Rohstoffes Glykolether gefunden werden. Sortenrein gesammeltes Altöl kann zu Grundölen aufgearbeitet werden. Es wurde auch ein Unternehmen – außerhalb der Region – gefunden, welches flüssige Reststoffe aus KfZ-Werkstätten wie z.B. Bremsflüssigkeiten, Kühlerfrostschutz und Lösemittelgemische durch Destillation mit einem hohen Reinheitsgrad wieder aufbereitet. Die dadurch erzeugten sekundären Rohstoffe können neuen Produktionsprozessen zugeführt werden. Für Betonabbruch konnte ein Betrieb in der Region gewonnen werden, der diesen zu Granulat verarbeitet. Faserschlämme und Spuckstoffe können prinzipiell in der Papierindustrie verbrannt werden. Der Faserschlamm kann aber auch als Porosierungsmittel für die Ziegelindustrie verwendet werden.

20.4.4 Barrieren und Hindernisse

Wie man aus den Beispielen ersehen kann, wurden einige Verwertungslösungen identifiziert. Einem erfolgreichen Aufbau von nachhaltigkeitsorientierten Kooperationen stehen aber noch Barrieren im Weg, die es für die erfolgreiche Installierung eines Ökoinformationssystems zu überwinden gilt.

20.4.4.1 Technische Barrieren

In vielen Fällen kann eine Verwertung aufgrund technischer Probleme sowohl ökologisch als auch ökonomisch nicht sinnvoll durchgeführt werden. Das Recycling von Altgummi, ganz besonders von Altreifen, wird etwa dadurch erschwert, dass Gummiteile nur ein einziges Mal bei der Vulkanisation formbar sind. Für Kunststoffe ergibt sich das Problem, dass sie möglichst sortenrein für eine weitere Verwertung vorliegen sollten. Für eine Trennung der Abfälle fehlt aber oft das Wissen um die einzelnen Bestandteile, oft aber auch die Zeit und das Geld, um eine Sortierung durchzuführen, manchmal einfach nur der Platz für die Aufstellung getrennter Sammelbehälter. Ähnliches gilt auch für Baurestmassen. Bei Altholz entsteht das Problem der Verunreinigungen, weshalb einige Verwertungswege von vorne herein ausgeschlossen werden müssen bzw. sich als schwierig erweisen.

20.4.4.2 Ökonomische Barrieren

Für Unternehmen ist es scheinbar finanziell oft nicht lukrativ, nach alternativen Verwertungsmöglichkeiten zu suchen bzw. werden finanziell günstigere Verwertungswege durch einen erhöhten Aufwand bei der Trennung, Sortierung und Lagerung der Stoffe geschmälert. Oft sind ökonomische Vorteile auf Seiten der Unternehmen nicht bekannt, sie werden nicht wahrgenommen bzw. sie stehen diesen skeptisch gegenüber. Ein weiteres Problem ergibt sich daraus, dass die Unternehmen mit Entsorgungsunternehmen oft umfassende Verträge abgeschlossen haben, die alle anfallenden Fraktionen als Bündel enthalten. Eine Reduzierung bzw. Herausnahme von bestimmten Stoffen aus dem Vertrag würde die Entsorgung der restlichen Abfälle verteuern und deshalb den Anreiz für zwischenbetriebliche Verwertungslösungen reduzieren.

Bei Kunststoffen bspw. verringert sich aus finanziellen Gründen die Möglichkeit der stofflichen Verwertung zu Kunststoffgranulat bei heimischen Kunststoffaufbereitern, da zum Untersuchungszeitpunkt der Export der Kunststoffabfälle nach Asien aufgrund der günstigen Transportbedingungen und dem enormen Bedarf an Kunststoffgranulaten in dieser Region vorteilhaft war.

20.4.4.3 Organisatorische Barrieren

Eines der wesentlichsten organisatorischen Probleme ist die Gewinnung der Informationen über Abfallströme, weshalb auch die Identifizierung von Verwertungslösungen erschwert wird. Für eine zentrale Koordinationsstelle, wie sie von den Unternehmen gewünscht wird, ist die Suche nach weiteren Verwertungslösungen deshalb schwierig. Auch die technische Unterstützung bei der Informationsgenerierung durch das Softwareprogramm „Abfallmanager" stieß bei den Unternehmen auf Ablehnung. Offensichtlich wurde von den Firmen die Relation zwischen Aufwand für die Informationsbeschaffung und -bereitstellung und Nutzen als ungünstig eingestuft.

Ein weiteres organisatorisches Problem stellen die teils nur in geringer Menge vorliegenden Abfälle dar. So ist zum Beispiel die Menge der anfallenden Flüssigkeiten in den einzelnen Kfz-Werkstätten zwar gering, durch die Koordination und Aggregation sehr vieler Kleinmengen in einem geografisch eng abgegrenztem Gebiet würde sich eine Sammlung und zwischenbetriebliche Verwertung aber rentieren. Allerdings müssten sich hier die Unternehmen für eine gemeinsame Sammlung zusammenschließen, was derzeit vermutlich aus Wettbewerbsgründen auf Ablehnung stößt bzw. als organisatorisch zu aufwändig angesehen wird.

Hinderlich für die zwischenbetriebliche Verwertung wirken sich zum Teil auch die gut etablierten Verwertungsstrukturen und die Vielzahl an Entsorgungsdienstleistungsunternehmen in Österreich aus (Klampfl-Pernold und Gelbmann 2006). Durch den starken Wettbewerb in der Region werden mit den Unternehmen oft umfassende und langfristige Entsorgungsverträge geschlossen, die in eingeschränkter Form nicht mehr lukrativ für die Abfall abgebenden Unternehmen wären.

20.4.4.4   Rechtliche Barrieren

Im vorliegenden Fall gibt es auf rechtlicher Seite vor allem Probleme mit als gefährliche Abfälle bezeichneten Sekundärrohstoffen. Zwischenbetriebliche Verwertungslösungen werden so verhindert, da für die Übernahme von solchen Abfällen Bewilligungsverfahren für Abfallbehandlungsanlagen bzw. für Entsorger notwendig sind. Übergabepflichten an öffentliche Entsorger verhindern zusätzlich ökologisch sinnvolle Lösungen. Ebenso können branchenspezifische Normen hinderlich sein (Posch et al. 1998).

20.4.4.5   Soziale Barrieren

Generell zeigten die meisten Betriebe zwar Interesse an zwischenbetrieblichen Kooperationen zum Zweck einer nachhaltigen Entwicklung, waren jedoch sehr zurückhaltend in Bezug auf eine Teilnahme am Projekt und verwiesen auf zu geringe Personal- und Zeitressourcen. Der Faktor Vertrauen spielte ebenso eine große Rolle. Bei der Erhebung wurde von einigen Unternehmen eine Informationsweitergabe untersagt, mit dem Hinweis, dass aus den Stoffstromdaten Rückschlüsse auf ihre Produktionsprozesse gezogen werden könnten. Dass auch die persönlichen Beziehungen von Führungskräften unterschiedlicher Unternehmen hinderlich beim Aufbau von zwischenbetrieblichen Verwertungslösungen sein können überrascht zwar, wurde im Projekt aber ersichtlich. So wird zurzeit eine zwischenbetriebliche Verwertungslösung verhindert, da die Geschäftsführung beider Unternehmen das jeweils andere Unternehmen als nicht geschäftsfähig einstuft.

Ein sehr stark ausgeprägtes Hemmnis für nachhaltige Kooperationen ist auch die prinzipielle Einstellung der Unternehmen. Diese befürchten, dass der Aufwand, stoffstromrelevante Daten zu erheben, größer ist als der daraus resultierende Nutzen. Dies konnte man auch in der empirischen Erhebung gut erkennen. Dort wo vorliegende Daten mit geringem Aufwand weiter gegeben werden konnten, wurde im Projekt vergleichsweise häufig kooperiert; dort wo erst Daten erhoben werden mussten, wurde meist dankend abgewunken. Außerdem wollen die Unternehmen ihre bisherige Situation nicht verändern und sehen einen erheblichen laufenden Aufwand auf sie zukommen. Der Nutzen der sie erwartet wird nicht erkannt. Diese Trägheit und die Bequemlichkeit der Unternehmen sind hinderlich für Innovationen und den Aufbau von Industriesymbiosen.

20.5   Fazit

Beim Aufbau und der Unterstützung des Ökoinformationssystems Mödling wurde offensichtlich, dass Unternehmen den Begriff des Ökoinformationssystems gut angenommen haben. Allerdings waren praktische Beispiele notwendig, um die Idee einer IS verständlich zu machen. Bei der Begriffsdiskussion zeigte sich, dass der Begriff des Ökoinformationssystems selbsterklärender war als IS und EIP. Insbesondere der im Begriff vorkommende Informationsaspekt mit der praktischen Ausprägung in einer Datenbank, in der Input und Output, Materialien und Energien, erfasst und verarbeitet werden, war für Unternehmen nachvollziehbar. Trotzdem sollte in weiteren wissenschaftlichen Arbeiten auf die Begriffe IS und EIP zurückgegriffen werden, da sonst der „Wildwuchs" an Begrifflichkeiten überhand nimmt.

Hinsichtlich der Planung und Entstehung von Ökoinformationssystemen sind wir der Auffassung, dass eine systematische Planung von Kooperationsbeziehungen bei historisch gewachsenen Strukturen schwer möglich ist. Vielmehr entsteht der Eindruck, dass sich für große Stoffmengen ökonomisch und organisatorisch sinnvolle Lösungen vielfach bereits entwickelt haben. Für technisch und organisatorisch komplexere Stofffraktionen ist aber oft die Unterstützung von außen für den Aufbau von Verwertungslösungen erforderlich. Für diese Unterstützung ist das Implementierungskonzept, auf dem die Fallstudie Mödling basiert, durchaus umsetzbar.

In der praktischen Umsetzung haben wir allerdings die Erfahrung gemacht, dass trotz offensichtlicher (ökonomischer) Nutzenpotenziale den Unternehmen die Motivation fehlt, symbiotische Beziehungen einzugehen. Dies ist einerseits auf Bequemlichkeit, andererseits aber auf die Angst, derzeit stabile Verwertungspfade zu verlassen, zurückzuführen. Insbesondere besteht bei neuen Lösungswegen Unsicherheit über technische und organisatorische Machbarkeit. Darüber hinaus waren viele Unternehmer der Meinung, bereits genug – teilweise aufgrund gesetzlicher Vorschriften – für den Umweltschutz zu tun. Aber gerade die gesetzliche Dichte an Regelungen, insbesondere die Definition von Abfall und Produkt, wirkt sich eher hinderlich bei der Suche nach alternativen Verwertungswegen aus. In unserer Analyse zeigte sich auch, dass Unternehmen, die Rahmenvereinbarungen mit Entsorgungsunternehmen über alle ihre Fraktionen geschlossen hatten, nicht bereit waren, einzelne Stofffraktionen alternativen Lösungen zuzuführen. Begründet wurde dies mit dem Hinweis, dass dies ökonomisch nicht sinnvoll sei, da sich die Entsorgung der anderen Stoffe relativ verteuern würde.

Erschwerend beim Aufbau eines Ökoinformationssystems kam auch hinzu, dass gerade notwendige Informationen von den Unternehmen als sensibel und vertraulich eingestuft wurden. Damit war die Ausschöpfung aller möglichen Verwertungspotenziale schwierig. Darüber hinaus hat sich wegen fehlender technischer Verwertungslösungen die Suche nach Verwertungspartnern innerhalb des geografisch abgegrenzten Gebietes Mödling als schwierig dargestellt. Teils war es sinnvoll, die Suche auf ganz Österreich auszudehnen. Für in kleinen Mengen anfallende Fraktionen empfiehlt sich die Etablierung von Pooling-Lösungen, die aber am organisatorischen Aufwand scheitern können.

Beim Aufbau zukünftiger Verwertungsbeziehungen empfehlen wir, Promotoren, z.B. externe Experten, für die zentrale Koordination und vor allem für die Suche nach Verwertungslösungen, beizuziehen. Zukünftige Forschungsvorhaben werden sich neben der Klärung sinnvoller Austauschbeziehungen verstärkt sozialen Aspekten zu widmen haben. Insbesondere die derzeit geführte Diskussion zu CSR sollte vermehrt in die Konzepte von IS und EIP integriert werden.

Literatur

Ashton, W.S. (2008): Understanding the Organization of Industrial Ecosystems – A Social Network Approach. Journal of Industrial Ecology, Vol. 12, Nr. 1, S. 34-51.

Ashton W.S. (2009): The Structure, Function, and the Evolution of a Regional Industrial Ecosystem. Journal of Industrial Ecology, Vol. 13, 2, S. 228-246.

Ayres R.U. (1997): Towards zero emissions. Is there a feasible path? INSEAD Working Paper Nr. 97/80/EPS.

Ayres, R.U. (2004): On the life cycle metaphor: where ecology and economics diverse. Ecological Economics, Vol. 48, S. 425-438.

Baas, L. (2001): Developing an Industrial Ecosystem in Rotterdam: Learning by....what?. Journal   of Industrial Ecology, Vol. 4, 2, S. 4-6.

Baas, L. (2008): Industrial Symbiosis in the Rotterdam Harbour and Industry Complex: Reflections on the Interconnection of the Techno-Sphere with the Social System. Business Strategy and the Environment, Vol. 17, S. 330-340.

Baas, L.W./Boons, F.A. (2004): An industrial ecology project in practice: Exploring the boundaries   of decision-making levels in regional industrial systems. Journal of Cleaner Production, Vol. 12, S.1073-1085.

Boons, F.A.;/Baas, L.W. (1997): Types of industrial ecology: The problem of coordination. Journal of Cleaner Production Vol. 5, 1-2, S. 79–86.

Chertow M.R. (2000): Industrial Symbiosis: Literature and Taxonomy. Annual Review Energy and Environment, Vol. 25, S. 313-337.

Chertow, M.R. (2007): "Uncovering" Industrial Symbiosis. Journal of Industrial Ecology, Vol. 11,   1, S. 11-30.

Chertow, M.R./Ashton, W.S./Espinosa, J.C. (2008); Industrial Symbiosis in Puerto Rico: Environmentally Related Agglomeration Economies. Regional Studies, Vol. 42,10, S. 1299-1312.

Chiu, A.S.F. (2002): Ecology, Systems, and Networking. Walking the Talk in Asia, Journal of Industrial Ecology, Vol. 5, 2, S. 6-8.

Christensen, J. (1998): Die industrielle Symbiose in Kalundborg. Ein frühes Beispiel eines Recyc-ling-Netzwerkes, in: Strebel, H.; Schwarz, E. J. (Hrsg.), Kreislauforientierte Unternehmens-kooperationen: Stoffstrommanagement durch innovative Verwertungsnetze, Wien, S. 323-338.

Cohen-Rosenthal, E. (1996): Designing eco-industrial parks: the US experience. UNEP Industry and Environment, Oct.-Dec., S. 14-18.

Cohen-Rosenthal, E. (2000): A walk on the human side of industrial ecology. American Behavioral Scientist, Vol. 44, S. 245-264.

Cohen-Rosenthal, E. (2004): Making sense out of industrial ecology: a framework for analysis and action. Journal of Cleaner Production, 12, S. 1111-1123.

Cote, R. 1998: Industrial Ecosystems: Evolving and Maturing, Journal of Industrial Ecology, S. 9-11.

Cote, R./Cohen-Rosenthal, E. (1998): Designing eco-industrial parks: a synthesis of some experi-ence. Journal of Cleaner Production, Vol. 6, S. 181-188.

Desrochers, P. (2001): Eco-Industrial Parks, Independent Review, Vol. 5, Issue 3, S. 345-371.

Desrochers, P. (2004): Industrial symbiosis: the case for market coordination. Journal of Cleaner Production, Vol. 12, S. 1099-1110.

Ehrenfeld, J./Chertow, M.R. (2002): Industrial symbiosis: the legacy of Kalundborg, in: Ayres, R.U./ Ayres, L.W. (Hrsg.), A Handbook of Industrial Ecology, Cheltenham.

Eilering, J.A.M./Vermeulen, W.J.V. (2004): Eco-industrial parks: toward industrial symbiosis and utility sharing in practice, Progress in Industrial Ecology, Vol. 1, 1/2/3, S. 245-270.

Erkmann, S. (2007): Historischer Überblick zur Industrial Ecology, in: Isenmann, R./von Hauff, M. (Hrsg.), Industrial Ecology: Mit Ökologie zukunftsorientiert wirtschaften, München, S. 31-48.

Frosch, R./Gallopoulos, N. (1989): Strategies for manufacturing. Scientific American, Vol. 261, S. 94-102.

Gibbs, D.C. (2003): Trust and networking in interfirm relations: The case of eco-industrial devel-opment. Local Economy, Vol. 18, 3, S. 222-236.

Gibbs, P./Deutz, P./Proctor, A. (2005): Industrial Ecology and Eco-industrial Development: A Potential Paradigm for Local and Regional Development?. Regional Studies, Vol. 39, 2, S. 171-183.

Graedel, T./Allenby, B. (1995): Industrial ecology. Englewood Cliffs, NJ.

Heeres, R.R./Vermeulen, W.J.V./Walle, F. B. (2004): Eco-industrial park initiatives in the USA and the Netherlands: first lessons. Journal of Cleaner Production, Vol. 12, 8-10, S. 985-995.

Hewes, A.K./Lyons, D. (2008): The Humanistic Side of Eco-Industrial Parks: Champions and the Role of Trust. Regional Studies, Vol. 42, 10, S. 1329-1342.

Isenmann, R. (2003): Industrial Ecology: shedding more light on its perspective of understanding nature as model, Sustainable Development, Vol. 11, S. 143-158.

Isenmann, R. (2007): Natur als Vorbild: Identitätsstiftendes Merkmal der Industrial Ecology, in: Isenmann, R./von Hauff, M. (Hrsg.), Industrial Ecology: Mit Ökologie zukunftsorientiert wirt-schaften, München, S. 61-74.

Klampfl-Pernold, H./Gelbmann, U. (2006): Quantensprünge in der Abfallwirtschaft – Entwicklung eines innovationsorientierten Phasenmodells der europäischen Abfallwirtschaft, Aachen.

King, A.M./Burgess, S.C./Ijomah, W./McMahon, C.A. (2006): Reducing Waste: Repair, Recondi-tion, Remanufacture or Recycle?. Sustainable Development, Vol. 14, S. 257-267.

Korhonen, J./Niemelainen, H./Pullianinen, K. (2002): Regional industrial recycling network in en-ergy supply – the case of Joensuu City, Finland. Corporate Social Responsibility and Envi-ronmental Management, Vol. 8, S. 170-185.

Leeuwen van, M.G./Vermeulen, W.V./Glasbergen, P. (2003): Planning Eco-Industrial Parks: an analy-sis of dutch planning methods. Business Strategy and the Environment, Vol. 12, S. 147-162.

Lowe, E.A. (1997): Creating by-product resource exchanges: strategies for eco-industrial parks, Journal of Cleaner Production, Vol. 5, 1-2, S. 57-65.

Lowe, E.A. (2003): Eco-industrial development in Asian developing countries, in: Cohen-Rosenthal, E./Musnikow, J. (Hrsg.), Eco-industrial strategies: unleashing synergy between economic development and the Environment, Sheffield, S. 341-352.

Lowe, E.A./Ewans, L.K. (1995): Industrial ecology and industrial ecosystems, Journal of Cleaner Production, Vol. 3, S. 47-53.

Malcolm, R./Clift, R. (2002): Barriers to Industrial Ecology. The Strange Case of "The Tombesi Bypass". Journal of Industrial Ecology, Vol. 6, Nr. 1, S. 4-7.

McManus, P./Gibbs, D. (2008): Industrial ecosystems? The use of tropes in the literature of Industrial ecology and eco-industrial parks, Progress in Human Geography, Vol. 32, 4, S. 525-540.

Murata, M. (2004): Experiences from early stages of a national industrial symbiosis programme in the UK: determinants and coordination challenges. Journal of Cleaner Production, Vol. 12, 8-10, S. 967-983.

Murata, M./Emtairah, T. (2005): Industrial Symbiosis networks and the contribution to environmental innovation: The case of the Landskrona industrial symbiosis programme. Journal of Cleaner Production, Vol. 13, 10-11, S. 993-1002.

Nielsen, S. N. (2007): What has modern ecosystem theory to offer to cleaner production, industrial ecology and society? The views of an ecologist. Journal of Cleaner Production, Vol. 15, Nr. 17, S. 1639-1653.

PCSD (U.S. President's Council on Sustainable Development) (1997): Eco-industrial park workshop proceedings. Washington, DC.

Peck, S. (2002): When is an Eco-Industrial park not an Eco-Industrial Park?. Journal of Industrial Ecology, Vol., 3, S. 3-5.

Perl, E. (2006): Implementierung von Umweltinformationssystemen: Industrieller Umweltschutz und die Kommunikation von Umweltinformationen in Unternehmen und in Netzwerken, Wiesbaden.

Posch, A. (2006): Zwischenbetriebliche Rückstandsverwertung – Kooperationen für eine nachhaltige Entwicklung am Beispiel industrieller Verwertungsnetze, Wiesbaden.

Posch, A./Perl, E. (2007): Regionale Verwertungsnetze und industrielle Symbiosen, in: Isenmann, R./von Hauff, M. (Hrsg.), Industrial Ecology: Mit Ökologie zukunftsorientiert wirtschaften, München, S. 256-278.

Posch, A./Schwarz, E.J/Steiner, G./Strebel, H./Vorbach, S. (1998): Das Verwertungsnetz Obersteiermark und sein Potenzial, in: Strebel, H./Schwarz, E. J. (Hrsg.), Kreislauforientierte Unternehmenskooperationen: Stoffstrommanagement durch innovative Verwertungsnetze, Wien, S. 211-221.

Roberts, B.H. (2004): The application of industrial ecology principles and planning guidelines for the development of eco-industrial parks: an Australian case study. Journal of Cleaner Production, Vol. 12, S. 997-1010.

Schwarz, E.J./Steininger, K. (1997): Implementing nature's lessons: the industrial recycling network enhancing regional development. Journal of Cleaner Production, Vol. 5, S. 47-56.

Sterr, T./Ott, T. (2004): The industrial region as a promising unit for eco-industrial development – reflections, practical experience and establishment of innovative instruments to support industrial ecology. Journal of Cleaner Production, Vol. 12, S. 947-965.

Strebel, H. (1998): Das Konzept des regionalen Verwertungsnetzes., in: Strebel, H./Schwarz, E.J. (Hrsg.), Kreislauforientierte Unternehmenskooperationen: Stoffstrommanagement durch innovative Verwertungsnetze, Wien, S. 1-10.

Tudor, T./Adam, E./Bates, M. (2007): Drivers and limitations for the successful development and functioning of EIPs (eco-industrial parks): A literature review. Ecological Economics, Vol. 61, S. 199-207.

van der Ryn, S./Cowan, S. (1996): Ecological Design. Washington DC.

Wallner, H.P. (1999): Towards sustainable development of industry: networking, complexity and eco-clusters. Journal of Cleaner Production, Vol. 7, S. 49-58.

Windsperger, A./Windsperger, B./Tuschl, R./Strebel, H./Vorbach, S./Perl, E./Suppan, A./   Niemetz, N./Christian, R./Feichtinger, R./Bäuerl, S./Sterr, T./Krause, W./Ott, T. (2009): In formationssysteme für Öko-Industrie-Cluster. Fallstudie Industriegebiet Mödling, Berichte aus Energie- und Umweltforschung 2009, Vol. 5, Wien.

Zhu, Q./Cote, R.P. (2004): Integrating green supply chain management into an embryonic ecoindustrial development: a case study of the Guitang Group. Journal of Cleaner Production, Vol. 12, S. 1025-1035.

Autorenverzeichnis

Bey, Christoph, Prof. Dr; christoph.bey@bem.edu

Deininger, Peter, Dr.; deininger@nuetec.de

Freimann, Jürgen, Prof. Dr.; freimann@wirtschaft.uni-kassel.de

Gleich von, Arnim, Prof. Dr.; gleich@uni-bremen.de

Göllinger, Thomas, Priv.-Doz. Dr. habil.; goellinger@ioeb-siegen.de

Gößling-Reisemann, Stefan, Dr.; sgr@uni-bremen.de

Hauff von, Michael, Prof. Dr.; hauff@wiwi.uni-kl.de

Helling, Klaus, Prof. Dr.; k.helling@umwelt-campus.de

Isenmann, Ralf, Priv.-Doz. Dr. habil.; isenmann@uni-kassel.de

Keller, Holger; holger.keller@heidelberg.de

Liebscher, Anna Katharina; liebscher@uni-bremen.de

Müller-Christ, Georg, Prof. Dr.; gmc@uni-bremen.de

Perl-Vorbach, Elke, Dr.; elke.perl@uni-graz.at

Posch, Alfred, Prof. Dr.; alfred.posch@uni-graz.at

Schmidt, Mario, Prof. Dr.; mario.schmidt@hs-pforzheim.de

Schnitzer, Hans, Prof. Dr.; hans.schnitzer@tugraz.at

Vorbach, Stefan, Prof. Dr.; stefan.vorbach@tugraz.at

Walther, Michael, Dr.; walther@wirtschaft.uni-kassel.de

Weller, Ines, Prof. Dr.; weller@uni-bremen.de

Winkler, Raino, Dr.; umweltamt@heidelberg.de

Zirkwitz, Hans-Wolf, Dr.; info@kliba-heidelberg.de

Rico Baldegger / Pierre-André Julien

Regionales Unternehmertum

Ein interdisziplinärer Ansatz
2011. 350 S., Br. EUR 39,95
ISBN 978-3-8349-2630-2

Jörg Fischer / Florian Pfeffel

**Systematische Problemlösung
in Unternehmen**

Ein Ansatz zur strukturierten Analyse
und Lösungsentwicklung
2010. 341 S., Br. EUR 34,95
ISBN 978-3-8349-0776-9

Swetlana Franken

Verhaltensorientierte Führung

Handeln, Lernen und Diversity
in Unternehmen
3. überarb. u. erw. Aufl. 2010. XII, 355 S.,
Br. EUR 32,95 ISBN 978-3-8349-2232-8

Jörg Freiling / Martin Reckenfelderbäumer

Markt und Unternehmung

Eine marktorientierte Einführung
in die Betriebswirtschaftslehre
3., überarb. u. erw. Aufl. 2010. XXVIII, 492 S.,
Br. EUR 36,90 ISBN 978-3-8349-1710-2

Urs Fueglistaller / Christoph Müller /
Thierry Volery

Entrepreneurship

Modelle - Umsetzung - Perspektiven
Mit Fallbeispielen aus Deutschland,
Österreich und der Schweiz
2. überarb. u. erw. Aufl. 2008. XXVI, 512 S.,
Br. EUR 39,90 ISBN 978-3-8349-0729-5

Asmus J. Hintz

**Erfolgreiche Mitarbeiterführung
durch soziale Kompetenz**

Eine praxisbezogene Anleitung
2011. 373 S., Br. EUR 39,95
ISBN 978-3-8349-2441-4

Harald Hungenberg

Strategisches Management in Unternehmen

Ziele - Prozesse - Verfahren
6., überarb. u. erw. Aufl. 2010. XXVI, 605 S.,
Br. EUR 46,95 ISBN 978-3-8349-2546-6

Hartmut Kreikebaum / Dirk Ulrich Gilbert /
Glenn O. Reinhardt

**Organisationsmanagement
internationaler Unternehmen**

Grundlagen und moderne Netzwerkstrukturen
2., vollst. überarb. u. erw. Aufl. 2002. XVI, 243 S.,
Br. EUR 34,95 ISBN 978-3-409-23147-3

Klaus Macharzina / Joachim Wolf

Unternehmensführung

Das internationale Managementwissen
Konzepte - Methoden - Praxis
7., vollst. überarb. u. erw. Aufl. 2010.
XXXIX, 1.181 S., Geb. EUR 59,95
ISBN 978-3-8349-2214-4

Klaus North

Wissensorientierte Unternehmensführung

Wertschöpfung durch Wissen
5., akt. u. erw. Aufl. 2010. XII, 378 S.,
Br. EUR 49,95 ISBN 978-3-8349-2538-1

Götz Schmidt

Einführung in die Organisation

Modelle - Verfahren - Techniken
2., akt. Aufl. 2002. X, 179 S., Br. EUR 39,95
ISBN 978-3-409-21504-6

Stand: Juli 2011. Änderungen vorbehalten.
Erhältlich im Buchhandel oder beim Verlag.

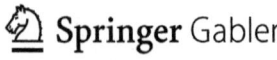

Abraham-Lincoln-Straße 46 . D-65189 Wiesbaden
Tel. +49 (0)6221 / 3 45 - 4301 . springer-gabler.de

Management / Unternehmensführung / Organisation
↗

Georg Schreyögg

Organisation

Grundlagen moderner
Organisationsgestaltung
Mit Fallstudien
5., vollst. überarb. u. erw. Aufl. 2008.
XII, 516 S., Br. EUR 36,90
ISBN 978-3-8349-0703-5

Georg Schreyögg / Jochen Koch

Grundlagen des Managements

Basiswissen für Studium und Praxis
2., überarb. u. erw. Aufl. 2010. XIV, 496 S.,
Br. EUR 26,95
ISBN 978-3-8349-1589-4

Albrecht Söllner

**Einführung in das Internationale
Management**

Eine institutionenökonomische Perspektive
2008. XXII, 487 S., Br. EUR 42,95
ISBN 978-3-8349-0404-1

Claus Steinle

Ganzheitliches Management

Eine mehrdimensionale Sichtweise
integrierter Unternehmungsführung
2005. XL, 910 S., Geb. EUR 54,95
ISBN 978-3-8349-0059-3

Horst Steinmann / Georg Schreyögg

Management

Grundlagen der Unternehmensführung
Konzepte – Funktionen – Fallstudien
6., vollst. überarb. Aufl. 2005.
XX, 952 S., Geb. EUR 44,90
ISBN 978-3-409-63312-3

Christine K. Volkmann / Kim Oliver Tokarski /
Marc Grünhagen

Entrepreneurship in a European Perspective

Concepts for the Creation and Growth
of New Ventures
2010. XXII, 499 S., Br. EUR 42,95
ISBN 978-3-8349-2067-6

Martin K. Welge / Andreas Al-Laham

Strategisches Management

Grundlagen – Prozess –
Implementierung
5., vollst. überarb. Aufl. 2008.
XXVIII, 1025 S., Geb. EUR 57,95
ISBN 978-3-8349-0313-6

Axel v. Werder

Führungsorganisation

Grundlagen der Corporate Governance,
Spitzen- und Leitungsorganisation
2., akt. u. erw. Aufl. 2008. XXVIII, 445 S.,
Br. EUR 47,95
ISBN 978-3-8349-0678-6

Joachim Wolf

**Organisation, Management,
Unternehmensführung**

Theorien, Praxisbeispiele und Kritik
4., vollst. überarb. u. erw. Aufl. 2010.
XXVIII, 712 S., Br. EUR 46,95
ISBN 978-3-8349-2628-9

Kerstin Wüstner

Arbeitswelt und Organisation

Ein interdisziplinärer Ansatz
2006. X, 280 S., Br. EUR 34,95
ISBN 978-3-8349-0144-6

Stand: Juli 2011. Änderungen vorbehalten.
Erhältlich im Buchhandel oder beim Verlag.

Abraham-Lincoln-Straße 46 . D-65189 Wiesbaden
Tel. +49 (0)6221 / 3 45 - 4301 . springer-gabler.de

🎍 **Springer** Gabler

MIX
Papier aus verantwortungsvollen Quellen
Paper from responsible sources
FSC® C105338

If you have any concerns about our products,
you can contact us on
ProductSafety@springernature.com

In case Publisher is established outside the EU,
the EU authorized representative is:
Springer Nature Customer Service Center GmbH
Europaplatz 3, 69115 Heidelberg, Germany

Printed by Libri Plureos GmbH
in Hamburg, Germany